Über dieses Buch Ingmar Bergman, wie haben Sie das gemacht? So könnte dieses Buch über den schwedischen Film- und Theaterregisseur Ingmar Bergman heißen, der unbestritten eine der herausragenden Persönlichkeiten ist, die das moderne Kino prägten.

In den fünfzehn Interviews dieses Bandes spricht er ausführlich über sich und seine Filme. Es beginnt mit der Erinnerung an den ersten primitiven Projektor in seiner Kindheit und endet mit dem weltweiten sensationellen Erfolg seines Films »Szenen einer Ehe«. Dazwischen liegt eine unglaublich produktive Zeit, in der Bergman seine heute schon klassischen Filme gedreht hat, durch die die von ihm entdeckten Schauspieler und Schauspielerinnen Harriet Andersson, Max von Sydow, Bibi Andersson, Ingrid Thulin und Liv Ullmann weltberühmt wurden. Bergman erläutert die Entstehung jedes einzelnen Films, die Bedingungen seiner Arbeit, die Auseinandersetzung mit dem Drehbuch, mit Technik und Schnitt, seine Beziehung zu seinen eigenen und zu anderen Filmen. Auf diese Weise gibt er ein faszinierendes Porträt von sich selber, in dem das spezifisch »Bergmaneske« auf zugleich anschauliche und amüsante Weise durchsichtig wird.

Eine Kurzbiographie Ingmar Bergmans findet sich auf Seite 335 f.

Bergman über Bergman

Interviews über das Filmemachen
Von ›Die Hörige‹ bis ›Szenen einer Ehe‹

Von
Stig Björkman, Torsten Manns
und Jonas Sima

Aus dem Schwedischen von
Wolfgang Butt, Justus Grohmann und
Christian Henning

Fischer
Taschenbuch
Verlag

Veröffentlicht im Fischer Taschenbuch Verlag GmbH,
Frankfurt am Main, September 1987

Titel der schwedischen Originalausgabe: ›Bergman om Bergman‹,
erschienen im P. A. Norstedt & Söners Förlag, Stockholm 1970
Lizenzausgabe mit freundlicher Genehmigung des
Carl Hanser Verlages, München Wien
© 1976 Carl Hanser Verlag, München Wien
Umschlaggestaltung: Jan Buchholz/Reni Hinsch
unter Verwendung eines Fotos des
Deutschen Instituts für Filmkunde, Frankfurt am Main
Druck und Bindung: Clausen & Bosse, Leck
Printed in Germany
1680-ISBN-3-596-24478-1

Inhalt

Vorwort

Unsere erste Begegnung mit Ingmar Bergman für dieses Interviewbuch fand im Februar 1968 in Filmstaden, Solna, statt. Wir hatten bereits vor diesem Zeitpunkt mit Bergman über unser Projekt gesprochen.

Um eine eventuelle Zusammenarbeit auszuprobieren, kamen wir in Bergmans altem Raum in Filmstaden zusammen und unterhielten uns über den Film *Die Stunde des Wolfs*, der damals gerade Premiere hatte. Dieses Interview wurde später in unserer Filmzeitschrift »Chaplin« und in ausländischen Filmzeitschriften publiziert.

Nach diesem ersten Probeinterview kamen wir überein, das vorliegende Buch zu machen. Das Hauptinterview begann im gleichen Jahr unmittelbar nach Mittsommer. Insgesamt wurden es bis zur Zusammenkunft im Februar 1969 zwölf Interviews. Im April 1970 trafen wir mit Bergman zu einem weiteren Interview zusammen, teils um das Buch um die zwei Filme zu vervollständigen, die 1969/70 Premiere gehabt hatten, teils weil Bergman die Gelegenheit benutzen wollte, über eine veränderte Filmauffassung und neue Arbeitsmethoden Auskunft zu geben.

Jedes Interview dauerte durchschnittlich vier Stunden. Insgesamt sprachen wir rund 50 Interviewstunden mit Bergman über seine Filme. Ungefähr die Hälfte unserer Gespräche wurde auf Band aufgenommen. Das Buch beruht ausschließlich auf diesem Interviewmaterial.

Stig Björkman, Torsten Manns, Jonas Sima

Der deutschen Ausgabe sind Interviews mit IB über seine letzten Filme bis *Szenen einer Ehe* (1975) angehängt worden. – Alle Filmtitel von Bergman werden im Original zitiert, sofern kein deutscher Verleihtitel vorliegt; die in Deutschland im Kino oder im Fernsehen gezeigten Filme werden nur mit ihrem Verleihtitel angeführt. Im übrigen verweisen wir auf die Filmografie am Schluß des Buches.

Die Gesprächspartner Ingmar Bergmans (von links nach rechts):

Stig Björkman, geb. 1938, Architekt, Redakteur von *Chaplin,* Filmkritiker, Regisseur *(SB).*

Torsten Manns, geb. 1923, Übersetzer, Redakteur von *Chaplin,* Filmkritiker *(TM).*

Jonas Sima, geb. 1937, Journalist, Redakteur von *Chaplin,* Filmkritiker, Filmer *(JS).*

Stockholm, den 1. Mai 1970

1. Filmstaden, Solna, den 25. Juni 1968

Stig Björkman: Kannst du erzählen, wie dein Interesse für Film und Theater entstand?

Ingmar Bergman: Das liegt so weit in der Kindheit zurück, daß ich mich daran fast nicht mehr erinnern kann. Ich weiß, daß der erste Film, den ich gesehen habe – das muß irgendwann 1924 gewesen sein, als ich etwa sechs Jahre alt war – im Kino Sture in Stockholm lief, und der Film hieß *Der schöne Schwarze* und handelte von einem Gaul. Ich erinnere mich immer noch an eine Passage, wo es brannte, es war eine Feuersbrunst, daran erinnere ich mich lebhaft. Ich weiß auch noch, daß das Ganze mich ziemlich aufgeregt hat, und daß das Buch *Der schöne Schwarze* angeschafft wurde und ich das Kapitel über den Brand auswendig lernte. Ich konnte damals ja noch nicht lesen.

Jonas Sima: Du sollst mit deinem älteren Bruder zu Filmvorführungen gegangen sein.

IB: Ja, ins Östermalms Gymnasium. Das war später. Samstagnachmittags um sechs.

JS: Was hast du da gesehen?

IB: Das waren Filme, die für die Schuljugend geeignet waren. Aber ich weiß, daß das, was mich am meisten faszinierte, der Projektor war, der oben auf der Empore stand und ein Bursche, der ihn bediente. Auf den war ich neidisch. Dann erinnere ich mich, daß ich sehr oft in Uppsala bei meiner Großmutter war und dort einen Typ kennenlernte, der Vorführer im Schloßkino war: mir kam es ja so vor, als wäre der jeden Abend im Himmelreich. Mit dem Burschen freundete ich mich nach und nach an, und wenn ich von meiner Großmutter die Erlaubnis bekam, ins Kino zu gehen, dann ging ich ins Schloßkino und sah von oben vom Vorführraum aus zu und sparte Geld.

SB: Wie alt bist du da gewesen?

IB: Damals war ich wohl so an die zehn, elf Jahre alt. Der Typ kochte Kaffee auf dem elektrischen Widerstand der Saalbeleuchtung. Er fummelte viel an mir herum, fällt mir ein, aber er war eher schüchtern, so daß ich nicht glaube, daß es zu irgendwelchen größeren Geschichten kam. Ich erinnere mich jedenfalls, daß ich ihn ein bißchen widerlich fand, so daß ich mich allmählich zurückzog.

In der Familie hatten wir eine wohlhabende Tante, die immer besondere Weihnachtsgeschenke machte. Sie war so eng mit dem Haus verbunden,

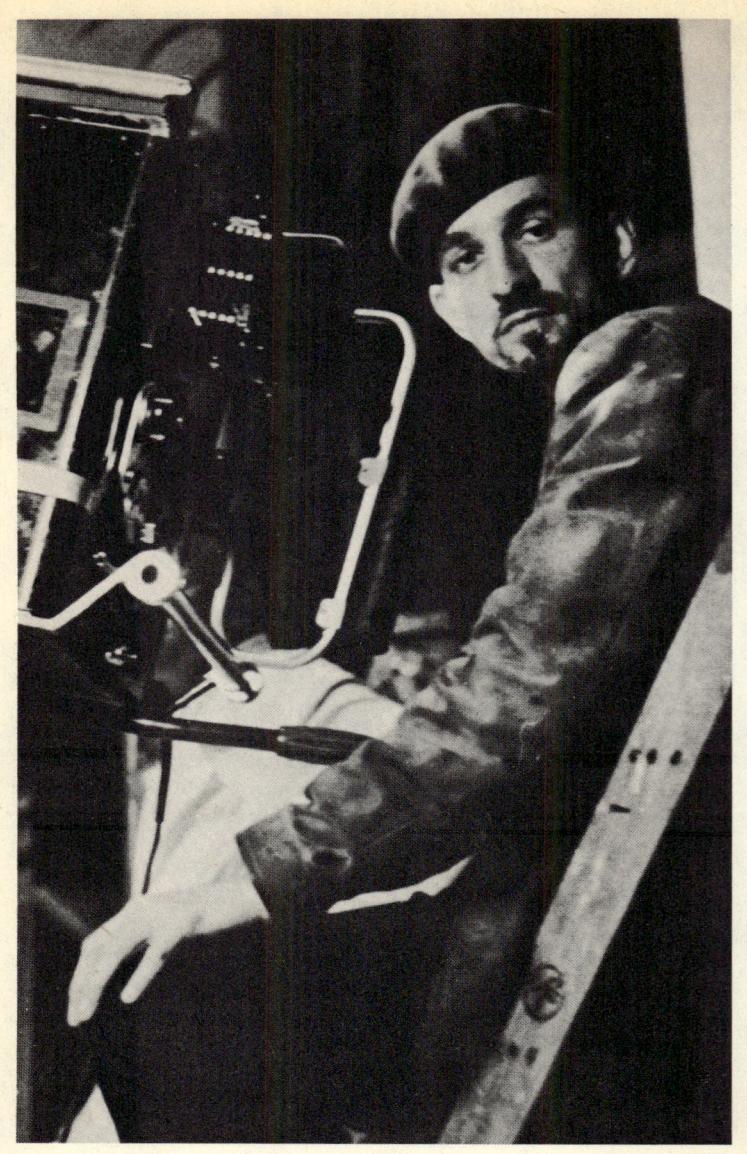

daß sie sogar ins Abendgebet der Kinder eingeschlossen wurde. Zu Weihnachten bekam man feine Geschenke; unter der Treppe stand der Geschenkkorb, der sich nach und nach füllte. Ich muß damals neun, zehn Jahre alt gewesen sein. Plötzlich lagen Tante Annas Geschenke in dem Korb, und auf einem der Pakete stand *Forsners*; da wußte ich, daß darin ein Kinematograph war. So einen hatte ich mir schon ein paar Jahre heiß gewünscht, aber man fand mich zu klein dafür.

JS: Forsners war also ein bekanntes Fotogeschäft?

IB: Ja, das war eine Fotofirma in der Hamngata in Stockholm. Ich war unglaublich aufgeregt – weil mein Vater Pastor war, bekamen wir die Weihnachtsgeschenke nicht Heiligabend, sondern immer erst am ersten Weihnachtstag. Ich konnte den Tag kaum erwarten, und ihr könnt meine Enttäuschung verstehen, als mein vier Jahre älterer Bruder diesen Kinematographen bekam und ich einen Teddybären. Das war eine der bittersten Enttäuschungen meines Lebens. Mein Bruder interessierte sich ja nicht die Bohne für die Kinematographie. Wir hatten beide eine Masse Zinnsoldaten, und ich kaufte ihm am zweiten Feiertag den Kinematographen für die Hälfte meiner Armee ab; danach bezog ich dann in allen Schlachten Prügel. Aber ich hatte auf jeden Fall den Kinematographen.

Zeit meines Lebens werde ich nicht vergessen, wie er aussah und wie er konstruiert war. Ich weiß nicht, ob ihr diese kleinen Maschinen jemals gesehen habt. Da war also eine einfache hohe Blechkiste, schwarz und mit einem einfachen Linsensystem, einer Petroleumlampe und einem Schornstein, der nach oben ragte, und aus dem Schornstein rauchte es ein bißchen. Der Apparat war teils für Unendlichlichkeitsfilme konstruiert – das waren »Schleifen« von ungefähr zwei, drei Metern – teils war er für Skioptikonbilder konstruiert, die man ins Linsensystem einziehen konnte, farbige Skioptikonbilder, aus Deutschland, bemalt mit *Rotkäppchen* und *Schneewittchen*. Außerdem konnte man Filme kaufen, das waren die alten feuergefährlichen. Es war ja ein kolossal kleines Bild, das man mit einer Petroleumlampe als Lichtquelle bekam.

Ich kann mich immer noch genau an diese ersten Filme erinnern. Das war ein magisches Erlebnis. Der allererste war braun und hieß *Frau Holle*.

Torsten Manns: Das ist eine Märchenfigur, die Daunen ausschüttelt, so daß es auf dem Bild wie Schnee aussieht.

IB: Ja genau. Es gab keine Spur von einer Frau Holle in diesem Film. Er war braun getönt und zeigte ein Mädchen in Nationaltracht, das auf einer Wiese lag und schlief. Dann wurde sie wach, erhob sich und tanzte im Kreis und verschwand nach rechts; oder nach links, wenn man umgekehrt in die Linse guckte. Das wiederholte sich die ganze Zeit, solange man kurbelte.

Dann kam ich dahinter, daß man zu *Claestorpsboden* gehen konnte – dem Spielzeugladen in der Smålandsgata, genau gegenüber der Königlichen Bibliothek, den es auch schon in meiner Kindheit gab. Da konnte man Film für fünf Öre den Meter kaufen. Sie hatten lange und kurze Rollen, und dort habe ich dann mehrere Jahre Filme gekauft. Allmählich fand ich heraus, daß man Filme zusammenkleben konnte. Ich kaufte in der Apotheke etwas, das Essigäther hieß und abscheulich stank und wovon man wahrscheinlich ein bißchen benebelt wurde.

Man erfand Handlungen zu den Stücken, die man allmählich zusammengekauft hatte, und erzählte sie, während man die Rollen abkurbelte. Aus Stabilbauteilen konstruierte ich eine Art Filmhalter, so etwas wie ein Filmrad, so daß ich ungefähr 50–75 Meter auf eine Rolle bekam, und dann setzte ich mich mit der Petroleumlampe in eine Garderobe und kurbelte meinen Film. (Man stelle sich vor, was passiert wäre, wenn ich ein Feuer gelegt hätte; wir wohnten in einem großen Holzhaus.) Schließlich wurde dieses Kino allmählich elektrifiziert und ich schaffte eine 75–Watt–Lampe an, die ich mit einem Lampenhalter befestigte, so daß man ein ordentliches Bild bekam und jedenfalls in zwei Metern Entfernung sehen konnte. Nach und nach habe ich dann Geld gespart und einen größeren Projektor gekauft, der die enorme Summe von 65 Kronen kostete.

Allmählich fing ich auch mit dem Theaterspielen an – mit Puppentheater. Ich habe nie selber Theater gespielt – naja vielleicht irgendwann einmal, aber meistens war es Puppentheater.

JS: Hattest du auch ein Puppentheater zum Spielen bekommen?

IB: Nein, das habe ich ganz und gar selber gebaut. Es hat schrecklich primitiv angefangen, unter dem Spielzeugtisch mit dem Tischtuch als Vorhang. Nach und nach habe ich dann bis zum Abitur verschiedene Puppentheater gebaut, mit Drehbühne und Senkbühne und anderen Finessen.

TM: Wann war das genau?

IB: Ich habe 1937 das Abitur gemacht, ich spreche also von der Zeit zwischen 1924 und 1937.

TM: Und das Puppentheater war . . .?

IB: . . . so im Alter von elf, zwölf Jahren.

Aber zurück zu der Sache mit diesem Projektor. Ich habe mir dann eine Kastenkamera für sechsfünfzig gekauft. Für diese Kastenkamera habe ich Filme gemacht, oder richtiger gesagt, Filme arrangiert, und dann habe ich ein Kino aus Pappe mit einer Leinwand gebaut und darauf habe ich die Bilder geklebt, die ich aufgenommen hatte. Ich habe ganze Serien von Spielfilmen hergestellt, die ich auf dieser Leinwand durchzog und dann so tat, als handle es sich um Kino.

JS: Hast du auch Publikum gehabt?

IB: Ja, meistens ist es meine Schwester gewesen, die diese Schikanen über sich ergehen lassen mußte.

SB: Hast du noch welche von diesen Filmen?

IB: Nein, die sind alle weg.

JS: Du hast also nicht die Jungen aus der Nachbarschaft zu deinen Vorstellungen eingeladen?

IB: Nein, dazu war ich viel zu schüchtern. Einmal ist bei einer Theatervorstellung meine Mutter aufgetaucht und hat zugesehen, aber sonst habe ich kein Publikum gehabt.

SB: Dein Puppentheater hast du also auch nicht vor anderen Zuschauern gespielt?

IB: Nein, niemals. Als ich so sechzehn, siebzehn wurde, hatte ich etwas größere Theatervorstellungen.

SB: Was für Stücke hast du da gespielt? Hast du sie nach Büchern geschrieben, die du gelesen hast?

IB: Ich habe die ganze dramatische Weltliteratur benutzt. Ich habe »Glückspeter« und »Meister Olof« inszeniert, viel Strindberg und sogar Maeterlincks »Der blaue Vogel«. Aber es mußten in erster Linie spektakuläre Stücke sein, wo man viel Bühnenmaschinerie und Beleuchtungen brauchte.

JS: Du hast dir also auch Filme gekauft. Gab es zum Beispiel Chaplins Filme?

IB: Damals nicht. Nein, es gab überhaupt keine ganzen Filme, sondern nur Wochenschaufetzen und Stücke aus alten Spielfilmen und dergleichen – ganz unzusammenhängend. Es gab damals noch keine kopierten Filme.

JS: Es wäre interessant, wenn du deine Filmfetzen noch hättest.

IB: Nach dem Abitur habe ich den ganzen Kram an einen jüngeren Cousin verkauft – ich hatte immer zu wenig Geld – und damit zerstreute sich alles! Ich weiß nicht, wo sie hingekommen sind. Manchmal tut es mir leid, denn es wäre schön, sie noch einmal zu sehen. Aber die kleine Farce in *Gefängnis* ist eine Rekonstruktion eines kurzen Filmabschnitts, den ich bei *Claestorpsboden* gekauft habe.

JS: Es sieht wie eine Pathéproduktion aus.

IB: Es ist wohl ein alter Pathé. Er handelte von einem Mann, der in ein Zimmer kam, in dem es spukte. Aus den Vorhängen kam plötzlich ein Totenschädel hervor, der Teufel sprang aus einem Sarg und ein Mörder trat auf, der ihn jagte. Dann kam ein Polizist herein, der den Mörder jagte, und so jagten sie sich im Kreis, aber einen Schluß hatte das Ganze nicht.

JS: Waren es Mitglieder des Opernballetts, die in dem Film spielten?

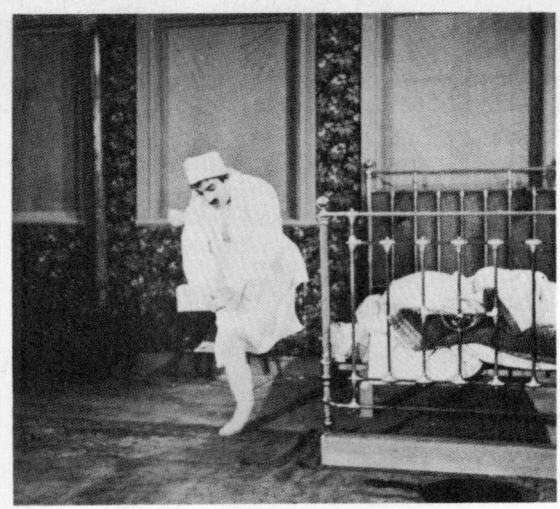

Aus der Farce in *Gefängnis*.

IB: Nein, das waren drei Varietéartisten, drei Italiener, die mehr oder weniger hier in Schweden eingefroren waren.

SB: Als du diese Puppentheatervorstellungen aufgeführt hast, hast du da die Puppen und das Dekor und so weiter für jede Aufführung selber hergestellt?

IB: Ich habe eine vier Jahre jüngere Schwester, die an diesen Theaterproduktionen beteiligt war.

JS: Bist du als Gymnasiast viel ins Kino gegangen?

IB: Ich war manischer Kinogänger. Manchmal habe ich diese Anfälle heute noch, besonders wenn ich selber mit Filmen beschäftigt bin.

JS: Wirst du davon nicht abgelenkt?

IB: Kein bißchen. Früher – am Anfang hat es mich mächtig gestört. Wenn ich am Abend im Kino saß, habe ich verglichen mit dem, was ich selber gerade gemacht hatte.

SB: Aber es kann doch leicht passieren, daß man – selbst wenn man weiß, daß man Filme auf seine eigene Art macht – das, was man sieht, in Relation setzt zu dem, was man selber macht. Daß man beeinflußt wird von einzelnen Szenen, Bildern, die man sieht und die einen ansprechen.

IB: Wenn ich selber an einem Film arbeite und in dieser Zeit einen Film beispielsweise von Vilgot Sjöman, Fellini oder irgend jemand sehe, so beurteile ich ihn von dem aus, womit ich selber gerade beschäftigt bin. Aber einen direkten Vergleich – nein, ich glaube, da halte ich meine Schotten wasserdicht. Manchmal, bei einem intensiven filmischen Erlebnis, kann man vielleicht einen Augenblick das Gefühl haben, daß das, womit man selber beschäftigt ist, sinnlos ist. Das erlebe ich manchmal beim Fernsehen. Da kann ich plötzlich das Gefühl haben, daß Spielfilme etwas Veraltetes sind, das man an den Nagel hängen könnte. Es ist wohl mehr ein moralisches Dilemma: die Dramen, die wir *fabrizieren,* können es an Suggestionskraft, Unmittelbarkeit und Phantasieanregung keinen Augenblick mit der Fernsehdramatik aufnehmen.

JS: Du siehst mit anderen Worten viel fern.

IB: Ja, ganz enorm.

SB: Siehst du auch Spielfilme im Fernsehen?

IB: Ja.

SB: Was hältst du davon?

IB: Ich bin kein Bücherwurm, bin es nie gewesen und werde es nie sein können. Aber ich verschlinge alles, was mit Bildern zu tun hat. Das berührt mich intensiv und nahe. Bildliches und Akustisches – Bild und Ton – kommen mir am nächsten.

SB: Hast du schon während der Schulzeit irgendwelche Filmidole gehabt?

Eine beschützte Welt.
Tischszene aus *Wilde Erdbeeren*.

IB: Während meiner Kindheit und Jugend in den zwanziger Jahren und Anfang der dreißiger, in dem Milieu, in dem ich aufwuchs, samt Schule und Lebensform, befand ich mich wie im Halbschlaf. Ich war intellektuell ungeweckt, emotionell verwirrt und wurde in einem Milieu erzogen, das im Verhältnis zu der Welt, in die ich hinausgeworfen wurde, vollkommen ahnungslos war. Alles, was mit intellektuellem Hunger zu tun hatte, waren unbewußte Regungen, und ich stand vollständig ungeschützt sämtlichen starken Einflüssen gegenüber. Ich bin in eine Privatpenne gegangen und war ziemlich viel krank und habe ziemlich viel gefehlt und war deshalb häufig in Dalarna bei meiner Großmutter; und zu Hause war ein gottesfürchtiges Milieu. Alles war fünfzig Jahre hinter der Zeit zurück. Ich hatte weder einen Mentor noch einen Lehrer, keinen, der mich bei der Hand nahm und hinausführte. Die Kameraden waren genauso stumpf und debil und schlapp umhertreibend wie man selbst, es gab nichts Weckendes oder Anregendes in unserer Umgebung. Äußerlich war es eine beschützte Welt – aber innen war sie vollständig unsicher.

TM: Aber so allmählich entwickelt sich etwas . . .?

IB: Ja, ich ging also zur Hochschule, wie es damals hieß. 1938. Damals begann ja irgendein kleiner Wind zu blasen, aber auch dieses Windchen war ziemlich stickig und muffig.

JS: Du scheinst auf verschiedene Weise – ganz natürlich im übrigen – in Verbindung mit der Literatur und Kunst der vierziger Jahre in Schweden zu stehen – und dennoch hast du außerhalb der Gruppenbildungen gestanden. Hatte die Isolierung in deinem Elternhaus und die soziale Kontaktlosigkeit, die du in der Schule und unter deinen Kameraden erlebt hast, einen Zusammenhang mit der relativen Isolierung im Verhältnis zu deinen Generationsgenossen und den Gruppenbildungen der vierziger Jahre?

IB: Zwischen den Leuten von Theater, Film und Literatur waren wasserdichte Schotten. Die Schriftsteller stiegen dann und wann herüber und schrieben ein Manuskript herunter, wofür sie bezahlt wurden – die Verachtung für Film und Theater stammte wohl von den Universitäten her und färbte in hohem Grad die Literatur der vierziger Jahre, vielleicht speziell hier in Schweden. Dieser Verachtung gegenüber stand indessen die der Theaterleute für die literarischen Koryphäen und die Akademiker.

SB: In *Musik i mörker* (Musik im Dunkeln) vertritt Bengt Eklund eine Art linkssozialistisches Engagement.

IB: Ich hatte keinerlei politische Passionen. Ich habe hauptsächlich schwer geschuftet und mußte Geld für zwei Familien heranschaffen und kümmerte mich um nichts anderes als um meine Theaterinszenierungen und Filme.

JS: Empfindest du diesen Typ von Fragen und auch die Art von Kritik, die

Figuren der vierziger Jahre in einem frühen Bergman-Film: Caligula (Stig Järrel) in *Die Hörige* (Regie: Alf Sjöberg, Manuskript: IB).

beispielsweise nach *Die Jungfrauenquelle* gegen dich gerichtet wurde, als Anklagen?

IB: Nein, überhaupt nicht. Ich halte die Kritik für relevant. Ich habe die Erlösungsproblematik nie politisch, sondern nur religiös aufgefaßt, und das war für mich das Wesentliche. Existiert Gott, oder existiert er nicht? Können wir durch ein Glaubensverhältnis zu einer Gemeinschaft und zu einer besseren Welt kommen, oder, wenn Gott nicht existiert, was machen wir dann? Wie sieht die Welt aus? Es war nicht der Schimmer einer politischen Färbung darin. Mein Aufruhr gegen die bürgerliche Gesellschaft – das war der Aufruhr gegen den Vater. Ich war ein Bursche an der Peripherie, der von allen möglichen Seiten mit Mißtrauen betrachtet und ziemlich großen materiellen Demütigungen ausgesetzt wurde.

TM: Ich habe das Gefühl, daß das auch für die Schauspieler galt, was man ja heutzutage nicht mehr sagen kann. Aber man kann auch der Meinung

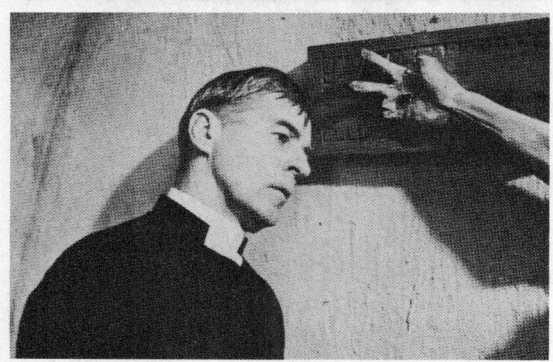

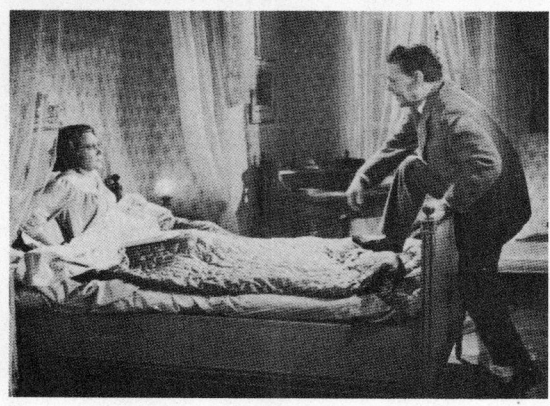

Der Tod, Gott und
der Teufel. Bengt
Ekerot in *Das
siebente Siegel*
(oben), Gunnar
Björnstrand in
Licht im Winter
(mitte) und Sture
Lagerwall mit
Gertrud Fridh in
Das Teufelsauge
(unten).

sein, daß es eigenartig ist, daß diese große Gruppe von Menschen – diese große Gruppe von Künstlern in keiner Weise versuchte, gegen diese Sicht auf ihren Berufsstand zu reagieren oder ihr entgegenzutreten ...

IB: Die Situation war eine radikal andere. Nach dem Krieg, als ich nach Göteborg kam, war das Ensemble gespalten in alte ehemalige Nazis und Juden und Antinazis. In diesem Ensemble war eine Menge politischer Sprengstoff, aber Torsten Hammarén hielt das Ganze mit eiserner Hand zusammen. Er hatte ein wirkungsvolles Erpressungsmittel, das dürfen wir nicht vergessen. Einerseits war die Arbeitslosigkeit unter den Schauspielern in Schweden in jener Zeit beträchtlich, andererseits waren die Schauspieler unterbezahlt: ihre Verträge liefen über acht Monate, und während der übrigen vier Monate konnte jedermann darauf pfeifen, was die Schauspieler machten. Sie mußten dankbar sein, wenn sie überhaupt Arbeit hatten. Auf diese Weise konnte dieses Ensemble von starken Persönlichkeiten und mit harten inneren Widersprüchen zusammengehalten werden. Außerdem gab es nur noch das Dramatische Theater in Stockholm, in Malmö hatte man gerade angefangen, und das Theater in Hälsingborg. Etwas anderes gab es nicht, außer in gewissem Rahmen das Reichstheater. Dies ist ein Teil des Hintergrunds der politischen Gleichgültigkeit der Schauspieler. Hoffnungslosigkeit schafft ja meistens Gleichgültigkeit.

JS: Aber glaubst du nicht auch, daß gerade in einer solchen Situation der Keim für eine gewerkschaftliche Entwicklung gegeben war? Der gewerkschaftliche Durchbruch in Schweden kam doch immerhin in den dreißiger Jahren, aber unter den Schauspielern ist die gewerkschaftliche Bewegung erst jetzt akzeptiert worden und hat sich erst heute stark entwickelt. War es eine Art romantische Einstellung gegenüber dem Beruf, die es so schwer gemacht hat, die Schauspieler zu einen?

IB: Ein Schauspieler sagt: Ich habe eine gute Rolle, warum soll ich für diesen Idioten streiken, der nicht einmal Talent hat! Es ist viel einfacher, Menschen zu vereinigen, die die gleiche Schraube an einem Fließband anziehen. Aber man kann nicht zwei Schauspieler treffen, die ihren Beruf auf die gleiche Art und Weise auffassen.

SB: Viele Schauspieler empfinden vielleicht auch ihre Situation als einzigartig?

IB: Das liegt in ihrer ganzen Psyche. Darum ist es so schwer gewesen, den Schauspielern ein gewerkschaftliches Bewußtsein beizubringen. Als ich Intendant des Königlichen Dramatischen Theaters wurde, sagte einer der älteren sehr profilierten Schauspieler: Jetzt haben wir einen neuen Chef, aber ich pfeife darauf, wer mich unterdrückt, die Hauptsache ist, ich bekomme gute Rollen. Seit es den Schauspielern mehr und mehr besser geht, ist ihr gewerkschaftliches Interesse gestiegen. Wir dürfen nicht vergessen, daß Menschen, denen es schlecht geht, und die in kleine Gruppen gespalten sind, wo es einigen gut und anderen schlecht geht, sich nur schwer zusammenschließen.

SB: Hast du das Gefühl, daß Schauspieler im allgemeinen – sei es beim Film oder beim Theater – den Wunsch oder das Bedürfnis haben, sich einem autoritären Willen unterzuordnen, dem des Regisseurs, und daß ihr politisches und soziales Bewußtsein vielleicht auch dadurch zurückgeblieben ist?

IB: Du fragst eigentlich nach zwei Dingen. Auf das eine will ich zuerst antworten, da bin ich sicher. Der Schauspieler exponiert sich, er exponiert seine Stimme, er exponiert seinen Körper, er exponiert sein Seelenleben im Verhältnis zu einem Publikum, also von einem Podium herunter oder vor einer Kamera oder einem Mikrophon. Der Schauspieler hat in dem Augenblick, in dem er sich exponiert, ein starkes Bedürfnis nach einem korrigierenden und kontrollierenden Ohr und Auge, das ihm die ganze Zeit folgt – genau wie der Tänzer oder die Tänzerin den Spiegel haben, oder wie der Musiker das Tonbandgerät hat. Das ist ein vollkommen legitimes Bedürfnis des Schauspielers, das wir verstehen und befriedigen sollen. Aber wer dies gleichzeitig ausnutzt, um den Schauspieler ungebührlich in der einen oder anderen Richtung zu indoktrinieren, der macht sich eines riskanten Betruges schuldig, wenn ihr versteht, was ich damit meine. Ich glaube, der Mangel des Schauspielers an politischem Interesse, an sozialem Interesse hängt in hohem Grad damit zusammen, daß er sein eigenes Instrument ist, das er in so hohem Grad in seine eigene Welt, in sich selber eingeschlossen ist.

SB: Ein Schauspieler des Dramatischen Theaters hat neulich geäußert, er fände, Schauspieler sollten sich nicht mit Politik, sie sollten sich nur mit dem Theater befassen.

IB: Es gibt keinen Unterschied zwischen Schauspielern und gewöhnlichen Menschen. Gleichzeitig bin ich der Auffassung, daß diese hysterische Forderung, der Schauspieler müsse gesellschaftlich engagiert sein, Nonsens ist. Der Schauspieler soll so sein, wie er selber es will und wie er selber es kann. Ich finde, daß alle Formen von Indoktrinierung von Übel sind.

JS: In bezug auf Bergman und das Engagement hat Jörn Donner eine sehr feine Charakteristik geschrieben, finde ich. Ich zitiere aus »Djävulens ansikte«: »Das Infragestellen und Überprüfen der sozialen Konventionen, gerade durch die Konzentration auf das Moralische, macht Bergman zu einem Dichter mitten in der Zeit.« Das schreibt Donner in seinem Bergmanbuch. Du schilderst und deutest eine Situation von Chaos und Unsicherheit innerhalb des abendländischen Kulturkreises. Darum, meint Donner in seiner Argumentation, bist du ein Dichter, der intuitiv auf der Höhe seiner Zeit steht.

Wie stehst du zu einer solchen Beschreibung? Befriedigt dich ein solches soziales Alibi von einem Kritiker, der dir ja auch das Gegenteil vorgeworfen hat – und das vielleicht noch immer tut?

IB: Ich drücke bestimmte Dinge mit Leidenschaft aus, andere sind mir gleichgültig. Ich lasse mich nicht nach der einen oder anderen Seite ziehen. Ich lehne es ab, mich auf irgendeine Weise einer Formel oder einem System anzupassen oder mich einer Seite zuzuwenden, die mich nicht interessiert. Ich weiß, daß ich in dem Augenblick, wo ich so etwas tue, schlechte Arbeit leiste.

SB: Du legst deine Erfahrungen von der Welt dar, Erfahrungen, die du selber gemacht hast. Aber du könntest keine programmatischen Filme drehen.

IB: Nein, nie ideologisch gebundene, das kann ich nicht, das existiert für mich nicht.

JS: Gleichzeitig bist du deinen Grundanschauungen ungewöhnlich treu. Manche wollen deine Filmproduktion als eine Einheit sehen, aber damit machen sie es sich wahrscheinlich zu leicht.

IB: Meine Grundanschauung ist, keine Grundanschauung zu haben. Meine Lebensvorstellungen waren zunächst äußerst dogmatisch und haben sich nach und nach aufgelöst. Sie existieren nicht mehr.

JS: Ich möchte zurückkommen zu der Behauptung von Jörn Donner, daß du ein Dichter seist, der intuitiv auf der Höhe der Zeit steht – und nun sagst du plötzlich: Ich bin ein Mensch ohne irgendeine fixierte Anschauung. Man kann vielleicht das Problem umkehren und sagen, daß du immer noch auf der Höhe der Zeit bist, um es feierlich auszudrücken, aber daß das, wovon du jetzt sprichst, auch ein Dilemma unserer Zeit ist.

IB: Ich bin ein Radargerät, das Sachen und Dinge registriert und das Sachen und Dinge in gespiegelter Form zurückgibt, gemischt mit Erinnerungen, Träumen und Vorstellungen. Eine Sehnsucht und ein Formwille.

JS: Kann man in der heutigen Gesellschaft ideologielos sein? Ist man nicht gezwungen – auch wenn es schwierig ist – politisch Stellung zu nehmen?

IB: Ich habe das starke Empfinden, daß unsere Welt untergeht. Unsere politischen Systeme sind tief kompromittiert und nicht mehr zu gebrauchen. Unser soziales Verhaltensmuster – nach außen wie nach innen – hat Schiffbruch erlitten. Das Tragische ist, daß wir die Fahrtrichtung nicht ändern können oder wollen. Es ist zu spät für Revolutionen, und im Innersten glauben wir nicht mehr an ihren positiven Effekt. Eine Insektenwelt steht vor der Tür und wird eines Tages über unser hochindividualisiertes Dasein hereinbrechen. Im übrigen bin ich ein ordentlicher Sozialdemokrat.

TM: Du hast gesagt, du seist von Strindberg beeinflußt und fasziniert, aber dein Frauenbild ist etwas völlig anderes als das von Strindberg – du bist doch *für* die Frauen, während er ein Frauenfeind war ...

IB: Strindbergs Frauenerlebnis ist ambivalent. Er ist ein besessener Frauenverehrer und gleichzeitig ist er ein besessener Frauenverfolger. Er ist beides zugleich; und seine Psyche besteht aus fünfzig Prozent Frau und fünfzig Prozent Mann; am klarsten sieht man das in »Fräulein Julie«, wo Mann und Frau die ganze Zeit miteinander Masken tauschen. Was mein sogenanntes Frauenbild anbelangt, so handelt es sich nicht um ein speziell ausgesprochenes, methodisches Frauenbild, wie beispielsweise Marianne Höök es in ihrem Bergmanbuch aufzugliedern versucht hat. Bei jedem Dramatiker treten bestimmte Grundtypen auf, die dann auf verschiedene Weise verkleidet werden. Es ist furchtbar leicht, diese Grundtypen wiederzuerkennen, wenn man Lust dazu hat. Aber ich unterscheide nicht speziell zwischen männlich und weiblich. Ich habe kein bestimmtes Frauenbild. Es macht mir Spaß, mit Frauen zusammen zu arbeiten, aber wie ich zu eurem Kollegen Lars-Olof Löthwall in einem Interview gesagt habe: das liegt nur daran, daß ich ein Mann bin.

JS: Ich finde, du beschreibst die Frau so gut wie immer als ein lebensbejahendes Geschlechtswesen, um nun dieses Frauenbild zu vereinfachen, und daneben schilderst du die intellektuelle Frau, die moderne, emanzipierte, als kalt und frigide und neurotisch. Wenn man z. B. Cecilia in *An der Schwelle des Lebens* oder Esther in *Das Schweigen* nimmt, die bezeichnenderweise von derselben Schauspielerin gespielt werden – Ingrid Thulin –, dann scheinen sie mir gerade aufgrund ihrer modernen Frauenauffassung unglücklich zu sein.

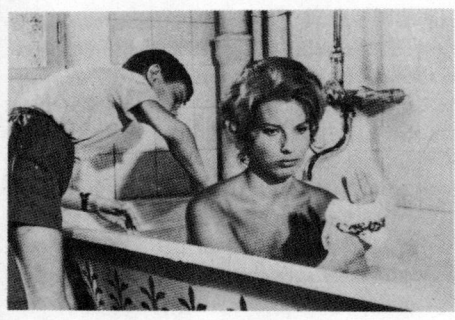

Gunnel Lindblom und Jörgen Lindström in *Das Schweigen.*

Eva Dahlbeck in *Das
Lächeln einer Sommer-
nacht,* Harriet Andersson
in *Ach, diese Frauen!* und
Ingrid Thulin in *Wilde
Erdbeeren.*

IB: Für Cecilia bin ich nicht verantwortlich, sie ist Ulla Isakssons Geschöpf. Aber für Esther stehe ich gerade – Esther im *Schweigen* könnte zum Beispiel ebensogut ein Mann gewesen sein und in der ersten Skizze war sie ein Mann. Esther und Anna waren Mann und Frau. Der Film enthält nichts davon, daß die emanzipierte Frau neurotischer oder frigider oder sonst irgendwie nicht in Ordnung wäre.

JS: Du bist also nicht reserviert gegenüber der modernen, gesellschaftlich bewußten Frau?

IB: Nein, im Gegenteil. In meinem Beruf habe ich doch täglich mit berufstätigen Frauen zu tun und empfinde sie wirklich nicht als geschädigt oder neurotisch. Der langwierige und komplizierte Prozeß der Befreiung, den wir beobachten, ist doch etwas Großartiges.

JS: Bist du der Ansicht, daß es in deinen Filmen Frauengestalten gibt, die die aktuelle Diskussion über die Rollen der Geschlechter direkt kommentieren?

IB: Nein, überhaupt nicht.

JS: Du würdest nicht einmal zugeben, daß es in deinen früheren Filmen bestimmte Geschlechterrollenauffassungen gab – ein süßes Mädchen sollte aussehen wie ein süßes Mädchen?

IB: Das glaube ich allerdings, daß es die gab. Wir müssen unterscheiden, wie ich heute zu den Dingen stehe und wie ich sie vor einer ganzen Zeit – vor zehn oder fünfzehn Jahren – gesehen habe.

SB: Nelly in *An die Freude* ist ja eine unerhört übertriebene Figur in diesem Zusammenhang.

IB: Ja, schrecklich.

TM: Es kommen bei dir – wie Jonas sagt – blumige Gestalten vor und weiche, runde. Anna im *Schweigen* . . .

JS: Marianne Höök gebraucht in ihrem Buch ein Modell in bezug auf deine Frauenrollen. Sie arbeitet mit drei Frauentypen: »die triumphierende Venus« – das wäre Eva Dahlbeck, Diana wird von Anita Björk repräsentiert und Ingrid Thulin vertritt Hebe.

IB: Für Leute, die schreiben, ist es wichtig, einen Gesichtspunkt herauszustellen. Sie stellen fest: so und so ist es, und dann zwingen sie vierkantige Pflöcke in runde Löcher. Es ist sehr gut möglich, daß an dem, was Marianne Höök sagt, etwas dran ist. Ich finde nur, es ist vollkommen uninteressant.

TM: Dann ist es auch uninteressant, danach zu fragen, wo Liv Ullmann in diesem System unterzubringen wäre?

IB: Ja, völlig uninteressant, weil ich unerhört fasziniert bin von ihr, von ihrer Suggestivkraft als Schauspielerin. Sie hat eine lange Bühnenkarriere hinter sich. Ich habe mit ihr auf dem Theater gearbeitet. Ich sehe verschie-

IB und Allan Edwall bei den Dreharbeiten zu *Ach, diese Frauen*!

dene Rollenfiguren, die sich in ihrem Gesicht spiegeln. Es ist ein Gesicht, das sich zu einer großen Anzahl unterschiedlicher Rollen hergeben kann. Und dann bin ich privat sehr von ihr angetan, aber das ist was anderes.

SB: Man kann sagen, daß diese drei Typen, die Marianne Höök beschrieben hat und über die wir gesprochen haben, deinen Portraits in *Ach, diese Frauen!* zugrunde gelegen haben. Da hast du dem Publikum und den Kritikern ja gegeben, was sie an typisierten Frauen haben wollten.

IB: Der Film ist ein Ausbruch wirklich schlechter Laune. Ich habe ihn jetzt wiedergesehen – seit dem Fiasko hatte ich ihn nicht mehr angeschaut und habe mir nun vor ein paar Wochen den Spaß gemacht, ihn noch einmal anzusehen und dabei gedacht: ein verdammt mürrischer Film, und gleichzeitig ist mir aufgegangen, wie ich ihn hätte machen sollen. Das heißt, das war etwas früher, aber das spielt hier keine Rolle.

SB: Wir sollten das nicht auf sich beruhen lassen. Ich finde, der Film ist sowohl mißverstanden als auch unterschätzt worden.

IB: Ja, das finde ich auch, aber ich glaube, er war überall eine Katastrophe.

SB: In Frankreich und England hat die Kritik ihn jedenfalls gut aufgenommen.

IB: Wirklich? Naja, davon weiß ich nichts. Ich habe nur die Dose zugemacht und gedacht, die Sache ist ranzig.

TM: Man sieht aber Fotos aus diesem Film in Kinozeitschriften auf der ganzen Welt.

IB: Das ist ja erfreulich. Aber wir können gern über den Film reden, wo wir so weit gekommen sind. Ich war müde und sauer, als ich den Film drehte, und das merkt man ihm auch an. Er ist bösartig und verletzend. Er fußt auf einer wirklichen Begebenheit. Meine damalige Frau, eine Pianistin, hatte eine italienische Lehrerin. Sie war mit einem hervorragenden deutschen Geiger verheiratet – er starb vor einigen Jahren –, der mit ihr zusammen auf Tourneen durch die ganze Welt zog und auf Schlössern und in Herrenhäusern lebte. Er war ein kleiner, fetter, schielender Mann mit einer eigenartigen dämonischen Ausstrahlung auf Frauen, und seine Frau wurde nach und nach eine Art Verkehrspolizist für alle seine Weiber. Er litt an irgendeiner Art von »Satyriasis« und mußte ununterbrochen Frauen haben, und die Frauen waren verrückt nach ihm – immer und überall. Damit fing die Geschichte an – ich fand, das wäre doch eine hübsche Idee für einen Film. Sie wohnten bei wohlhabenden alten Damen, unter anderen einer, die ihn in seiner Jugend lanciert, ernährt und unterrichtet hatte – ein vollständig vulgärer, vollständig ungebildeter, amoralischer Mann, aber ein phantastischer Musiker.

Und eines Tages – lange nachdem der Film fertig war – zeigt mir die Lehrerin ein Album mit Fotos aus ihrem bewegten Leben und da – es ist so albern, das zu erzählen, aber ich kann es nicht lassen – da sehe ich plötzlich eine Fotografie, die zeigt, wie der Film hätte gemacht werden sollen. Auf dem Bild sieht man diesen Geiger: da ist ein Schloß, eine Schloßtreppe, und ganz offensichtlich ist es Nachmittag, die Sonne steht ziemlich schräg. Auf der Treppe steht der Musiker zusammen mit ein paar anderen genauso berühmten Genies, wahrscheinlich nach einem guten Essen. Von der einen Wand des Schlosses ist der Putz abgefallen, und auf der Treppe wächst Unkraut. Im Hintergrund – schräg in der Ecke – sieht man einen alten Pavillon, der halb eingefallen ist, und unten rechts eine Statue, die ebenfalls aussieht, als hätten die Tauben sie die letzten fünfzig Jahre als Scheißhaus benutzt. Im Hintergrund sieht man ein paar Glastüren. Hinter den Glastüren sind die Gesichter von vier, fünf Frauen zu erkennen, darunter eine alte Hexe – wenn man sie mit dem Vergrößerungsglas betrachtet, hat sie das lasterhafteste Gesicht, das man sich überhaupt vorstellen kann. Da stehen also die alten Halunken mit Bäuchen und beschlagenen Brillen und ein bißchen unrasiert und in zerknitterten Sommeranzügen, ein bißchen fleckig und unordentlich. Und alles ist nur Verfall und Trunkenheit und Müßiggang und Sommerabend, und ein schwerer Geruch von Schweiß und Geilheit und eine Art unendlicher Frieden über dieser irre komischen Welt.

So hätte der Film gemacht werden müssen! Cornelius hätte in diese Welt hineinkommen sollen. So hätte ich *Ach, diese Frauen!* machen sollen. Wände wären eingefallen und Betten wären zusammengebrochen, und diese Menschen wären die ganze Zeit umhergewankt. Jetzt ist alles lackiert, sophisticated, schnell, hart, giftig, unangenehm, ästhetisch – stattdessen hätte alles unerhört unästhetisch sein müssen, unerhört langsam, unerhört gleichgültig, unerhört zerfallen. Und in diesem Elend wäre nur dieser himmlische, klare Strahl gewesen – wenn der Geiger sein Instrument zur Hand nimmt.

TM: Wir wollen noch einmal auf den Film *Krise* zurückkommen, mit dem du 1945 als Regisseur debütiert hast. Darin hast du versucht, die Atmosphäre einer Stadt so genau wie möglich darzustellen und der Realität anzugleichen.

IB: Nein, Torsten, der Film ist schlecht. Schlecht in jeder Beziehung. Carl-Anders Dymling besuchte mich damals in Hälsingborg (ich war Chef des Stadttheaters dort, 1944 glaube ich). Er hatte ein dänisches Stück gekauft, das »Moderdyret« hieß oder so ähnlich. Das war qualifizierte Publikumshurerei, wahrhaftig. Nun wollte er das Stück verfilmen. Aber alle, denen er es angeboten hatte, hatten abgelehnt. Er sagte: »Du kannst einen Film machen, wenn du ›Moderdyret‹ machst.« Und ich: »Ich mache jeden Mist, wenn ich nur filmen kann.« Das war es nämlich, was ich mir am sehnlichsten wünschte: Filme zu machen. Dymling antwortete: »Also abgemacht.« Ich sollte meinen ersten Film drehen. Ich war fast verrückt vor Glück. Es gibt eine Szene darin, die funktioniert, das ist die im Schönheitssalon. Das sind ungefähr zweihundert Meter.

TM: Meinst du die, wo Marianne Löfgrens Kopf »abgeschnitten« wird?

IB: Diese Sequenz hat eine starke Suggestionskraft. Da funktioniert der Film auf einmal.

SB: Auch die Schauspieler findest du nicht gut?

IB: Nein, nichts ist gut.

SB: Ich möchte gern eine technische Frage stellen, die deine Manuskripte betrifft. Wie schreibst du sie im allgemeinen? Sammelst du Material zu deinen Filmen in Form von Aufzeichnungen, einzelnen festgehaltenen Ideen oder Szenen, die du dann zu einem Manuskript zusammenschreibst, oder schreibst du deinen Text hintereinander von A bis Z?

IB: Ich laufe lange mit ein paar Ideen herum und sammle Material, mache Notizen und so weiter. Weil ich so lange mit verschiedenen Dingen beschäftigt war, bin ich dann gezwungen, in meiner Arbeitseinteilung methodisch vorzugehen. Ich weiß dann, jetzt habe ich sechs oder acht Wochen, in denen ich mein Manuskript schreiben muß; das ist schon lange im voraus geplant. Ich setze mich also nur noch hin und fange an, und dann geht das Manuskriptschreiben sehr, sehr methodisch und sehr diszipliniert und sehr pedantisch vor sich.

SB: Du arbeitest dann also ungefähr wie ein Büroangestellter zwischen neun und fünf?

IB: Halbzehn bis drei, aber in dieser Zeit ausschließlich am Manuskript – dann habe ich nur das im Kopf. Die Ordnung paßt mir gut, und ich fühle mich wohl dabei. Um improvisieren zu können, muß ich genau vorbereitet sein. Ich kann nicht improvisieren, ohne vorbereitet zu sein.

JS: Welches Verhältnis hast du zur romantischen und zur naturalistischen Tradition in der schwedischen Literatur und Kunst?

IB: Es ist vollständig unmöglich, das jetzt aufzugliedern oder auseinanderzulegen, weil es ein Teil meines Erfahrungsinhalts ist. Wo es sitzt und wie stark es mich beeinflußt hat – das kann ich heute nicht mehr analysieren, es ist einfach integriert.

JS: »Der Sohn einer Dienstmagd« scheint in deinen Jahren der Revolte eine gewisse Rolle gespielt zu haben . . .

IB: Das Aggressionsniveau bei Strindberg und bei mir selber – das habe ich am allerstärksten empfunden. Etwas, das mir völlig entging, als ich damals Strindberg gelesen habe, war sein Humor. »Die Leute auf Hemsö« zum Beispiel haben mich in meiner Jugend ziemlich kalt gelassen. Aber die großen Aggressionsstücke, »Schwarze Fahnen« zum Beispiel, konnte ich nachempfinden, und vom »Roten Zimmer« konnte ich das erste Kapitel mehr oder weniger auswendig.

JS: Hast du die Stücke damals auch gelesen?

IB: Ja, das habe ich sogar noch früher getan. Aber Strindberg hat mich durch mein ganzes Leben begleitet, wobei sich Abstoßung und Anziehung abgewechselt haben.

JS: Fühltest du dich von Strindbergs Auffassung vom Künstler angezogen?

IB: Nein, es ging nur darum, daß er Dinge ausdrückte, die ich erlebte, aber nicht in Worte fassen konnte. Ich war in jeder Hinsicht gehemmt – das darf man in diesem Zusammenhang nicht vergessen. Ich hatte Schwierigkeiten zu sprechen – ich stotterte zuweilen, was mir auch jetzt noch manchmal passiert. Ich hatte auch Schwierigkeiten mich schriftlich auszudrücken – es war eine ständige Qual. Ich konnte weder zeichnen noch singen. Ich spielte Musikinstrumente, aber sehr schlecht, weil ich keine Noten lesen konnte. Tanzen konnte ich auch nicht. Ich war überhaupt in allem beschränkt.

JS: Deine Pubertät ist ungewöhnlich schwierig gewesen?

IB: Ja, das muß man wirklich sagen. Sie war dem Wahnsinn so nah wie sonst etwas.

JS: Es ist manchmal gesagt worden, du hättest der schwedischen Literatur zwischen 1910 und 1920 Impulse zu verdanken – Hjalmar Söderberg wie auch Hjalmar Bergman.

IB: Ja, aber Hjalmar Bergman kam später.

JS: Hast du in deinen Jugendjahren viel gelesen?

IB: Ja, viel mehr als heute, weil ich damals mehr Zeit zum Lesen hatte. Aber ich muß sagen, daß es aus literarischer Sicht ein planloses Lesen war; ich habe praktisch alles gelesen, ohne ein richtiges literarisches Urteilsvermögen zu haben. Das bekam ich erst auf der Hochschule, dank der Anleitung durch meine Freunde.

TM: Und einen Mentor hattest du in dieser ganzen Zeit auch nicht?

IB: Nein. Aber Martin Lamm und seine Vorlesungen waren lebenswichtig. Worauf ich vielleicht hinauswill und was zu formulieren mir furchtbar schwer fällt, ist folgendes: daß die Person, die am Ende der dreißiger Jahre eine Art verwirrter künstlerischer Betätigung anfing, ein auf allen Gebieten vollkommen unorientierter Mensch war, der eigentlich aus einem einzigen emotionalen Durcheinander bestand mit Aggressionen nach allen Seiten und der intellektuell beinah total verdunkelt, unreif und unentwickelt war.

Wenn ich von mir selbst im Alter von achtzehn, zwanzig Jahren dieses Bild zeichnen möchte, dann ist das glaube ich keine nachträgliche Rationalisierung, sondern eher etwas, das ich mit einem gewissen Schrecken konstatiere. All das mit Lehrern also, Lehrer im Film und Lehrer im Theater, Idole, Lebensanschauung, all das ist sehr langsam und sehr sehr spät gekommen.

In den fünf Jahren, die ich am Theater in Göteborg unter der Leitung von Torsten Hammarén war, habe ich nie begriffen, daß er mein Lehrer war, weil ich die ganze Zeit gegen ihn opponiert habe. Teilweise habe ich ihn verabscheut. Ich kämpfte die ganze Zeit gegen ihn an. Aber ich saß bei seinen Proben. Wenn er zum Beispiel eine Farce probte – er war Schwedens hervorragendster Regisseur aller Zeiten für dieses Genre, dieser bemerkenswerte Mann –, dann konnte ich mir nie richtig klar machen, warum ich da saß. Und wenn er meine Proben abbrach und mit den Schauspielern über meinen Kopf hinweg redete, stürzte ich natürlich wütend zur Tür, fest entschlossen, nie wieder zurückzukommen. Dann setzte ich mich draußen aufs Klo und schmollte eine halbe Stunde. Danach ging ich wieder rein und hörte zu, wie er meine Instruktionen änderte, und entdeckte, daß ich daraus lernte, trotz der unerquicklichen Verfahrensweise. Und genauso war es mit Lorens Marmstedt – ich begriff nie, daß er mir etwas beibrachte. Seid ihr daran interessiert, wenn wir einen Augenblick darüber reden?

TM: Ja, sehr.

IB: Als ich *Krise* drehte, war Victor Sjöström der einzige Mensch, der überhaupt mit mir reden konnte, vor dem ich ein bißchen Respekt hatte und der in dieser sehr unglücklichen Zeit freundlich zu mir war. Er hatte die Muster vom Drehtag gesehen und kam zu mir und sprach mit mir und es war praktisch ganz und gar sein Verdienst – er war damals künstlerischer Leiter hier draußen in Filmstaden –, daß die Dreharbeiten nicht einfach abgebrochen und eingestellt wurden. Das war Ingmar Bergmans Sein oder Nichtsein als Filmregisseur, und es hing wirklich am seidenen Faden. Aber Sjöström redete morgens mit mir und war freundlich, aber gleichzeitig richtig gut auf eine Art, die ich damals nicht ganz verstand. Er vermittelte mir etwas von seiner kolossalen Erfahrung. Und ich fühlte eine gewisse Sicherheit bei ihm.

Aber dann kam Lorens Marmstedt und sah sich die Muster an mit kalter Wut. Er nannte mich einen verdammten inkompetenten Amateur. Er versprach mir, die Dreharbeiten abzubrechen, er müsse Hasse Ekman hinzuziehen und eine neue Form finden, vor allem aber müsse er zugeben, daß ich kein Marcel Carné sei und Birger Malmsten kein Jean Gabin, daß wir Idioten seien und Wunschdenker. Ja, er sagte uns, wenn wir filmten, dann

Inga Landgré mit ihrer Stiefmutter (Dagny Lind) und ihrer richtigen Mutter (Marianne Löfgren) in *Krise*.

filmten wir nicht, sondern onanierten. »Verdammte Seelenonanie« nannte er es und es wäre privat und wir wären Verräter, nein Betrüger, weil wir sein Geld verpulverten, und mich könne er nicht ertragen und ich wäre prätenziös und widerwärtig – und noch einiges mehr!

Ich nahm auch kein Blatt vor den Mund. Ich sagte ihm, daß er ein Playboy wäre, daß er vulgär und scheißvornehm wäre, und daß er sich mit seinen verdammten Ludern und seinem Alkohol abgeben sollte und nicht mit Kunst, denn er wüßte überhaupt nicht, was das wäre – und so weiter in dem Stil. Aber eins hat er mir grundlegend beigebracht, und dafür bin ich ihm ewig dankbar, abgesehen davon, daß er der erste war, der auf mich setzte: Er ließ mich *Gefängnis* machen, nach meinem ersten eigenen Buch. Er hat

33

mir beigebracht, die täglichen Filmmuster gänzlich objektiv zu sehen, vollkommen sachlich und mit vollständiger Kühle.

Nun hasse ich die Wendung »sich neutralisieren«, aber wenn man seine Aufnahmen sieht, dann wünscht man doch von Herzen, daß sie gut sind, daß etwas auf den Bildern drauf sein soll, daß es nach etwas aussieht, daß das drauf sein soll, was man sich geträumt und gedacht hat. Man weiß auch, daß all die anderen, die mit einem zusammen die Muster ansehen, vom Kameramann bis zum Skriptgirl, alle dasselbe wünschen und träumen: daß sie gut sind, gelungen sind, gut gespielt, schöne Bilder und wirkungsvoll. Lorens hat mich gelehrt, objektiv zu sein, kalt zu sehen, zu untersuchen, ob es wie beabsichtigt funktioniert oder ob es nicht funktioniert. Was ich da gelernt habe, habe ich bis ins kleinste Detail durchgeführt und versucht, es auch meinen Mitarbeitern weiterzuvermitteln. Wenn wir Muster sehen, müssen wir funktionieren, als wären wir unsere eigenen Kritiker, aber ohne Neurosen, ohne Gewissenskonflikte und ganz und gar objektiv. Ein Material, das vorbeirauscht und wo es nur darum geht, festzustellen, was gut ist und was schlecht ist. Das ist eine Grundvoraussetzung dafür, weiterzudrehen; und genauso ist es am Schneidetisch, und nicht anders im Vorführraum. Dies kombiniert mit – ich glaube Faulkner hat den Ausdruck geschaffen – »kill your darlings«. Die zwei Regeln sind fundamental für mich.

TM: Haben sich deine Urteile über Victor Sjöström und Lorens Marmstedt geändert?

IB: Nein. Aber mit Victor Sjöström verhielt es sich auch anders. Seine Filme haben enorm viel für mich bedeutet, besonders *Körkarlen* und *Ingeborg Holm.*

TM: Wann hast du die gesehen?

IB: Das war wohl, als ich zu Svensk Filmindustri kam, 1941, da fing ich an, mir das ganze Lager von Stummfilmen anzusehen. *Körkarlen* hatte ich früher schon gesehen und er hatte einen starken Eindruck auf mich gemacht. Den habe ich schon gesehen, als ich achtzehn war. Es gibt Szenen beispielsweise in *Ingmarssönerna* und *Karin Ingmarsdotter,* die immer noch einen unverändert starken Eindruck auf mich machen durch ihre Schärfe, ihren Mangel an Sentimentalität und ihre Klarheit, als Instruktion, als redliches künstlerisches Produkt. Auf diese Weise hat Victor Sjöström am meisten für mich bedeutet. Lorens Marmstedt bedeutet noch heute etwas für mich. Er war stimulierend, anspornend, aufreizend und zugleich enthusiastisch.

Der Meister und sein Schüler. Victor Sjöström (links) und Stig Olin (rechts) in *An die Freude.* (S. 34/35)

Als wir so weit gekommen waren, daß wir *Gefängnis* machen wollten, in achtzehn Tagen und mit einem Budget von 150000 Kronen, da war er dabei und machte mit und munterte uns auf und unterstützte uns – darin war er großartig. Ihm bin ich viel Dank schuldig.

SB: Gleich nach deinem internationalen Durchbruch wurde viel darüber spekuliert, ob du außerhalb Schwedens drehen würdest, und ein ziemlich zähes Gerücht – von einem amerikanischen Angebot war die Rede – betraf eine Camus-Verfilmung. Lagen dem ernsthafte Pläne zugrunde? Ich weiß nicht mehr, um welches Buch es ging.

IB: Ich glaube, es war »Der Fall«.

SB: War das dein Vorschlag?

IB: Das Projekt war sogar schon so weit fortgeschritten, daß Camus und ich einen Briefwechsel hatten, und es war beabsichtigt, daß ich zu ihm hinfahren und mit ihm das Buch schreiben sollte. Es war keine große Produktion – der Film war von einem kleinen ambitiösen Unternehmen vorgeschlagen worden, Hecht-Lancaster, und er war als billiger Film kalkuliert. Aber gerade dann kam Camus ums Leben, und so wurde nichts daraus. Es ist sehr gut möglich, daß sonst etwas daraus geworden wäre. Obwohl ich nicht glaube, daß ich es geschafft hätte. Ich glaube, es wäre ein schlechter Film geworden.

JS: Aber du hättest ihn machen wollen?

IB: Vor allem wäre es phantastisch gewesen, Camus treffen zu können.

JS: Im Zusammenhang mit den ausländischen literarischen Einflüssen hast du Kafka nicht genannt.

IB: Nein, aber das ist selbstverständlich.

JS: Du hast wohl, nebenbei gesagt, wie alle Künstler den gleichen Widerwillen gegen diesen Typ von Fragen: man will die ganze Zeit Vorbilder aufspüren.

IB: Überhaupt nicht, kein bißchen! Ich bin wirklich der Ansicht, daß man eine Summe dessen ist, was man gelesen, gehört, gesehen und erlebt hat. Ich glaube nicht, daß man als Künstler seine Nahrung aus Luftwurzeln zieht. Ich glaube, daß ich ein kleiner Baustein in einem großen Bauwerk bin, also von dem abhängig, was neben mir und was unter mir und was hinter mir selbst ist.

IS: Das ist sehr interessant, nicht zuletzt im Hinblick darauf, daß du als junger Mann so ungeordnete, beinah chaotische Erlebnisse gehabt hast, und daß du nun den Eindruck machst, als wärst du wirklich klar und ausgewogen, was deine intellektuellen Erlebnisse angeht.

IB: Wenn man nach und nach entdeckt, daß es einen künstlerisch behindert, wenn man tumultuarisch und unklar, sammelsurisch und intellektuell verschwommen ist – wenn man das entdeckt, dann paßt man auf. Das ist, wie wenn man entdeckt, daß man einen Bauch ansetzt und methodisch daran geht, ihn abzuarbeiten. Wenigstens in meinem Beruf fühlt man sich geplagt, wenn man nicht über körperliche Leichtigkeit verfügt. Einen zu schweren Körper mit sich herumzuschleppen ist physisch reichlich unangenehm.

SB: Siehe Orson Welles!

IB: Ich habe oft daran gedacht, welches Leiden das sein muß für Hitchcock, und ich glaube, daß viel von Hitchcocks Begrenzung, aber auch von der Größe in der Begrenzung, in seinem schweren Körper liegt. Zum Beispiel, daß er immer im Atelier arbeitet, daß er eine statische Kameraeinstellung hat, daß er sich nicht bewegen will, daß er das ganze auf die Personenführung zugeschnitten hat und mit langen Szenen manövriert, wo er sich keine große Mühe mit Standortwechseln zu machen braucht.

SB: Er sitzt ja auch auf dem Kamerawagen.

JS: Eine phantastische Theorie. Die Theorie trifft vielleicht auch für Orson Welles zu, er arbeitet gern im Atelier.

SB: Aber man kann nicht sagen, daß Welles' Filme unbeweglich sind, er rast ja mit der Kamera durchs Dekor.

IB: Man kann sich auch das Entgegengesetzte vorstellen, nämlich, daß dieser schwere Mann plötzlich ein Instrument hat, das fliegen kann. Wenn er nicht fliegen kann, dann kann sein Instrument fliegen. Aber ich habe auf jeden Fall ein Bedürfnis, nicht nur körperlich leicht zu sein, sondern auch zu versuchen, mein unsortiertes geistiges Potential einigermaßen wohlgeordnet zu haben. Es geht darum, ein Chaos zu bekämpfen. Ist man chaotisch, so begrenzt einen das künstlerisch. Man verliert an Überblick, man gerät unter den Einfluß einer Masse von unklaren Impulsen, die einen in verschiedene Richtungen ziehen.

SB: Ich habe mir gedacht, daß wir wieder über das Drehbuchschreiben sprechen und dabei zu deinem zweiten Film kommen könnten – *Det regnar på vår kärlek* (Es regnet auf unsere Liebe). Warum hast du in diesem Film mit einem Off-Erzähler gearbeitet?

IB: Das Buch habe ich nicht geschrieben. Das stammt von Herbert Grevenius.

JS: Es basierte auf einem Schauspiel von Oskar Braathen.

IB: »Gute Menschen« oder so ähnlich hieß es auf norwegisch – »Bra mennesker«. Übrigens, dieser Braathen ist ein guter Autor. Er hat gute norwegische Volksstücke geschrieben, aber das habe ich damals nicht gewußt.

Birger Malmsten und Barbro Kollberg in *Es regnet auf unsere Liebe.*

Ich bekam das Drehbuch erst sehr spät in die Hand, und das einzige, was darin von mir stammt, ist das Gerichtsverfahren am Schluß. Ansonsten ist alles von Herbert Grevenius.

SB: Als du deine ersten Filme drehtest und fremde Bücher vorgelegt bekamst – hattest du die Möglichkeit, zu ändern? Hattest du Wünsche in bezug auf die Änderung gewisser Partien und wenn ja, welche?

IB: In gewissen Grenzen hatte ich die Möglichkeit, und dann gab es Diskussionen zwischen Lorens, Herbert und mir. *Schiff nach Indialand* bekam ich auch vorgelegt. Ein Stück, das ich in einen Film verwandeln sollte. Lorens ließ mich zu sich an die Riviera kommen, wo er saß und Roulett spielte, und ich bekam also Unterricht teils im Roulettspiel und teils im Drehbuchschreiben.

SB: Um zu *Det regnar på vår kärlek* zurückzukommen; deine Erzählmethode gibt dem Film den Charakter einer alten Flugschriftenerzählung.

IB: Das war wohl auch so beabsichtigt.

JS: Er ist stark vom *film-noir* beeinflußt . . .

IB: Ja, völlig. Die *Film-noir*-Regisseure waren damals ja die Hausgötter. Einer, der ansonsten viel für mich bedeutet hat, war Michael Curtiz. Ich erinnere mich, daß Lars-Eric Kjellgren und ich – wir haben gleichzeitig bei Svensk Filmindustri angefangen und waren damals sehr gute Freunde – Curtiz' Filme ein übers andere Mal gesehen haben, Abend für Abend denselben Film, um zu lernen, und das war verdammt nützlich. Er besaß die Fähigkeit, vollkommen klar und einfach und redlich eine Geschichte zu erzählen, genau wie Raoul Walsh.

JS: Dann kam *Kvinna utan anstikte* (Die Frau ohne Gesicht), 1947.

IB: Ja, aber den habe ich nicht gemacht.

TM: Welchen Anteil hast du daran?

Gunn Wållgren und Alf Kjellin in *Frau ohne Gesicht.*

IB: Es ist mein Buch.

JS: Hättest du den Film anstelle von Gustaf Molander machen wollen?

IB: Ja, aber ich war geschmeichelt und dankbar, daß ich das Drehbuch schreiben durfte, und außerdem bekam ich ja Geld dafür.

JS: Wie hätte der Film deiner Ansicht nach ausgesehen, wenn du Regie geführt hättest?

IB: Er wäre wohl roher geworden, weil er einen Ausbruch von Aggressionen zeigt. Ich hätte vielleicht andere Schauspieler gewählt, wenn ich dazu die Freiheit gehabt hätte. Aber sie waren wohl gut beraten bei SF. Wenn ich ihn gedreht hätte – weiß der Teufel, wie es gelaufen wäre.

TM: Aber ist nicht Molanders Regie ziemlich anspruchsvoll?

40

IB: Doch, das ist sie.

TM: Das widerspricht dem Manuskript.

IB: Aber der Film ist geschickt gemacht, das Anspruchsvolle machte ihn wohl überhaupt erst ansehbar. Aber ich erinnere mich sehr ungenau an *Kvinna utan ansikte*.

TM: Möchtest du etwas zu der Rolle der Rut Köhler sagen?

IB: Ja, dahinter lagen persönliche Erlebnisse, die ich mir von der Seele schreiben mußte. In der Zeit ging alles aus der Hand in den Mund, man nahm Sachen, die passiert waren – man mußte es nur herausbringen.

JS: Ist die Hauptperson, wie es in einem der Bergmanbücher heißt, mehr oder weniger ein Portrait deiner damaligen Frau?

IB: Ja, das stimmt – nicht nur mehr oder weniger, sondern in hohem Grade. Gustaf hat das dann ganz geschickt zurechtgelegt, so daß es für das Publikum der Zeit präsentabel wurde. Der Film wurde ein Publikumserfolg.

TM: Meinst du auch, daß er das Spiel zwischen Gunn Wållgren und Alf Kjellin romantisiert hat?

IB: Ja, ganz bestimmt.

TM: Es »französisch gemacht« hat?

IB: Ja, wirklich. Aber im Unterschied zu vielen anderen habe ich großen Respekt vor Gustaf Molander, von dem ich viel gelernt habe, und der immer großzügig und freundlich und hilfsbereit und wirklich kollegial im besten Sinne des Wortes gewesen ist. Der saß nie auf etwas, das er konnte, sondern ließ andere daran teilhaben.

TM: Du warst bei den Dreharbeiten nicht dabei?

IB: Nein, gar nicht.

JS: Zu *Schiff nach Indialand* hast du nach Martin Söderhjelms Stück 1947 das Drehbuch geschrieben und dann auch Regie geführt?

IB: Ja, genau.

SB: Da erscheinen zwei Motive, die später weiterentwickelt werden, einerseits der Vater- und Autoritätskomplex . . .

IB: Aber das war schon im Stück drin, ich habe es allerdings verstärkt.

SB: Und dann diese Sache mit dem Spiel im Spiel, die du so oft in deinen Filmen benutzt – ich denke an den Varietébesuch –, also diese kleinen Pausenintermezzi.

IB: Ja, das stimmt.

SB: Waren die schon im Stück, oder sind es deine Zusätze?

IB: Das Varieté gab es im Stück nicht, das kam so nach und nach dazu. Aber so etwas hat mich immer fasziniert. Es ist wohl Hesses magisches Theater. *Schiff nach Indialand* lief ja vor ein, zwei Jahren im Fernsehen – ich habe nicht gewagt, ihn mir anzusehen.

JS: Da habe ich ihn zum erstenmal gesehen. Ich sehe gern solche alten Filme im Fernsehen. Sie haben eine feine Atmosphäre und passen gut ins Fernsehen. Man sitzt bei einem Glas und sieht sich alte, wehmütige Filme aus den vierziger Jahren an . . .

TM: Alte Filme aus den vierziger Jahren – das hört sich bei dir an, als sei das fünfzig Jahre her!

JS: Man kann einen Stroheim-Film aus den zwanziger Jahren ansehen, und der kommt einem aktueller vor.

IB: Jungs, nun wollen wir aber nicht vergessen – Jonas, du hast dich einmal darüber lustig gemacht – du siehst, ich vergesse Dinge nicht so leicht, ich bin nicht nachtragend, aber ich vergesse eben Dinge nicht –; ich habe einmal ungefähr folgendes gesagt: »Der erste schwedische Film mit künstlerischer Ambition« war *Ingeborg Holm* 1913. Und jetzt haben wir 1968. Das sind ungefähr fünfzig Jahre, ein bißchen mehr als fünfzig Jahre, und selber

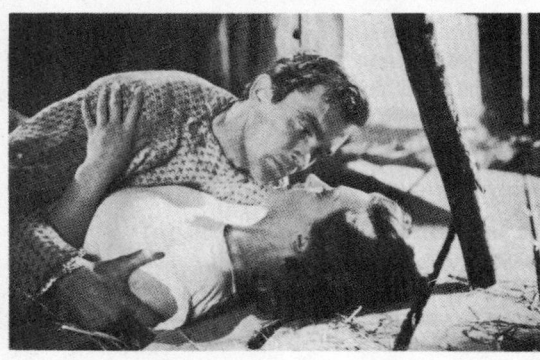

Gertrud Fridh mit Holger Löwenadler und Birger Malmsten in *Schiff nach Indialand.*

mache ich seit fünfundzwanzig Jahren Filme. Die Hälfte der Zeit, die der Film als Kunstart überhaupt existiert, bin ich dabei! Das kommt einem merkwürdig vor.

JS: Wo komme ich ins Bild?

IB: Du hast damals ein wenig ironisch über meine »magistrale Äußerung« geschrieben oder in der Art. Es kommt einem merkwürdig vor, ja das tut es manchmal wirklich, daß die Filmkunst so jung ist. Das bewegliche Bild ist 1895 erfunden worden. – Und Chaplin lebt immer noch.

SB: Und er will bald einen neuen Film anfangen!

IB: Es ist eigenartig – 1895 – ja, das ist also ein Menschenalter. Siebzig Jahre existiert der Film als Medium. Ist das nicht komisch?

TM: Der Jazz ist noch jünger und hat Existenzprobleme.

IB: Er hat wohl eine Abwärtsentwicklung durchgemacht, während der Film sich entwickelt hat und blüht – die ganze Zeit passiert etwas im Film.

Birger Malmsten und
Mai Zetterling in
Musik im Dunkeln.

43

TM: Damit wären wir also bei *Musik i mörker* (Musik im Dunkeln).

JS: Dagmar Edqvist hat das Drehbuch verfaßt – bist du beteiligt gewesen?

IB: Ja, das bin ich.

JS: Und Mai Zetterling spielte die Hauptrolle?

IB: Richtig.

JS: Auch Bengt Eklund spielt mit, einen Linkssozialisten.

IB: Dafür kann ich nichts.

TM: Ich erinnere mich an die Szene, in der Birger Malmsten erschossen wird . . .

IB: Aber die hat Lorens praktisch ganz weggeschnitten. Sie war doppelt so lang. Es war eine lange Alptraumgeschichte, die ich gedreht hatte.

TM: Ich finde den Film ein wenig dumpf.

IB: Reden wir nicht mehr davon. Es war ein kleiner betulicher Film, aber er war mein erster Publikumserfolg. Er ging ziemlich gut. Er ging sogar sehr gut, und da, fällt mir ein, hat Svensk Filmindustri einen Vorstoß gemacht, um mit mir ins Gespräch zu kommen. Wie heißt der Kerl mit den »überwinternden Blumen«?

TM: Olle Länsberg.

IB: Ja, der hatte ein Manuskript eingeschickt, das war zolldick und hieß »Das Gold und die Mauern«, und man fragte mich, ob ich das verfilmen wollte.

IS: Aus dieser Synopse wurde also *Hafenstadt?*

IB: Ja, und es war interessant, mit Länsberg herumlaufen zu können und Göteborg von innen zu sehen. Ich hatte zwar eine Masse Jahre in der Stadt gelebt, aber ich verabscheute sie.

SB: Du bist offenbar weiterhin viel ins Kino gegangen – er ist 1948 gedreht, und 1947 war, kann man wohl sagen, das Durchbruchsjahr für die Neorealisten?

IB: Ja, genau.

IS: Das hat den Film zweifellos beeinflußt.

IB: Ihn beeinflußt – er ist ganz im Geist Rossellinis gemacht.

TM: Das kam so dicht hinterher, und dennoch hattest du die neue Strömung bereits aufgenommen?

IB: Aus dem einfachen Grund, weil ich noch nichts Eigenes hatte, womit ich kommen konnte.

TM: Daß du den Stil so schnell im Griff hattest, und daß du für ihn offen warst!

IB: Ich hatte noch nichts Eigenes. Jedesmal, wenn ich ins Kino gegangen bin, habe ich gedacht – so müßte ich es machen, so sollte es sein, und jede Kameraeinstellung empfand ich als Vorwurf gegen meine eigenen Einstel-

44

Nine-Christine Jönsson in *Hafenstadt.*

lungen. Ich schwankte richtungslos hin und her, hing mich da an, wo ich konnte, weil alle Sachen ohne mein Verschulden und ohne daß ich wußte wie, immer nur ein und dasselbe wurden, wogegen ich nichts machen konnte. Ich war vollkommen unselbständig und vollständig ratlos und technisch hinter dem Mond.

SB: Das merkt man deinen ersten vier Filmen an, die ich gesehen habe. (*Krise* habe ich nicht gesehen.) Es ist ein gewaltiger Stilunterschied. Ein ständiger Wechsel.

IB: Ja, und sogar innerhalb der Filme habe ich den Stil gewechselt. Man sieht das gleiche Phänomen bei den jungen Regisseuren von heute, daß sie hin und her schwanken, ohne sich selber in den Griff zu bekommen.

SB: Es ist wohl auch ein Wille, verschiedene Methoden auszuprobieren?

IB: Für meinen Teil kann man gar nicht von ausprobieren sprechen. Es war die blanke Not. Ich probierte keine Methoden aus, ich griff einfach blind nach einer rettenden Form, weil ich keine eigene hatte.

SB: Hattest du damals das Gefühl, daß dieser halbdokumentarische Stil zu *Hafenstadt* paßte?

IB: Ja, ich fand es gut so und empfand es damals als ausgesprochen relevant und war der Ansicht, daß Rossellinis Filme ein Erlebnis waren – diese unerhörte Einfachheit und Dürftigkeit, das Grautönige. Gleichzeitig hatte sich bei SF die Atelierarbeit an *Hafenstadt* festgefahren, so daß es ein seltsam hybrides Gebilde wurde.

SB: Aber ein Merkmal, das *Hafenstadt* gegenüber deinen übrigen, früheren Filmen wirklich kennzeichnet, ist, daß die Menschen im Film nicht so romantisch aufgefaßt sind. In *Hafenstadt* weisen die Hauptpersonen eine größere innere Reife und ein stärkeres Bewußtsein auf. Sie handeln nicht so intuitiv wie die Personen in deinen früheren Filmen. Hinter ihren Entscheidungen liegt eine Art Bewußtsein.

IB: Das war Länsbergs Verdienst. Die einzige Sequenz, die ich in *Hafenstadt* geschrieben habe und die, nebenbei, schlecht ist und gegen den übrigen Film abfällt, sind die Erlebnisse des Helden, als er sich mit einer Hure betrinkt. Es ist wirklich eine klägliche Sequenz, vollkommen stilisiert und quasiliterarisch und kein bißchen in Übereinstimmung mit dem übrigen Film.

In dieser Zeit habe ich eine Menge Stücke inszeniert, und als Regisseur auf dem Theater war ich schon gut. Ich kannte das Instrument und ich konnte mit den Schauspielern bei den Proben umgehen und ich hatte eine Art künstlerische Moral. Ich fing auch an, ein gewisses intellektuelles Bewußtsein in bezug auf die Autoren und die Werke zur Geltung zu bringen. Da bedeuteten natürlich die Jahre unerhört viel, in denen man sich in Hälsingborg ordentlich abgestrampelt hatte und danach in die strenge Schule bei Torsten Hammarén kam, in ein Ensemble mit sehr, sehr starken Persönlichkeiten – das war entscheidend. Sie verlangten Rechenschaft von mir – warum machst du das so? Warum hast du dir das so gedacht? Warum siehst du das so? Und hinzukam die Zusammenarbeit mit Anders Ek, er war ein harter und kritischer Mitarbeiter, weichherzig und unbarmherzig zugleich.

JS: Hast du diese Art von Anleitung vermißt, als du deine Filme gedreht hast?

IB: Ja, vollständig – abgesehen von Lorens Marmstedt.

JS: Waren es die technischen Einrichtungen, die dir lästig waren?

IB: Alles. Ich wollte so leidenschaftlich gern filmen und fand manchmal in kurzen Augenblicken, daß es mir gelänge. Aber ich merkte nur, in dem Augenblick, in dem ich ins Atelier kam, war der ganze Apparat so schwerfällig und so ungelenk, daß ich mich verkrampfte und anfing, Kompromisse zu machen. Ich machte Kompromisse, damit die Leute rechtzeitig Mittag bekamen und damit ich an dem Tag fertig wurde, damit es keine Mikrophonschatten gab – alles wurde wichtiger, als daß ich durchführte, was ich mir vorgestellt hatte. Ich war ganz in den Händen der Maschinerie, während ich mich auf dem Theater frei und ungehemmt bewegte.

TM: Ich finde, wir sollten ein wenig über die Kamera reden. Du mußt doch eine Haltung zur Kamera und zum Fotografen und natürlich auch eine eigene fotografische Vorstellung haben – willst du ein bißchen darüber sprechen? Wieviel arbeitest du mit den Fotografen zusammen? ›Visualisierst‹ du die verschiedenen Szenen – was bereitest du vor?

IB: Das ist ein großes und schweres Kapitel, und wenn ich ein bißchen wirr darin herumtapse, dann müssen wir versuchen, es nachher zu ordnen. Es ist außerdem ein heikles Kapitel.

Zwei Sachen sind für mich grundlegend bei einem Fotografen. Das eine ist, daß er technisch absolut perfekt und gleichzeitig ein erstklassiger Beleuchter sein muß. Das andere ist, daß er ein erstklassiger Kameramann sein muß. Ich will nicht eigens Kameramänner bei meinen Filmen haben. Der Fotograf und ich bestimmen gemeinsam, was auf das Bild soll.

Alles was die Beleuchtung angeht – die Lichtverteilung und die Stimmung – wie das aussehen soll – sprechen wir im voraus gründlich durch, und dann führt der Fotograf es genauso durch, wie wir es abgesprochen haben.

Für mich besteht die Suggestion eines Films in einer Kombination von Rhythmus und Gesichtern, Spannungen und Auflösungen. Für mich ist das

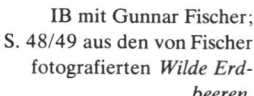

IB mit Gunnar Fischer; S. 48/49 aus den von Fischer fotografierten *Wilde Erdbeeren.*

IB mit Sven Nykvist; S. 50/51 aus dem von Nykvist gedrehten Film *Persona.*

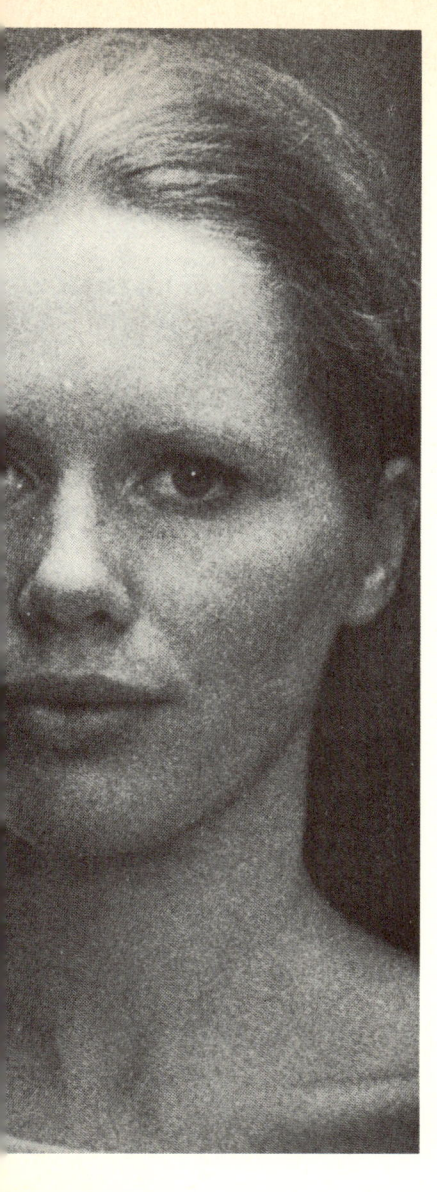

Licht in den Bildern ganz und gar entscheidend. Gunnar Fischer und ich kamen nach und nach zu verschiedenen Auffassungen, so daß die Zusammengehörigkeit, das Gefühl von Kontakt und Zusammenspiel, das ich als so notwendig ansah, sich zwischen uns mehr und mehr verflüchtigte – vielleicht beruhte es besonders darauf, daß ich immer dominierender, immer tyrannischer wurde und immer stärker das Gefühl hatte, daß ich ihn demütigte, während ich bei Sven Nykvist – der eine viel widerstandsfähigere Persönlichkeit ist – nie einen Anlaß gehabt habe, unangenehm zu werden.

Aber das Licht in den Bildern ist etwas, von dem man, glaube ich, nie herausfinden kann, wer es so gemacht hat. Man kann es wohl so ausdrücken: der Impuls kommt von mir und die unerhört genaue und technisch raffinierte Durchführung von Sven Nykvist.

TM: Du bist also mit Gunnar Fischers Vorstellungen nicht zurechtgekommen? Dennoch ist sein Stil sehr berühmt.

IB: Er ist ein unerhört feiner Künstler, ein weicher, stiller und in sich gekehrter Musikertyp, immer diskutierend, immer unsicher; ich wurde immer dominierender, immer unangenehmer, immer demütigender, er wurde immer regressiver und ich immer aggressiver, und es kam praktisch zum totalen Zusammenbruch in *Das Teufelsauge.*

Es funktionierte, weil er Künstler war, weil ich die ganze Zeit appellieren konnte, aber ich war immer unsicher in der Zusammenarbeit mit ihm, das bin ich dagegen in der Zusammenarbeit mit Sven Nykvist nie.

JS: Laßt uns jetzt von *Eva* reden, 1948 – der Film hat ein gewisses Nachbarschaftsverhältnis zum Krieg. Da ist ein deutscher Soldat, der an Land geschwemmt wird, genau wie in Alf Sjöbergs *Ön,* wie immer das nun zusammenhängt.

IB: Nun, das passiert doch – daß Soldaten an Land getrieben werden.

SB: Es war auf jeden Fall deine Idee?

IB: Es ist mein Drehbuch.

SB: Der Film hat viele Bergmansche Züge.

IB: Doch, die hat er. Da ist ein Stück Kindheitsschilderung, das ich ganz gelungen finde – im übrigen ist der Film Mist.

SB: Die Kinder auf der Lok?

IB: Ja, genau.

JS: Kann man in diesem Fall wirklich von einer Auftragsarbeit sprechen. Die Idee ist doch von dir?

IB: Es war einfach dies: der Erfolg von *Kvinna utan ansikte* sollte wiederholt werden, Gustaf Molander und ich sollten einen weiteren Film drehen.

JS: Jetzt kommen wir zu *Gefängnis* aus dem Jahre 1949. Jetzt wird es ein bißchen spannender, wenn du den Ausdruck verzeihst. Hast du zu diesem Film immer noch herzliche kinematographische Beziehungen?

IB: Ja, das kann man sagen. Es war das erstemal, daß ich ein eigenes Drehbuch, eine eigene Idee realisieren durfte. Der ganze Krempel stammte von mir, und Lorens Marmstedt war ausgesprochen großzügig.

JS: Hast du das Drehbuch in der Zeit geschrieben, oder lag das schon vor?

IB: Im Frühsommer hatte ich *Hafenstadt* gedreht und im Herbst war ich oben in Dalarna und habe das Buch zu *Gefängnis* geschrieben. Dann haben wir ihn im Spätherbst gedreht, wenn ich mich recht entsinne. Damals war es nicht so schwierig, mit einem Film in Gang zu kommen. Man filmte sogar in fremden Dekors. Ich selbst habe daran gedacht bei *Schiff nach Indialand*, als wir im Novilla-Studio draußen in Djurgården waren. Damals sah es da nicht so nobel aus wie heute. Es war ein ungewöhnlich unordentliches Atelier und unter dem Boden lief die Starkstromleitung nach Skansen, und wenn man mit dem Mikrophon darüber kam, sagte es Brr, wir mußten also die ganze Szenerie so anlegen, daß das Mikrophon nicht über die Leitung geführt werden mußte. Alle Dekors für *Schiff nach Indialand* waren in Novilla aufgebaut, man stand also in der einen Szene und filmte hinüber in die andere. Es war wahnsinnig eng. Und dann gab es überhaupt nur eine Stelle, wo man mit der Kamera fahren konnte, denn der Boden ging in Wellen. Während der gesamten Dreharbeiten machte draußen die Linie 7 der Straßenbahn Bremsproben. Gerade wenn man angesagt hatte »Aufnahme«, dann hörte man die 7 kommen – vovovvovvo brr – und dann hielt

Malmsten als Birgitta
Carolinas Beschützer
in *Gefängnis.*

sie genau vor dem Studio. Außerdem ist noch eine Steigung genau vor Novilla, und alle Autos, die tagsüber mit Waren nach Skansen hinaufwollten, kamen da mit Vollgas hoch. Der ganze Ton war defekt. Bei der Premiere hörte das Publikum nichts von dem, was im Film gesagt wurde.

JS: Aber in *Gefängnis* waren die Geräusche der Außenwelt ausgeschaltet.

IB: Ja, da wußte ich mehr darüber, wie man die Dinge technisch bewältigen konnte. Man war den Schweinehunden nicht mehr total ausgeliefert.

TM: Welche Ateliers waren das?

IB: Gefängnis ist im alten Lästis – den Ateliers in der Lästmakargata – gedreht worden.

SB: Der Film basiert auf einer Kurzgeschichte mit dem Titel »Wahre Erzählung«.

IB: Ja, das stimmt. Aber ich hatte nie daran gedacht, sie zu publizieren.

SB: Der Titel hat eine größere ironische Distanz als der Filmtitel.

IB: Zu der Zeit hieß es doch in den Wochenblättern: »Wahre Erzählung aus dem Leben« – es war eine Abkürzung davon.

SB: Ungefähr wie »Die Geschichte meines Lebens«?

IB: Ja, genauso – »sob stories«.

TM: Hier kommt wohl zum erstenmal der Teufelsglaube ins Bild?

IB: Nun wollen wir die Geschichte mit dem Teufel ein für alle mal klarstellen. Wenn man ganz vorne anfängt, kann man sagen, daß der Gottesbegriff mit den Jahren sein Aussehen geändert hat, bis er ausgewischt wurde und verschwand oder etwas ganz anderes mit ihm passiert ist. Die Hölle ist für mich immer ein suggestives Milieu gewesen, aber ich habe nie etwas anderes gemeint, als daß sie wirklich auf der Erde war. Die Hölle ist von den Menschen geschaffen worden und sie existiert auf der Erde.

Was ich geglaubt habe, und zwar lange geglaubt habe, war, daß eine virulente Bosheit existiert, die in keiner Weise von Milieu oder Erbfaktoren abhängig ist. Wir können es die Erbsünde nennen oder was auch immer – eine aktive Bosheit, die der Mensch im Unterschied zu den Tieren ganz allein besitzt. Die Struktur des Menschen als Mensch ist so beschaffen, daß er immer destruktive Tendenzen gegen sich selber wie auch gegen seine Umwelt in sich trägt, bewußt oder unbewußt.

Als Verkörperung dieser virulenten, ständig existierenden und unbegreiflichen, für uns unfaßbaren, unerklärlichen Bosheit habe ich eine Person geschaffen, die Teufelszüge der mittelalterlichen Moralität trägt. Es wurde ein heimliches Spiel für mich, in verschiedenen Zusammenhängen eine Teufelsfigur dabeizuhaben. Ihre Bosheit war eine Feder im Uhrwerk. So sieht es aus mit den Teufelsgestalten in meinen früheren Werken.

JS: Gibt es beispielsweise in *Die Stunde des Wolfs* eine Teufelsfigur?

IB: Nein, die gibt es nicht. Es gibt eine destruktive Kraft – verkörpert in den Figuren rund um Johan Berg – aber keine Teufelsfigur.

TM: Rechnest du Hexenprozesse zu diesem Phänomen?

IB: Drei kleine Kinder laufen zusammen – zwei vierjährige Mädchen und ein kleiner Junge von zwei Jahren –, sie haben ein Springseil bei sich und schlingen das Seil um den Hals des Zweijährigen und binden die Enden des Springseiles an zwei Bäumen fest, und zwar gerade so hoch, daß der Junge auf den Zehenspitzen stehen muß, und dann gehen sie fort – und wir wissen nicht, was *gerade diese zwei* dazu gebracht hat, das zu tun.

SB: Und die Moormorde in England . . .

IB: Ich meine, es gibt ganze Serien von solchen Erscheinungen.

SB: Verbrechen ohne Motiv.

IB: Die unmotivierte Grausamkeit übt eine ununterbrochene Faszination auf mich aus, und ich will gern der Ursache auf den Grund kommen. Ich will an die dunklen Quellen herankommen.

JS: Der Film ist auf mancherlei Weise eine Art Kompendium der vierziger Jahre. Da hat man ein Konzentrat des Films der vierziger Jahre – zum Beispiel den Nihilismus.

IB: Und Romantik und Koketterie . . .

JS: Und dann kommt »die Katharsis der Ohnmacht«, wie Karl Vennberg es ausgedrückt hat.

IB: Ja, ganz genau.

JS: War es eine Befreiung, diese beiden Filme, *Gefängnis* und *Durst,* zu drehen, die ganz stark an Strömungen der vierziger Jahre anknüpfen, und sich dann von ihnen ab- und einem helleren Jahrzehnt, den fünfziger Jahren, zuzuwenden?

IB: Ich funktionierte anders. Ich hatte die Filme geschrieben und begriff selber nicht richtig, was ich da geschrieben hatte. Und dann habe ich sie gedreht und sie bedeuteten bestimmte Dinge für mich. Aber was sie bedeuteten, wußte ich richtig erst nachher, lange nachher. Ich stehe in einem so eigentümlichen Verhältnis zu dem, was ich mache, weil ich oft, wenn ich einen Film schreibe und drehe, unter einer Art schützenden Haube bin. Ich analysiere kaum, was ich mache und warum ich es mache. Ich analysiere im nachhinein, aber zu den wirklichen Motiven dringe ich vielleicht erst sehr viel später vor. Ich würde so gern sagen können: dabei habe ich dies empfunden und dabei habe ich das gedacht und dann habe ich jenes gemacht und da habe ich diese Linie angedeutet und hier habe ich sie durchgeführt und dort und dort, und die habe ich durchgeführt to the bitter end. Aber so ist es bei mir nie gewesen. Es ist ein gewundener Weg gewesen zwischen einer Masse Rücksichten nach allen Seiten.

Max von Sydow reinigt sich
vor der Rache in *Die Jungfrauenquelle.*

Eine plötzliche Lust packt einen – und dann will man etwas Bestimmtes machen. Ein Film beispielsweise, den ich heute als einen meiner verschwommensten empfinde, ist *Die Jungfrauenquelle*. Er hat zwar ein paar Szenen mit heftiger Bewegung und großer Vitalität, und außerdem eine Art kinematographischen Appeal. Der Gedanke etwa, die Volksweise »Herr Töres döttrar i Vänge« zu benutzen, war ein richtiger Gedanke. Doch dann fing die Fuscherei an – die geistige Fuscherei.

Ich wollte eine schwarze, brutale Mittelalterballade in der einfachen Form der Volksweise machen. Aber in den Diskussionen mit Ulla Isaksson kam von meiner Seite die ganze Psychologie mit hinein. Der erste Fehlgriff bestand in der Einbringung einer therapeutischen Idee, daß es nämlich Heilung für diese Menschen bedeutet, wenn sie sich daran machen, die Kirche zu bauen. Es ist klar, daß es sich um eine Therapie handelt, aber künstlerisch ist das uninteressant. Dann die Hereinnahme eines überhaupt nicht analysierten Gottesbegriffs. Die Vermischung der wirklichen und aktiven Gewaltschilderung, die eine gewisse künstlerische Potenz hat, mit dem ganzen anderen Schwindel – das empfinde ich als fürchterlich trist.

Als ich *Die Jungfrauenquelle* gedreht hatte, war ich der Meinung, daß ich einen meiner besten Filme gemacht hätte. Ich war verzückt und erschüttert und zeigte ihn gern und viel, allen möglichen Menschen. Der einzige, der wirklich kritisch war, war Vilgot Sjöman, der ungefähr diese Gesichtspunkte vorbrachte, allerdings sehr gemäßigt. Aber ich habe ihn zum Idioten erklärt und gesagt, es wäre Neid. Da haben wir ein gutes Beispiel dafür, wie sich die Motivationen vermengen und wie die Vorwärtsbewegung des Werks sich aufgrund von Schwächen wandelt, die man sich nicht klar gemacht hat – intellektuelles Unvermögen, die eigenen Motive zu durchschauen.

JS: In *Gefängnis* hat es den Anschein, als hättest du alle früheren Erwartungen und Ambitionen zusammengetragen, denn *Gefängnis* ist ein revoltierender Film, zeitweilig ist er fast pubertär.

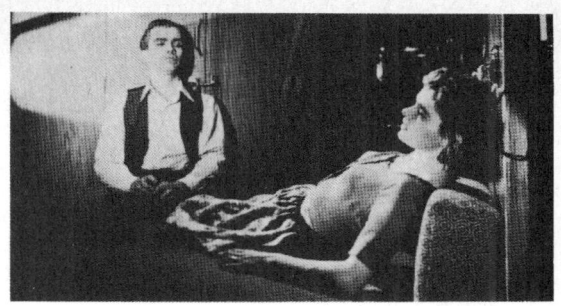

Birger Malmsten
und Eva Henning
in *Durst*.

IB: Das Manuskript ist in zwei, drei Tagen entstanden, ich meine die Synopsis. Die Ausarbeitung des Drehbuchs hat dann etwas länger gedauert und die Drehzeit betrug sechzehn, siebzehn Tage. Es war keine Zeit, umzugießen oder künstlerisch zu verwandeln oder zu bemänteln, wie ich es später getan habe, als ich mehr konnte und die Motive besser kannte. In *Gefängnis* liegen sie völlig roh da und bluten, und gleichzeitig parfümierte man mit der Koketterie der vierziger Jahre!

JS: 1949, im gleichen Jahr, hast du *Durst* gemacht, der auch typische Züge der vierziger Jahre aufweist, aber das Drehbuch hast du nicht selber geschrieben. Das stammt von Herbert Grevenius und Birgit Tengroth nach ihrer eigenen Sammlung von Erzählungen.

IB: Ich bin selber auch daran beteiligt gewesen.

JS: Da handelt es sich plötzlich um erwachsene, relativ reife Menschen und um Eheprobleme.

IB: Für den Film fühlte ich aus persönlichen Gründen eine ganze Menge.

TM: Bevor wir zu *Durst* übergehen, möchte ich schnell noch fragen – was hielt Lorens Marmstedt von *Gefängnis?*

IB: Zunächst war er ruhig. Er war so interessiert. Ich erinnere mich, daß wir die kleine Stummfilmfarce an einem Vormittag aufgenommen haben, und dann wurde sie ins Labor geschickt und am nächsten Morgen war sie entwickelt und kopiert. Am Nachmittag haben Lennart Wallén und ich sie im Schneideraum von Terrafilm geschnitten, und als sie fertig war, haben wir Lorens geholt und Premiere gespielt. Lorens hat so gelacht, daß er auf dem Fußboden lag.

JS: Diese kleine Farce hat noch immer einen unerhörten Charme.

IB: Meliès ist einer meiner Hausgötter. An einem Vormittag einen Film zu machen und am nächsten Abend Premiere zu haben und auf diese Weise zweiundfünfzig Filme im Jahr zu machen! An dem Film hatten wir Spaß, bis er Premiere hatte, danach kam nur Trübsal.

JS: Eva Henning spielt die Hauptrolle in *Durst,* und sie war wohl verantwortlich für Hasse Ekmans . . .

IB: . . . Kopfschmerzen.

JS: Warum hast du sie für deinen Film genommen?

IB: Teils mochte ich Eva ausgesprochen gern, sie war eine außerordentlich gute Schauspielerin, und dann hatte Hasse Ekman sie gerade vorher in *Banketten* lanciert.

SB: Wir haben über die schwedischen Autoren der vierziger Jahre gesprochen, aber in *Gefängnis* kann man auch Verbindungen zu Sartre und den Existentialisten finden – zum Beispiel in dieser ein wenig spleenigen intellektuellen Rollenfigur . . .

JS: Um nicht den deterministischen Einschlag zu vergessen . . .

SB: Oder durch Birgitta Karolina, die Prostituierte. Das ist mehr eine Feststellung, aber ich nehme an, es war eine bewußte Wahl von Beruf und gesellschaftlicher Zugehörigkeit?

IB: Die Prostituierte war ja die romantische Hure, sie schleppte sich durch die ganzen vierziger Jahre. Birgitta Karolina ist ganz und gar passiv, sie ist nur ein Katalysator – das Opferlamm also.

JS: Stig hat den existentialistischen Zug genannt – ich weiß nicht, wie weit du eigentlich in der Philosophie jener Zeit bewandert warst.

IB: Ziemlich oberflächlich, um ehrlich zu sein.

JS: Liegt da nicht ein Paradox, und zwar auf der einen Seite das deterministische, schicksalbestimmte Leben . . .

IB: Ich möchte so sagen – ich fühle eine starke Affinität zu Bernanos und zu Bressons *Mouchette.* Das ist der Film, den ich damals hätte machen wollen, den ich aber nicht machen konnte und nicht verstand. Da ist das Motiv klar und ausgesprochen, vollkommen gereinigt. Das Mädchen in *Mouchette* und das Mädchen in *Gefängnis* sind Geschwister, Schwestern in zwei ähnlichen Welten.

Aber während *Gefängnis* voller Absonderlichkeiten und Abschweifungen, Luftsprünge und Koketterien ist, ist *Mouchette* klar wie Wasser. Das reine Kunstwerk. Das religiöse Motiv wird nur einmal angedeutet, vor dem Vorspann, wenn man das Mädchen sieht, wie sie dasitzt und weint und dann sagt: »Wie sollen sie ohne mich auskommen? Wie werdet ihr ohne einen Heiligen auskommen, ohne einen, der eure Leiden trägt?« Es ist nur der kleine kurze Augenblick, und dann ist der Film völlig undogmatisch.

Ich mag auch »Tagebuch eines Landpfarrers« unerhört gern, es ist eins der bemerkenswertesten Werke, die je geschaffen worden sind. *Licht im Winter* ist ziemlich stark davon beeinflußt.

TM: Vom Film oder vom Buch?

IB: Vom Buch. Den Film habe ich sieben, acht Mal gesehen, und es kann sein, daß der Film mich auch beeinflußt hat, aber vor allem das Buch. Ich bin ein rabiater Bewunderer von Bresson und finde gleichzeitig, daß er unerträglich langweilig ist.

SB: Ich möchte gern bei dem Traum in *Gefängnis* bleiben, der sehr eigenartig ist.

IB: Es gibt keine Kunstart – inklusive die Malerei oder die Poesie – die die spezifische Art des Traums so vermitteln kann wie der Film. Wenn es im Kino dunkel wird, und dieser weiße, leuchtende Punkt sich öffnet, und unser Blick ganz still wird, sich nicht hierhin und dorthin bewegt, wir nur dasitzen und die Bilder auf uns zukommen lassen. Unser Wille hört mehr und mehr auf zu funktionieren, unsere Fähigkeit zu sortieren und zu plazieren hört auf, wir werden in ein Geschehen hineingezogen – da sind wir sozusagen Teilnehmer in einem Traum. Und Träume herzustellen, das ist ein Fest.

SB: Sind die Träume in deinen Filmen deine eigenen, oder hast du sie hergestellt?

IB: Das sind gemischte Bonbons. Zum Beispiel in *Abend der Gaukler,* die Episode mit Frost und Alma am Strand, das ist praktisch ein übersetztes Traumerlebnis.

TM: Träumst du noch immer viel?

IB: Ja, enorm.

TM: Erinnerst du dich auch an die Träume?

IB: Manchmal.

TM: Notierst du sie?

IB: Ja, manchmal, wenn sie brauchbar sind. Manchmal wenn ich träume, denke ich, das muß ich behalten, damit ich einen Film darüber machen kann. Das ist eine Berufskrankheit.

TM: Die Surrealisten haben ja auch versucht, zu konkretisieren . . .

IB: Aber die machen etwas ́anderes.

TM: Surrealistische Kunst hat dich nicht beeinflußt oder interessiert?

IB: Es gibt Partien in Cocteaus *Le sang d'un poete,* das sind entscheidende, seltsame Traumschilderungen, die er gemacht hat, ohne zu können, ohne zu wissen und ohne technische Brillanz, die aber erstaunlich sind. Dann habe ich Conrad Rooks *Chappaqua* gesehen, und ich fand, das war von vorn bis hinten ein einziger Bluff. Schrecklich clever gemacht, aber nur Schwindel. Laborarbeit und mittendrin eine Superbiene, die in irgendeinem Nachthemd rumsauste.

SB: Paula Pritchett – ein Modell von »Look«.

Stig Olin und Maj-Britt Nilsson in *An die Freude*. Im Hintergrund, im Kranken-
hauswartesaal, Ingmar Bergman in einer Statistenrolle als unruhig wartender wer-
dender Vater.

JS: An die Freude – ich finde, dieser Titel paßt so gut, wenn man deine ersten Filme ein bißchen mehr aus filmhistorischer Sicht sieht. Hier öffnet sich
etwas zu den Sommerfilmen hin, *Einen Sommer lang* und *Die Zeit mit
Monika,* und man möchte das ganze gern überinterpretieren. Denn Mitte
der fünfziger Jahre kommt dieser neue Stil mit seiner Neuromantik und seinen Idyllen. Aber *An die Freude* ist wohl der Auftakt zu diesen Sommerfilmen?

IB: Ich saß unten am Mittelmeer, genau zwischen Cannes und Nizza, und
es war noch schmutziger, als es heute ist. Damals war es eine ziemlich un-
schöne und pittoreske Stadtbildung, und ich saß da und sehnte mich nach

Hause – ich hatte beschlossen, zwei Monate zu bleiben und hatte eigentlich nichts zu tun, und fühlte mich furchtbar unwohl.

JS: Warum bist du denn dort hingefahren?

IB: Ich fand, ich müßte im Ausland sein – alle anderen waren im Ausland. Birger Malmsten und ich beschlossen, daß wir nach *Durst* ins Ausland fahren wollten, und so sind wir ins Ausland gefahren. Birger fand eine Mieze, die ihn mit Beschlag belegte und überallhin verfolgte, das war die Hölle für ihn. Aber ich war ziemlich einsam. Ich war da mit irgendeiner Kleinen zusammen. Die wurde ich nicht mehr los.

Dann traf ich ein paar gute Freunde da unten – Maler und so –, man war eigentlich nie nüchtern und ich saß also herum und hatte Sehnsucht nach Hause und fing an, meine Ehe zu romantisieren – die damalige –, die ich vorher mit wirklichem Genuß im Zusammenhang mit *Durst* zerfetzt hatte.

Ich wurde ein bißchen sentimental und fing an, an die Zeit in Hälsingborg zu denken, wie schön es gewesen war, und an das Sinfonieorchester und daß ich nicht so genial wäre, wie ich mir vorgestellt hatte. Die ersten richtigen Rückschläge hatten angefangen, sich einzustellen.

Aber ich dachte, auch wenn du Mittelmaß bist, mußt du funktionieren, und da habe ich eine Art Trost dafür fabriziert, daß es die Fußtruppen der Kultur sind, auf die es ankommt, und nicht die bemerkenswertere Kavallerie. Es wurde ein ziemlich harmonischer Film – nur daß ich keinen Schluß dafür finden konnte. Da habe ich diesen Opernschluß mit dem explodierenden Petroleumkocher erfunden.

TM: Damals war Harry Schein Kritiker der Zeitschrift BLM, und der ist ja wirklich im Ernst auf dich losgegangen. Das war eine fürchterliche Rezension.

IB: Ja, uns »zur Freude« – die war ziemlich lustig. Aber er hatte im Prinzip recht, obgleich der Film ein paar gute Stellen hat. Etwas hatte angefangen, sich in meinem Kopf zu bewegen. Ich fing an, eigene Ausgänge zu finden – schon in *Durst* hatte es angefangen, teilweise zu funktionieren, das Medium fing an zu funktionieren. Es fing an, mir zu gehorchen, sogar in *Gefängnis.* Aber in *An die Freude* mehr als früher.

JS: Was hatte Harry Schein gegen deinen Film?

IB: Er fand, der ganze Film wäre von Anfang bis Ende Schaumschlägerei, literarische Schaumschlägerei, und da muß ich ihm recht geben. Man kann nicht Beethoven mit so etwas koppeln. Harry war ja ein künstlerischer Puritaner.

JS: In dem Film spielt Victor Sjöström mit; und dann nur noch in *Wilde Erdbeeren.*

IB: Ja, die zwei Male.

SB: Daß du ihn damals genommen hast, war das eine Art hommage?

IB: Nein, er paßte gerade.

JS: Wie war die Zusammenarbeit?

IB: Ich erinnere mich nicht an die Zusammenarbeit, weil Victor in *An die Freude* wohl getan hat, was er wollte. Ich weiß, daß ich sehr ärgerlich war, als der Film herauskam. Er ging nicht gut und wurde von der Kritik ziemlich verrissen.

SB: Welche Eigenschaften hast du an Maj-Britt Nilsson geschätzt?

IB: Daß bei ihr alles im Augenblick geboren wird, daß sie fröhlich aussehen und traurig sein kann, daß sie flehend und gleichzeitig gespalten sein kann, alles konnte sie machen. Sie machte es im Augenblick und mit der größten Selbstverständlichkeit. Außerdem besaß sie Kraft und Selbstvertrauen.

JS: Du hast in einem Interview einmal gesagt, daß du von *Menschenjagd* ganz und gar Abstand nimmst, daß du ihn am liebsten vergessen willst, und daß du ihn nie wieder gesehen hast. Zuletzt habe ich den Film in einem Studentenfilmstudio gesehen, wo er vor ein paar Jahren in einer Serie »Films

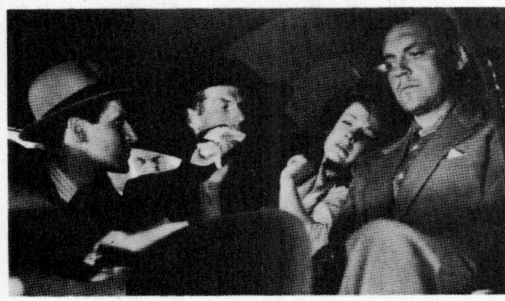

Zwei Szenen aus
Menschenjagd, mit Alf
Kjellin (oben) und
Signe Hasso und Ulf
Palme.

maudits« gezeigt wurde, und er ist eigentlich richtig lustig – das ist nicht bösartig gemeint –, er hat eine leichtsinnige Einstellung zum Stoff, zu dieser Agentengeschichte. Ansonsten war das Thema ja recht ernst.

IB: Ich hatte während der gesamten Dreharbeiten nur einen gelungenen Tag – es war grauenhaft! Einerseits war ich todmüde – ich ging praktisch vom einen auf den anderen Tag von den Dreharbeiten zu *Einen Sommer lang* über zu *Menschenjagd,* bereitete also *Menschenjagd* vor, während ich *Einen Sommer lang* machte. Das einzig Schöne war ein Tag, an dem ich vierzig Polypen unter meinem Kommando hatte. Die sollten in Polizeiwagen angefahren kommen, stoppen, aus den Wagen stürzen und dann auf ein Schiff rennen. Zu sehen, wie diese Burschen wie die Wahnsinnigen unten in Stadsgården angefahren kamen, bremsten und rausstürzten und aufs Schiff stürmten und dann ankamen und fragten – hechelnd, war es gut so? Ja, ein bißchen schneller, sagte man, und dann rasten sie los und kommandierten sich gegenseitig und saßen wieder auf und dann kamen sie wieder angefahren – das war ein schönes Erlebnis. Ich habe immer ein bißchen Schiß vor Polypen gehabt.

TM: Wie Hitchcock?

IB: Als Signe Hasso aus Amerika kam – sie war unbesehen engagiert worden, wir sollten den Film in zwei Versionen machen, auch in einer englischen –, zeigte sich, daß sie eine schwere Schilddrüsenvergiftung hatte. Nach einer Woche bin ich zum damaligen Produktionsleiter gegangen – Helge Hagerman – und habe gesagt, so geht das nicht weiter. Uns bleibt nichts anderes übrig, als die Dreharbeiten abzubrechen und das Mädchen zurückzuschicken. Er antwortete, das können wir uns nicht erlauben, also haben wir weitergemacht. Außerdem passierte etwas, das noch widerlicher war. Ich bekam Kontakt mit den Balten, für die das, was wir spielten, blutige Realität war.

JS: Du meinst, was denen passierte, die nach Schweden kamen?

IB: Ja, die Demütigungen, denen sie ausgesetzt waren, sowohl von schwedischer als auch von russischer Seite. Das gehört zu den Dingen, die man wirklich einmal aufgreifen könnte.

JS: Die Auslieferung der Balten enthält trotz Per Olov Enquists Dokumentarroman noch immer politischen Zündstoff.

IB: Als man mit der Realität in Kontakt kam, da spürte man plötzlich, hier sitzen wir und drehen den falschen Film, und da habe ich das ganze als Schwindel gemacht.

JS: Ursprünglich war also eine seriöse Agentengeschichte geplant?

IB: Der Leichtsinn, wie du es nennst, kam daher, daß ich unmittelbar vor Beginn der Dreharbeiten mit den Balten in Kontakt kam.

JS: Der Film hat ja beinah farcenartige Szenen.

SB: Am besten erinnere ich mich in *Menschenjagd* an eine absurde Szene, die im Lejonungen-Kino gedreht ist. Im Kino zeigt man Donald Duck und gleichzeitig spielen sich hinter der Leinwand dramatische Ereignisse ab.

IB: Ich war todmüde und krank, und außerdem drehte ich ihn, weil ich Geld brauchte. Wir wußten ja, daß Weihnachten der Filmstopp kommen sollte.

TM: War das ganz und gar geplant?

IB: Das war ganz und gar geplant. Im Dezember 1951 wurde die Filmproduktion in Schweden für unbestimmte Zeit eingestellt.

Ich hatte drei Familien und sechs Kinder zu versorgen, es ging mir dreckig und ich hatte die Jugendfürsorge auf den Fersen. Da bekam ich das Angebot, eine doppelte Version zu machen, wofür ich ein bißchen Geld bekam, und das war für mich eine Notwendigkeit. Aber es war auch eine lehrreiche Erfahrung, eine Auftragsarbeit für Geld zu machen.

JS: Findest du an dem Film irgendetwas gut?

IB: Ich glaube, an dem Film finde ich überhaupt nichts gut. Ich finde ihn widerlich. Ich erinnere mich nicht einmal mehr an die Szene, die Stig erwähnt hat. Den Film habe ich ganz einfach verdrängt. Aber auch das ging allmählich vorüber. Er ist ganz schön verrissen worden.

SB: Siehst du übrigens deine alten Filme dann und wann wieder an?

IB: Ja, manchmal. Ich habe sie in meiner Cinemathek kopiert.

JS: Auch *Menschenjagd?*

IB: Nein, den nicht.

TM: Hast du alle deine Filme?

IB: Nein, nicht alle, aber eine ganze Menge, – jetzt hab ich alles auf Fårö, und manchmal abends, wenn nichts Vernünftiges im Fernsehen ist und Liv Lust hat, einen Film zu sehen, dann machen wir ein bißchen Kino, entweder einen eigenen Film oder etwas anderes.

JS: Wie groß ist deine Cinemathek?

IB: Ungefähr zweihundert Filme. Es ist sicher eine der größten Privatsammlungen in Schweden.

JS: Ja, da wären wir denn also beim »Bergmansommer«!

SB: Zuerst haben wir wohl die *Bris*-Filme. Die Reklamefilme für Seife, die du während des Filmstopps gemacht hast – neun Stück, 1951.

IB: Nun, eigentlich kommt *Einen Sommer lang* vor *Menschenjagd.* Für mich ist *Einen Sommer lang* einer meiner wichtigsten Filme, obwohl er vielleicht nach außen hin reichlich passé wirkt. Für mich ist er das nicht. Da fand ich zum erstenmal, daß ich ganz selbständig funktionierte, mit einem eigenen

IB mit Maj-Britt Nilsson und Alf Kjellin bei den Dreharbeiten zu *Einen Sommer lang.*

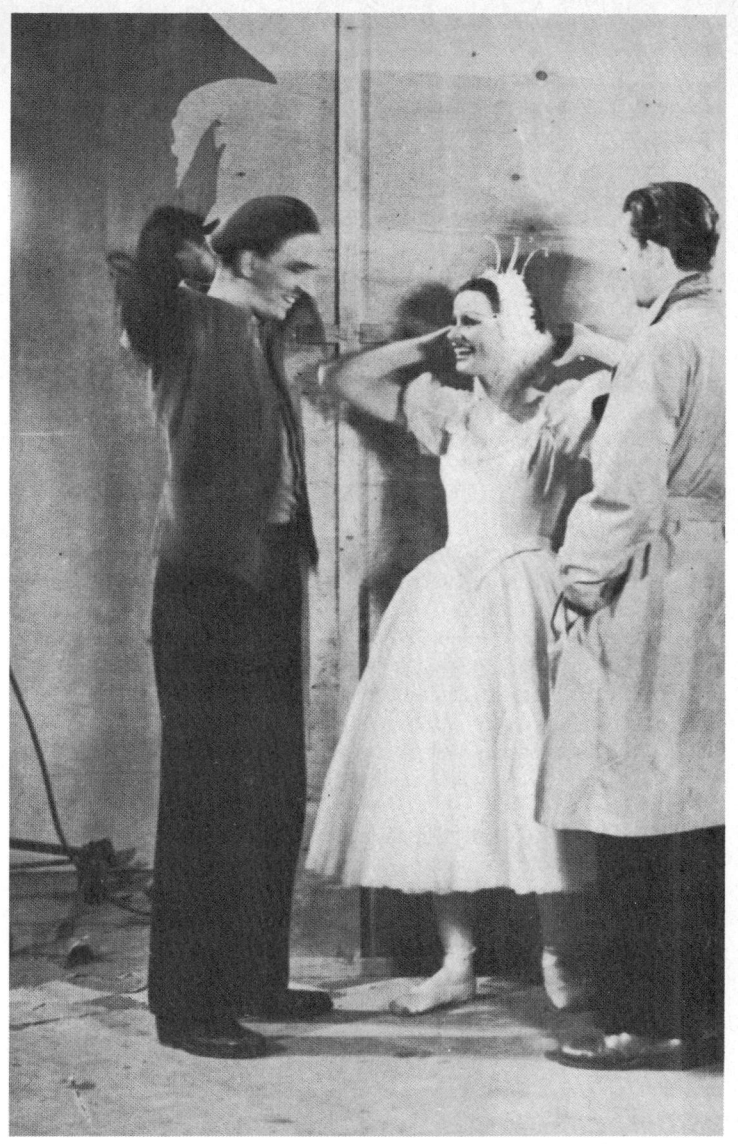

Stil, und daß ich einen eigenen Film machte, der auf eine ganz eigene Weise aussah, die mir kein anderer nachmachen konnte. Der glich keinem anderen Film. Es war ganz mein eigenes Werk.

Und ich wußte plötzlich, daß ich die Kamera an die richtige Stelle stellte, daß ich die richtigen Ergebnisse bekam, daß die Dinge stimmten. Außerdem war es aus *sentimental reasons* schön, ihn zu machen – dahinter steckte eine Liebesgeschichte, die weit zurücklag, ein romantisches Erlebnis.

JS: Du hattest die Synopsis nach einer eigenen Erzählung geschrieben. Wie hieß die?

IB: »Marie« – ich hatte sie praktisch zur gleichen Zeit wie *Die Hörige* geschrieben.

JS: Wie hat Herbert Grevenius dir dabei geholfen?

IB: Die Erzählung war so oft umgearbeitet worden, und Herbert nahm die alte Version – ganz einfach die Urfassung – und zwang mich, ein Manuskript genau entgegen dem ursprünglichen Motiv zu schreiben. Er wachte darüber, daß es keine Abweichungen und neuen Einfälle gab. Er hat übrigens kolossal viel für mich bedeutet. Er war einer der besten Theaterkritiker, die wir jemals gehabt haben.

SB: Warum hast du das Opern- und Ballettmilieu gewählt?

IB: Weil ich zwei Jahre Regieassistent an der Oper gewesen war und das Milieu kannte. Dann war es allerdings Pech, daß wir nicht in der Oper drehen durften. Sie lehnten im letzten Augenblick ab, sowohl das Opernballett als auch die Oper. Die Geschichte wurde als herabsetzend für das Opernballett angesehen, denn junge Damen im Opernballett haben keine Verhältnisse und fragen nicht, ob sie einen halben Liter Schnaps leihen dürfen.

SB: Sie haben also das Manuskript gelesen?

IB: Sie haben das Manuskript gelesen und uns den Zutritt verweigert.

TM: Das war die Rolle von Annalisa Ericson?

IB: Ja, genau.

TM: Aber diese Schauspielerin hat dann im Film nicht mitgespielt?

IB: Nein, leider – sie war sehr begabt. Maj-Britt Nilsson war wunderbar. Sie hielt wirklich die zwei Rollen auseinander, die ältere und die jüngere. Wir arbeiteten unter primitiven Verhältnissen und haben den Film sehr schnell gemacht. Es war ein ungewöhnlich regnerischer Sommer und wir rasten nach Smådalarö hinaus, sobald die Sonne einen Augenblick schien.

JS: Der Film baut auch auf einem Tagebuchthema auf?

IB: Ja, richtig. Sie findet ja das Tagebuch ihres toten Freundes.

JS: Die thematische Idee des Films ist, wie ich es sehe, die: um zu vergessen und sich mit einem Geschehen zu versöhnen, muß man sich daran erinnern.

IB: Die ursprüngliche Erzählung war in Tagebuchform geschrieben. Es gab nur eine Skizze zu der Partie, wo das Mädchen erwachsen ist. Es ist klar, daß die Geschichte von Hjalmar Bergman beeinflußt ist – aber sie hat einen eigenen Kern, meine ich. Auf jeden Fall filmisch.

JS: Die Technik, mit Hilfe von Rückblicken zu erzählen, war in jener Zeit überhaupt üblich.

IB: Sie war sehr populär.

JS: Frau ohne Gesicht ist auf die gleiche Art erzählt.

IB: Alle Filme wurden in Rückblenden erzählt. Plötzlich sieht man einen Schauspieler starr im Gesicht werden, dann fährt die Kamera heran und der Schauspieler wird unscharf und dann begreift man – jetzt wird man etwas sehen, das fünf Jahre früher geschehen ist. Es war dasselbe in *Durst* – es wimmelte von Rückblenden.

JS: Das Wunderbare in *Einen Sommer lang* ist, daß er trotz seiner äußeren Banalität – denn so muß man den Rahmen doch wohl bezeichnen: das Mädchen ist enorm süß, der landläufige schwedische Student auf der Sommerwiese mit der Studentenmütze und allem drum und dran – daß er trotzdem so frisch wirkt, er schlägt eine Saite in einem an, im Teenagerherz . . .

IB: Ja, der Film steht meinem Herzen nahe. Vor allem vielleicht, weil das Instrument funktionierte, es gehorchte. Aber darüber konnte man lange Zeit nachdenken, denn der Filmstopp dauerte ja an.

TM: Wie kam der Film beim Publikum an?

IB: Prima!

JS: Warum werden solche Filme im Sommer nicht wiederholt?

IB: Ja, da müßt ihr mich nicht fragen!

TM: Es kommen doch im Sommer massenhaft Ausländer her!

JS: Die *Bris*-Filme hat Stig schon erwähnt.

IB: Das war ökonomisch meine einzige Rettung, meine Einkünfte waren ja bis auf einen kleinen Rest zusammengeschrumpft; ich hatte eine Menge Menschen zu versorgen und war unglaublich dankbar dafür, daß Sunlight mich fragte, ob ich neun *Bris*-Filme machen wollte. Es waren schwere Bedingungen wegen dieses Tralala von wegen »Schweiß an sich riecht nicht, es sind die Bakterien, die Bakterien der Haut, die Geruch verursachen, wenn sie mit Schweiß zusammenkommen«. »Bris tötet die Bakterien, keine Bakterien, kein Geruch.« Das mußte also in jeden Film rein, und man hatte genau vierunddreißig Meter – etwas über eine Minute. Da sollte also dieser ganze Predigttext mit rein, und das auf neun verschiedene Arten zu variieren, war ziemlich knifflig.

(S. 68/69): Annalisa Ericsson und Maj-Britt Nilsson in *Einen Sommer lang.*

TM: Sie wurden alle in Kostümen gedreht, nicht wahr?

IB: Nein, nur ein paar. Heute sind diese Filme antiquiert, aber damals galten sie als revolutionierend.

JS: Wie kommt es übrigens, daß *Einen Sommer lang* ein Jahr später Premiere hatte als *Menschenjagd,* obwohl er früher gedreht wurde?

IB: Die Gesellschaft saß auf dem Film. Ich konnte nichts daran machen. Es war einfach Pause.

JS: Aber *Sehnsucht der Frauen* kam vor *Die Zeit mit Monika?*

IB: *Sehnsucht der Frauen* kam zuerst. Unmittelbar nach dem Ende des Filmstopps kam *Sehnsucht der Frauen* und dann habe ich praktisch sofort mit *Die Zeit mit Monika* angefangen. *Sehnsucht der Frauen* war im Juli 1952 fertig, und im August habe ich mit *Die Zeit mit Monika* angefangen.

TM: Lektion in Liebe ist für SF gemacht, aber dann kommt ein neuer Sandrew-Film, *Abend der Gaukler.*

JS: Das Buch zu *Sehnsucht der Frauen* hast du also in guter Laune geschrieben, nach dem Erfolg mit . . .

IB: Den Seifenfilmen! Das ist in einem Zustand schlechter Laune und reinen Schreckens und nackter Not geschrieben. Ich dachte, ich müßte ein kommerziell attraktives Drehbuch fertig haben, wenn der Filmstopp vorbei ist, damit wir etwas zum Leben haben. Da war keine Freude dabei – das kann ich euch erzählen. Es war eher eine Art Galgenhumor, weil es die letzte Chance war. Meine Finanzlage war hoffnungslos, und in meiner Ehe kriselte es.

SB: Hattest du keine Theaterarbeit nebenher?

IB: Für eine Theaterregie bekam ich 2 500 Kronen. Ich hatte in Göteborg aufgehört, um am Intimen Theater als künstlerischer Leiter anzufangen, und da wurde ich gefeuert, so daß ich praktisch nichts hatte.

TM: Gefeuert von Lorens Marmstedt?

IB: Ja.

TM: Ich habe deine Inszenierung der »Dreigroschenoper« gesehen.

IB: In der Zeit ging alles daneben. Es kam nur auf eins an, nämlich zuzusehen, daß man etwas machte, das ankam.

JS: Aber *Sehnsucht der Frauen* wurde ein Publikumserfolg?

IB: Der ging wie sonstwas. Das war mit das Beste, was ich erlebt habe, während der Siebenuhrvorstellung draußen im Foyer von Röda Kvarn zu stehen und plötzlich zu hören, wie die Leute lachten, daß sie heulten. Es war das erstemal in meinem Leben, daß die Leute lachten über etwas, das ich gemacht hatte. Plötzlich kam einer meiner schlimmsten Feinde bei SF heraus. Er kam auf mich zu, umarmte mich und sagte: »Es ist mir eine unbeschreibliche Freude, daß . . .«

JS: Möchtest du ein bißchen mehr über deine Zusammenarbeit mit den Schauspielern erzählen? Der Kritiker Göran O. Eriksson schreibt in einer Rezension des Drehbuches zu *Persona:* »Er gehört – und das ist seine größte Schwäche als Filmmacher – zu den Regisseuren, die den Eindruck machen, größer zu sein als die Summe ihrer Schauspieler.« Er scheint sagen zu wollen, daß die Schauspieler nur deine Instrumente sind und weniger solche, die mit ihrem eigenen Ton und mit ihrer eigenen Stimme klingen.

IB: Da kennt er das Verhältnis zwischen mir und meinen Schauspielern nicht. Wenn du nur ein Mädchen wie Bibi Andersson nimmst – die kriegst du nicht dazu, irgendetwas zu machen, wozu sie nicht selber Lust hat. Du bekommst einen Krach ohne Ende. Ein so intakter und noli me tangere-Bursche wie Max von Sydow setzt sich wie wild zur Wehr, wenn man ihn zu etwas zwingen will, das ihm widerstrebt oder wehtut. Mit den Jahren, langsam, ganz langsam habe ich zusammen mit den Schauspielern eine Arbeitstechnik entwickelt.

Ich sitze zu Hause und bereite mich genau vor und mache die Szenerie und zeichne mir alles genau auf, damit ich es im Kopf habe. Wenn ich mit den Schauspielern und der Kamera ins Atelier komme und die Szene rekapitulieren will, kann es passieren, daß plötzlich beim ersten Durchgang Töne auftreten, eine Geste oder eine Willensäußerung von Seiten der Schauspieler, die bewirken, daß ich alles ändere. Ich fühle, daß das besser ist, aber es braucht gar nicht zwischen uns besprochen zu werden. Zwischen mir und den Schauspielern geht kolossal viel vor auf einer Ebene, die man nicht analysieren kann.

Ingrid Thulin hat mal etwas Gutes gesagt. Sie sagte: »Wenn du anfängst, mit mir zu reden, begreife ich kein bißchen von dem, was du meinst, aber wenn du nicht mit mir redest, dann verstehe ich genau, was du sagst.« So verhält es sich oft mit mir und den Schauspielern. Ich bin ja ein Teil von ihnen, ich bin der komplettierende Teil.

Dann können die Schauspieler wirklich helfen. Ich erinnere mich – ich glaube, es war in *Lektion in Liebe* –, daß ich eines Morgens ins Atelier kam und zu Eva Dahlbeck und Gunnar Björnstrand gesagt habe, diese Szene hier, die ist so dumm, die streichen wir, und da haben sie alle beide ein Geheul angefangen und gesagt: »Hau ab, verschwinde aus dem Atelier, wir proben sie zusammen und dann darfst du reinkommen und gucken!« Also bin ich rausgegangen und habe vier Telefongespräche geführt und eine

Eine Galerie von Bergman-Schauspielern: v. l. n. r. Birger Malmsten, Stig Olin,
Maj-Britt Nilsson; darunter Eva Dahlbeck, Gunnar Björnstrand, Harriet Andersson;

Anzahl Wechsel unterschrieben und als ich dann zurückkam, hatten sie geprobt und eine wahnsinnig lustige Szene gemacht.

Oder nimm eine Sache wie *Persona,* wo wir drei waren – zwei Schauspielerinnen und ich –, und ich war nicht ganz gesund und ängstlich und unsicher,
und sieh dir an, wie wir nach und nach zu Resultaten gekommen sind. Das
war wirklich ein augenfälliges Geben und Nehmen. Wir haben zuerst eine
Masse Atelierarbeit gemacht, und dann, als wir auf die Insel kamen, haben
wir praktisch drei Viertel des Films noch einmal gedreht.

SB: Hast du noch auf der Insel Veränderungen vorgenommen, die auch das
Manuskript betrafen?

IB: Das ist folgendermaßen: wenn man einmal eine Sache gemacht hat,
dann hat man den Text und die Schauspieler und sich selbst fixiert, und dann
bekommt man das Material und sieht es sich an. So sah ich also das Resultat,
und weil weder Bibi noch Liv Aufnahmen sehen wollen, habe ich mit ihnen
darüber gesprochen: »Ich frage mich, ob man dies nicht anders und besser

V. l. n. r.: Bibi Andersson, Gertrud Fridh, Max von Sydow; Ingrid Thulin, Gunnel Lindblom und Liv Ullmann.

machen könnte«, und sie sagten: »Ja, dann müßte man es *so* machen oder *so* oder ganz anders.«

JS: Kann man also von einer Entwicklung zu einer offeneren Einstellung zur Arbeit sprechen als der, die du hattest, als du deine Karriere anfingst, bist du heute »demokratischer«?

IB: Ich weiß, was du meinst. Aber das hat mit etwas ganz anderem zu tun. Wenn man als Regisseur anfängt – zumindest war das zu meiner Zeit so –, dann hat man fürchterliche Angst. Ist man ängstlich und unsicher, darf man nicht sagen, daß man ängstlich und unsicher ist, sondern man tut genau das Gegenteil – man bestimmt, treibt an und wird rücksichtslos. Das kann auch von den Umständen abhängen. Bis 1955 oder 1956 habe ich kräftig an dem Ast gesägt, auf dem ich saß. Ich habe nie richtig gewußt, ob ich noch einen weiteren Film machen konnte oder nicht. Das führte dazu, daß meine Einstellung gegen alle sehr hart und verschlossen wurde, daß ich ständig »en garde« war.

73

Heutzutage bin ich vollkommen offen. Das andere war so anstrengend, unheimlich ermüdend.

Aber ihr Jungen habt ein anderes Klima und einen anderen Ausgangspunkt. Außerdem dürfen wir nicht vergessen, daß die Mode wechselt. Ich bin unter den großen Kanonen geboren und aufgewachsen und wollte natürlich – auch wenn ich nur ein kleines Licht war – selber eine große Kanone werden. Und die Töne hat man wahnsinnig schnell gelernt.

JS: Das bißchen Erfahrung, das ich von aktiver Filmarbeit habe, sagt mir, daß diese technische Unsicherheit – daß man zum Beispiel nicht richtig weiß, wie die Kamera eigentlich funktioniert – einen dazu bringt, bei den Technikern Schutz zu suchen, man ist ein bißchen einschmeichelnd und vielleicht ein bißchen demokratischer gesonnen, als man im Innersten ist, und man denkt, wenn ich das erst lerne, dann werde ich . . .

IB: Alle haben einen von oben herab behandelt. Die Einstellung war, der soll nicht kommen und uns etwas erzählen, so haben wir es immer gemacht, und der soll nicht kommen und quasseln. Ich wurde ständig zum Idioten erklärt, bis ich mir Schritt für Schritt alles beigebracht hatte, was mit meinem Beruf zu tun hat. Heute gibt es keinen im technischen Bereich, der mir auf die Finger klopfen kann.

Das bedeutet auch, daß man heute viel eher wie ein Orchesterdirigent funktionieren kann. Stellt euch einen Dirigenten vor, der nicht die verschiedenen Instrumente spielen und den Musikern sagen kann, was sie an verschiedenen Stellen machen sollen: wann der Fagottbläser atmen soll, ob es Aufstrich oder Abstrich sein soll, ob der Paukenschläger mit dem Arm oder dem Handgelenk schlagen soll. Der Dirigent ist verraten und verkauft, wenn er den Musikern sagt, nun denkt daran, daß dies ein Mikrokosmos ist, der sich in einem Makrokosmos spiegelt. Sagt er aber stattdessen: atme hier ein, kneif die Lippen so zusammen, nimm da Aufstrich, verstärke diese Synkope, dann wissen die Musiker, wovon die Rede ist. Genauso ist es mit den Schauspielern und Technikern. In erster Linie muß man rein technische Anleitungen geben.

TM: Man muß ihre Sprache sprechen?

IB: Genau.

JS: Als ich Assistent war bei Alf Sjöberg, bei den Dreharbeiten zu *Ön,* da mußte ich als erstes Fachtermini lernen. Das war eine ganz neue Sprache.

IB: Genau das ist es.

TM: Kommt es vor, wenn du deine Filme machst, daß du unmittelbar Alternativlösungen drehst – daß du eine Szene auf verschiedene Art machst und dich dann am Schneidetisch entscheidest – oder hast du dich schon vorher entschieden?

IB: Das ist ein Sport. Wenn ich eine Aufnahme neu mache, dann nie auf die gleiche Art und Weise, denn dann ist sie für die Schauspieler gestorben. Sie sollen spüren, daß man die Lösung, die man verworfen hat, umstößt, und dann macht man es auf eine andere Art und versucht herauszufinden – woran hat es nun gelegen, daß die Sache schief gegangen ist? Oft sind es banale und einfache Dinge, die man macht, aber es hilft, das Klima und den Charakter der Szene zu verändern.

SB: Ich vermute, daß deine Drehbücher mit dem fertigen Film nicht immer identisch sind. Vielleicht wechselt das von Film zu Film. Kannst du darüber etwas sagen? Nimmst du Streichungen und Änderungen während der Dreharbeiten vor oder wartest du in den meisten Fällen bis zum endgültigen Schnitt?

IB: Nein. Ich schneide nie, während ich drehe. Das wäre viel zu deprimierend, und außerdem ist für mich das Schneiden eine Art erotisches Vergnügen, das ich mir aufsparen will. Ich schneide oft in der Kamera. Ich denke mir die Schnitte, wenn ich die Szene aufbaue, und wenn ich mit den Schauspielern arbeite.

Wenn ich ein Skript geschrieben habe, sehe ich es praktisch erst am Abend an, bevor ich die Szene drehen will. Da nehme ich sie mir vor, und erst dann mache ich eine Szenerie zurecht, und erst dann streiche ich im Text und ändere die Dialoge. Am Morgen treffen wir uns, und dann kann es manchmal passieren, daß ich das, was die Schauspieler einstudiert haben, umstoße. Sie kommen mit ihren Argumenten: kann man dies hier nicht ändern oder dies ist komisch und schwer zu sagen, und dann findet man vielleicht selber nicht, daß gerade diese Stelle komisch ist, und man sagt: »Wenn du davor eine Pause machst« – oder: »Das hier soll ganz langsam gehen«. Plötzlich spüren sie dann, daß es doch zu machen ist.

JS: Du arbeitest fast nie mit Laienschauspielern, was im modernen jungen Film ja eine Mode geworden ist.

IB: Ja, nicht erst heute . . .

JS: Warum benutzt du denn so selten Amateure? »Klassiker« wie Bresson, Dreyer und andere haben oft Laien eingesetzt.

IB: Naja, Dreyer tat es wohl außerordentlich selten.

SB: Aber du hast nur mit Berufsschauspielern gearbeitet.

IB: In dem Augenblick, wo eine Person in einem Film eindeutig sein soll, geht es gut mit einem Amateur, aber in dem Augenblick, wo er eine schwierige Sache ausdrücken soll, kann man keinen Amateur gebrauchen. Der Schauspieler ist dazu erzogen, Konflikte auszudrücken.

JS: Meinst du kategorisch, daß ein Amateurschauspieler keine Konflikte ausdrücken kann?

IB: Doch, du kannst es *mit Hilfe* eines Amateurs, aber du kannst den Amateur nie einen Konflikt allein ausdrücken lassen. Du siehst das ausgesprochen gut in dem Film, den ich vielleicht am meisten liebe und wohl schon an die hundertmal gesehen habe, das ist de Sicas *Umberto D.* Da hat er diesen alten Professor, der ja ein Amateur war, allerdings mit einer nachsynchronisierten Stimme, einer Schauspielerstimme, die darübergelegt wurde. Aber man sieht deutlich, daß plötzlich Situationen auftauchen, wo de Sica haben will, daß er bestimmte Sachen und Dinge ausdrücken soll – er schafft es nicht. Daher wird der Film an ein paar Stellen flach und platt, besonders am Schluß.

Ich glaube, man kann kein Beispiel finden, wo man einen Amateur dazu gebracht hat, einen schweren Konflikt auszudrücken. Sie können es nicht. In dem Augenblick, wo ich nicht mit einem Menschen korrespondieren kann, der etwas vor der Kamera machen soll, bin ich völlig hilflos. Es wird eine idiotische Situation. Wenn ich einen Schauspieler bekomme – was mir passiert ist –, der von der Kamera so versteinert wird, daß er ins Stocken kommt, so daß ihm nicht mehr einfällt, was er tun soll, oder daß er aus dem einen oder anderen Grund vom Schrecken gepackt wird, dann ist es ungeheuer schwierig, die Situation zu retten.

SB: Godard hat in den Cahiers du Cinéma (CC 85/1958) einen sehr positiven Artikel über *Einen Sommer lang* geschrieben, der »Bergmanorama« hieß. Darin polemisiert er gegen die patentierten Techniker, die der Ansicht sind, daß der Film ein Handwerk und keine Kunstart sei. Er sagt: »Der Film ist kein Handwerk, er ist eine Kunst; er ist keine Gemeinschaftsarbeit, man ist immer allein auf der Bühne, genauso wie vor der unbeschriebenen Seite. Allein zu sein bedeutet für Bergman, Fragen zu stellen, und Filme zu machen heißt, sie zu beantworten. Stärker traditionell romantisch kann man nicht sein.« Möchtest du das kommentieren? Es hat mit dem zu tun, worüber wir eben gesprochen haben, mit der eigentlichen Arbeitsweise, aber es berührt auch die Filme selbst.

IB: Ich finde, Godard hat es bezaubernd formuliert, denn es ist genau das, was er selber macht. Er schreibt über sich selber.

Ihr dürft nicht vergessen, daß ich immer im Theater gelebt habe, und das Theater ist – auch wenn es eine geschützte Welt ist – immer ein Kollektiv. Wenn man ein Stück inszeniert, ist man in hohem Grad ein Teil eines Kollektivs. Auf dem Theater sind die Schauspieler keinen Augenblick dem Regisseur ausgeliefert, dort können sie sich wirklich auf wirkungsvolle Weise zur Wehr setzen. Wir haben nun in den letzten Jahren gesehen, wie verschiedene junge Regisseure total durch die Mangel gedreht worden sind von Schauspielern, die sich quergestellt haben.

Ich habe Einsamkeit in anderen Dimensionen erlebt, aber nie in meinem Beruf. Ich habe zum Beispiel einmal einen großen Dirigenten getroffen. Der sprach gerade von der Einsamkeit vor dem Orchester, aber die habe ich nie erlebt, weder im Theater noch zusammen mit den Schauspielern und Technikern im Atelier. Was ich dagegen empfinde ist, daß wir die ganze Zeit unsere Aggressivität beschwören, durch Jargon, durch Routine, durch eine strenge Beachtung gewisser ritueller Regeln. Es hat keinen Sinn, diese Tatsache wegzukokettieren. Das Kollektiv fühlt eine starke unterschwellige Aggressivität gegenüber seinem Leiter, und der Leiter kann eine starke Aggressivität gegen das Kollektiv fühlen.

Wenn man sich zwischen sehr engen Kulissen bewegt – wo sich ungefähr fünfundzwanzig Menschen aufhalten –, dann sieht man nie, daß einer dem anderen auf die Füße tritt oder einer den anderen anstößt, und man hört nie ein hartes Wort, man sieht nie eine saure Miene, hört nie eine Unverschämtheit, kaum eine erhobene Stimme. Alles geht deshalb so vor sich, weil alle wissen, daß alle voneinander abhängen, alle wissen, daß sie zusammenarbeiten müssen, und alle wissen, daß sie nett zueinander sein müssen, auch wenn es fünfzig Grad im Atelier sind und alle erschöpft sind.

Nein, ich habe diese Einsamkeit nie erlebt. Ich habe die Einsamkeit im äußeren Dasein erlebt, aber gerade deswegen bin ich immer wieder in die Gemeinschaft geflohen, jedenfalls in eine illusorische Gemeinschaft.

SB: Viele deiner Filme drücken inhaltlich eine Einsamkeit aus, nicht zuletzt die Einsamkeit und Isolation des Künstlers.

IB: Das ist ein schmerzhaftes Grunderlebnis, das ich wohl mit den meisten Menschen teile, ohne Regisseur oder Künstler sein zu müssen.

JS: Wenn heutzutage die internationale Presse davon redet, daß du der beste in der Welt bist – Weltmeister im Film und so weiter – machst du dir etwas daraus?

IB: Nicht soviel. Manchmal werden mir Artikel direkt zugeschickt, und dann lese ich sie, aber ich suche nie danach. Und dann ist es immer so, als ob es um jemand anderen ginge, als drehte es sich um einen Verwandten. Hat man jeden Erfolg gehabt, hat man alles Geld bekommen, alles, was man sich gewünscht hat – denn das habe ich praktisch bekommen –, alles, was man gewollt hat, alles, wonach man sich gestreckt hat – Macht und dergleichen – dann entdeckt man (entschuldigt den Ausdruck!) die Nichtigkeit in dem Ganzen. Das einzige, was gilt, das sind die menschlichen Begrenzungen, die man versuchen muß zu überwinden und die Beziehungen, die man zu Mitmenschen hergestellt hat; und als zweites – aber natürlich auch unerhört wichtig – die ethische Einstellung zu dem, was man tut oder was man nicht tut. Das, wozu man ja sagt oder das, wozu man nein sagt im Werk und zu Versuchungen außerhalb des Werks. Das ist das einzige, was gilt. Alles andere ist vollkommen uninteressant. Die wenigen Male, wo ich beispielsweise auf Filmfestivals gewesen bin, ist es mir so katastrophal ergangen, daß ich aufhören wollte zu filmen. Es hat Monate gedauert, bis ich wieder voll hergestellt war.

Aber dann gibt es das Stück als solches, und das zu spielen macht Spaß. Wenn man einmal eine Rolle hat, dann wollen die Leute, daß man die Rolle spielt, und dann spielt man die Rolle.

JS: Spielst du die Rolle immer noch, oder hast du sie früher häufiger gespielt?

IB: Darf ich eine lange, aber lehrreiche Geschichte erzählen? Es ist eine Judengeschichte.

Es kam einmal ein Jude zum Rabbiner und sagte: »Ich halte es nicht mehr aus, denn ich bin so arm. Wir haben nichts zu essen und wissen nicht, wie wir durchkommen sollen, ich habe mehrere Kinder zu Hause und die alte Tante und den alten Onkel und den alten Vater und den alten Schwiegervater.« Da dachte der Rabbiner lange nach und strich seinen Bart und dann sagte er zu dem Mann: »Ich weiß, was du machen sollst. Du sollst zwei der Kinder deines Nachbarn zu dir nehmen und nach einer Woche wiederkommen.« Der Jude ging traurig seines Wegs und nahm zwei Kinder seines Nachbarn zu sich und kam nach einer Woche wieder und sagte: »Jetzt kann ich nicht mehr, weil ich zwei der Kinder des Nachbarn habe und dann habe ich alle meine Verwandten und dann habe ich meine eigenen Kinder, und meine Frau weint nur. Was soll ich tun?« Da antwortete der Rabbiner: »Du sollst außerdem die alte Mutter und die alte Schwiegermutter deines zweiten Nachbarn zu dir nehmen.« Und der Jude ging betrübt fort und nahm die alte Mutter und die alte Schwiegermutter zu sich, und nach einer Woche kam er wieder und sagte: »Nun hänge ich mich bald auf, denn nun habe ich die Mutter und die Schwiegermutter und zwei von den Kindern des Nachbarn und dann habe ich meine eigenen Verwandten und meine eigenen Kinder, und meine Frau weint nur.« Da dachte der Rabbiner lange nach und dann sagte er: »Nun sollst du die vier Ziegen deines dritten Nachbarn auf deinen Acker holen.« Der Jude ging weinend fort und kam nach einer Woche zurück. Da hatte er einen Strick bei sich und sagte: »Jetzt gehe ich und hänge mich auf, denn jetzt habe ich die vier Ziegen und dann habe ich die Mutter und die Schwiegermutter des zweiten Nachbarn und dann habe ich die zwei Kinder des ersten Nachbarn und dann habe ich meine eigenen Verwandten, und meine Frau weint nur.« Der Rabbiner dachte lange nach und dann sagte er: »Jetzt«, sagte er »jetzt sollst du die zwei Kinder und die vier Ziegen und die Mutter und die Schwiegermutter des Nachbarn nach Hause schicken, und dann gehst du nach Hause und in einer Woche kommst du wieder.« Da kam der Mann nach einer Woche wieder und sagte: »Ja, jetzt geht es uns gut, und wir kommen mit allem so gut zurecht.«

Ungefähr so ist es, wenn man drei Jahre das Dramatische Theater geleitet hat. Dann gibt es keine Probleme mehr, die einen noch ernstlich schrecken könnten. Das Dramaten war eine so harte Schule, daß es einem im ganzen Leben nicht schlimmer ergehen kann. Ich brauche mich jetzt nur noch um mich selber zu kümmern, und das geht ganz gut. Wie geht es euch selbst denn?

JS: Man muß wohl einmal Chef von Dramaten werden.

IB: Ich glaube, das ist eine schöne und nützliche Schule.

TM: Oder eine Anstellung am Filminstitut annehmen!

IB: Ja, da gehört auch ganz schön was dazu!

SB: Wollen wir zu *Einen Sommer lang* zurückkommen? Nach *Gefängnis* ist das wohl einer deiner reichsten Filme, motivisch und auch formal. Der Aufbau des Films ist ungewöhnlich reich strukturiert. Ich finde, er ist auch deshalb interessant, weil er von diesem Mädchen Marie erzählt, das auf eine Jugendgeschichte zurückblickt, und du befindest dich ungefähr in dem gleichen Alter wie Marie und erzählst eine Geschichte, die du geschrieben hast, als du ungefähr in dem Alter warst, in dem sie sich in den Rückblenden befindet.

Ich will die Verhältnisse im Film zu dir selbst in Relation stellen. Hat die Geschichte, die Marie erzählt, direkt mit dir selber zu tun, oder hast du sie geträumt?

Maj-Britt Nilsson in *Einen Sommer lang.*

IB: Das Äußere ist selbst erlebt, abgesehen davon, daß der männliche Part umkam. Das war in Wirklichkeit nicht so, aber es war trotzdem tragisch, weil der weibliche Part Kinderlähmung bekam. So daß man von etwas schrieb, das schmerzte. Aber Marie, das bin in starkem Maß ich selber. Sowohl Marie und der Ballettmeister als auch der etwas heruntergekommene rüde Journalist sind Projektionen von mir selbst, während der Student eine Art Kleiderständer ist, für den ich mich nicht sehr interessierte.

SB: Eine oft zitierte Äußerung von dir über das Filmen besagt, daß du Filme machst, als wäre jeder Film dein letzter. Man hat das Gefühl, daß eine derartige Äußerung aus dieser Periode stammen könnte. Marie wird plötzlich bewußt, daß ihre Karriere ein Ende hat. Sie hat noch sieben, acht Jahre zu tanzen, dann ist Schluß, und mit dieser Einsicht setzt sie ihre Arbeit fort.

IB: Eineinhalb Jahre habe ich gelebt, ohne einen Film zu machen, ohne mich mit Filmarbeit zu beschäftigen, ohne zu wissen, wann ich mit dem nächsten Film würde anfangen können. Es war vollkommen verheerend. Ich glaube, gerade während des Filmstopps hat sich bei mir die Einsicht herausgebildet, daß die Sache mit dem Filmen kolossal zufällig ist, und im Zusammenhang mit *Menschenjagd* die andere Einsicht: so etwas mache ich nie wieder! Ich mache nie wieder einen Film für Geld. Wie unsicher und ungewiß mein bürgerliches Dasein auch ist, ich werde mich nie kaufen lassen, von niemandem und für kein Geld. Filme zu machen ist für mich eine Existenzberechtigung. Fange ich an, die Ethik zurechtzubiegen, so verliere ich meinen Eigenwert, meine Menschenwürde, all das, was mich glauben läßt, daß ich das Recht habe, Filme zu machen. Darum muß man immer vor Augen haben, daß jeder Film der letzte sein kann, daß man den Mut

Maj-Britt Nilsson mit Birger Malmsten (links) und Stig Olin (rechts), in *Einen Sommer lang.*

haben muß, auf den nächsten Film zu verzichten, und daß man den Mut haben muß, zu sehen, daß man rausgeworfen werden kann. Man soll den Mut haben, ein Projekt fallenzulassen, das man nicht für gut genug hält. Man setzt ein großes Rad in Bewegung, und eins, zwei, drei rollt man selbst mit und kann es nicht stoppen. Man ist machtlos.

Hungern – das habe ich getan, das ist nicht so schlimm in der Jugend. Man glaubt meistens, daß hinter der nächsten Ecke schon das Schlaraffenland wartet. Aber die Menschen, für die man verantwortlich ist, nicht versorgen zu können – das ist die Hölle.

Persönlich habe ich genau genommen keine Bedürfnisse. Das hat sich so mit der Zeit ergeben. Ich habe zwar das Haus auf Fårö, das mir viel bedeutet, ich habe meine Cinemathek, die ich liebe, und meine Schallplatten und meine Bücher, aber ich kann jederzeit das Ganze hinter mir lassen, und dann habe ich ja das staatliche Künstlerstipendium – was auch geschieht, ich kriege 25 000 Kronen im Jahr, sobald ich keine Einkünfte mehr habe. Ich kann nie bettelarm werden.

TM: Deine kleinen Randfiguren wie Mimi Pollak in *Einen Sommer lang,* oder deine kleinen Tanten und Onkels, beinah eine Art komische Trolle, kehren in vielen Filmen wieder. Sind sie immer notwendig? Oder sind sie nur ein persönlicher Ulk?

IB: Die kommen im Vorbeigehen mit hinein. Ich liebe es, mit »Reserveausgängen« herumzuspielen.

SB: Mimi Pollak soll in *Einen Sommer lang* den Tod symbolisieren – besonders eine der Szenen ist einer anderen in *Das siebente Siegel* ähnlich. Sie spielt Schach mit dem Pastor. Das ist die vom Tode gezeichnete kleine Alte.

IB: Ja, sie ist der Tod. Sie tritt in dem Augenblick auf, in dem das Stück sich verdunkelt. Es ist ganz hell bis zu dem Punkt, wo die Hauptperson ihren ersten Streit hat, und dann sucht Marie Henrik zu Hause auf und trifft da auf die alte Tante, den Tod.

TM: Handelt es sich meistens um Todesfiguren?

Der Tod bei Bergman:
Mimi Pollak und Maj-Britt
Nilsson (rechts) in *Einen
Sommer lang*.

IB: Nein, nur in diesem Fall.

Je länger und je mehr ich filme, umso weniger berechne ich, umso mehr
überlasse ich die Personen sich selbst. Früher habe ich viel mehr konstruiert, das Manuskript angeordnet und gleichsam die Schritte und Schicksale
der Menschen gesteuert, aber jetzt überlasse ich sie sich selbst, und die

Aus der Aufzugszene in *Sehnsucht der Frauen* mit Eva Dahlbeck und Gunnar Björnstrand.

Menschen, die kommen wollen, die dürfen ins Bild hineingleiten und wieder hinausgleiten. Ich habe heute doch wohl eine viel freiere Beziehung zu dem, was ich mache. Der Höhepunkt in bezug auf einen durchkonstruierten Film ist *Das Lächeln einer Sommernacht,* der wie ein Marivauxstück aufgebaut ist – in der klassischen Manier des 18. Jahrhunderts. Aber als ich mit der Arbeit fertig war, hat er mir keinen Spaß mehr gemacht. An so etwas übt man sich und probiert seine Geschicklichkeit.

JS: Alle diese Motive und Themen in *Einen Sommer lang,* die beispielsweise in *Wilde Erdbeeren* und in *Das siebente Siegel* wiederkehren, bedeuten sie heute noch etwas für deine momentane Arbeit? Gehst du intuitiv zurück und greifst Material aus deinen alten Werken wieder auf?

IB: Je länger man dabei ist, umso weniger bedeutet einem das, was man gemacht hat. Man hat ein Gefühl, daß man die ganze Zeit verschiedene Richtungen einschlägt und eine größere Unsicherheit um das eigentliche Schaffen erzeugt.

JS: Wie hast du jene berühmte Aufzugsszene in *Sehnsucht der Frauen* gedreht?

IB: Ich war schon seit langem, beeinflußt von Hitchcock, sehr daran interessiert, lange Szenen in schweren und engen Verhältnissen zu filmen. Alles Unnötige auszuschalten und es ganz einfach auf diese Art und Weise schwer zu machen. (In *Riten* [Der Ritus] habe ich zum Beispiel nichts, was man normalerweise eine Dekoration nennt, sondern nur glatte Wände und etwas Stoff und ein paar Möbel. Daß man gerade nichts hat, womit man sich heraustricksen kann, das ist eine Herausforderung.)

Die Episode in *Sehnsucht der Frauen* beruht auf etwas, das ich selbst erlebt habe. Ich war zu einer Wiedervereinigung mit einer meiner Frauen in Kopenhagen und wir wohnten bei guten Freunden, die verreist waren. Wir bekamen deren Schlüssel, und als man dann am Abend betrunken und fröhlich nach Hause kam und alles bestens vorbereitet war, da steckte ich den Schlüssel ins Schloß und der Schlüssel brach ab. Es war aussichtslos, einen Schlosser aufzutreiben, wir haben die Nacht auf der Treppe verbracht.

JS: Gab es nicht besonders schwere technische Probleme?

IB: Wir filmten mit einem langsamen Film, der ziemlich viel Licht brauchte. Der Aufzug war ein technisches Monstrum, das ein paar von uns zusammen ausgedacht hatten. Aber irgendwelche technischen Komplikationen hatten wir nicht. Und dann waren Eva und Gunnar dermaßen süß und haben uns soviel Spaß gemacht, es ist in erster Linie ihr Verdienst, daß die Szene so ist wie sie ist. *Sehnsucht der Frauen,* der an sich nicht als Experiment gedacht war, sondern als ein kommerzieller Film, enthält noch ein weiteres, mehr maskiertes Experiment – das ist eine kleine Sequenz mit Maj-Britt Nilsson und Birger Malmsten. Die Sequenz ist äußerst dialogarm – sie enthält ungefähr fünfzig Repliken, glaube ich – und das war also ein Experiment oder ein Versuch meinerseits, in Bildern zu erzählen. Ein Versuch, den ich erst in *Das Schweigen* wiederholt habe, wo ich sehr wenig Dialog habe.

Aber es war ein Experiment im Stillen. Keinem Menschen hätte ich gewagt zu sagen, daß ich experimentierte!

JS: In *Kvinnodröm* (Frauentraum), der ein technisch brillanter Film ist, gibt es eine Sequenz im Gang eines Zugs, wo Susanne, die von Eva Dahlbeck gespielt wird, zu ihrem früheren Liebhaber fährt. Ich finde, diese Sequenz ist wahnsinnig raffiniert gemacht, fast wie nach einem kinematographischen Handbuch aufgebaut. Das ist ohne Zweifel Filmexpressionismus. Da hast du experimentiert und auf ungewöhnlich selbständige Weise mit der Tonmontage gearbeitet.

IB: Der Ton war mir immer genauso wichtig wie das Bild.

JS: Wie hattest du diese Sequenz im Manuskript aufgebaut? Waren Ton und Bildmontage beschrieben?

IB: Nein, das mache ich erst hinterher. Immer wenn ich solche technischen Probleme habe, dann schreibe ich einfach direkt hin, was mir einfällt, und danach löse ich sie technisch und schreibe zusätzlich ein Spezialmanuskript – ein technisches Manuskript.

JS: Ein Szenarium?

IB: Ja, genau, wo ich exakt durchgehe, was aufgenommen werden soll; dabei lasse ich einen Filmstreifen im Kopf abrollen.

JS: Bist du sicher, daß du auch die Montage behältst, die du im Kopf hast?

IB: Ich schreibe sie ja auf, bevor ich darangehe.

JS: Kannst du dich erinnern, ob du viel Arbeit in diese Zugscene in *Kvinnodröm* gesteckt hast?

IB: Ich erinnere mich lediglich, daß wir es eilig hatten. Damals machte Sandrews zwanzig Filme im Jahr, vielleicht auch fünfundzwanzig, und man mußte teuflisch schnell rein ins Atelier und wieder raus aus dem Atelier. Aber wenn man vorausgeplant hat, kann man ja schnell arbeiten. – Man arbeitete so lange man durfte, und dann flog man raus, oder das Material war schon früher alle.

In den ersten Jahren hatten wir sowohl Strom- wie Filmrationierung. Für *Gefängnis* bekamen wir eine Zuteilung von achttausend Metern, und das in kleinen Portionen – Agfa und Kodak und Ferrania und alles mögliche, was zu kriegen war. Jedesmal, wenn Göran Strindberg eine Lampe einschaltete, ging ein extra angestellter Alter hinterher und schaltete sie wieder aus. Nur die letzte Probe durfte bei voller Beleuchtung durchgeführt werden. Es gab eine Strafgebühr, wenn der Stromverbrauch größer wurde, als man vorausberechnet hatte.

SB: In *Sehnsucht der Frauen* versuchst du, den verschiedenen Episoden, die erzählt werden, den Charakter der Frauen zu geben, die sie erzählen. Sie sind alle drei erzähltechnisch ganz verschieden.

IB: Die erste Episode ist sehr keusch, die zweite ist sehr beweglich, und die im Aufzug hat einen heißen, ein bißchen burlesken Ton – das war so eine Idee von mir.

JS: Die Zeit mit Monika ist ein Film, den man in hohem Grade als dein ganz eigenes Werk sehen möchte. Wie würdest du die Beteiligung von Per Anders Fogelström am Drehbuch einschätzen? Es fußt wohl auf einer Erzählung, die nach dem Film ein Roman wurde?

IB: Ja, genau, nach dem Film wurde ein Roman daraus. Aber zunächst war es so, daß Per Anders Fogelström und ich uns auf Kungsgatan trafen. Ich fragte, was er so machte, und er sagte: »Ich denke über eine Sache nach, von der ich noch nicht weiß, was sie werden wird.« »Was denn?« »Ja, da sind ein Mädchen und ein Junge, die aus ihren Berufen und Familien ausbrechen, wahnsinnig jung, und dann machen sie sich auf in die Schären und dann kommen sie zurück und versuchen, sich in einer Art Bürgerlichkeit zu etablieren. Und dann geht die Sache zum Teufel.«
Ich weiß noch, daß ich praktisch einen Meter hoch gesprungen bin und gesagt habe: »Daraus müssen wir einen Film machen. Denk daran, daß wir daraus einen Film machen müssen!« Das fand er auch, und dann kamen andere Dinge dazwischen, aber jedesmal, wenn wir uns trafen, fragte ich, was mit diesem Pärchen geworden sei, und so allmählich kamen wir während des Filmstopps mit diesem Herzensmanuskript in Gang.
Jetzt erinnere ich mich nicht mehr – er schrieb so fürchterlich schnell –, ob der Roman vor dem Ende des Filmstopps noch herauskam. Ich weiß nur noch, daß wir das Manuskript bei SF einreichten, und daß Carl Anders Dymling es positiv beurteilte. Ich erzählte ihm, daß wir mit nur ein paar Leuten – einem kleinen Team – und einer Stummfilmkamera auf den Schären drehen wollten. Es würde der billigste Film aller Zeiten werden, kolossal klein und einfach. Es hatte begonnen, sich nach dem Filmstopp ein wenig aufzuhellen, und SF brauchte viele Filme für ihre Kinos.
In der Zeit war Carl Anders Dymling äußerst eingeschränkt. Er hatte einen Beirat, Vorstandsmitglieder und andere, die entscheiden sollten, welche Filme gemacht werden sollten. Es gab ein Wahnsinnstheater um den Film. Aber diesmal setzte Carl Anders sich durch, und ich glaube, ein Vorstands-

mitglied trat sogar zurück, weil solcher Schund nicht gemacht werden dürfe.

Damals hatte ich Harriet Andersson in *Trots* gesehen und fand, eine, die die Monika besser darstellen könnte als sie, würde wohl nie aufzutreiben sein. Und dann traf ich eines Tages Lars Ekborg auf der Straße und sprach ihn direkt an. Das war lange, bevor das Projekt beschlossen und er frei war, und so haben wir den Film während der Dreharbeiten zu *Sehnsucht der Frauen* vorbereitet. Ich war eigentümlich verliebt in Harriet und wir hatten sehr eingehende Kleiderproben!

JS: Wie alt war sie damals?

IB: Sie war wohl achtzehn oder höchstens neunzehn, aber sie war verheerend und verlobt mit Per Oscarsson. Dann sind wir genau eine Woche, nachdem *Sehnsucht der Frauen* fertig war, losgezogen.

JS: Wer hatte Harriet in *Trots* rausgebracht?

IB: Ich glaube, sie hatte in *Biffen och bananen* mitgemacht und in *Andersonskans Kalle* und *Medan staden sover*. Sie hatte eine ganze Reihe kleine Rollen gespielt, und wir jüngeren Regisseure waren ziemlich erpicht auf sie aus verschiedenen Gründen – Lars-Eric Kjellgren und Allan Ekelund, der nicht Regisseur sondern Produktionsleiter war –, wir waren ganz schön scharf auf sie. Es hat im schwedischen Film kein Mädchen gegeben, das einen hemmungsloseren erotischen Charme ausstrahlte als Harriet.

Wir sind also mit der ganzen Truppe mit dem Schiff raus und haben uns draußen im Klockargården auf Ornö eingenistet. Wir kosteten wie gesagt nichts, es gab keine Bauten und wir hatten viel Spaß, und das Manuskript war ziemlich summarisch und wir drehten Szenen. Alle fanden je nach Geschmack ihr Vergnügen und verbrachten die Nächte anderswo, und es war überhaupt eine romantische und etwas ermattete Gruppe, die sich früh morgens versammelte. Es war ein wunderbarer August.

Als wir schließlich die Rückkehr vorbereiteten, passierte es: Um Transportkosten zu sparen, hatten wir drei Wochen lang die Filme auf einem Haufen gestapelt. Als sie dann entwickelt wurden, zeigte sich, daß fast auf dem ganzen Material, das wir aufgenommen hatten, eine grobe Negativschramme war. Wir bekamen also aus Stockholm die Nachricht, daß wir praktisch den ganzen Zinnober nochmal machen müßten – fünfundsiebzig Prozent davon. Größere Krokodilstränen sind nie von einer Filmtruppe vergossen worden, denn alle waren ja froh, bleiben zu können.

Die Zeit mit Monika zu drehen, war die ganze Zeit der reine Spaß. Zu Hause waren wir noch eine kurze Zeit im Atelier: alles ging wie geschmiert. Dann hat die Zensur geschnitten.

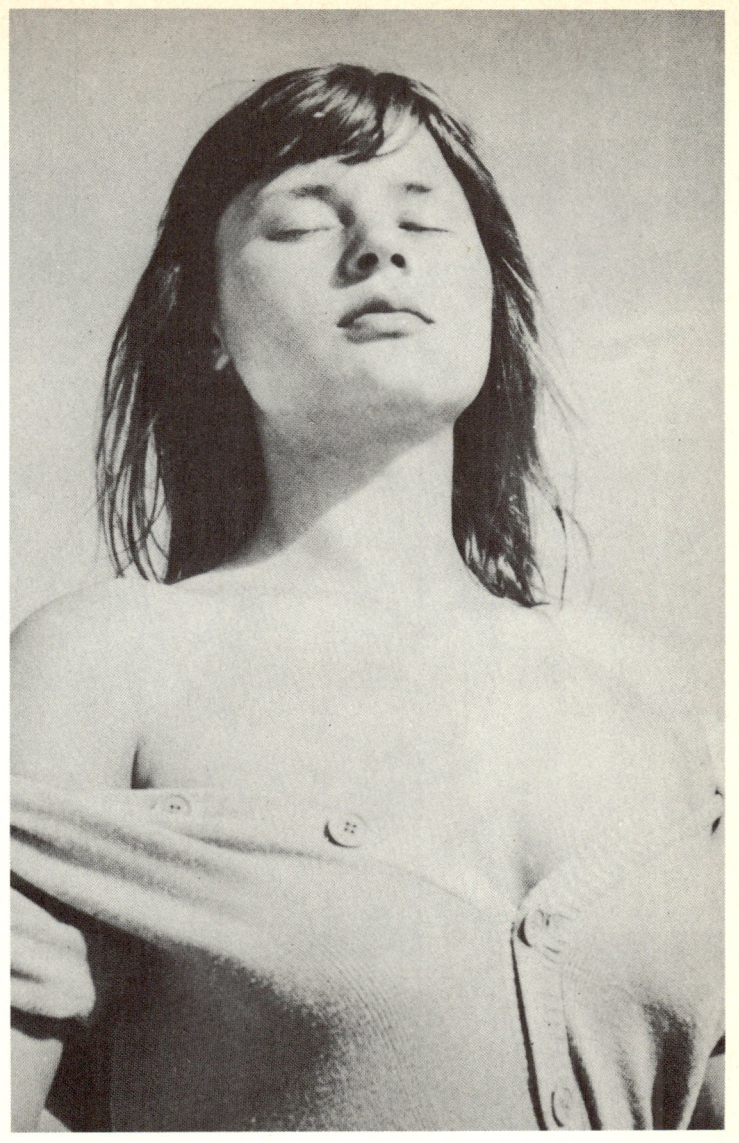

Lars Ekborg und Harriet Andersson in *Die Zeit mit Monika*.

JS: Was hat sie geschnitten?

IB: In einer Szene, da sitzen Harry und Monica und saufen sich voll, am Abend nach der Schlägerei, die die Zensur auch verstümmelt hat. Es gibt zwei Schlägereien zwischen den Burschen, eine wilde und dann noch eine zweite, größere. In dieser Liebesszene, wo ihre Leidenschaft den Höhepunkt erreicht, sitzen sie am Strand und saufen sich voll und haben eine wilde orgiastische Liebesszene. Das hat die Zensur vereinnahmt, den ganzen Kram.

SB: Gab es irgendeine Diskussion über die Entscheidung der Zensur?

IB: Du bist wohl nicht gescheit!

SB: Du oder SF, ihr habt nicht protestiert?

IB: Nein, zum Teufel, wie sollte man protestieren, es gab keinen, bei dem man protestieren konnte. Man konnte es nur akzeptieren.

SB: Im Zusammenhang mit *Einen Sommer lang* und *Die Zeit mit Monika* könnten wir das Sommermotiv kommentieren. Aus natürlichen Gründen werden die Dreharbeiten schwedischer Filme oft in den Sommer verlegt, aber hier gibt es andere Motive als rein praktische. Manchmal habe ich das Gefühl, daß das Sommermotiv und beispielsweise das Motiv von *Die Stunde des Wolfs* nicht weit voneinander entfernt sind. Es liegt eine Art von Verzweiflung in diesem Sommererlebnis. In dem durchscheinenden Licht.

IB: Der schwedische Sommer ist für mich tief lustbetont, besonders die Zeit um Mittsommer – Mai und Juni –, aber Juli und August, besonders der Juli, sind unerhört quälend. Wenn tagaus und tagein die Sonne scheint. Im Sonnenlicht bekomme ich Klaustrophobie. Meine Alpträume sind immer in Sonnenlicht getaucht, und ich hasse den Süden, wo ich dem ununterbrochenen Sonnenlicht wie einer Drohung ausgesetzt bin, wie etwas Alptraumartigem, etwas Erschreckendem.

JS: Das starke Sonnenlicht findet sich auch in deinen Traumszenen.

IB: In *Die Stunde des Wolfs* und *Wilde Erdbeeren* gibt es das gleiche harte Sonnenlicht. Wenn ich einen ununterbrochen wolkenlosen Himmel sehe, dann denke ich, die Erde könnte untergehen.

In *Das Schweigen* zum Beispiel ist die ganze Zeit Hitze und starkes Sonnenlicht, und erst am Schluß kommt der Gewitterregen.

TM: Das Licht durchleuchtet auf eine bestimmte Weise die Menschen und ihr Handeln.

IB: Ja, sie werden ausgehöhlt.

JS: Verglichen mit der Jugendrevolte in deinen Filmen der vierziger Jahre, der mehr pubertären Revolte, geht es in *Die Zeit mit Monika* plötzlich viel frischer zu. Die Aufruhrhandlung ist sicherlich genauso stark, aber sozusagen gesünder.

IB: Es war auch der Herbst nach *Die Zeit mit Monika,* in dem ich am Theater in Malmö angefangen habe. Ich war das endlose Umherflackern in Stockholm nach der Zeit in Göteborg leid geworden.

JS: Du bist 1952 nach Malmö gekommen?

IB: Ja, ich glaube, und da wurde alles anders. Die Zeit der Pickel war sozusagen vorbei.

Was bei *Die Zeit mit Monika* in technischer Hinsicht interessant war – abgesehen davon, daß er mit einer kleinen Truppe und einer Stummfilmkamera gemacht ist, wo man die ganze Zeit nachsynchronisierte, den Dialog hinterher aufnahm und dann hineinschnitt – das war, daß ich meinen festen Cutter, Oscar Rosander, verlor und einen neuen bekam, der unfähig war. Oscar Rosander war großartig gewesen. Hat man einen guten Cutter, dann kümmert man sich um nichts und läßt ihn machen, aber jetzt hatte ich plötzlich keinen Cutter und mußte selbst schneiden. Ich mußte lernen, wie man schnitt, wie es überhaupt vor sich ging; warum man gerade so und nicht anders schnitt und warum man einen Wechsel an einer bestimmten Stelle machte. Lehrreich. Viel mehr ist wohl über *Die Zeit mit Monika* nicht zu sagen, außer daß er meinem Herzen nahesteht und einer der Filme ist, die ich gern wieder ansehe.

JS: Ich möchte hier fragen, ob *Lektion in Liebe* aus der Aufzugszene in *Sehnsucht der Frauen* hervorgegangen ist?

IB: Ja, das ist er.

JS: Gleichzeitig scheint der Film auch als Skizze für *Wilde Erdbeeren* gedient zu haben.

IB: Das mag sein, aber daß *Lektion in Liebe* aus der Zusammenarbeit mit Gunnar Björnstrand und Eva Dahlbeck hervorgegangen ist, das ist vollkommen klar.

Ich hatte *Abend der Gaukler* gedreht, und danach waren Harriet und ich unten in Arild, wo wir die Außenaufnahmen zu *Abend der Gaukler* gemacht hatten, und Harriet war versessen darauf, am Strand zu liegen und sich zu sonnen, während ich dazu überhaupt keine Lust hatte. Dort traf sie Erik Strandmark und seine Frau, mit denen sie jeden Tag zum Badestrand zog, und ich mietete mir einen kleinen Turm, der draußen an einem alten Sommerhaus stand, und da lag ich auf dem Rücken und las schöne Bücher und fand, daß das Leben passabel und schön wäre.

Mehr aus Spaß fing ich an, Szenen zu schreiben, Eheszenen. Es machte mir mehr und mehr Spaß, und dann dachte ich an Gunnar Björnstrand und Eva Dahlbeck, und da wurde es noch lustiger. Innerhalb einer Woche war das Manuskript geschrieben. Ich dachte, ich kann das ja auf jeden Fall bei Sandrews und SF mal zeigen, und dann habe ich es zuerst an Sandrews gegeben, aber da waren alle im Urlaub, und dann habe ich es an SF geschickt. Carl Anders Dymling war aus irgendeinem Grund nicht im Urlaub, der las es sofort und rief an und sagte, ich sollte mal vorbeikommen, und vierzehn Tage später war der Film in Gang.

Ich glaube, ich hatte zehn Tage Zeit zur Vorbereitung, und dann ging es los. Es war eine sehr leichtsinnige Produktion. Das ist wohl das Gute an dem Film, nehme ich an, daß er vollkommen leichtsinnig ist.

III. Filmstaden, den 3. Juli 1968

JS: Das Erniedrigungsmotiv ist in allen deinen Filmen, die das Künstlerdasein behandeln, zentral. Ich möchte hier an eine Diskussion von früher anknüpfen – ob nicht diese Sicht des Künstlers genau genommen romantisch ist. Ich meine folgendes: in unserer Gesellschaft hat der Künstler heute einen höheren sozialen Status als früher, er bekommt öffentliche Unterstützung und vertretbare Existenzmöglichkeiten – jedenfalls dann, wenn es ihm gelungen ist, ein gewisses Maß an Anerkennung zu finden. Hat diese neue Einstellung und dieser Umstand dazu beigetragen, daß du deine »Künstlerfilme« häufig in ein historisches Milieu verlegt hast? Ich denke dabei in erster Linie an *Abend der Gaukler* und *Das Gesicht,* aber auch an *Die Stunde des Wolfs,* der sicherlich kein Künstlerfilm ist, aber in einer Art fiktivem Milieu spielt . . .

IB: Du willst unaufhörlich auf diese Sache mit der Künstlerromantik hinaus, und es ist schon möglich, daß meine Ansicht veraltet ist. Das weiß ich nicht. Es ist klar, daß es eine modernere Auffassung von der Kunst und den Künstlern und von den Gegebenheiten der Künstler gibt, aber das Demütigungsmotiv ist so wesentlich. Eins der Gefühle, an die ich mich aus meiner Kindheit am stärksten erinnern kann, ist gerade die Demütigung; gedemütigt zu werden, in Worten oder Handlungen oder Situationen kleingemacht zu werden. Ist es denn nicht so, daß Kinder im Verhältnis zu Erwachsenen zueinander unaufhörlich und intensiv Demütigung erfahren? Ich habe das Gefühl, daß beispielsweise Kinder sich eifrig damit befassen, einander zu demütigen. Unsere ganze Erziehung ist doch eine Demütigung und war es in meiner Kindheit in noch höherem Grade. Eine der Wunden, mit denen ich in meinem Leben als Erwachsener am schwersten zu schaffen gehabt habe, ist die Furcht, gedemütigt zu werden, das Gefühl, gedemütigt zu sein.

Jedesmal, wenn ich eine Rezension lese – unabhängig davon, ob sie lobend ist oder nicht –, stellt sich dieses Gefühl ein. Rezensionen können verdammt kritisch sein, ohne demütigend zu sein, weil man spürt, hier lernt man etwas, hier kommt einer, der einem direkt etwas sagt. Aber sowohl lobende als auch kritische Rezensionen können demütigend sein.

Das ganze Abhängigkeitsverhältnis, in dem ich bis 1955 zu diesem Unternehmen gelebt habe, habe ich als demütigend empfunden. Selbst als ich Chef des Dramatischen Theaters war und ins Ministerium gerufen wurde, um wegen diverser Dinge, die ich gemacht hatte, Rede und Antwort zu stehen, und wenn die Revisoren kamen und drohend den Finger erhoben, so habe ich das als lächerlich und demütigend empfunden, weil ich besser wußte, wie die Dinge gemacht werden mußten, als Menschen, die nichts damit zu tun hatten und trotzdem kamen und sich einmischten.

Zu demütigen und gedemütigt zu werden ist meiner Ansicht nach ein vitaler Bestandteil unserer gesamten Gesellschaftsordnung – und hier habe ich kein spezielles Mitgefühl mit Künstlern. Ich weiß nur, wo die Demütigungen für einen Künstler liegen. Ich empfinde zum Beispiel unsere Bürokratie als etwas, das in hohem Grade auf Demütigungen aufbaut, und ich glaube, daß dies eins der heimtückischsten und gefährlichsten Gifte ist, die existieren. Der Gedemütigte sitzt seinerseits ständig da und überlegt, wie zum Teufel er zurückdemütigen kann, wie er zurückschlagen kann, bis der andere eventuell so gedemütigt ist, daß er kaputt ist, so daß er nicht mehr zurückdemütigen kann oder sich nicht einmal mehr die Mühe macht, zu überlegen, wie er zurückdemütigen kann.

JS: Ja, es ist ungefähr der gleiche Mechanismus hinter der Demütigung und der Aggressivität, der ein Gefühl für den Sozialismus schafft, für soziale Revolution und politische Bewußtheit. Aber bei dir hat es sich anders geäußert, mehr privat, glaube ich. Das ist es, was ich romantisch nenne!

IB: Ich halte mich an das, wovon ich etwas verstehe. Ein großer Teil meines sehr starken Protests gegen das Christentum beruht auf der Tatsache, daß darin ein starkes und unauslöschliches Demütigungsmotiv steckt. Einer der Hauptpunkte ist: »Ich armer, sündiger Mensch, in Sünde geboren, der ich all mein Lebtag gesündigt habe.«

Unter dieser Strafe leben wir, und darunter handeln wir rein atavistisch. Über die Demütigung könnte ich praktisch pausenlos reden. Es ist eine der großen Grunderfahrungen. Ich reagiere äußerst stark auf jede Form von Demütigung; und ein Mensch in meiner Situation, in meiner Position ist wirklich ganzen Serien von Demütigungen ausgesetzt gewesen. Und hat außerdem andere gedemütigt!

JS: Wir haben sicher Gelegenheit, zu diesem Thema zurückzukehren, wenn wir über die Ideen-Filme sprechen werden.

IB: Allerdings.

JS: Die Kritik an *Abend der Gaukler* gehört wohl zu den Tiefpunkten in der Geschichte der schwedischen Filmkritik. Unter dem Pseudonym Filmson hieß es beispielsweise in Aftonbladet: »Ich weigere mich indessen, eine Okularinspektion des Erbrochenen vorzunehmen, das IB diesmal hinter sich zurückgelassen hat.« Außerdem ging der Film nicht beim Publikum. Wie hast du versucht, dich persönlich vor dieser Art von Kritik und Rückschlägen zu schützen?

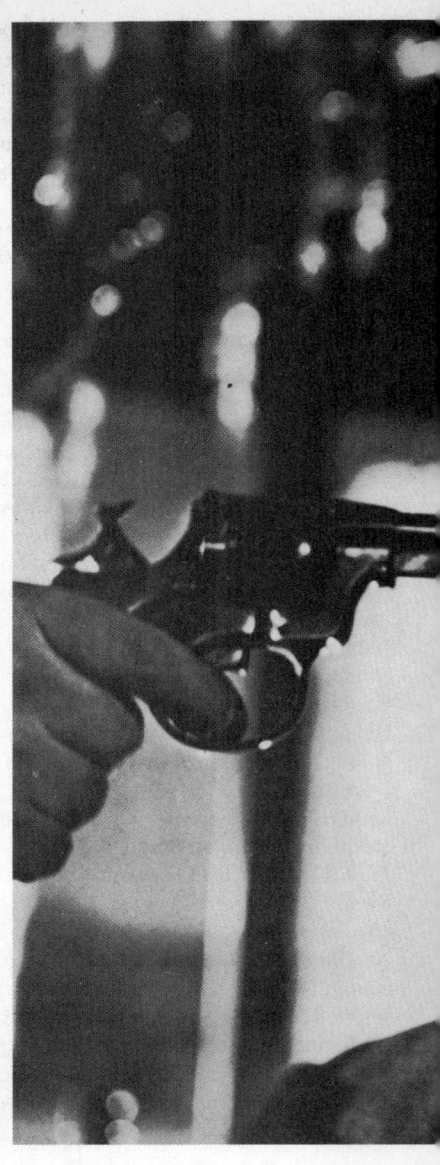

Anders Ek als Clown
Frost in *Abend der
Gaukler*.

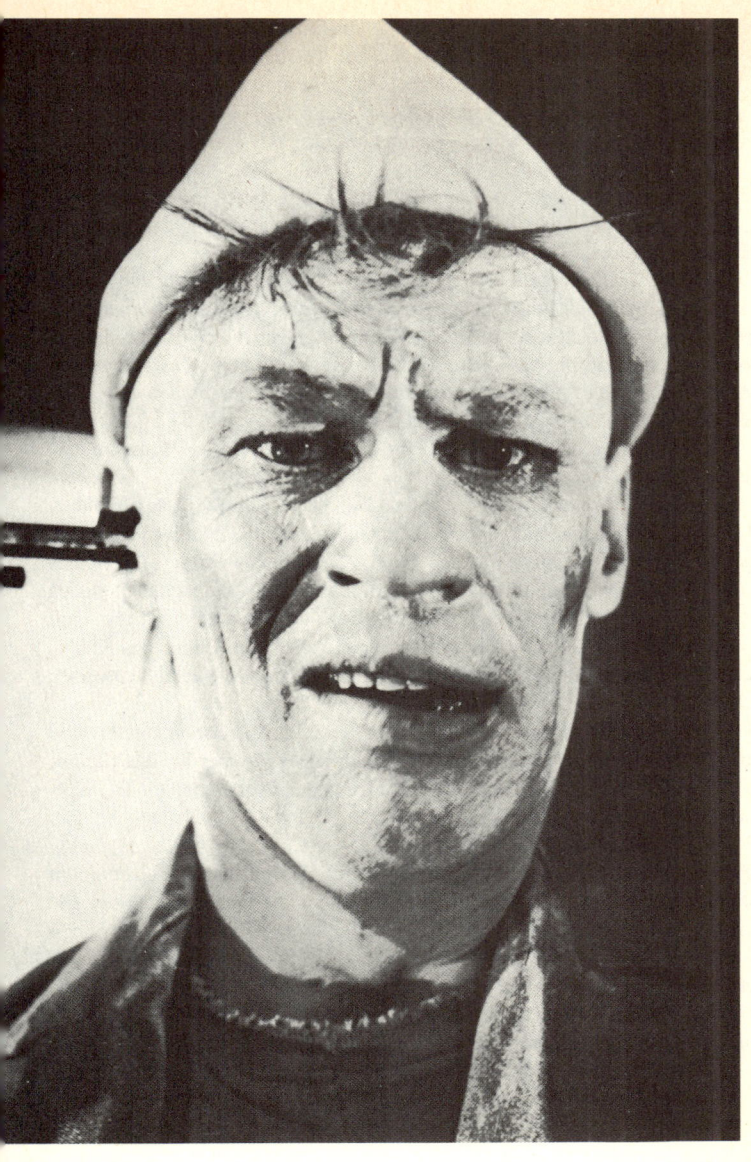

IB: Es ist klar, daß ich sowohl das Publikumsfiasko wie auch das Kritiker-fiasko als eine Katastrophe empfunden habe. Ich wußte, daß mit jedem Mal, wo es schiefging, meine Möglichkeiten, Filme machen zu können, mehr begrenzt würden. Ich wußte, daß es von Mal zu Mal unsicherer und riskanter wurde. Der Sektor wurde schmaler. Und das war ein sehr unange-nehmes Gefühl.

TM: Ich glaube, in der Künstlerwelt gibt es eine bestimmte Hierarchie. Steht da der Zirkus auf der untersten Stufe, und kommt dann der Film und dann das Theater, oder umgekehrt?

IB: Man muß wohl sagen, daß alle als Gesindel betrachtet wurden – viel-leicht nicht mehr so sehr in den letzten zehn Jahren. Vor zehn Jahren konnte ein Schauspieler im Stadshotell in Jönköping kein vernünftiges Zimmer be-kommen – das wißt ihr vielleicht nicht, aber so war es –, und es gibt immer noch Menschen hierzulande, die Schauspieler und Bühnenvolk als Freiwild betrachten.

TM: In einer ganzen Reihe deiner Filme gibt es Selbstmorde. Willst du dar-über etwas sagen?

IB: Ich meine mich zu erinnern, daß ich als Kind beschloß, in den Wald zu gehen und zu verschwinden und tot dazuliegen, und alle sollten traurig sein. Es ist bekannt, daß Künstler in der Regel – besonders wenn sie funktionie-ren wie ich es tue – das ganze Leben hindurch einen starken infantilen Zug behalten; oder richtiger gesagt, der kreative Zug ist so tief verknüpft mit einer Art Kindlichkeit oder einem Festhalten an der Einstellung des Kindes zu seiner Umwelt, daß man auch eine Menge marginaler Verhaltensweisen konserviert.

SB: Daß in vielen deiner Filme Künstler die Hauptpersonen spielen und durch sie ein Erniedrigungsthema konkretisiert wird, beruht das darauf, daß du den Künstler für in stärkerem Maß ausgesetzt hältst, in einer ausge-setzteren Berufssituation?

IB: Ja, er ist stärker Demütigungen ausgesetzt.

SB: Man kann den Künstler beispielsweise mit einem Ingenieur oder einem Erfinder vergleichen, die in einer ähnlichen Arbeitsatmosphäre wirken. Sie erfinden neue Sachen, sie konstruieren eine neue Welt. Aber sie können immer ein Resultat vorweisen, das gut oder schlecht ist, das objektiv bewer-tet werden kann.

IB: Es ist in jedem Fall greifbar.

SB: Der Künstler, der aus ungefähr den gleichen Triebkräften heraus arbei-tet, ist gezwungen, sich auf eine ganz andere Weise zu entblößen – und er muß dabei diesen ganzen Abhängigkeitskomplex erleben, wobei er ge-zwungen ist, die Rolle des Kindes einzunehmen. Er wird Kritik, Demüti-

Hierarchie in der Artistenwelt. Der Schauspieler Frans (Hasse Ekman) schlägt den Zirkusdirektor (Åke Grönberg) in der Manege nieder und begeht auf der Bühne – bewundert von der Geliebten des Zirkusdirektors (Harriet Andersson) – Theaterselbstmord in *Abend der Gaukler*.

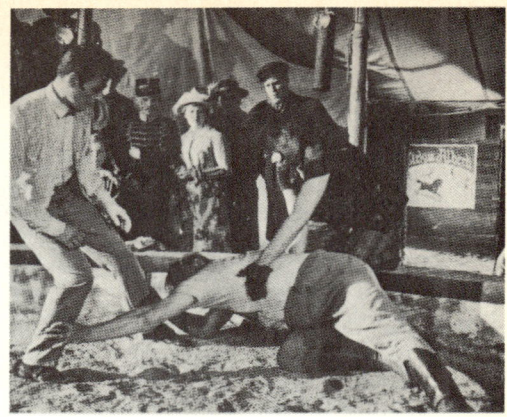

gungen, Verwünschungen oder Lob ausgesetzt. Der Ingenieur oder der Erfinder erleben nicht diese Unsicherheit und Beziehungslosigkeit. Sie können sagen – es funktioniert, also ist es gut.

IB: Und es ist vorausberechnet, daß es funktionieren soll auf diese oder jene Weise, und es steht da und ist fertig.

JS: Du hast messerscharfe Erinnerungsbilder aus der Kindheit?

IB: Ich bin tief auf meine Kindheit fixiert. Es sind vollkommen klare Impressionen mit Licht und Duft. Ich kann in gewissen Augenblicken durch die Landschaft meiner Kindheit streifen, durch frühe Räume, und mich erinnern, wie sie möbliert waren, wo die Bilder an den Wänden hingen, wie das Licht fiel. Es ist wie ein Film. Filmstreifen, die ich in Bewegung setze und wo ich genau alles rekonstruieren kann – mit dem Unterschied, daß sie auch duften.

Wenn man die Gesichter vieler Künstler betrachtet, dann sehen sie aus wie erwachsene Kinder, geheimnisvoll erwachsene Kinder. Sieh dir ein Gesicht an wie das von Picasso, es ist ein Kindergesicht – oder Churchill oder The Swedberg, ein Jüngling, der nie erwachsen geworden ist, oder Stravinskij, Orson Welles, Hindemith. Oder sieh dir jemanden wie Mozart an – nun wissen wir zwar eigentlich nicht, wie Mozart ausgesehen hat, aber aufgrund der Bilder kann man doch sagen, daß es stimmt, und man kann auch sagen, daß Beethoven das Gesicht eines wütenden Wickelkindes hat. Ich empfinde es so, wenn ich hier ins Atelier komme oder wenn ich meine Kamera habe und die Menschen um mich herum – ja, dann beginnen wir ein Spiel. Ich erinnere mich genau, wie es war, als ich klein war und die Spielsachen aus dem Schrank nahm. Genauso kommt es mir vor. Irgendwo ist es vergleichbar. Nur, daß ich heute aus einem unbegreiflichen Grund dafür bezahlt werde und eine Menge Menschen mich mit Respekt behandeln und tun, was ich sage, was mich dann und wann immer noch mit Verwunderung erfüllt.

JS: Ein großes Thema in *Abend der Gaukler* ist die Sehnsucht Alberts und Annes nach einem erträglicheren, das bedeutet: bürgerlicheren Dasein. Beide werfen einander vor, Angst zu haben und sich danach zu sehnen, aufzugeben. Hast du dich selbst einmal danach gesehnt, deine Künstlerlaufbahn aufzugeben?

IB: Das habe ich nie getan. Ich bin – das kann ich ohne Überheblichkeit sagen – im Verhältnis zu meinem Beruf immer glücklich und unneurotisch gewesen. Das eigentliche kreative Funktionieren, der Antrieb, Sachen zu machen und wieder neue Sachen zu machen und die alten hinter sich zu lassen und so weiter, in dem Punkt habe ich wohl – jedenfalls solange ich mich zurückerinnern kann – normal funktioniert, und das habe ich als meinen natürlichen Zustand in der Welt empfunden.

JS: Du hast, soweit ich sehe, eine strenge Berufsmoral, die besagt, »the show must go on«!

IB: Das ist nicht so heikel mit der Moral, wenn es um den Beruf geht. Durch die Erfahrungen der Jahre hat man bestimmte Dinge gelernt, die sich ansammeln und allmählich zu einem Verhaltensmuster kristallisieren, das man dann mit einem feinen Wort das Berufsethos nennt.

JS: Ich möchte im Zusammenhang mit der vorausgegangenen Frage über *Abend der Gaukler* eine weitere stellen. Alberts frühere Frau Agda repräsentiert das bürgerliche Ideal. »Alles steht still«, sagt sie in einer wichtigen Szene, »alles ist Stille und Reife.« »Leere«, antwortet da Albert. Dennoch sehnt er sich nach genau dieser Leere.

IB: Als er das mit der Leere sagt, kommt er danach mit einer verzweifelten Bitte; aber er weiß die ganze Zeit, daß es sinnlos ist. Er ist so vergiftet von diesem Leben, wo alles Bewegung ist. Die Stille ist für ihn Leere, und er muß diese ununterbrochene Bewegung um sich haben. Anne dagegen irrt sich, weil sie glaubt, daß Schauspieler etablierte Menschen sind. Aber sie entdeckt, daß alles Lüge ist. Sie sind beide betrogen.

TM: Frosts Traum geht ja in jener Szene weit zurück in die Vergangenheit?

IB: Ja, genau.

SB: Abend der Gaukler spielt an einem einzigen Tag, und die Hauptperson im Film ist Albert. Man sieht fast den ganzen Film hindurch seine Augen, und es gibt eigentlich nur zwei Szenen, in denen er nicht vorkommt, nämlich der Traum – die Erzählung von Frost und Alma – und diese Parallelhandlung mit Anne und Frans (denn in der Szene, die der mit Anne und Frans auf dem Boden vorausgeht, da bekommen wir ja allmählich Klarheit darüber, daß Albert die beiden belauscht hat). Warum dieser Traum und die Parallelhandlung mit Anne?

IB: Ich bin überhaupt nicht dogmatisch, oder war es damals nicht und bin es jetzt auch nicht. Ich hatte eine Zeit von kolossalem dogmatischem Formalismus – eine Art Anfall von Purismus, das ging dann vorbei. Der Traum war ein Ausgangspunkt für den ganzen *Abend der Gaukler,* er lag dem Film zugrunde. Der Traum ist das Thema und hinzu kommen die Serien von Variationen. Die Szene mit Anne und dem Schauspieler ist eine der Variationen.

SB: In einer Parallelmontage erzählst du von Alberts Besuch bei seiner Frau und von Annes Begegnung mit Frans. Wenn du zwischen den beiden Szenen schneidest, stellst du oft die beiden Frauen gegeneinander. Das Bild der einen Frau beschwört das Bild der anderen herauf. Wenn du den ersten Teil der Szene mit der Ehefrau abschließt, fährt die Kamera heran und ver-

Albert (Åke Grönberg) vor dem Selbstmord in *Abend der Gaukler*.

harrt bei ihrem Gesicht, und die nächste Szene beginnt mit einer Nahaufnahme von Anne. Wenn du dann wieder zur Ehefrau zurückblendest, stellst du von neuem die beiden Frauen in Großaufnahme gegeneinander. Willst du hier auch Alberts Abhängigkeit von ihnen beiden unterstreichen?

IB: Es ist faszinierend, wenn sich in einem Gesicht plötzlich ein anderes Gesicht abzeichnet und sich durchsetzt und reale Gestalt annimmt. Man kann immer sagen, daß es eine formale Sache ist, eine Überleitungssache, aber die eigentliche Grundlust liegt mit darin, wie ich sie dann später in *Persona* verwendet habe, wo die Gesichter ineinander übergehen und sich dann wieder trennen.

JS: Die berühmte Rückblende in *Abend der Gaukler*, die Geschichte von Frost und Alma, ist das ein Traum?

IB: Das ist eine Erzählung.

102

Sehnsucht nach bürgerlicher Geborgenheit. Annika Tretow als Agda, die frühere Frau des Zirkusdirektors, in *Abend der Gaukler.*

JS: Sie scheint mir in der Montage einen gewissen Einfluß von Eisenstein aufzuweisen – ich denke an die Kanonenmontage, Füße und ähnliche Nahaufnahmen, wie beispielsweise in *Panzerkreuzer Potemkin* – bist du dir dessen bewußt?

IB: In der Zeit hegte ich eine kolossale Mißachtung für Eisenstein. *Potemkin* hatte ich nicht gesehen. Den gab es nicht im dänischen Filmmuseum, das mein einziger Lieferant war.

SB: Die Behandlung des Tons in diesem Abschnitt ist unerhört interessant. Der Film enthält zunächst gar keine Rede, nur Klangeffekte und Musik. Aber als dieser Bursche weggelaufen ist, um Frost zu holen, da kommt Sprache herein, nämlich Frosts dänisch-schwedisches Gemurmel. Dann hältst du die Sprache wieder eine Zeitlang zurück, hauptsächlich in dem Moment, als es für Frost einen Anlaß gibt, etwas zu sagen.

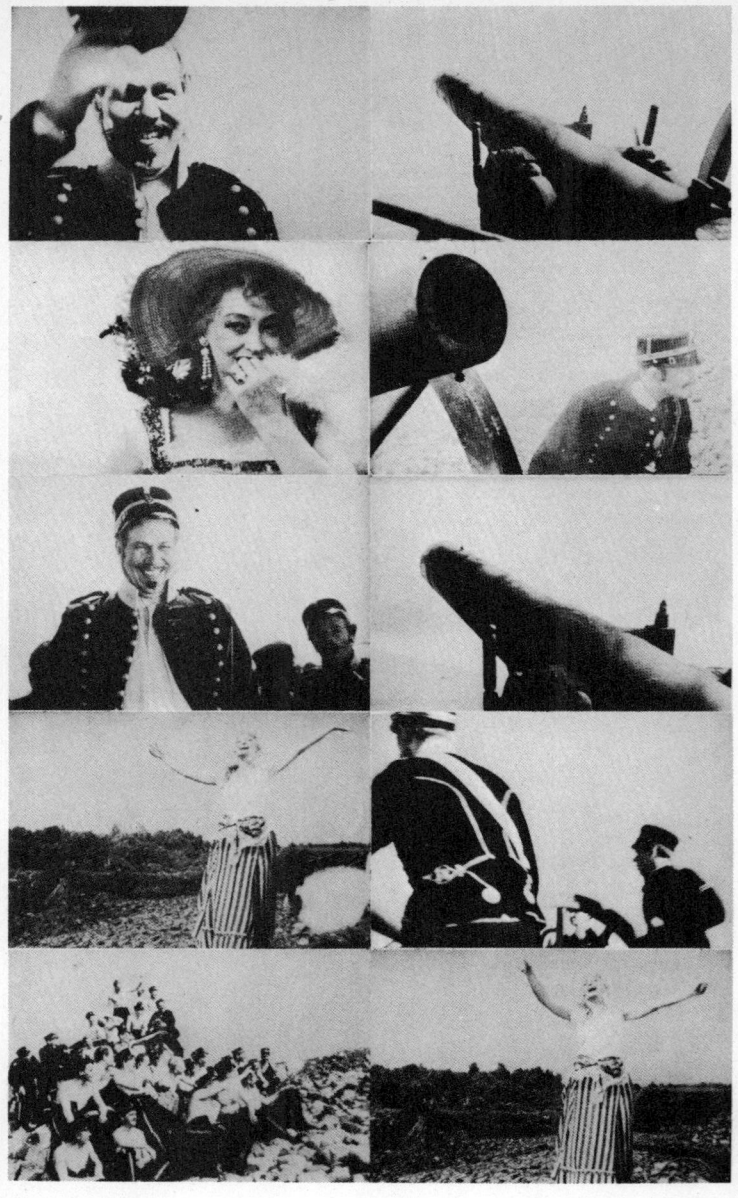

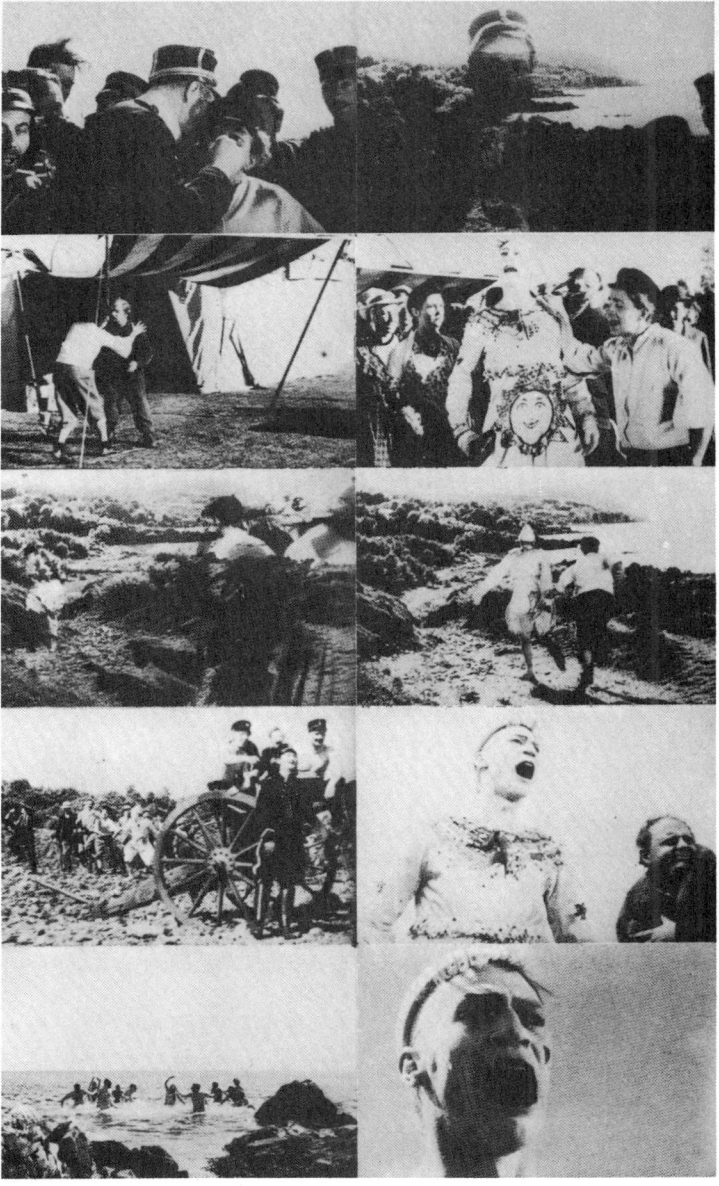

Vorangegangene Seiten und oben: Schnittschema der Erzählung von dem Clown Frost (Anders Ek) und dem Nacktbad seiner Frau (Gudrun Brost) mit den Soldaten.

IB: Als er unten steht und »Alma« ruft, da hört man es nicht.

TM: Es ist ein schlimmerer Effekt, als wenn man ihn hörte!

IB: Das ist eine Reminiszenz aus dem wirklichen Traum. Ich weiß nicht, ob ihr manchmal träumt, daß ihr sprechen wollt, aber nicht könnt, es kommen keine Worte oder ihr sprecht zu leise, das habt ihr vielleicht erlebt? Daher habe ich es genommen. In der Übergangszeit zwischen dem Tonfilm und dem Stummfilm gab es Tonfilme mit einer bestimmten Anzahl von gesprochenem Dialog und im übrigen Untertitel, und es gab Tonfilme nur mit Effekten und Musik und mit Untertiteln, aber ohne gesprochenen Dialog. Diese Mischung empfand ich als faszinierend. Sich auf dem Tonstreifen zu tummeln ist eine erotische Beschäftigung.

SB: Wie hast du die Montage zu der Rückblendenerzählung mit Frost in *Abend der Gaukler* aufgebaut? Hast du mit einer sehr großen Anzahl von Bildern gearbeitet, oder waren die Bilder für den Zusammenhang im vorhinein komponiert und ausgewählt? Du arbeitest hier mit Übertönungen in Weiß, es wirkt, als lösten sich die Bilder in blendendes Sonnenlicht auf. Warum hast du diese Technik gewählt?

IB: Ich glaube, wir haben davon gesprochen, daß das Sonnenlicht für mich eine angstgeladene Bedeutung hat. Ich wollte, daß alles so weiß wie möglich sein sollte, so hart und so tot und so weiß wie möglich, es sollte eine Art Unbarmherzigkeit zu spüren sein.

SB: Welcher Kameramann hat das aufgenommen? War das Hilding Bladh?

IB: Das war Hilding Bladh. Er war großartig. Wir dürfen nicht vergessen, daß Nykvist und Strindberg Schüler von Hilding Bladh sind. Er hat die beiden ausgebildet.

SB: Wer von den Kameramännern hat in *Abend der Gaukler* was gemacht?

IB: Das weiß ich nicht mehr. Ich weiß noch, daß Sven Nykvist alles im Zirkuszelt aufgenommen hat, aber das meiste stammt wohl von Hilding.

SB: Abend der Gaukler enthält überhaupt sehr lange und ziemlich schwere Einstellungen. Schon im ersten Bild, drinnen im Wagen, als Albert wach wird und den Wagen verläßt, oder die Szene auf dem Boden mit Anne und Frans.

IB: Es hat Spaß gemacht, so etwas zu machen. Du wirst das selber entdecken – man will alles machen und allmählich sortiert man immer mehr aus.

JS: Was mir auffällt, wenn ich *Abend der Gaukler* sehe, ist, daß die eigentliche Einleitungserzählung zeitlos ist, man bekommt ein Gefühl, daß dies ein Film ist, der nie altert.

IB: Meinst du die Geschichte mit Frost und Alma?

JS: Ja, hier ist eine Filmsprache, die ihre Fühler tief in der Filmgeschichte hat und die trotzdem immer noch vollkommen modern erscheint.

IB: Für die Passage habe ich eine enorme Schwäche.

SB: Am Schluß der Szene erlaubst du dir eine, ich möchte es einmal so nennen, kleine Schnittfrechheit, wenn du mitten in einer Szene schneidest, gerade als alle mit Alma und Frost zum Zelt gekommen sind, und als letzter der Bursche mit Frosts Kostüm kommt.

IB: Ja, da sind sie plötzlich alle weg.

SB: Du schneidest mittendrin, weil der Zug vielleicht zu lang war, um ganz gezeigt zu werden.

IB: Das war total verboten. Aber ich sage wie Beethoven – »ab heute ist es erlaubt«.

JS: »Fliegendes Blatt – verfilmt« lautet der Untertitel zu *Abend der Gaukler*. Rein stilmäßig ist es ein heterogener Film, dennoch finde ich, daß er sehr rein ist. Da ist Barock, Naturalismus und Expressionismus verarbeitet.

IB: Wenn du ein Musikstück von Stravinskij hörst, ohne jeden Vergleich, dann hast du Reminiszenzen aus der gesamten Musikgeschichte. Er mischt alles zusammen, aber er hat eine Idee, eine Vision. Er will etwas sagen, und er benutzt das, wozu er Lust hat.

SB: Stilmäßig ändert der Film immer wieder den Charakter. In der Szene mit der Begegnung zwischen Albert und seiner Frau bekommt er etwas vom Charakter einer Bürgerkomödie. Du verwendest da eine Erzählweise, die typisch ist für den amerikanischen Film der vierziger Jahre, gerade für die Komödien im bürgerlichen Milieu. Man leitet eine Szene mit einer Nahaufnahme eines Gegenstandes ein, der für das Milieu und die Situation typisch ist, und dann fährt die Kamera zurück und fängt den ganzen Raum und die Schauspieler ein . . . Hier läßt du zum Beispiel die Ehefrau ihren Nähkasten hervorholen, und du zeigst den Nähkasten in Großaufnahme, und dann schwenkt die Kamera ins Zimmer ab. Diese Art zu erzählen taucht im Film sonst nicht mehr auf.

IB: Man greift einfach zu den Dingen, die einem im Augenblick passen.

JS: Die Szene, in der Albert den Zirkusbär erschießt, Almas Liebling, drückt eine Art stellvertretenden Tod aus – aber ich finde, daß der Film mystischer ist, als diese Erklärung besagt. Diese Szene hat mich immer fasziniert, aber ich habe sie nie richtig verstanden. Wenn ich mit sogenannten intellektuellen Freunden den Film gesehen habe, konnte es vorkommen, daß einige über diese Szene gelacht und sie offenbar sehr komisch gefunden haben. Persönlich finde ich sie kein bißchen komisch, sondern tief tragisch, aber ich werde mir nicht klar darüber, was du mit der Szene meinst, welche Symbolik darin liegt.

IB: Für mich liegt keine Symbolik darin. Albert muß jemandem wehtun. Alma redet die ganze Zeit von dem kranken Bär. Er hat ein Bedürfnis, etwas Grausames zu tun. Er will Alma wehtun.

JS: Nein, sie reden nur einmal davon, daß der Bär erschossen wird.

IB: Nein, zweimal. Einmal, als sie übereinkommen, eine große Parade machen zu wollen, zum andern, als sie das Zirkuszelt aufgeschlagen haben. Diese Frage ist mir schon so oft gestellt worden – was meinst du mit diesem verdammten Bär? Die Leute haben das Gefühl, daß ich etwas damit meine.

JS: Ein andalusischer Bär!

IB: Es war ein kanadischer Bär. Die einzige, die wirklich gut Freund mit ihm war, das war Harriet. Ich glaube, der Bär war ein bißchen scharf auf Harriet, im übrigen war er auf alle böse, sogar auf seinen Pfleger. Aber Harriet konnte ein Stück Zucker zwischen die Lippen nehmen und es ihm hinhalten, und der Bär nahm es ganz elegant, praktisch ohne sie zu berühren.

TM: »Andalusischer Bär«, sagt Jonas – Buñuel hat einen schwarzen Bär in *Der Mordengel,* das ist der gleiche Bär.

JS: Es ist unheimlich – man hört zuerst nur, daß der Bär brüllt, eine Art heidnisches Urgebrüll.

IB: Es ist ein eigenartiger Film.

JS: Und dann sieht man, daß es nur ein gewöhnlicher kleiner Bär ist.

SB: Du hast *Varieté* erwähnt, und es ist wohl ziemlich deutlich, daß Åke Grönberg eine Art schwedische Jannings-Figur ist. Aber warum hast du gerade Grönberg gewählt? Es gab doch andere von gleichem Format!

IB: Nicht mit seiner physischen und schauspielerischen Kapazität. Wenn man ein Selbstportrait machen will und man ist lang und mager und psychisch gesehen ein bißchen hysteroid und zumindest vorgeblich intellektuell, dann ist das allererste, was man entscheiden muß, daß man einen kleinen Mann wählt, der fett und kräftig, manisch-depressiv und antiintellektuell ist. Als ich anfing, das Manuskript zu schreiben, war ich darauf eingestellt, daß Åke Grönberg Albert sein sollte. So sah ich ihn die ganze Zeit – einen schweren Kerl.

SB: Diese kleine Strickmütze, die Åke Grönberg im Film trägt – ist das ein Zufall? Bilder von dir aus dem Anfang der fünfziger Jahre zeigen dich oft mit einer ähnlichen Kopfbedeckung.

IB: Es war das erstemal, daß Mago und ich zusammenarbeiteten. Er hat mir eine lange Zeit viel bedeutet. Er ist jemand, dem es Freude macht, Dinge herzurichten und in Ordnung zu bringen und Volk zu spielen und Kostüme zu fabrizieren und auszusuchen – er ist eigenartig.

TM: Auch Erik Strandmark spielt in diesem Film. Er war ein sehr feiner Schauspieler. Er spielt fast die gleiche Figur in *Abend der Gaukler* und in *Das siebente Siegel.* Er ist Clown und Kutscher in *Abend der Gaukler,* und in *Das siebente Siegel* ist er eine Art Taschenspieler und gehört zu der Schauspielertruppe.

IB: Strandmark war ein Schauspieler mit Anflügen wirklicher Genialität. Ich erinnere mich, wie er in *Das siebente Siegel* diese Schauspielerrolle an sich riß, die reichlich banal konstruiert war, ein einfacher, polternder Typ ohne Dimensionen. Aber er machte einen mittelalterlichen Gaukler aus ihm, einen schroffen, burlesken, hartgesottenen, trockenen und mürrischen Kerl, ganz anders, als ich es mir je vorgestellt hatte. Er ging genau seinen eigenen Weg damit.

JS: Albert ist ja ein Philanthrop, er ist der Künstler, der sagt, daß es schade sei um die Menschen, die auf der Erde leben müssen, und dann hinzufügt: »Alle haben solche Angst, aber ich liebe die Menschen.« Das ist eine deutliche Travestie auf Strindbergs »Traumspiel«, nicht wahr?

IB: Åke hatte ab und zu Probleme mit seinem Text, besonders, wenn er gleichzeitig Mienen und Gesten machen sollte und außerdem noch Anders Ek im Auge behalten mußte; er sollte versuchen, alles in dem für die Kamera abgesteckten Bereich zu halten. Daher kamen zuweilen nur ein paar Wörter. Es hörte sich viel besser an als diese längeren Tiraden, und so ließen wir es eben gehen, wie es ging. Als Anders hereinkommt und mit seinem besoffenen Gerede loslegt, da hatte ich alles hübsch und klar aufgeschrieben. Aber Anders hatte den ganzen Krempel umgemodelt und eine Serie von Sexualwörtern daraus gemacht, und er kommt rein und spuckt sie aus, und da fand ich, daß es großartig klang, und so durfte es bleiben.

JS: Es gibt einen unerhört tragikomischen Monolog, oder einen Wortwechsel. Die Situation ist sehr dramatisch und tragisch, während gleichzeitig die gesprochenen Worte und die Art und Weise, wie sie vorgebracht werden, ganz andere Effekte erzeugen. Als Åke Grönberg zum Beispiel ausruft: »Ich liebe sie«.

IB: Er kam plötzlich darauf. Es stand wohl irgendwo im Text. Anders' Zirkusgerede blieb ja nie gleich von einer Probe zur nächsten, so daß die Sätze gesprochen wurden, wie sie gerade kamen. Es war ein reines Happening. Ich setzte ein Weitwinkelobjektiv ein und sagte, sie sollten sich in Richtung auf eine Planke zubewegen, die wir ausgelegt hatten, wo sie stehenbleiben sollten und wo Anders den Bär nachmachen sollte. Wenn ich mich recht entsinne, sollte er sagen: »Ich scheiß auf alles, ich scheiß auf dich, ich kümmere mich um nichts«, und dann sollten sie so allmählich nach vorn kommen und das Zirkuspack wegjagen.

JS: Daß diese Szene so doppeldeutig geworden ist, beruht wohl darauf, daß Åke Grönberg ein Schauspieler ist, der mehr auf einer sozusagen oberflächlichen Ebene funktioniert?

IB: Die eigentliche Gefühlsraserei in der Szene hatte er im Griff, und das war das Wichtige. Was dann zufällig in den Reden noch herauskam, das war von untergeordneter Bedeutung.

JS: Die Aggressivität zwischen Harriet Andersson und Åke Grönberg ist großartig, wenn sie plötzlich explodieren, diese beiden temperamentvollen Personen. Wo hast du eigentlich alle diese Menschen im Film herbekommen?

IB: Wir hatten uns große Mühe gemacht, alle alten Zirkusartisten aufzutreiben, die wir auflesen konnten. Artisten, die eingefroren oder arbeitslos waren. Um die Jahrhundertwende zogen rund fünfundfünfzig Zirkusse in Schweden umher, und als wir diesen Film drehten, waren es nur noch drei – nach dem zweiten Weltkrieg gab es immerhin zwanzig. Überall gab es alte Zirkusartisten. Damals fing auch meine Zusammenarbeit mit Lars-Owe Carlberg als Produktionsleiter an. Er hielt dieses ganze Gefolge von Schimpansen, Bären, Papageien, Zirkusartisten und Schauspielern in einem überlegenen, muskulösen Griff.

JS: Was du erzählst, ist interessant, weil es zeigt, daß der Film nicht in einem künstlichen Zirkusmilieu gedreht wurde.

IB: Nein, das kann man wirklich nicht sagen. Wir lebten vier Wochen zusammen mit dieser ganzen Gesellschaft unten in Arild in einer Pension und dann fuhren wir nach Stockholm und machten die Innenaufnahmen. Da waren wir total miteinander verschmolzen. Wir hatten zusammen gegessen und zusammen gelebt und zusammen geweint und zusammen herumgetobt und in gewissem Maß zusammen gesoffen, und wer Zirkusartist war und wer Schauspieler war und wer Regisseur war oder Affe, diese Grenzen waren vollkommen aufgehoben.

SB: Magst du persönlich den Zirkus?

IB: Noch lieber mag ich das Varieté.

TM: In *Kvinnodröm* – um zu deinem nächsten Film überzugehen – erlebt man in der einen der zwei Episoden ein ganz neues Thema, das man ein Wolfsthema nennen könnte. In dieser Episode tritt Harriet Andersson als stellvertretende Tochter von Gunnar Björnstrand auf, aber er hat eine richtige Tochter, die ihn haßt. Kerstin Hedeby, die sie spielt, hat eine typische Wolfsphysiognomie, und wir werden Zeugen einer unerhörten Auseinandersetzung zwischen ihr und dem Vater.

Ist das eine alte Idee, oder ist sie nur typisch für diesen Film? Wie ist *Kvinnodröm* konstruiert, und wie war er anfänglich gedacht?

IB: Das Motiv mit dem alten Herrn, der das junge Mädchen mit Schmuck überhäuft, ergab sich ganz natürlich für mich. Aber ich habe kaum eine Erinnerung an *Kvinnodröm*.

TM: Es hieß, daß es noch eine Episode mit Naima Wifstrand gegeben hätte, aber daß sie weggefallen wäre.

IB: Ich glaube, es hat eine dritte Episode gegeben, weil ich ja mit drei zu arbeiten pflege . . .

TM: Das wären die verschiedenen Lebensalter gewesen?

IB: Ich habe keine klare Vorstellung mehr davon.

SB: Aber es war jedenfalls nicht mit Naima Wifstrand gedreht worden?

IB: Nein.

SB: Die Wahl von Kerstin Hedeby ist ungewöhnlich. Sie ist ja keine Schauspielerin, sondern eine bildende Künstlerin und Theaterdekorateurin.

IB: Ich kannte Kerstin seit vielen Jahren – ich glaube, seit sie siebzehn Jahre alt war. Ich fand, daß sie merkwürdig aussah und dachte oft daran, sie in einem Film mitspielen zu lassen, und hier paßte sie genau. Hier haben wir übrigens den Film, wo man einen Amateur gebrauchen kann, der aufgrund seines Aussehens und seiner Art, sich zu geben, perfekt in den Zusammenhang paßt.

SB: Kvinnodröm ist offensichtlich weitgehend ein Experiment. Nicht zuletzt in bezug auf das formale Experiment in der Relation Bild-Ton. Die Zugszene mit Eva Dahlbeck haben wir schon berührt. Da sind weiter die ganz stummen Einleitungsszenen, die Sequenz aus dem Atelier der Modephotographin. Das wird in einer mustergültigen und expressiven Montage geschildert. Man erinnert sich besonders an Benkt-Åke Bengtsson als den unerhört imposanten Modedirektor.

IB: Wie ich erzählt habe, habe ich in der Kindheit Filme gezeichnet und versucht, Ereignisse zu erzählen, ohne Dialoge zu verwenden. Im übrigen ist, soweit ich mich erinnere, *Kvinnodröm* ein Dialogfilm, so daß vielleicht ein kleiner Witz darin lag, Passagen einzustreuen, die stumm waren, damit das Dialoggefühl nicht zu kompakt werden sollte. Glaube ich. Aber es ist ein langweiliger Film. Ich war wohl müde, als ich ihn gemacht habe. Es war keine gute Zeit. Es gab eine Sonnenfinsternis, als wir drehten. Ich habe auf 9,5 mm Schmalfilm sieben, acht, neun Minuten von den Dreharbeiten. Das ist lustig. Ich habe auch von *Wilde Erdbeeren* und *An der Schwelle des Lebens* Schmalfilme.

JS: Die du selbst gemacht hast?

IB: Ja, hinter den Kulissen.

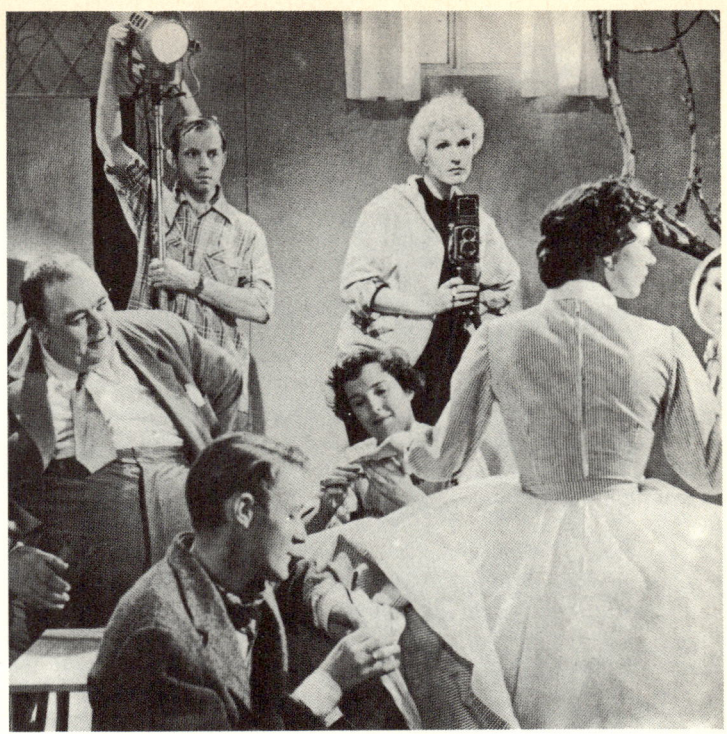

Im Atelier der Modephotographin (Eva Dahlbeck) in *Kvinnodröm*. Bengt-Åke Bengtsson spielt den Modedirektor und Harriet Andersson posiert als Fotomodell.

JS: Warum gerade 9,5 mm?

IB: Ja, weil das das Format war, das man damals hatte. Wir können uns das einmal ansehen, wenn ihr Lust habt. Das ist ziemlich komisch.

SB: Filmst du viel nebenher?

IB: Ja, heutzutage habe ich immer jemand, der Lust hat, mitzumachen und zuzusehen, und der ist mit einer Schmalfilmkamera ausgerüstet und darf mit Filmmaterial aasen. Das wird später archiviert.

117

JS: Warum tust du das?

IB: Das ist, wie wenn man ein Foto-Album hat, obwohl es vielleicht für jemand anders als einen selbst nicht interessant ist.

JS: Werden auch Schmalfilme gedreht, während du Filme vorbereitest?

IB: Nein, nur bei den Dreharbeiten.

SB: Du machst auch eigene Schmalfilme – wir haben einen davon gesehen, *Daniel.* Filmst du viel selbst?

IB: Ja, das tue ich, aber ich habe nur eine kleine 16 mm Bell & Howell, mit Kassette, idiotensicherer Ladung und einem Objektiv.

SB: Schneidest du deine Filme, die du selbst gemacht hast?

IB: Ich nehme nur das weg, wo man nichts sieht.

JS: So etwas kostet furchtbar viel Zeit.

IB: Wenn man das professionell betreibt, dann pusselt man nicht privat damit herum.

SB: Geben dir die Filme, die du auf diese Weise machst, Ideen?

IB: Nein, es sind wirklich, wie man mit einem modernen Wort sagt – Dokumentationen. Es macht einfach Spaß.

JS: Du probierst also nicht eine Idee zuerst mit deiner eigenen Kamera aus?

IB: Nein. Dagegen macht es mir Spaß, Belichtungsübungen zu machen und zu sehen, wie Farbe sich im Lauf des Tages verändert. Ich habe eine Kamera stationär aufgestellt und bin jede Stunde hingegangen und habe abgedrückt und die Blende aufgeschrieben. Aber das tue ich nur, weil ich es technisch interessant finde.

JS: Das Lächeln einer Sommernacht hat gewisse theatralische Züge, das muß man wohl doch sagen.

IB: Ja, klar hat er das.

JS: Ist der Film von gewissen Situationen in deiner gleichzeitigen Theaterarbeit beeinflußt?

IB: Es ist immer ein kurzer Weg gewesen zwischen meinem Theaterjob und meinem Job im Filmatelier. Manchmal ist es von Vorteil gewesen, manchmal eine Belastung, aber es ist immer ein kurzer Weg gewesen. Mit *Das Lächeln einer Sommernacht* war es wohl so, daß es für mich damals darauf ankam, wieder einmal einen Erfolg zu haben. *Kvinnodröm* war ein Reinfall gewesen, und ich wollte mich mit Svensk Filmindustri wiederversöhnen. Es war eine der schwärzesten Perioden in meinem Leben. Ich war seit ein paar Jahren Regisseur in Malmö, und die Zeit mit Harriet war zu Ende und ich hatte Carl Anders Dymling versprochen, daß der nächste Film keine Tragödie werden sollte. Er hatte durchblicken lassen, daß es, wenn es ein ernsthaftes Stück würde, zu einem Film in dem Sommer kaum kommen würde. Ich brauchte Geld und dachte mir, es ist wohl das klügste, eine Komödie zu machen. Ich fand, es wäre eine technische Herausforderung, eine Komödie mit einem mathematischen Verhältnis zu machen: Mann-Frau, Mann-Frau . . . Es sind vier Paare, und sie durcheinander zu mischen und dann die Gleichung herauszufinden.

So fingen wir nach Mittsommer an. Der wärmste Sommer seit Menschengedenken. Es war furchtbar heiß. Ich habe vielleicht von dieser Straße in *Krise* erzählt – sie hatten ein Lager und ein kleines Atelier auf ihrer Rückseite gebaut, und da liegt das Theater von *Das Lächeln einer Sommernacht*. Wir hatten Gaslicht, und es war so warm, daß die Gasflamme ausging, weil sie keinen Sauerstoff bekam. Wenn die Schauspieler fertig waren, sagte man »Aufnahme« und »Kamera«, und dann brach ihnen der Schweiß aus. Es waren aufreibende Dreharbeiten und ich war die ganze Zeit magenkrank.

Mein Regieassistent hieß Lennart Olsson, er ist inzwischen »big director« in Malmö, und er führte ein detailliertes pedantisches Regiebuch, wo er zu seinem eigenen Vergnügen alles über Licht und Kameraeinstellung, Kulissen und alles was ringsherum vorging verzeichnete. Es ist jetzt in der Filmhistorischen Sammlung. Wir drehten fünfundfünfzig Tage und waren wirklich alle an der Grenze zum Nervenzusammenbruch. Das Regiebuch ist ungefähr so langweilig wie Xenophons »Anabasis«, aber dann steht da plötzlich: »Wir sind alle nun ziemlich müde. Wenn man zu Katinka Faragó (dem Skriptgirl) sagt ›halt die Klappe‹, dann fängt sie an zu weinen.« Und dann geht es genauso trocken weiter. Man merkt es dem Film nicht an, daß er in einer meiner schwärzesten Perioden gemacht ist.

SB: Du hast Katinka erwähnt – es gibt Mitarbeiter, die wir noch gar nicht berührt haben. Sie gehört doch zu deiner Truppe. Hat sie damals angefangen?

IB: Sie hat in *Abend der Gaukler* angefangen. Sie war siebzehn, als sie anfing.

Jetzt ist sie Aufnahmeleiterin. Wir sollten die Wirksamkeit von Sandrews am Ende der vierziger und Anfang der fünfziger Jahre nicht unterschätzen, als Sandrews zwanzig Filme im Jahr ausspuckte – ununterbrochen die Ateliers in Gang hielt –, und jeder, der überhaupt nur eine Kamera halten konnte oder von irgendetwas irgendeine Ahnung hatte, durfte mitarbeiten. Auf die Art und Weise haben sich eine Menge tüchtige Leute entwickelt, die dann überlebten und sich einer nach dem anderen durchgeboxt haben.

Nun, *Das Lächeln einer Sommernacht* sollte ein enormes Geld kosten, meinte man. Er sollte wahrhaftig 350 000 Kronen kosten oder sogar

400000 – das war jedenfalls sehr viel. Dann hatte es sich bis zur Hauptverwaltung durchgesprochen, daß mir die Möbel, so wie sie waren, nicht paßten und daß ich alle Möbel neu beziehen und streichen lassen wollte, denn ich hatte mir vorgestellt, daß alles hell sein sollte. Es durfte keinen schwarzen Gegenstand in diesem Film geben außer diesem jungen Keuschheitsmann, der wie ein Unglück durch die Bilder schreiten sollte. Alle anderen sollten hell sein, alles sollte weiß sein, hell, durch und durch hell. Ich wurde zu Carl Anders Dymling gerufen und ausgeschimpft. Er fragte mich, was zum Teufel ich damit beabsichtigte, alle Möbel neu zu beziehen. Es gab einen großen Krach um die Sache, dann mußte ich versprechen, nur die Hälfte neu zu beziehen. Wir warfen die andere Hälfte der Möbel raus, und so wurde es dann doch auf jeden Fall ungeheuer weiß.

Ich erinnere mich daran, daß die Leute von der Hauptverwaltung, als sie den Film nachher sahen, mir erzählten, daß sie tief enttäuscht seien. Der Film sei nicht lustig, er sei stilisiert, er sei zu lahm, zu lang. Sie hatten auch entdeckt, daß es ein Kostümfilm war und Kostümfilme gingen nicht. Es herrschte überhaupt ein allgemeiner Pessimismus, und als ich mit dem Manuskript zu *Das siebente Siegel* ankam, war überhaupt keine Rede davon, ihn zu machen. Dann hatte ich Glück mit diesem Preis in Cannes.

SB: Der schwedische Film war damals wohl nicht besonders oft auf Festivals vertreten?

IB: Es ging eigentlich nur um die Direktoren, die ein bißchen Gelegenheit bekamen, ins Ausland zu fahren und sich auszulüften. Meistens hatten sie einen Film mit, der ein bißchen ratlos gezeigt und von niemandem gesehen wurde. Schon *Schiff nach Indialand* war mit auf dem Cannes-Festival im Frühjahr 1949 – da hatte er noch nicht einmal Premiere gehabt.

JS: Wurden in der Zwischenzeit andere Filme von dir auf Festivals gezeigt?

IB: Wahrscheinlich, aber daran kann ich mich nicht erinnern. Aber ich erinnere mich daran, daß Lorens anrief und sagte, es ist alles zum Teufel, schneide vierhundert Meter raus, worauf ich natürlich einen Wutanfall kriegte und sagte, das kommt überhaupt nicht in Frage.

SB: Der Preis in Cannes . . .

IB: Das war der Jury-Preis. Ich saß auf dem Scheißhaus und las die Zeitung. Da las ich – »Schwedischer Film in Cannes preisgekrönt«, »Schwedischer Film schafft Sensation« oder so etwas. Was ist denn das für ein Film, zum Teufel, dachte ich; ich traute meinen Augen nicht, als ich sah, daß es *Das Lächeln einer Sommernacht* war.

Seite 120/121: Man sitzt zu Tisch in *Das Lächeln einer Sommernacht.*

122

Dann bin ich mit dem Manuskript zu *Das siebente Siegel* zu Carl Anders Dymling runtergefahren, denn Sandrews hatten auch angedeutet, daß sie immer noch säßen und ihre Verluste nach *Kvinnodröm* und *Abend der Gaukler* ausrechneten, und daß sie nicht so interessiert wären. Da bin ich also mit dem Manuskript zu *Das siebente Siegel* zu Carl Anders Dymling runtergefahren und habe es vor ihm auf den Tisch gelegt – er saß am Telefon und verkaufte *Das Lächeln einer Sommernacht* in alle möglichen Länder. Er war obenauf wie sonstwas, er durfte auf echten Teppichen sitzen und Picassos betrachten – Carl Anders –, und war über alles begeistert. Da habe ich gesagt: »Jetzt, Carl Anders, jetzt oder nie«, und dann habe ich *Das siebente Siegel* vor ihn hingelegt und gesagt: »Jetzt mußt du dich entscheiden!«

IB in einer Statistenrolle als Buchhalter in *Das Lächeln einer Sommernacht* zusammen mit Gunnar Björnstrand, Carl-Gustaf Lindstedt und Georg Adelly.

IV. Filmstaden, den 16. August

SB: Bibi Andersson übernimmt ihre erste Filmrolle bei dir in *Das Lächeln einer Sommernacht;* sie spielt eine der Schauspielerinnen im Theaterstück.

IB: Bibi hat nur eine oder zwei Textstellen in *Das Lächeln einer Sommernacht;* davor war sie allerdings schon in einem *Bris*-Film dabei. Sie hatte damals bereits viel gespielt. In *Spöket på Glimmingehus* und in *Dumbom.* Bibi fing an, als sie sechzehn war.

SB: In dieser kleinen Theaterszene in *Das Lächeln einer Sommernacht* kommt Bibi zu ihrer ersten Rolle in deinen Filmen, im nächsten Film, *Das siebente Siegel,* spielt sie eine der Hauptrollen. Wie suchst du dir deine Schauspieler aus? Stellst du sie probeweise vor die Kamera? Schaust du sie dir in den Filmen anderer Regisseure an? Wenn du dich für einen neuen Schauspieler oder eine neue Schauspielerin entscheidest, wie nimmst du Kontakt zu ihnen auf und wie prüfst du nach, ob sie für deinen Film geeignet sind.

IB: Das geht intuitiv. Ein Probefilm kann verdammt gut sein, und später hat man während einer ganzen Produktion einen Klotz am Bein. Einmal kann er so miserabel sein, daß man ihn nicht einmal fürs Scheißhaus gebrauchen kann, ein anderes Mal kann er auf lange Sicht Gewinn bringen. Ich habe Beispiele für beide Möglichkeiten.
Einer meiner höchsten Trümpfe – vielleicht mein höchster – ist, daß ich mit meiner Intuition nicht diskutiere, ich lasse sie vielmehr für mich entscheiden. Manchmal sage ich mir, daß dies verrückt ist, und rein vernunftmäßig betrachtet ist es absurd; aber ich folge eisern meiner Intuition.

JS: Ist dir mal das Buch des Philosophen Hans Larsson über »Intuitionen« begegnet?

IB: Nein, ich kenne es nicht. – Ich habe im Laufe der Jahre gelernt, daß ich der Intuition dort ruhig folgen kann, wo ich gefühlsmäßig nicht engagiert bin.
Wenn man dann intuitiv etwas beschlossen hat, ist es notwendig, dies intellektuell nachzuvollziehen. Die Intuition greift weit ins Dunkel hinaus, und man muß vernunftmäßig versuchen, den weiten Weg zu Fuß zurückzulegen, dorthin, wo der Speer der Intuition steckengeblieben ist. Prinzipiell kann ich sagen, daß sich all das, was mit dem Schauspieler zu tun hat, auf der Ebene der Intuition vollzieht. Weil ich meiner Intuition nie mißtraut habe, hat diese einen großen und verzweigten Tätigkeitsbereich innerhalb des Verlagshauses Bergman übernommen.

Bibi Andersson und Birgitta Valberg in der Theaterszene in *Das Lächeln einer Sommernacht*.

JS: Beim Schauspiel und bei den Anweisungen für die Schauspieler handelt es sich auch um eine technische Frage. Du arbeitest am liebsten mit brillanten Schauspielern, aber mußt du nicht doch ihre technischen Möglichkeiten und Voraussetzungen studieren?

IB: Ich kann nicht mit Gefühlsduselei an einen Schauspieler herantreten, dann spuckt er mich sofort aus. Ich muß mit vollkommen deutlichen und klaren technischen Anweisungen kommen. Dazu gehört auch die Szenerie als eine technische Anweisung, die indirekt zu ihm spricht. Ihr seid ja lange genug im Bereich des Films dabei, um zu wissen, daß eine bestimmte Verhaltensweise zur Kamera eine ganze Szenenfolge lösen kann, eine andere dagegen kann ein Geschehen blockieren und töten. Dies nimmt der Schauspieler intuitiv wahr. Entweder fühlt er sich gelöst, oder er fühlt sich gehemmt.

TM: Bei *Das Lächeln einer Sommernacht* fällt einem sofort auf, wie ungemein lustig und gut der Film geschrieben ist.

IB: Das war ein Versuch, geistreich zu sein – ich hatte ja immer Schimpfe gekriegt, daß ich ein Trauerkloß sei.

TM: Es ist nichts Erkämpftes in diesem Film. Den Eindruck hatte ich auf keinen Fall. Es geht alles wie geschmiert, wie in *Das Gesicht,* einem mit leichter Hand und mit einem gewissen Glanz gemachten Film. Aber ich habe das Gefühl, daß du deinen eigenen Motiven gegenüber unheimlich auf der Hut bist, wenn du einen leichteren Film machst.

IB: Ja, das ist klar.

JS: SF wagte also diesmal, 1955, schon im Manuskriptstadium auf ein Projekt zu setzen, dessen Produktion 750 000 Kronen kostete, was . . .

125

IB: Fürchterliches Geld!

JS: Sie müssen also an die Idee geglaubt haben?

IB: Kostete der Film wirklich soviel – wer hat das gesagt?

JS: Es steht in einem dieser Bücher.

IB: Ich glaube, daß er viel weniger kostete, denn einen Film kalkulierte man zu dieser Zeit auf 250–300 000 Kronen. Meiner kostete vielleicht um die 450 000 Kronen.

JS: Mag sein. Jörn Donner schreibt in seinem Bergmanbuch in bezug auf die Selbstmordszene . . .

IB: Ach, er verurteilt *Das Lächeln einer Sommernacht* ohnehin.

JS: Nein, im Gegenteil. Er schreibt jedenfalls: »Der unvollendete, miß-glückte Selbstmord entspricht seiner (IB's) Lehre von den ständigen Demütigungen.« Das kann bedeuten, daß der Mißerfolg die Einsicht her-vorbringt, daß das Leben neue Anfänge und folglich Möglichkeiten zu neuen Versuchen geben kann. Das ist meines Erachtens eine optimistische Lebenshaltung. Aber es gibt eine andere Szene im Film, von der ich meine, daß sie auf eine paradoxe Weise dieser Haltung widerspricht. Ich meine die Schlüsselszene bei Desirées Mutter, als diese im Bett sitzt – Naima Wif-strand also – und von ihrer Tochter, der Schauspielerin (Eva Dahlbeck), Besuch bekommt und sagt: »Man kann keinen einzigen Menschen jemals vor irgendeinem Leiden schützen, das ist es, was einen so grenzenlos müde macht.« Alle Menschen müssen aus ihren Mißerfolgen lernen – das ist doch eine recht pessimistische Lebenshaltung.

IB: *Das Lächeln einer Sommernacht* ist illusionslos. Der Film zeigt eine Serie von Verhaltensweisen. Er ist nicht sonderlich psychologisierend, son-dern er zeigt eben gewisse Möglichkeiten.

JS: Die Wahrheiten, die dort ausgesprochen werden, sind also vorge-täuschte Wahrheiten?

IB: Ja, ich finde das. Die Szene mit dem Selbstmord ist ein Spiel. Wenn man einen Selbstmord im Film darstellt – einen fingierten Selbstmord oder eine Abscheulichkeit –, handelt es sich nur um ein Spiel. Die Geschichte mit dem Spiel, darüber könnte man lange sprechen.

Das eigentümlich Stimulierende am Spiel selbst ist, daß man es die ganze Zeit ernst nehmen und sich gleichzeitig dessen bewußt sein muß, daß es sich auch in den Augenblicken, in denen man seine blutigsten Eröffnungen macht, nur um ein Spiel handelt. Es ist immer ein Zufall. Genauso ist es, wenn man ein Manuskript schreibt: vielleicht wird man plötzlich einmal auf einer Woge getragen. Dann kommt jemand und sagt, das Telefon klingelt. Wenn man zurückkommt, ist die Woge verebbt, und dann wird stattdessen etwas anderes hervorgebracht. Alles ist ein Zufall. Oder ein Spiel. Hier

Naima Wifstrand in *Das Lächeln einer Sommernacht:* »Man kann keinen einzigen Menschen jemals vor irgendeinem Leiden schützen, das ist es, was einen so grenzenlos müde macht«.

stimme ich überhaupt nicht mit klugen Kritikern überein – ich will aber auch nur für mich selbst sprechen. Sie stellen sich bewußte Linien vor, intellektuell durchdrungene, absichtliche Bewegungen, wo doch alles für mich zufällig, undurchdacht und ungeformt ist.

Produziert man ein Kunstwerk, versucht man es auf alle möglichen Weisen in den Griff zu bekommen und man bemüht sich – oft hilflos –, sich selbst darüber klar zu werden, was man eigentlich gemeint hat. Es ist das unabsichtliche Spiel, das so ernst und wichtig und dennoch so zufällig und so gleichgültig und so sinnlos ist – dessen man sich im Laufe der Jahre immer stärker bewußt wird, finde ich. Ich meine, es wäre falsch, diese Tatsache nicht ständig im Gedächtnis zu behalten, nämlich, daß es sich um ein Spiel handelt und daß man in der privilegierten Stellung ist, eine Menge von Spannungen in sich selbst und um sich herum zu ritualisieren.

Hier drücke ich mich vielleicht unscharf aus – habt ihr verstanden, was ich meine? Ich spreche sonst nie über solche Dinge.

TM: Ich bin nicht ganz deiner Meinung.

IB: Nein, ich spreche nur über mich selbst.

JS: Ich wurde nur dadurch verwirrt, daß ich eine Frage stellte und den Eindruck hatte, als antwortetest du auf etwas ganz anderes.

SB: Ich würde hier gerne anknüpfen. Ich verstehe, was du unter dem Spiel verstehst. Gleichzeitig kommt es jedoch zu einer Art Doppelspiel auch vor dir selbst, weil das Spiel auf gewissen Konflikten bei dir aufbaut und es andererseits zu Konflikten führt, die vom Publikum wahrgenommen werden. Solltest du dich dafür entscheiden, nur dein Spiel zu betonen, dann glaube ich, daß auch du enttäuscht werden würdest.

IB: Das Traurige ist, daß sehr wenig vom künstlerischen Schaffen bei den Menschen durch die Außenhaut dringt. Es kann den Menschen einen zufälligen Stoß in die eine oder andere Richtung geben.

JS: Aber erzeugt nicht diese Haltung eine Tendenz, daß die Kunst mehr und mehr zur Unterhaltung wird und zu dem, was du Spiel nennst? Was unter die Haut geht, das ist die Wirklichkeit im Fernsehen und in den Massenmedien. Wie du einmal hier während unserer Gespräche gesagt hast – eigentlich sollte man damit aufhören, Spielfilme zu machen und statt dessen eine andere Art von Filmen.

IB: Das Drama der Wirklichkeit ist gestaltet und wir bekommen es täglich im Fernsehen ausgestrahlt. Die Ingredienzien in diesem Drama sind fürchterlich. Es ist zweifelhaft, ob die Kunst in ihm mitspielen, überhaupt sich einen Platz im Bewußtsein der Menschen verschaffen kann.

Das Fernseh-Medium hat alle Begriffe auf den Kopf gestellt.

JS: Hierin liegt ein verborgenes Paradoxon, finde ich. Du sprichst von deiner Intuition und vom Spiel, aber als Kritiker und Zuschauer empfindet man dich als einen so unerhört bewußten Künstler. Man hat das Gefühl, daß jedes kleine Stück nicht durch Zufall seinen Platz hat, sondern gerade da ist, wohin du es bewußt gesetzt hast.

IB: Was meinst du damit?

JS: Ich meine, daß du nicht die Person bist, die in erster Linie improvisiert, die zwar den Rahmen für eine Situation schafft, dann aber die Situation selbst das Material ausarbeiten läßt. Viele beim neuen Film arbeiten so. Aber du bist nicht gerade ein Happening-Künstler . . .

IB: Ich habe sehr deutlich betont, daß der Traum, die Vision, die Vorstellung, das Intuitive unter allen Umständen an erster Stelle stehen. Danach habe ich als Künstler das Bedürfnis, das, was intuitiv geboren wurde, bewußt zu gestalten, so bewußt wie möglich und so schlagkräftig wie möglich. Das ist eine Funktion von mir, für die ich nichts kann. Aber diese Funktion ist ein Teil des Spiels.

SB: Ich möchte gern ein technisches Problem diskutieren in bezug auf *Das Lächeln einer Sommernacht.* In der Komödie und auch in der Farce – wenn sie gut sind – ist die Totale oft ein sehr wirksames Mittel, eine Farcensituation oder eine Komödiensituation zu beschreiben. Das ist eine Möglichkeit, eine vielleicht peinliche Situation auszudehnen, und sämtliche Teilnehmer an dieser Situation werden gezwungen, auf dem Bildschirm zu bleiben, um sie zu meistern. Du benutzt die Methode der Totalen häufig in *Das Lächeln einer Sommernacht,* und das erscheint mir sehr effektiv.

IB: Die Totale ist ein merkwürdiges Instrument – Mizoguchi brachte es damit zur größten Raffinesse. Ich hatte es wohl schon erkannt, lange bevor ich seine Filme gesehen hatte, aber seine Technik schlug mir wie ein Holzscheit auf den Schädel. Ich habe praktisch eine Totale von ihm geklaut, die nach meiner Ansicht zu den gelungensten gehört, die ich gemacht habe; die nämlich, wo Bibi in *Persona* die Glasscherbe liegenläßt.

Aber gleichzeitig verlangt die Totale eine ungeheure Dichte und Bewußtheit. Die Totale darf nie planlos werden.

SB: In früheren Filmen hast du mit langen Szenen gearbeitet, aber da hattest du im allgemeinen eine sehr bewegliche Kamera und eine bewegliche Szenerie. Aber in *Das Lächeln einer Sommernacht* gehst du von diesem Farcen- und Komödienprinzip aus. Es funktioniert gut, und man hat den Eindruck, als hättest du später auch entdeckt, wie gut es funktioniert, wenn es sich um dramatische Szenen handelt, und wie man damit den Schauspielern einen größeren Spielraum geben kann.

IB: Ich glaube, daß ich in *Das siebente Siegel* bewußt damit angefangen habe. Dort gibt es eine Szene, in der Bertil Anderberg die Pest hat und im Walde hinter einem Baumstamm liegt und schreit. Ich hatte ursprünglich den Gedanken, eine Nahaufnahme zu machen. Dann entdeckte ich, daß gerade das Ungeheuerliche durch die Entfernung verstärkt wird.

JS: Das Problem mit Totalen wird im Fernsehen sehr akut – wie soll man das lösen?

IB: Ich glaube nicht, daß es dort in gleicher Weise funktioniert – leider. Die Empfangsverhältnisse sind so ganz anders. Aber gerade vor der Leinwand, wo sich das Auge auf den Lichtpunkt konzentriert und der Blick nicht abgelenkt wird, kann die Totale eine ungeheure Suggestion vermitteln.

SB: Während wir mit dieser technischen Diskussion beschäftigt sind, würde ich gern an eine Szene in *Das Lächeln einer Sommernacht* anknüpfen und dich nach deiner Meinung hinsichtlich der Position der Kamera befragen. Man kann selbstverständlich die Kamera so aufstellen, wie man will, und jede neue Position führt dazu, daß die Szene eine andere Bedeutung erlangt. In *Das Lächeln einer Sommernacht* blickt die Kamera von sehr weit oben auf Björn Bjelvenstam, der vor seinem Selbstmordversuch Klavier spielt. Warum diese Perspektive?

IB: Wir hatten es eilig, und diese Szene wurde hingemogelt. Es ist nämlich so, daß Björn Bjelvenstam, der nun etwas anderes macht, im Film nicht besonders gut war. Es hätte ein junger Per Oscarsson sein müssen, aber ich kriegte ihn nicht. Nun wurde zu viel Romantik daraus. Die Szene fängt damit an, daß er auf dem Flügel spielt. Dann werden die Kerzen ausgeblasen und stattdessen kommt Mondschein, und dann wankt er die Treppe hinauf. Er kommt auf die Kamera zu und dann schwenkt die Kamera hinauf auf eine nackte Statuette, gegen die er geistesabwesend seine Stirn drückt. Da entdeckt er, daß es sich um den Schoß eines kleinen Mädchens mit runden Brüsten und Hüften handelt – eines kleinen Mädchens des 18. Jahrhunderts. Er fummelt mit dem Zeigefinger an ihr herum, recht erregt, merkt plötzlich, was er tut, rennt hinauf und nimmt sich das Leben. Björn verstand nicht, worum es ging, so daß ich gezwungen war, den Schluß der Szene wegzuschneiden.

SB: Als ich die Frage stellte, hatte ich eine andere Antwort erwartet, denn oft, wenn man eine Kameraperspektive benutzt, die anders ist als die horizontale, beabsichtigt man, den Eindruck der Situation auf irgendeine Weise schärfer zu betonen. Oft wertet man, wenn man eine erhöhte Kamera benutzt, den Schauspieler ein wenig ab, oder es entsteht ein pathetisches Bild von ihm, oder es ist eine Möglichkeit, beim Publikum Mitleid mit ihm zu erregen oder so etwas.

IB; Je länger man Filme dreht, desto klarer wird einem, daß man gar nicht so viele Möglichkeiten hat, die Kamera aufzustellen. Wenn ihr entschuldigt, daß ich ein wenig springe – in *Die Stunde des Wolfs,* falls ihr euch entsinnt, gibt es eine Szene mit Max von Sydow, in der er am Strand sitzt und zu zeichnen versucht. Dann kommt Ingrid. Man sieht zunächst nur ihre Füße, dann kommt sie immer näher – das ganze ist eine zusammenhängende Szene, d. h. es sind zwei Aufnahmen derselben Szene und ein Übergang in der Mitte, den man nicht sieht, denn der Anfang der zweiten Aufnahme war

Vorhergehende Seiten: Eine Farcenszene (Totale) in *Das Lächeln einer Sommernacht.* Gunnar Björnstrand, Eva Dahlbeck und Jarl Kulle.

Die Szene am Strand mit Ingrid Thulin und Max von Sydow in *Die Stunde des Wolfs*.

besser als der Anfang der ersten und das Ende der ersten war besser als das Ende der zweiten.

Ich habe mir diese Szene deutlich vorgestellt, aber der Strand sah an der Stelle anders aus als ich mir beim Schreiben gedacht hatte, und deshalb fing ich an zu experimentieren. Ungewöhnlicherweise versuchte ich zu experimentieren, und das war mühsam. Ingrid kam von hinten, und sie kam von oben und sie kam von unten, wir sprangen herum mit der Kamera. Nichts klappte, nichts paßte. Da dachte ich, ich lese das mal im Manuskript nach. Und dort las ich, daß diese Szene so aufgebaut war, daß Ingrid sich Max aus der Entfernung nähern soll, während er sich groß im Bild befindet. So haben wir es schließlich gedreht, aber es war verdammt mühsam, dies zu erreichen. Es sieht ja so einfach aus.

SB: Das ist wirklich eine bewußte Kameraeinstellung, denn Ingrid geht die ganze Zeit so, daß genau gleich viel von ihr zu sehen ist, und sie kommt die ganze Zeit näher.

IB: Es gibt eine Szene in *Schande,* in der Jakobi, Eva und Jan beim Saufen zusammensitzen – erinnert ihr euch daran? Es ist eine einzige lange Aufnahme, sie ist acht Minuten lang, und sie sitzen weit hinten im Zimmer. Diese Szene war ursprünglich aufgeteilt in Nahaufnahmen, Einstellungen, Kamerabewegungen. Nachdem ich einige Wochen lang überlegt hatte, wurde mir klar, daß man dieser Szene nur dann jene Bedeutungslosigkeit, Öde, Gleichgültigkeit und empfundene Machtlosigkeit geben kann, wenn man die Leute weit weg hat. Sie sitzen jetzt weit hinten wie dunkle Schatten an der Wand. Ich finde, daß die Szene funktioniert, andere meinen das auch, einige allerdings sagen, daß sie nichts taugt.

JS: Dann sind wir im Jahre 1956, bei *Das siebente Siegel.*

IB: Ich war Lehrer an der Schauspielschule in Malmö und suchte für meine Schüler – acht oder neun – nach einem Stück, das wir spielen konnten, denn das ist am besten, wenn man unterrichtet. Da ich nichts fand, entschloß ich mich, selbst etwas zu schreiben, was »Trämålning« hieß, ein reines Übungsstück, das aus einer Anzahl Monologen für die Schüler bestand. Außer für einen, der in die Operettenabteilung sollte. Er hatte eine gute Gesangsstimme und sah sehr schick aus. Ihn machte ich stumm, denn er war so unbegabt, und sobald er den Mund aufmachte, war es eine Katastrophe. Die Sarazenen hatten ihm die Zunge herausgeschnitten, er war also der Ritter höchstpersönlich. Jenes kleine Stück studierten ich und die Schüler gemeinsam ein und gaben eine Vorstellung.

Eines Tages hatte ich plötzlich den Gedanken, aufgrund des Stückes einen Film zu machen, und ich begann, das Manuskript zu schreiben. Es ging alles sehr gut. Ich schrieb in Karolinska Sjukhuset, wo ich meinen kranken Magen kurierte. Ich reichte es bei SF ein, und SF wehrte ab. Dann kam der Erfolg mit *Das Lächeln einer Sommernacht,* und ich durfte den Film unter der Voraussetzung machen, daß ich ihn in fünfunddreißig Tagen fertigkriegte. Ich machte ihn in fünfunddreißig Tagen, und zwar sehr billig und einfach. Fast alles ist auf dem Hof hier in Filmstaden gedreht, wo nun das neue Laboratorium steht.

Es gab einen alten Inspizienten, der Borong hieß – es gab eine Masse Originale hier. Er hatte einen Schuppen unten im Hof mit Hintergrundtafeln für Fotos, die hütete er wie seinen Augapfel. Der Alte war um die siebzig Jahre alt. Wie ihr wißt, gibt es einen Bach in *Das siebente Siegel,* wo sie mit der Karre und dem Ritter durch den undurchdringlichen Wald ziehen, bevor sie der Hexe begegnen, die unterwegs zur Hinrichtungsstätte ist. Wir nahmen einen Schlauch und machten einen Bach – indem wir eine Masse Wasser verspritzten. Es fing an zu fließen und zu strömen und sah sehr echt aus, aber wenn man bei diesem Wald genauer hinschaut, sieht man eins der Hochhäuser von Solna hinter einem Baum, oder vielmehr den Reflex von einem Fenster der Hochhäuser. Dann entdeckten wir plötzlich den alten Borax, weißhaarig, klein und gedrungen, in der Tür zu seinem Schuppen. Sein ganzes Haus war von Wasser umströmt. Er sah aus wie ein alter verdammter Noah. Danach benutzten wir diesen Platz viele Jahre lang für Außenaufnahmen, und der Platz wurde im allgemeinen Borax' Bach genannt. Das steht auf allen Regieanweisungen – Borax' Bach.

Vorhergehende Seiten: Die Hexe soll auf dem Scheiterhaufen verbrannt werden. Max von Sydow und Maud Hansson in *Das siebente Siegel.*

Die Hinrichtungsstätte war etwas weiter unten auf dem Hof, und da konnte man nur in eine Richtung filmen, denn in der anderen standen die Hochhäuser. Als ich den Scheiterhaufen,der angezündet werden sollte, inspizieren wollte, hingen eine Menge kleiner Jungen am Zaun, direkt an der Mauer, und fragten: »Du, wann ist die Hinrichtung?« Da sagte ich: »Heute abend um sieben fangen wir an«, und da sagte ein kleiner Junge: »Dann gehe ich nach Hause und frage meine Mutter, ob ich noch etwas länger auf-sein darf.«

Solche Dinge gehörten damals zu den Dreharbeiten dazu. Reinste Bohème. Wir hatten den jüngsten Feuerwehrhauptmann von Schweden – allgemein Spritzen-Olle genannt – hier draußen in Solna, und er bekam den Auftrag, diesen Scheiterhaufen zu präparieren. Es zeigte sich, daß er ein hochgradig invertierter Pyromane war. Mit einer Liebe, die jeder Beschreibung spottet, war er eine Woche lang damit beschäftigt, diesen Scheiterhaufen zu präparieren. Wir hatten eine phantastische Kameraeinstellung über dem Scheiterhaufen und über dem Mädchen, das an der Leiter hing, und im Hintergrund sollten Gunnar Björnstrand und Max von Sydow und die Karre mit Åke Fridell, Bibi, Poppe und Gunnel Lindblom stehen; und außerdem die Knechte, die den Scheiterhaufen anzünden sollten. Ich sagte also »Kamera« genau im richtigen Moment, als es in der anbrechenden Dunkelheit losgehen sollte. Spritzen-Olle zündete an – puff – und dann wurden nicht nur wir, sondern ganz Solna in eine Rauchwolke gehüllt, die sich bis nach Haga Södra erstreckte. Ich stand oben auf einem Podium und rief: »Max, wo bist du?« Den Gaul, den Fridell halten sollte, fanden wir weit unten beim Pavillon und Fridell immer hinterher. Die Straßenbahnen konnten nicht weiterfahren. Und die Frauen wuschen viele Wochen lang Öl von den Fenstern der Häuser hier in der Gegend.

Aber wir drehten den Film in fünfunddreißig Tagen. Ihr kennt die Szene, in der sie am Horizont entlangtanzen? Wir hatten am Abend eingepackt und wollten fahren, es war regnerisches Wetter. Plötzlich sah ich eine Wolke und Fischer drückte sofort auf den Auslöser. Viele der Schauspieler waren nach Hause gefahren, so daß einige der Helfer einspringen mußten, um da oben entlangzutanzen. Dieses Bild wurde in etwa zehn Minuten improvisiert.

JS: Das siebente Siegel ist nicht nur eine Legende und eine Fabel von eschatologischen Problemen – ich finde, daß der Film auch Anspielungen auf mehr aktuelle, persönliche Erfahrungen enthält. Ich denke an Nils Poppes Clown. Er sagt etwa an einer Stelle, daß »die Leute in diesem Teil des Landes nicht so kunstinteressiert sind«. Er ist dieser Träumer, dieser Künstler, der vom absoluten Kunstwerk träumt, einen Ball . . .

Jof (Nils Poppe) und Mia (Bibi Andersson) in *Das siebente Siegel.*

IB: In der Luft zum Stehen zu bringen, genau das.

JS: Diese helle Clownsgestalt tritt in deiner Produktion nicht wieder auf?

IB: Nein, das stimmt.

JS: Er bricht mit der früheren pessimistischen Clownsgestalt, der Jackfigur?

IB: Überhaupt ist dieses Theaterensemble angenehm: die unneurotische, etwas barbarische, völlig ungehobelte Schauspielertruppe mit Jof und Mia und dem Raufbold Skat. Ihr dürft nicht vergessen, daß ich in einer glücklichen Symbiose mit dem Theater in Malmö und mit einer Theaterform lebte, die so robust und so vollkommen selbstverständlich war, daß man es sich heute kaum vorstellen kann. In einem Riesentheater machten wir alles, Operette, Oper, Ballett und Theater. Es war ein Theaterdasein, das völlig unneurotisch war, und es machte den reinen Spaß, Theater zu gestalten, es gab eine besondere Art von Theatervitalität. Jene mittelalterlichen Schauspieler repräsentieren noch heute die Sorte Theater, die ich am meisten liebe, nämlich das robuste, das direkte, das handgreifliche, substanzielle, sensuelle Theater.

Ich weiß nicht, ob ihr die Thaliastatue im Foyer des Malmöer Stadttheaters gesehen habt? Es ist ein großes, stämmiges, herrliches Frauenzimmer mit prächtigen Formen, das mit einem frechen, vergnügten Gesicht, mit einem großen Mund und einer großen Nase und mit schnellen Schritten daherkommt, und sie hält sowohl die tragische als auch die komische Maske mit leichtem Griff. Sie ist unüberwindlich und frei und hat ein unglaubliches Lachen im ganzen Gesicht.

So erlebe ich Theater, weil es da am besten und richtigsten ist.

SB: Die Namen Jof und Mia hast du nicht zufällig gewählt, nicht wahr?

IB: Nein, gewiß nicht. Es sind natürlich Joseph und Maria. Simpler kann es nicht sein. Dieser Film kam einfach zustande. Ich kann mich nicht entsin-

Der Gaukler Skat (Erik Strandmark) wird in *Das siebente Siegel* vom Tod (Bengt Ekerot) überrascht.

nen, daß irgendwelche Komplikationen auftauchten. Die Schwierigkeiten kamen erst, als SF ein mystisches 50-jähriges Jubiläum feierte und den Film zeigte. Es war eine Festpremiere mit Mordstimmung.

JS: Das ist wohl der Film, der am meisten rhetorisch ist von allen deinen Filmen?

IB: Ja, das glaube ich. Er baut auf einem Theaterstück auf, deshalb ergab sich das ganz natürlich.

SB: Aber der Film und die Personen im Film unterscheiden sich wesentlich von der Version des Stückes – die gleichen Rollen gibt es im Stück und im Film, aber ihre Bedeutung innerhalb des Dramas ist unterschiedlich.

IB: Jof und Mia gibt es gar nicht.

SB: Das Verhältnis Hexe – Ritter ist doch auch wesentlich verändert?

IB: Ja, das ist ganz anders. Das Stück und der Film sind weit voneinander entfernt, aber dennoch ist klar, daß der Film theatralisch ist. Sie formulieren die ganze Zeit, sie sprechen und sind unheimlich dabei.

JS: In *Das siebente Siegel* sagt der atheistische Knappe Jöns: »Wir leben in einer Spukwelt«. Der Ritter Block erstrebt die Erkenntnis eines existierenden Gottes. Aber der Gott schweigt. Er ruft aus: »Warum kann ich den Gott in mir nicht töten!« Aber als er das Glück der Familie Jof sieht, bricht er aus: »Der Glaube ist ein schweres Leiden.«
Dies ist eigentlich ein unsympathischer Glaube, meiner Meinung nach, dagegen erscheint der Knappe eigentlich recht sympathisch. Man erlebt wirklich eine kämpfende Seele. Ich denke in erster Linie an die Hinrichtungsszene, in der der Ritter mehr daran interessiert ist, ob die Hexe den Teufel gesehen hat, als an ihrem physischen Leiden. Dagegen gibt ihr der Atheist Jöns Wasser.

IB: Ich bin mit dir ganz einer Meinung, daß es sich um eine Spaltung in zwei verschiedene Seiten handelt. Auf der einen der Glaubensfanatiker, der das physische und psychische Leiden als etwas Unwesentliches im Verhältnis zu einer außerirdischen Erlösung empfindet. Deshalb ist alles, was um ihn herum passiert, etwas Irrelevantes, eine Spiegelung, ein Irrlicht. Jöns dagegen ist der Mensch von heute, hier und jetzt, der Mitgefühl und Haß und Verachtung empfindet; der andere ist eine Art Orgel in der Ferne.

JS: Welche Figur stand dir am nächsten zu der Zeit – 1956?

IB: Das kann ich wirklich nicht sagen. Ich habe immer Sympathie für die Menschen vom Schlage Jöns und Jof und Skat und Mia gespürt. Ich habe eher mit einer Art Verzweiflung die Blocks in mir erlebt, von denen ich mich eigentlich nie richtig befreien kann. Sie sind ein verhängnisvoller Menschenschlag, die Fanatiker, egal ob sie als religiöse Fanatiker oder politische Fanatiker oder Vegetarier-Fanatiker auftreten. Diese, die fixiert sind und sozusagen jenseits der Menschen ein uns unbekanntes Ziel verfolgen. Das Schlimme ist, daß sie oft große Macht über ihre Mitmenschen haben. Ich habe keine Sympathie für sie, abgesehen davon, daß ich glaube, daß sie verdammt leiden.

TM: Ist *Das siebente Siegel* ein Film, der dir persönlich viel bedeutet?

IB: Ich empfand es als einen Triumph, diese große und komplizierte Dreharbeit in so kurzer Zeit und so billig durchzuführen. Es machte Spaß, mit unglaublich einfachen Mitteln eine Epoche zu rekonstruieren.

TM: Was dir im Film tatsächlich gelingt.

IB: Ich empfinde immer noch eine Art Freundschaft zu diesem Film.

TM: Es heißt in der ausländischen Presse – vielleicht nicht in der gewöhnlichen Presse, sondern bei Leuten, die längere und ambitiösere Essays darüber im Ausland geschrieben haben –, daß es sich um einen aktuellen Film handelt, um einen apokalyptischen, der auf die Kernwaffenkatastrophe vorausweist.

IB: Aus diesem Grunde ist er gemacht worden, er handelt von der Todesangst. Durch ihn habe ich mich von meiner Todesangst befreit.

SB: An dieser Stelle würde ich gern über Max von Sydow sprechen, nicht nur über seine Rolle in *Das siebente Siegel,* sondern auch in einigen der folgenden Filme wie: *Das Gesicht, Licht im Winter, Wie in einem Spiegel, Die Stunde des Wolfs* und *Schande* – nicht in: *Die Jungfrauenquelle* und *An der Schwelle des Lebens.* In allen diesen Filmen macht er den Eindruck, als sei er ein sehr stabiler Mensch, sowohl psychisch wie physisch. Aber diese Filme zeigen dauernd Risse in der Stabilität auf. Falls man eine Entwicklung der Rollen, die er dargestellt hat, erkennt, sind die Risse größer und desperater geworden. Ich würde gern einen Kommentar von dir hören, ob du Max von Sydow bewußt diese Rollen gegeben hast, weil du die Verwandtschaft dieser Rollen empfindest.

IB: Das Verhältnis zwischen Max und mir ist sehr schwer zu durchschauen. Er hat unwahrscheinlich viel für mich bedeutet.

Strawinskij sagte einmal etwas Treffendes. Ich hörte eine Diskussion zwischen ihm und Blomdahl über Alban Bergs »Lulu«. Sie diskutierten über eine Sängerin. Strawinskij sagte, daß sie Lulu schlecht darstelle, weil sie so vulgär sei. Da sagte Blomdahl, dem Sinne nach: »Aber Lulu ist das Vulgärste, was es gibt.« Und Strawinskij: »Ja, aber gerade weil sie es ist, muß sie von einer Schauspielerin gespielt werden, die nicht den geringsten Anschein von Vulgarität hat, die aber Vulgarität darstellen kann.«

Genau das habe ich mit Max von Sydow erlebt. Max ist kerngesund als Schauspieler, robust und technisch zuverlässig. Falls ich einen Psychopathen gehabt hätte, der diese schweren psychopathischen Rollen hätte darstellen müssen, wäre er unerträglich gewesen. Es gilt, eine Spaltung zu spiegeln, sie aber nicht zu sein. Ich glaube, der Exhibitionismus, der heutzutage Mode ist, wird verschwinden. Allmählich wird man mehr Gespür für eine gewisse Distanz haben, die Max meinen Verrückten gegenüber einnimmt.

JS: Ich bewundere Max von Sydow sehr, aber seine statuarische Rhetorik wird manchmal fast etwas komisch, wenn man die Filme nach einiger Zeit noch einmal sieht – ich denke in erster Linie an *Die Jungfrauenquelle.*

141

Max von Sydow in IB's Filmen – als Vogler in *Das Gesicht,* als Martin in *Wie in einem Spiegel,* als der Fischer Jonas Persson in *Licht im Winter* und als der Musiker Jan in *Schande.*

IB: Dazu möchte ich feststellen, daß *Die Jungfrauenquelle* ein Betriebsunfall ist. Der Film ist ein bißchen auf den Tourismus zugeschnitten und eine miserable Imitation von Kurosawa. Es war meine hingebungsvollste japanische Filmperiode, ich war selber fast ein Samurai geworden.

TM: Victor Svanberg fand in der Zeitschrift »Chaplin«, der Film sei nicht brutal, sondern sentimental.

IB: Ich finde, er ist unklar in den Motivationen.

JS: Dieser Film wurde 1959 gedreht, und du bekamst dafür den Oscar. Ich wohnte in dem Jahr in Paris, und ich weiß, daß die Reaktion in Paris so war wie in den Cineastkreisen hier zu Hause. Es ist eigentlich immer so, wenn ein Künstler beispiellose Erfolge gehabt hat, daß es Neider gibt. Es entsteht gewissermaßen eine Art Gegenreaktion, die jüngeren Konkurrenten müssen jemanden finden, auf dem sie rumhacken können, und dieser Film entstand zur rechten Zeit – genau in diesem Jahr gab es eine Anti-Bergmanwelle, die durch die Filmwelt zog.

IB: Damals schrieb Bo Widerberg diesen lustigen Artikel über »das Dalapferd unseres Geistes in der Welt«, das war im Zusammenhang mit *Die Jungfrauenquelle.*

JS: Das Eigentümliche ist, daß die Nouvelle Vague dich zuerst »entdeckte«, dir geradezu huldigte, und nach ungefähr einem Jahr waren sie bereit, dich abzusägen.

IB: Ja, aber das ist eine logische Entwicklung, finde ich. Sie nahmen von den Impulsen, die ich geben konnte, was sie brauchten – hauptsächlich, daß ein Mann allein Filme machen kann und daß es nicht etwas so Besonderes ist. Danach ließen sie mich fallen.

JS: Aber doch nicht vollständig, denn zwei Jahre später drückten sie dich wieder an ihr Herz mit *Wie in einem Spiegel.*

IB: Das wußte ich nicht.

JS: Ich glaube, das hat viel zu tun mit diesen beiden Filmen, die du 1960 gemacht hast – *Die Jungfrauenquelle* und *Das Teufelsauge.* Die Cahiers-Gruppe empfand sie als . . .

IB: Tot! – das waren sie ja auch. Sowohl *Die Jungfrauenquelle* als auch *Das Teufelsauge* sind tote Filme. Aus mehreren Gründen.

TM: Wie verhielt sich Birgitta Pettersson zur Vergewaltigungsszene?

IB: Es gibt ein lustiges Foto, das während der Dreharbeiten aufgenommen wurde. Birgitta liegt im Gebüsch, und wir sind dabei, die Kamera in Position zu bringen. Oben an ihrem Kopf sitzt Acke Dyberg, und auf ihr drauf sitzt Tor Isedal, und sie hat die Röcke bis zum Bauch hochgezogen. Alle drei mampfen Butterbrote. Als Unterlage haben sie irgendeinen Pelz unter sie gelegt.

JS: In *Die Jungfrauenquelle* – falls ich mich richtig entsinne – benutzt du Modelle. Hast du früher mit Modellbauten gearbeitet? Im Film ist der Bauernhof ein Modell.

IB: Ja, das stimmt. Wir tun es manchmal. P. A. Lundgren, der Architekt, ist ein Spezialist und macht es unglaublich geschickt. Wißt ihr, daß es ursprünglich eine schwedische Erfindung ist? Julius Jaenzon erfand die Technik 1919. Dann vergaß man sie, und die Franzosen griffen sie wieder auf. Dann sind auch wir allmählich wieder darauf gekommen.

TM: Das Volkslied heißt also »Töres döttrar i Vänge«?

IB: Es gibt siebenundzwanzig Versionen, aber die, die ich zuerst las, hieß »Herr Töres döttrar i Vänge« – es waren sieben Töchter und sieben Hirten.

TM: Wie beeinflußte dich Ulla Isaksson?

IB: Wir beeinflußten uns gegenseitig in der falschen Richtung. Eine unglückliche Geschichte.

TM: Glaubst du, daß der Film anders geworden wäre, wenn du das Drehbuch selber geschrieben hättest?

IB: Ich habe nie daran gedacht, es selbst zu schreiben. Ich kann mich sehr schwer dazu äußern, was geschehen ist. Ich weiß, daß mir die Zusammenarbeit mit Ulla in *An der Schwelle des Lebens* ungeheuer viel bedeutete. Sie hat mir damals wirklich genützt, während wir uns in *Die Jungfrauenquelle* vielleicht ein wenig »verführt« haben.

SB: Du hast die meisten deiner Filme selbst geschrieben – aus welchem Grund hast du bei bestimmten Filmen mit anderen Autoren zusammengearbeitet?

IB: Häufig aus Zeitnot. Anfangs war es notwendig, es war ein Zwang, eine Voraussetzung. Aber als ich später selbst bestimmen durfte, hat es an Zeitnot gelegen; weil ich oft zwei Filme im Jahr machte und drei, vier Theaterinszenierungen und eine Masse Radiosendungen. Da gab es nicht so viel Zeit, sich hinzusetzen und ein Manuskript zu schreiben.

TM: Das Gesicht ist ein furchtbar vitaler Film, finde ich. Er ist unwahrscheinlich gut geschrieben und dicht und sauber.

IB: Er erzeugte eine gewisse Verwirrung, als er herauskam. Man meinte, er sei merkwürdig und artifiziell und verworren und im Theaterstil gedreht.

TM: Er ist einer meiner Lieblingsfilme in deiner Produktion.

IB: Das freut mich zu hören.

JS: Er ist tatsächlich nicht gealtert, und daß er so lustig ist, hatte ich fast vergessen.

IB: Leider ist er nicht so lustig wie geplant. Der Schauspieler, der die große komische Rolle hat, war die ganze Zeit so besoffen, daß er sich nicht daran erinnerte, was er sagen sollte, und auch nicht, was er tun sollte, so daß ich ein Drittel seiner Partie wegschneiden mußte, was dazu führte, daß die seriöse Seite etwas zu viel Übergewicht erhielt.

JS: Der Knecht, an dem sie das Experiment ausprobierten, ihm die Hände zu binden, geht hinaus und erhängt sich. Dann erscheint die Hexe Naima Wifstrand und entdeckt ihn. Im Manuskript steht dagegen, daß sie ihn abschneidet und ihm Leben einhaucht. Warum mußte dies im Film gestrichen werden?

IB: Sie wurde vielleicht etwas grausamer im Film, als ich sie mir vorgestellt hatte. Überhaupt wurde der Film etwas grausamer und etwas schwärzer und etwas brutaler, als ich es mir gedacht hatte. Als ich Karl Anders Dymling die Idee verkaufen wollte, hatte er große Bedenken. Da sagte ich: »Hör zu, dies ist ein erotisches Spiel, alles ist ein erotisches Spiel. Wenn das Theater auf den Hof kommt, werden alle konfus, geil und verrückt, so daß eine wilde erotische Erregung entsteht.« Was ich sagte, war nicht nur gelogen, es hatte auch ein wenig mit dem zu tun, wie ich es mir gedacht hatte. Aber dann wurde ich im Laufe der Dreharbeit etwas sauer.

Ich sagte schon, daß ich am Malmöer Stadttheater war und wie wichtig es ist, ein Ensemble zusammenzuhalten. Ich versprach jedem eine Rolle im nächsten Film, und hatte dann keine Ahnung, was ich mit den Leuten machen sollte, so daß ich gewaltige Probleme bekam, wie das zu schaffen war! Ich war gezwungen, Monumentalgemälde mit einer Masse Menschen zu machen. Ich glaube, mein ganzes Ensemble in Malmö war in *Das Gesicht* dabei.

JS: Wenn du intellektuelle Personen kritisch und skeptisch schildern möchtest, werden sie sehr spitz und kühl und irgendwo etwas komisch, etwas steif und fast unmenschlich. Ich denke an Erland Josephson – Anders Ellius in *An der Schwelle des Lebens* – und, da wir uns über *Das Gesicht* unterhalten, an den Medizinalrat Vergérus, gespielt von Gunnar Björnstrand. Es gibt mehr Beispiele.

IB: Nun, ich habe große Sympathie für den Medizinalrat, gerade deshalb, weil er wirklich eine Passion hat. Aus der Familie Vergérus habe ich noch andere verwandt – ein Verwandter der Familie erscheint in meinem nächsten Film, den ich nun geschrieben habe. Er ist Architekt, aber er hat das Hobby, Gesichter zu fotografieren.

JS: Gibt es irgendein Vorbild in der Wirklichkeit, wenn du auf diese Weise Intellektuelle schilderst?

IB: Mich selbst.

JS: Man hat gesagt, daß du in *Das Gesicht* eine Karikatur von Harry Schein zeigen wolltest.

IB: Das war nur Spaß.

TM: Max von Sydow soll dich, Björnstrand Harry Schein und Ingrid Thulin Ingrid Thulin spielen.

IB: Ich sage wie Flaubert: »Madame Bovary – c'est moi«.

SB: Ingrid Thulin ist im schwedischen Film, bevor sie zu dir kam, nicht sonderlich erfolgreich gewesen.

IB: Man meinte, sie sei total unbegabt, deshalb wollte sie mit Film und Theater aufhören.

SB: Wie bist du an sie herangekommen?

IB: Sie war Schülerin in der Schule von Dramaten und trat später hier und da auf verschiedenen Bühnen und in Lilla Teatern auf. Sie irrte ganz allein herum. Ich lernte Harry Schein und Ingrid kennen und wurde gut Freund mit ihnen. Mit Harry anfangs mehr aus Neugier, weil er Rezensent bei BLM war und meinen Filmen gegenüber konstant kritisch eingestellt blieb. Ich wollte gern sehen, wer er in Wirklichkeit war.

TM: Entschuldige, daß ich dich unterbreche, aber im selben Jahr, als sie in *Wilde Erdbeeren* spielte, war sie in *Aldrig i livet* dabei, dem Film, bei dem die Zensur solche Schwierigkeiten machte – einem halb pornographischen Film.

IB: Jedenfalls lockte ich sie zum Malmöer Stadttheater, wo sie »genas«. Ich hatte immer das Gefühl, daß ein Mensch, der so aussieht, sehr begabt sein muß, und da hatte ich ja recht.

TM: Das hängt wohl mit deiner Art zusammen, Schauspielern, an die du glaubst, zu begegnen, mit der Art, sie zu begeistern. Du mußt sie aus einer Art Verzweiflung emporgehoben haben?

IB: Aus etwas wird etwas, aus nichts wird nichts, oder wie Torsten Hammarén – mein alter Lehrer – vierzig Jahre Theatererfahrung zusammenfaßte: »Manche sollen rein, manche sollen raus.« Er sprach über Schauspieler.
Er sagte noch etwas anderes Treffendes: »Mit Schauspielern ist es verflixt, wenn sie sich ein gutes Gesicht angesoffen haben, verlieren sie das Gedächtnis.«

SB: Das Gesicht hat schwarze und komische Züge, aber es hat auch eines der überwältigendsten Happy ends, die man in deinen Filmen sehen kann.

IB: Es erinnert ein wenig an die »Dreigroschenoper«.

SB: Die Kunst siegt letzten Endes.

IB: Es war in erster Linie so, daß ich mich allgemein mißachtet fühlte, und plötzlich bekam ich ein Königliches Stipendium, was auf jeden Fall meine Aktien zu Hause bei Mutter und Vater steigen ließ. Die Schauspieler wur-

Ingrid Thulin als Aman (mit Toivo Pawlo) und als Manda (mit Max von Sydow) in *Das Gesicht*.

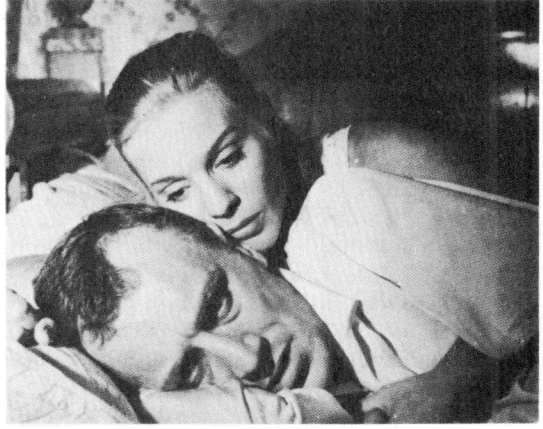

den am 14. Juli sogar eingeladen – das ist mein Geburtstag. Der Erlaß vom Schloß ist am 14. Juli unterzeichnet worden.

TM: Toivo Pawlo hat mich immer an Beethoven erinnert – ist das beabsichtigt?

IB: Nein, das stimmt nicht . . .

Apropos dieses Biedermeiermilieu – jeden Morgen machte ich meinen Spaziergang von Sofiahemmet nach Djurgården, und in Skansen liegt die Straße, auf der die Schlußszenen gefilmt worden sind. In dieses alte Bürgerhaus ging ich jeden Morgen und wanderte in den Zimmern umher und guckte, lauschte den Uhren, die tickten und sah mir die alten Bilder und Möbel an, und dabei knackte es in den Wänden. Es war eine besondere Atmosphäre dort.

Aber *Das Gesicht* rief große Verwirrung hervor, als er anlief, daran besteht kein Zweifel. Und eine gewisse düstere Stimmung. Es war auch die Zeit, als die Kritiker ernsthaft damit anfingen, meine Filme zu verreißen und dadurch mein Publikum furchtbar zu erschrecken.

JS: Es ist ein Film, den man vielleicht nicht so todernst nehmen soll . . .

IB: Nein, es gibt keinen Grund, ihn ernst zu nehmen.

SB: Hat es dir Spaß gemacht, eine Epoche auf diese Weise erstehen zu lassen?

IB: Enormen Spaß, aber so etwas darf man ja heutzutage nicht machen. Scheußlichkeiten und Ruppigkeiten zu fabrizieren, ohne besonders erregt zu sein, das ist etwas, was mir riesigen Spaß macht. Das liegt mir.

SB: Würdest du es gern noch einmal machen?

IB: Es kostet furchtbar viel Geld, so daß es undenkbar ist. Wir sprachen über einen Sergelfilm: Ich könnte mir nichts besseres vorstellen, als etwas in dieser Richtung machen zu dürfen, wirklich schwedisches 18. Jahrhundert darzustellen.

Epochen zu rekonstruieren ist ein Teil meines beruflichen Könnens und etwas, was mich stimuliert. Aber heute kann es sich niemand leisten, sich für so etwas einzusetzen.

JS: Empfindest du eine Art Heimweh, wenn du die Milieus der Jahrhundertwende aufsuchst?

IB: Sie sind in erster Linie phantasieanregend.

JS: Du sagtest nämlich einmal, daß du in einem Elternhaus aufgewachsen bist, in dem die Zeit fünfzig Jahre stillgestanden war. Das bedeutet doch, daß deine Erfahrung eine Art Stimmung der Jahrhundertwende enthält.

IB: Das ist klar, aber ich habe z. B. auch Heimweh nach schwedischem Mittelalter. Ich gucke in allen diesen alten Gotlandkirchen herum, es sind vierundneunzig Stück, und keine ist später als 1395 oder so gebaut, und ich schaue mir Malereien des Mittelalters und Taufbecken und Grabsteine an. Das sind jedenfalls Dinge, mit denen Menschen gelebt haben. Das Gleiche ist es mit den 50-er Jahren des 19. Jahrhunderts – die Romantik und die Spukwelt beim Durchbruch der Industrialisierung.

JS: Epochen- und Kostümfilme haben auch optische Qualitäten.

IB: Außerdem.

JS: Kostümfilme werden in der internationalen Filmindustrie immer noch viel gemacht.

Die drei Frauen in *An der Schwelle des Lebens,* Eva Dahlbeck (mit Max von Sydow), Ingrid Thulin und Bibi Andersson.

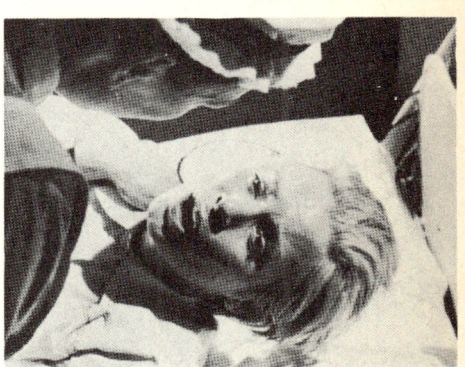

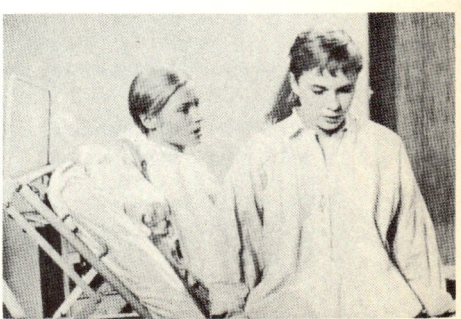

IB: Oft völlig unfertig und langweilig. Aber hier haben wir keine Möglichkeiten. Wir können es uns nicht leisten. Habt ihr euch den alten Gustav Vasa im Fernsehen angeschaut? Gustav Vasas Abenteuer in Dalarna wären doch eigentlich eine lustige Sache! Das könnte ein lustiger Film werden!

JS: An der Schwelle des Lebens wurde 1957 gedreht – ich sah den Film neulich im Fernsehen. Der dokumentarische Charakter des Films war für mich überhaupt nicht mehr echt und authentisch. Er riecht irgendwie nach Theater.

IB: Ich muß wohl sagen, daß er angesichts der heutigen Ansprüche auf Authentizität sehr theatermäßig ist. Daran besteht kein Zweifel.

JS: Wie verhältst du dich moralisch zum Phänomen der Beeinflussung, die deine Filme auslösen können, auch wenn du sie vielleicht nicht beabsichtigt hast. Ich denke zum Beispiel an eine junge Frau, die nach Aussage eines mir bekannten Psychiaters zusammenbrach, nachdem sie eine Szene in *Hafenstadt* gesehen hat; die, in der das junge Mädchen unters Bett kriecht, als die Eltern sich streiten. Oder an Frauen, die Angst vor einer Fehlgeburt bekommen, nachdem sie *An der Schwelle des Lebens* gesehen haben. Stig Ahlgren hat dir vorgeworfen, durch *Wie in einem Spiegel* latente Schizophrenie bei den Zuschauern geweckt zu haben?

IB: Ja, was ist denn schon dabei?

JS: Hast du irgendwann das Gefühl, moralisches . . .?

IB: Bauchweh – nein! Wenn ich ein klein wenig verlogen wäre, könnte ich sagen, daß dies ein moralischer Konflikt ist. Wenn ich ganz aufrichtig sein soll, fühle ich mich überhaupt nicht moralisch erschüttert, bei jemandem latente Schizophrenie hervorgerufen zu haben, weil irgend jemand in einem meiner Filme unter das Bett kriecht – im Gegenteil. Wenn man gewöhnliche Menschen dazu bringen kann, eine Minute, nachdem der Vorhang gefallen ist, die Klappe zu halten, oder wenn man gewöhnliche Leute dazu bringen kann, sich ein Butterbrot zu machen und sich in die Küche zu setzen und sich fünf Minuten miteinander zu unterhalten, nachdem sie einen Film gesehen haben, oder wenn sich jemand plötzlich freut und sich auf dem Heimweg nach einem Filmbesuch an bestimmte Szenen erinnert, oder wenn jemand plötzlich weint oder erschüttert ist oder lacht oder sich besser fühlt oder sich schlechter fühlt – überhaupt, wenn Menschen ein klein wenig beeinflußt sind, dann hat ja der Film seine Funktion erfüllt.

JS: Auch wenn, rein sozial gesehen, möglicherweise ein negativer Einfluß entstehen kann . . .?

IB: Ich finde, der Einwand ist irrelevant. Jeder, der produziert, hat eine eigene Zensur eingebaut.

JS: Bist du irgendwann als Künstler vor ein Problem gestellt worden, daß du zwischen zwei Lösungen wählen mußtest. Du hattest deine Lösung auf eine bestimmte Weise gestaltet, aber aufgrund von gewissen außerästhetischen Rücksichten hast du eine schlechtere Lösung gewählt?

IB: Nein, das habe ich nie getan. Ich wähle immer die mit der größten Wirkung. Das einzig Wesentliche ist, zu beeinflussen, in Kontakt zu kommen, einen Keil in die Gleichgültigkeit und Passivität der Menschen zu treiben.

Bibi Andersson und Lars Ekborg in *Das Gesicht.*

v. Filmstaden, den 8. Oktober

JS: Heute wollten wir über *Wilde Erdbeeren* sprechen.
IB: Haben wir uns darüber nicht schon unterhalten?
JS: Nein. – Du sollst Victor Sjöströms Leben eingehend studiert haben, als du das Drehbuch für *Wilde Erdbeeren* schriebst. War von Anfang an beabsichtigt, ein Monument für Victor Sjöström zu bauen und eine Kontinuität innerhalb des schwedischen Films zu betonen?
IB: Nicht im geringsten. Der eigentliche Ausgangspunkt für *Wilde Erdbeeren* war ein ganz anderer. Ihr wißt, ich wohnte früher sehr viel oben in Dalarna. Da bin ich in einem kleinen Dorf bei meiner Großmutter aufgewachsen, die im Winter meistens in Uppsala in einer großen altmodischen Wohnung wohnte.

An einem frühen Morgen wollte ich nach Dalarna reisen, nahm das Auto und fuhr von Stockholm los – ich glaube es war zwischen vier und fünf Uhr morgens – bis nach Uppsala. Ihr kennt Uppsala, ja zwei von euch haben dort studiert. Es ist ja eine charmante alte Stadt mit der Carolina Rediviva, der Domkirche, dem Schloß Gustavianum, Gillet, dem Fyris-Fluß mit dem Wasserfall, diesen alten Kinos – »Fyris«, »Edda« (das gab es wohl nicht zu eurer Zeit), »Skandia«, »Röda kvarn«, Svandammen, Flustret und der blauen Straßenbahn und der gelben Straßenbahn und der grünen Straßenbahn.

Großmutter wohnte Nedre Slottsgatan 14, genau gegenüber von Skrapan – ihr wißt, die Penne –, in einem unheimlich alten Haus mit einer riesigen Wohnung. Da war ein plüschbezogenes Klo in einem langen Flur, große Zimmer mit tickenden Uhren, gewaltigen Teppichen und großen Möbeln. So hatte es gestanden, seitdem sie als eben verheiratete Frau eingezogen war, mit den Möbeln und Bildern aus Italien, Statuen und Palmen zweier bürgerlicher Familien. Da lebte ich als kleiner Junge, und meine Eindrücke aus dieser Welt waren stark.

Als ich an jenem Morgen nach Uppsala kam, hatte ich plötzlich eine Idee, ich fuhr nach Slottsgatan 14. Es war Herbst, die Sonne schien etwas auf die Domkirche, und die Uhr schlug gerade fünf. Ich ging in den kleinen Hof hinein, der mit Kopfsteinen gepflastert war. Dann ging ich ins Haus und griff nach dem Türriegel der Küchentür, die immer noch dieses bunte Glasmuster hatte, und dabei durchfuhr mich ein Schauer, das Gefühl, wenn ich nun öffne, und die alte Lalla, die alte Köchin also, steht da in ihrer großen Küchenschürze und kocht die Frühstücksgrütze, wie sie es so oft gemacht

Victor Sjöström
vor der Promo-
tion in Lund in
Wilde Erdbeeren.

hatte, als ich klein war: Daß ich plötzlich einfach in meine Kindheit wieder eintreten könnte.

Heute nicht mehr so sehr, aber früher war ich schwer nostalgisch. Ich glaube, Maria Wine hat irgendwo gesagt, daß man im Schuh seiner Kindheit schläft, das traf auf mich zu. Dann fuhr mir plötzlich der Gedanke durch den Kopf – wenn man einen Film hieraus machte, nämlich, daß man ganz real eine Tür öffnet, und dann plötzlich sich in seiner Kindheit befindet, und dann öffnet man eine andere Tür und kommt wieder in die Wirklichkeit hinein, und dann geht man um eine Straßenecke und kommt in eine andere Periode seines Lebens, und alles ist real, lebt. Das war tatsächlich die Anregung für *Wilde Erdbeeren.*

JS: In welchem Jahr machtest du diese Reise?

IB: Das war wohl im Herbst 1956, und dann fing ich im Frühling an, das Manuskript zu schreiben, soweit ich mich entsinne. Ich kann sehr schwer datieren.

Weil einer meiner besten Freunde Arzt ist, empfand ich es als praktisch, einen Arzt zur Hauptperson zu machen.

Ich stellte mir diesen alten Mann als einen müden Egozentriker vor, der alle Bindungen um sich herum gelöst hatte, – wie ich es selbst getan hatte.

JS: Du setztest dich also hin, um das Manuskript zu schreiben, ohne an Victor Sjöström zu denken?

IB: Ja, ich fing an zu schreiben, und dann dachte ich – verdammt, wer soll denn das spielen? Da fiel mir Victor ein. Carl Anders Dymling sprach mit Victor Sjöström und fragte, ob ich mit ihm sprechen dürfe. Victor hatte keine Lust und fühlte sich furchtbar kränklich.

JS: Wie alt war er damals?

IB: Ich glaube, er war achtundsiebzig, aber ich kann es nicht genau sagen. Er war misanthropisch und müde und fühlte sich alt. Da sagte Carl Anders zu ihm: »Du sollst nur unter einem Baum liegen und Erdbeeren futtern und an deine Vergangenheit denken, das ist nicht anstrengend.« Als Victor dann das Drehbuch bekam, war er drauf und dran auszusteigen, und ich mußte ihn unglaublich überreden, die Rolle zu spielen.

Am ersten Tag bereits hatte er schlechte Laune und sagte: »Ich möchte das nicht spielen, ich finde nicht, daß du recht hast.« Wir gerieten aneinander, weil ich Victor dazu bringen wollte, bestimmte Dinge zu machen, die er nicht spielen wollte, oder vielmehr wollte ich, daß er bestimmte Dinge bleibenlassen sollte.

JS: Was zum Beispiel?

IB: Er war verkrampft und wollte alles mögliche machen, und ich wollte, daß er überhaupt nichts machen sollte. Aber dann war es unbeschreiblich, mit ihm zusammenzuarbeiten, er war ganz einfach phantastisch mit seiner Aufrichtigkeit und Forschheit.

Ich hatte etwas Angst vor den Szenen mit dem Sarg. Einem solch alten Mann muß es schwer fallen, sich in einen Sarg zu legen. Aber eines Tages kam er zu mir und sagte: »Sollen wir das mit dem Sarg nicht drehen?«

Er war entzückt von Bibi Andersson, und Bibi war süß zu ihm. Bibi war ja damals nicht alt – so um die einundzwanzig. Ich habe eine bezaubernde 16-mm-Szene, die ich selbst drehte: Sie warten auf eine Aufnahme, die gedreht werden soll, und alle Leute laufen herum, während die beiden dasitzen und flirten. Er war ja seinerzeit ein großer Herzensbrecher – Victor Sjöström. Er tätschelt sie ein wenig, und Bibi ist unheimlich entzückt und ganz weiblich angetan von dem alten Löwen.

Wenn Victor nur jeden Tag viertel nach fünf zu Hause war und pünktlich seinen Whiskygrog bekam, ging es gut.

Das zweitemal, als es fast zu einer Auseinandersetzung kam, war, als wir eine Szene hier auf dem Hof drehen wollten. Zu der Zeit war da eine kleine Wiese, und das Licht fiel kurz nach fünf so schön darauf. Es ist die Schlußszene, in der Victor so vergeistigt aussieht, aber in Wahrheit war er wütend, weil er nicht rechtzeitig zu seinem Grog nach Hause kommen würde.

Als Victor dann diesen alten Mann im Griff hatte – und Ruhe über ihn kam –, fand er plötzlich, daß das Filmen Spaß machte. Er hatte dauernd geklagt, daß es ihm schlecht gehe, aber dann ging er zum Arzt, der ihm sagte: »Ja, aber Ihnen geht es ja viel besser.« Da kam er sehr entzückt und verwirrt

S. 154/155: Bibi Andersson und Victor Sjöström in *Wilde Erdbeeren.*

zu mir und sagte, daß es ihm besser gehe, obwohl er sich schlechter fühle, und von da an kam es nie mehr zu irgendwelchen Schwierigkeiten. Ich habe ihn ja immer als Filmkünstler bewundert. Es war gut, jeden Tag diese nicht versiegende Quelle in der Nähe zu haben. Leider kam niemand auf die Idee, sich mit einem Tonbandgerät zu ihm zu setzen, denn das war damals nicht üblich. Ich habe mehrmals darüber schreiben wollen, denn er hat so viel davon erzählt, wie es anfing und wie die Meisterwerke zustande kamen. Habt ihr *Ingeborg Holm* gesehen? Das ist einer der merkwürdigsten Filme, die je gemacht worden sind – 1913!

TM: Für uns ist es faszinierend, daß ihr beide euch begegnet seid. Plötzlich stehst du an der Quelle.

IB: Ja, es ist sehr eigentümlich, und ich erlebe es immer noch als eine der wichtigsten Erfahrungen für mich, denn Victor brachte mir eine Menge bei.

TM: Auf welche Weise?

IB: Durch seine Filme.

SB: Was in seinen Filmen schätzt du besonders, und welche von ihnen?

IB: Vor allem *Ingeborg Holm,* wie gesagt, und *Körkarlen,* aber auch *Mästerman. Berg-Ejvind* ist ein unheimlich gut erzählender Film.

SB: Aber was hat dich gerade in Victor Sjöströms Filmen beeindruckt?

IB: Es ist die unbestechliche Forderung nach Wahrheit, die unbestechliche Beobachtung der Wirklichkeit, es sich keinen Augenblick leicht zu machen, zu vereinfachen oder zu überspringen oder zu pfuschen oder auszuweichen. Es gibt zum Beispiel einzigartige Sequenzen in *Ingemarssönerna* und auch in *Karin Ingmarsdotter.* Habt ihr *Stormen* mit Lilian Gish gesehen?

JS: Das ist die traditionelle, nach rückwärts gerichtete Perspektive – bist du dir dessen bewußt, daß du an eine Tradition im schwedischen Film anknüpfst?

IB: Ja . . .

JS: Aber mehr an Victor Sjöström als an Mauritz Stiller?

IB: Ich finde, daß Stiller sehr lustig ist mit *Erotikon* und *Herr Arnes penningar* – und auch *Gösta Berlings saga* ist ein erfrischender, kraftvoller und vitaler Film. Aber die Zeit ist Stillers Filmen davongelaufen, mehr noch, als sie Victor Sjöströms Filmen davongelaufen ist. *Ingeborg Holm* ist immer noch wahr und ergreifend und erstaunlich modern. Läßt man den Film in seiner richtigen Geschwindigkeit laufen, sechzehn Bilder in der Sekunde, dann ist er fotografisch und szenisch völlig perfekt. Oft arbeitet er mit Darstellungen auf zwei Ebenen – im Vordergrund findet ein Spiel statt, und außerdem sieht man zum Beispiel durch eine Tür, daß im Hintergrund etwas ganz anderes geschieht.

TM: Welches Verhältnis hatte Victor Sjöström zu deinen Filmen?
IB: Wir unterhielten uns nie über meine Filme.

SB: Welche filmhistorische Periode hat dich am meisten beeinflußt? Gibt es bestimmte Regisseure? Du hast die deutschen expressionistischen Filme genannt, aber haben zum Beispiel der russische Stummfilm oder die frühen amerikanischen dir etwas bedeutet?
IB: Erst seit 1949, als ich zum erstenmal ins Ausland fuhr und zwei Monate in Paris in der Cinémathèque in der Rue de Messine verbrachte, habe ich ernsthaft angefangen, Filme zu studieren. Davor habe ich nie irgendwelche alten Filme gesehen – außer den schwedischen Stummfilmen. Ich arbeitete in Göteborg und Hälsingborg, wo es schwierig war, an die Klassiker heranzukommen.
JS: Aber du hast die Filme später gesehen?
IB: 1952 kam ich nach Malmö, und damals gab es die Cinemathek in Kopenhagen. Hier in Schweden gab es nur die Filmhistorischen Sammlungen für gesammelte Standfotos.
SB: Aber es gab Vorführungen!
IB: Daran habe ich nie gedacht, und ich saß auch nie im Studio von *studentfilm* dabei.
1948, glaube ich, wollte der Produzent Selznick, daß ich Ibsens »Ein Puppenheim« schreiben und Sjöberg Regie führen sollte. Ich schrieb ein Manuskript und erhielt die phantastische Summe von 30 000 Kronen, eine enorme Summe zu der Zeit, und davon kaufte ich meinen ersten vernünftigen Projektor für 9,5-mm-Filme. Habt ihr jemals einen Film mit der Perforierung in der Mitte gesehen? Pathés. Dann kaufte ich Kopien von *Caligari, Varieté* und *Nibelungen* und eine Masse Chaplinfilme.
JS: Hast du diese Filme noch?
IB: Die habe ich noch. Ich habe auch noch einen alten 9,5-mm-Projektor, den ich benutzen kann. Es ist vollkommen unmöglich, heute einen solchen Projektor aufzutreiben.
SB: Wenn man in deinen frühen Filmen bestimmte filmhistorische Spuren nachweisen möchte, findet man expressionistische Züge, die auf die deutschen Filme zurückzuführen sind.
IB: Das kann sein. Die Beeinflussung, die mir am deutlichsten bewußt ist, kommt von den Franzosen, aber die Franzosen waren ja ihrerseits sehr von den Deutschen beeinflußt.
Ich kenne einen Film, den ich zum Teil immer noch gut finde. Das ist Machatys *Ekstase*. Er kam 1936 oder 1935 hierher, glaube ich, und er machte einen tiefen Eindruck auf mich, so daß ich mich immer noch – ob-

Einflüsse des Auslandes:
Das Cabinet des Dr. Caligari,
Varieté mit Emil Jannings,
Chaplin – hier in
Der Einwanderer mit
Edna Purviance – und
Ekstase.

Ingenieur Ahlman und seine Frau (Gunnar Sjöberg und Gunnel Broström).

wohl ich ihn nicht noch einmal gesehen habe – in bestimmten Szenen an jede einzelne Aufnahme entsinnen kann. Er erzählte in Bildern; und dann kam natürlich noch hinzu, daß man plötzlich eine nackte Frau sehen konnte, das war geradezu etwas Erschütterndes.

TM: Du hast ein sehr starkes Bildgedächtnis – nicht nur von Filmen, sondern auch von Ereignissen.

IB: Ja, das stimmt.

TM: Dein Bildgedächtnis ist stärker als dein verbales Gedächtnis.

IB: Ich habe überhaupt kein verbales Gedächtnis, ich habe nur ein Bildgedächtnis, aber das ist gut entwickelt.

JS: Vielleicht sollten wir uns noch etwas mehr über eventuelle Einflüsse auf *Wilde Erdbeeren* unterhalten. Du hast erzählt, daß du von Beeinflussungen ziemlich frei zu sein glaubst, aber Strindberg kann man natürlich herausspüren.

IB: Selbstverständlich.

160

Ahlman leitet das Verhör mit Isak Borg (Victor Sjöström).

JS: »Ein Traumspiel« und »Nach Damaskus«.

IB: Das ist klar. Jonas Love Almqvist darf auch nicht vergessen werden.

JS: Hast du Strindberg während der Arbeit am Manuskript studiert?

IB: Parallel läuft die ganze Zeit meine Theatertätigkeit. Es wäre natürlich viel zu sagen von dem wechselseitigen Verhältnis zwischen meiner Tätigkeit am Theater und der am Film.

JS: Wollen wir uns nun etwas über den Ideengehalt von *Wilde Erdbeeren* unterhalten. Er ist in gewisser Weise ein psychoanalytischer Film, der sowohl religiöse Motive als auch psychotherapeutische Implikationen enthält.

IB: Ich empfand das nicht so, als ich den Film machte. Ich realisierte ihn als einen Durchgang meines bisherigen Lebens, als einen gründlichen und abschließenden Test. Die psychoanalytische Seite hatte ich nicht richtig im Griff. Andere haben sie später mit hineingebracht. Für mich ist der Film etwas Handfestes und Augenfälliges.

SB: Wie bewußt oder selbstkritisch ist man in den verschiedenen Stadien der Filmarbeit, am Manuskript, beim Drehen und beim Schneiden? Erst später kommen alle Theorien über den Film und seinen Aufbau. Wir sprachen früher von Träumen, wie bedeutungsvoll sie seien. Gewisse Träume schreibt man ja auf, und vielleicht denkt man daran, welche Bedeutung bestimmte Träume in der Situation, in der man sich befindet, für einen selbst haben. Wenn man einen Film schreibt, wird er vielleicht leicht in Beziehung zu der eigenen Umgebung gesetzt und einem äußeren Einfluß ausgesetzt? Vielleicht drückt man sich im Film auf die gleiche Weise aus wie bei der Behandlung eines Traumes, den man geträumt und für den man Interesse hat. Glaubst du, daß dies mit den Theorien zusammenfällt, die später um den Film errichtet werden? Wieviel Theorie baut man selbst während der Arbeit auf – verstehst du?

IB: Ich verstehe genau.

SB: Später kann man ja viel sagen, daß man daran überhaupt nicht gedacht habe – daß von Kritikern und Neunmalklugen jeglicher Art dem fertigen Produkt eine Theorie übergestülpt worden sei. Aber an gewisse Dinge hat man doch auf jeden Fall während der Arbeit gedacht. Wie groß ist nach deiner Meinung der Zusammenhang zwischen den Theorien, die man selber während der Arbeit hat, und den Theorien, die später daraus abgeleitet werden?

IB: Ich will versuchen, so konkret wie möglich zu antworten. Wenn ich schreibe, bin ich vor den ganzen Überlegungen, die nebenher laufen, geschützt. Sie existieren praktisch nicht. Ich glaube, wenn sie existierten, würde ich von einem solchen Mißmut befallen werden und von einem Gefühl, ich würde mich selbst und andere Menschen ausstellen, daß ich meine ganze Produktion aus reinem Schamgefühl niederlegen würde.

Die Schauspieler bekommen das Material auf einer ganz anderen Ebene. Sie sind vom Theater her gewöhnt, auf den Verfasser und auf die Person einzugehen und nachzudenken – was ist die eigentliche Ursache, warum hat er das und das geschrieben? Sie kommen zu mir und sagen Dinge, die mir peinlich sein können, und dann wehre ich mich oft und sage: »So ist es überhaupt nicht gemeint, das stimmt nicht.« Aber oft muß man heimlich zugeben. Während der ganzen Filmarbeit wehrt man sich hartnäckig gegen dieses Nebenher-Denken. Wenn ich meiner Intuition vertraue, weiß ich, daß sie mich auf den richtigen Weg führt, und ich brauche nicht mit ihr zu diskutieren. Wenn ich anfange zu zögern und zu diskutieren, gerate ich in solch persönliche Konflikte, daß ich aufgeben muß. Ich gelange zu einer so krassen Bewußtheit darüber, was ich eigentlich gestalte, daß ich nicht weitermachen möchte. Später kann mir oft klar werden, was ich eigentlich gemacht habe, was zum Teufel ich gestaltet habe oder was ich geschrieben habe. Dagegen war ich mir natürlich schon zu Anfang völlig darüber im klaren, daß Ingenieur Ahlman und seine Frau ein Haßportrait von Stig Ahlgren und seiner Frau darstellen. Stig Ahlgren hatte mich ja aus irgendeinem Grund hingerichtet. Und dies war also ein Racheakt.

SB: Das ist eine Episode in *Wilde Erdbeeren,* an die man sich wirklich sehr gut erinnert, weil sie wie eine selbständige Kurzgeschichte abseits steht.

IB: Sie ist vollkommen tot.

JS: Sie ist dramatisch sehr zugespitzt – eine sehr drohende Szene und eine der unangenehmsten, die man sehen kann.

SB: Es spielen außerdem noch zwei Schauspieler mit, die man aus deinen früheren Filmen überhaupt nicht kennt und mit denen du bei der Auswahl eine bestimmte Absicht gehabt haben mußt.

IB: Gunnar Sjöberg sieht Stig Ahlgren ähnlich, und Gunnel Broström hat genau den gewünschten Tonfall. Es war also ein Akt von wollüstiger Bewußtheit. Dann habe ich wohl auch ein wenig in etwas Psychoanalytischem herumgeplanscht. Damals hatten sie gerade angefangen, mich zu entdecken, die Cahiers du Cinéma-Gruppe, so daß ich nicht ganz unangestochen war von seiten der Kritiker.

Wenn Victor und Stig Ahlgren/Gunnar Sjöberg durch die Traumlandschaft gehen, um den Stein zu erreichen, bei dem Gertrud Fridh und Åke Fridell kopulieren, soll man entdecken, daß alles voller Schlangen ist. Überall sollten furchtbar viele Schlangen sein, und zu dem Zweck bauten wir unten im großen Atelier ein Terrarium, und es gelang uns, alle Schlangenenthusiasten Schwedens zu versammeln, die mit ihren Schützlingen ankamen. Wir hatten, glaube ich, zwischen zwei- und dreihundert Kreuzottern. Sie ließen ihre Schlangen aus ihren Käfigen, und flugs waren sie verschwunden. Es stellte sich nämlich heraus, daß das Terrarium Löcher hatte. Viele Wochen lang pflückten die Schlangenenthusiasten ihre Lieblinge hier draußen im Gebiet von Filmstaden zusammen.

Das war eins der Male, wo es sich rächte, daß ich bei den Kritikern Eindruck schinden wollte.

JS: Aber warst du nicht drauf und dran, das gleiche in *Die Stunde des Wolfs* zu machen? Du hattest eine Masse Vögel aufgetrieben, die dann nicht mitkamen . . .

IB: Ja, das war auch ein solcher Augenblick tiefer Verwirrung, aber auch der ging vorüber. Die Sünde straft sich selbst.

JS: Die Handlung in *Wilde Erdbeeren* ist sonst auf fundamentale Weise psychologisch konstruiert. Der Film handelt ganz einfach von diesem Professor Borg und seinen Beziehungen zu sich selbst und zu seinen Nächsten.

IB: Während ich sehr lange damit beschäftigt war, das Drehbuch für den Film zu schreiben, entdeckte ich ein Detail, das ein unschuldsvolles Zusammentreffen bedeutet, nämlich, daß Isak Borg dieselben Initialen hat wie ich. Dahinter steckte kein bewußter Gedanke. Den Namen Isak wählte ich, weil ich fand, daß er eisig war.

JS: Es handelt sich um eine Auseinandersetzung mit der eigenen Person, um dadurch zu einer Einsicht zu gelangen, die Isak Borg Frieden schenken soll. Er reist in die Landschaft seiner Kindheit.

IB: Der Film basiert auf meinem Erlebnis dieser Reise nach Uppsala. Es war so handgreiflich, so konkret. Dann war es nicht schwer, weiterzumachen. Den Traum mit dem Sarg habe ich selbst gehabt, und er ist direkt übersetzt: Es war ein Alptraum, den ich gehabt habe – nicht, daß ich selber im Sarg lag, das habe ich mir ausgedacht, aber daß ein Leichenwagen kommt, der gegen einen Pfahl fährt, so daß der Sarg hinausfällt und der Tote hinausgeschleudert wird, das hatte ich viele Male geträumt.

JS: Die fast schon katholischen Implikationen in dieser Psychologie, wie bewußt sind sie gemacht worden?

IB: Dessen war ich mir nicht bewußt.

JS: Ich meine die Konstruktion, daß er Schuld verspürt und mit Gefühlskälte bestraft wird, die Todesangst und die Beichte, die die Reise tatsächlich ist. Er scheint sich vor dem Tod rechtfertigen und wenigstens eine gute Tat vollbringen zu wollen, um Kapital zu sammeln . . .

IB: Die Tatsache, daß sein Sohn ihm Geld schuldet und zurückzahlen möchte, oder vielmehr, daß der Alte ihm die Schulden erläßt – denkst du jetzt daran?

JS: Im Moment dachte ich mehr an das theologische Problem.

IB: Ich bin nie besonders katholisch angehaucht gewesen. Es gibt eine religiöse Basis – eine Grundanschauung im Film –, das ist klar, aber sie steht nicht im Gegensatz zum allgemein Psychologischen.

SB: Deine katholischen Deuter haben den Film nach diesem Modell interpretiert . . .

IB: Die Katholiken hatten mich lange auf der schwarzen Liste, und dann sagte irgendein gescheiter Pater, daß man statt dessen diesen Knaben in Submission nehmen solle, und seither bin ich von katholischen Deutungen verfolgt worden.

JS: Du bist nie nahe daran gewesen, zu konvertieren?

IB: Ich habe mich nie zum Katholizismus hingezogen gefühlt. Ich finde, es gibt Anziehendes im Katholizismus – während ich meine, daß der Protestantismus ein jämmerlich aufgewärmter Kohl ist.

TM: Wilde Erdbeeren hat in der Handlung fast eine klassische Struktur –

der Läuterungsprozeß und die Katharsis-Konzeption ist fast aristotelisch. Das liegt vielleicht daran, daß du dich so viel mit Theater beschäftigt hast?

IB: Man findet einen Faden, an dem man zieht; er ist ganz einfach und hält den ganzen Weg. Man muß nur versuchen, ihm vorsichtig zu folgen.

SB: Er hat eine sehr konkrete, fast schon klassische filmische Einfachheit im Aufbau – mit dieser Reise, die eine Fahrt in alle Richtungen zuläßt. Ich muß an Filme denken wie Rossellinis *Viaggio in Italia* und Godards *Pierrot le Fou,* die ungefähr die gleiche Struktur haben. Sie sind sehr verschieden, aber in ihnen wird die Reise auf sehr bewußte Art eingesetzt.

IB: Viele meiner Filme beschäftigen sich mit Reisen und Umzügen.

JS: Ein französischer Filmtheoretiker, Henri Agel, sagt, daß die wahren Cineasten unter anderem dadurch gekennzeichnet seien, daß sie die Form der Chronik wählen – das hast du wahrhaftig getan.

SB: Es gibt eine Figur im Film, an die man sich, im Gegensatz zu den übrigen, die ungeheuer konkret auftreten, und, weil die Situation um Isak Borg und seine Erinnerungen überhaupt sehr konkret ist, nur langsam erinnert, und das ist die ihn auf der Reise begleitende Marianne.

IB: Die Ingrid Thulin spielt, ja. Eine Person, die neben ihm ist – die »Vertraute« . . .

JS: Hier tritt Ingrid Thulin zum ersten Mal in deinen Filmen auf.

IB: Diese Rolle ist für sie geschrieben. – Was im Film mausetot ist – soweit ich mich jetzt erinnern kann –, das sind die drei Jugendlichen, nicht Bibi in der Erinnerungsszene, dieses Mädchen ist ziemlich fein, sondern die drei, die moderne Jugendliche vorstellen sollen. Sie waren damals schon Jahrhundertwende.

Der Film, eine Reise in Zeit und Raum. Ingrid Thulin und Victor Sjöström in *Wilde Erdbeeren.*

TM: Für mich ist dies vor allem ein Film, in dem du eine Bestandsaufnahme machst und zurückschaust. Und was geschieht, wenn man zurückgeht, zu den Quellen, von denen man die ganze Zeit inspiriert wird oder zumindest glaubt, mehr oder weniger inspiriert und beeinflußt zu werden – was geschieht, wenn man zurückkommt zur Kindheit und ihren Ereignissen? Ja, man findet eine versteinerte Welt vor, die man nur ausschnittweise verwenden kann.

Im Sommer 1968 besuchte ich meinen Vater und erlebte, daß da plötzlich etwas nicht mehr funktionierte. Etwas war erstarrt. Nun frage ich – kann ein Künstler auch aus einer solchen Erstarrung noch Nahrung beziehen? Eigentlich beantwortet *Wilde Erdbeeren* diese Frage von selbst. Der Film ist so ungeheuer vital und gefühlvoll und tief.

IB: Aus diesem Problem ergeben sich für mich zwei voneinander gänzlich getrennte Fragen. Als ich zu meinen Eltern nach Hause kam – nun ist meine Mutter tot –, als ich nach Stockholm in mein Elternhaus auf Storgatan kam, wo ich aufgewachsen war und sich nichts verändert hatte, wo alles an der gleichen Stelle stand, da erlebte ich es genau so wie du, daß es eine erstarrte Welt war, etwas, zu dem ich keinen Kontakt mehr hatte.

TM: Es kam zu keiner Inspiration?

IB: Da war nur etwas Verdunkelndes und etwas unendlich Wehmütiges, aber nichts Stimulierendes und Anstachelndes. Aber eine Welt hingegen, die schon versunken ist und sich nur noch in der Erinnerung befindet, ist ständig lebendig. Sie ist zwar geschlossen und auf geheimnisvolle Weise abgewendet, aber sie bedeutet ein Stimulans.

TM: Aber dann wertest du sie um?

IB: Ja, das ist klar. In dem Augenblick, in dem ich die Bilder aus der Kindheit aufgreife und sie in den »Projektor« setze und sie in mir abspiele, dann habe ich eine ganz neue Art, sie zu sehen.

SB: Und wenn du diese Distanz hast, hast du die Bilder auch unter Kontrolle – es tut nicht in gleicher Weise weh?

IB: Nicht in gleicher Weise, aber es tut weh.

TM: Ich denke besonders an Borgs zwei Enttäuschungen: die Untreue der Frau – sie kommt an zweiter Stelle –, zuerst kommt die Geschichte mit Sara. Beide Ereignisse hat er überspielt, das bereut er nun die ganze Zeit.

IB: Es gibt zwei Erlebnisse bestimmter Art, die so festgefahren sind, daß sie unbeweglich und unhandlich sind.

JS: Aber es ist offenbar, daß die Gefühlskälte Evalds (der von Gunnar Björnstrand gespielt wird) und dessen Unvermögen, ein richtiges emotionales Klima in seiner Ehe zu schaffen, in den Erlebnissen seines Elternhauses wurzeln. Bei beiden Gestalten finden wir ein Suchen nach kompensierender Liebe – vom Vater, der unfähig war, Liebe zu zeigen und eine emotionale Grundstimmung im Elternhaus zu schaffen, bis hin zum Sohn und dessen gefühlsmäßigen Hemmungen?

IB: Ja, genau.

JS: Dies ist nach meiner Meinung in vieler Hinsicht eine Kritik der traditionellen Familienstruktur mit einem patriarchalischen Vater im Zentrum.

IB: Ja, das ist klar. Aber ich glaube, daß dies mit Evald und dem Vater eine solch ungeheuer persönliche Sache ist, daß ich sie kaum auseinanderlegen kann. Das Verhältnis zwischen Isak Borg und seiner alten Mutter kann ich auch nicht erklären.

TM: Ist es nicht so, daß wir gerade statische und kalte Beziehungen zwischen den Menschen, wie wir sie in diesem Film finden, generationsmäßig betrachten, fast wie eine serienmäßige Erscheinung. Es wirkt ansteckend auf das Verhältnis zwischen Evald und Marianne. Diese Beziehung sieht ebenso aus, weil er seine Kälte vom Vater mitbringt und der Vater seinerseits die von seiner Mutter.

IB: Marianne ist anders, deshalb wird das Verhältnis verändert, und der Kreis wird gebrochen. Man hat eine Untersuchung über die Bestrafung von Kindern gemacht – diejenigen, die hart bestraft worden sind, tun es später selber. Das ist unheimlich.

JS: Warum läßt du Isak Borgs alte Mutter auftreten – ich kann mich nicht entsinnen, ob im Film gesagt wird, wie alt sie ist, aber sie müßte über neunzig sein.

IB: Ja, wir haben gedacht, daß sie irgendwo zwischen neunzig und hundert – praktisch mythisch – sein sollte. Sie sagt: »Ich friere so furchtbar, woran das auch liegen mag, besonders hier im Magen.« Ich hatte die Vorstellung, daß bestimmte Kinder aus kalten Schößen geboren werden. Ich finde, es ist ein furchtbarer Gedanke, daß kleine Neugeborene daliegen und vor Kälte zittern. Diese Worte waren es, die dazu führten, daß die Mutter entstand. Sie hätte normalerweise schon lange tot sein müssen.

Als sie mit allem Spielzeug dasteht und Marianne sie erblickt, erkennt sie den Zusammenhang, die Kette von Kälte, Aggression und Überdruß.

TM: Glaubst du, daß Marianne Evald retten kann?

IB: Ich glaube, es ist möglich.

TM: Das glaube ich nicht . . .

JS: Das Paradoxe ist hier, daß Marianne einen eher das Leben bejahenden Menschen, einen wärmeren Menschen, einen moderneren Menschen darstellt und daß du für die Rolle eine Schauspielerin gewählt hast, die nicht gerade diese Eigenschaften vertritt und die du später dazu eingesetzt hast, eine gewisse intellektuelle Kühle zum Ausdruck zu bringen.

Victor Sjöström, Naima Wifstrand und Ingrid Thulin in *Wilde Erdbeeren*.

IB: Ingrid Thulin ist ein großartiges Instrument. Wichtig war ein Mensch, der Festigkeit und Stärke besaß und der dies zum Ausdruck brachte – Ingrid hat etwas Substantielles in ihrer Ausstrahlung, das war es wohl, was ich haben wollte. Es durfte nicht irgendjemand sein, der als Gegenspieler zu einer so überwältigenden Persönlichkeit wie Victor auftreten sollte.

JS: Wollen wir uns jetzt *Das Teufelsauge* vornehmen?

IB: Mit *Das Teufelsauge* war es so: Als ich zu Carl Anders Dymling mit »Herr Töres döttrar i Vänge« kam, sagte er zunächst nein, aber als ich sagte: »Ja, aber wenn ich später eine Komödie mache, darf ich den Film dann auch machen?«, da sagte er ja.

Es gab ein miserables altes Theaterstück in SF's Lager, das, glaube ich, »Don Juans återkomst« hieß, oder so ähnlich – von einem dänischen Verfasser, und ich fand es ganz lustig, eine Komödie von »Don Juans återkomst« zu machen. Ich saß im Spätwinter oben in Dalarna und schrieb, bevor wir mit *Die Jungfrauenquelle* begannen. Weil ich mich so lange mit Theater beschäftigt habe und früher einmal Theaterstücke schrieb, habe ich manchmal Sehnsucht danach, Theaterstücke schreiben zu dürfen, richtige Theaterstücke. Mit Theaterstück meine ich in diesem Fall etwas, was durchs Wort weitergeführt wird, wo das Wort die Priorität hat. Es ist natürlich sehr schwer, die Grenzen des Theaters abzustecken, und ich fiel prompt in diese Grube hinein. Ich schrieb ein Theaterstück, dem ich eine notdürftige kinematographische Form gab. Als Drehbuch war es sehr unvollkommen, denn eigentlich war es ein Theaterstück, leider nicht mal ein besonders gutes.

Zuerst schrieb ich mein Manuskript, dann schrieben Ulla Isaksson und ich gemeinsam *Die Jungfrauenquelle*, dann warf ich das erste Manuskript weg und schrieb es um, aber mit Teilen des alten, was zur Folge hatte, daß es ein Flickwerk wurde. Aber ich merkte es damals nicht. Ich fand es ausgezeichnet. Alles war also gut, und Jarl Kulle sollte dabei sein. Dann sagte Jalle in einem sehr frühen Stadium – praktisch bevor wir die Dreharbeit begonnen hatten: »Weißt du, diese Rolle schaffe ich nicht, denn dies soll kein junger vitaler Don Juan, sondern ein alter ausgebrannter sein, der total verbraucht und eine tragische Figur ist. Ich bin nicht der Typ dazu, ich kann es nicht spielen.« Er hatte recht, und ich hatte unrecht.

Im Mai oder Juni drehte ich *Die Jungfrauenquelle*, danach hatte ich einen Monat frei und begann dann mit *Das Teufelsauge,* was auch nicht gut war.

Es dauert einige Zeit, bevor man sich von einer Dreharbeit erholt hat, es dauert ziemlich lange. Deshalb wurde der Film von Müdigkeit geprägt, wurde formal schlapp, finde ich. Es ist nicht so, daß ich mich schäme, ihn gemacht zu haben, es ist nur so, daß er eine Reihe von Irrtümern und Mißverständnissen darstellte. Ansonsten finde ich schon, daß er einzelne positive Züge hat. Aber er gehört zu den Filmen, für die ich wirklich keine besonderen Gefühle habe.

Ich erinnere mich, daß ich während der Dreharbeit unglaublich müde war. Durch *Das Gesicht* hatte Amerika meine Filme entdeckt. Es waren so viele Amerikaner hier, mit denen ich dauernd Lunch essen sollte, und »Life« war hier und machte eine Reportage und »Newsweek« und »Time«, man ließ mich ganz einfach nicht in Ruhe.

Ohnehin war ich aus meinem Arbeitsrhythmus herausgerissen. Ich hatte gerade ein Engagement bei Dramaten angenommen und eine sehr mißlungene Inszenierung von Tschechows »Die Möwe« herausgebracht, eine müde und schlappe Inszenierung. Ich fühlte mich entsetzlich unwohl am Theater und fand, daß nichts stimmte.

TM: Aber danach mußt du sehr ausgeruht gewesen sein, als du die Trilogie drehtest, diese drei phantastischen Filme, die alle dicht und gut sind.

IB: Man sieht plötzlich ein, daß etwas geschieht, was nicht gut ist. Es war nie so, daß ich die drei Filme als eine Folge konzipiert habe, sie kamen mehr zufällig nacheinander. Die Periode des Niedergangs fing mit *Die Jungfrauenquelle* an, den ich ja damals für einen guten Film hielt. Ich fand ihn verdammt gut. Er gehörte für mich zu meinen besten Filmen, ich fand ihn großartig. Viel später entdeckte ich erst, daß er eine äußere Gestaltung hatte, aber keine innere. Er war ohne Kern.

TM: Er ist undeutlich.

IB: Ja, ich befand mich wohl in einem Zustand der Verwirrung. Ein wesentlicher Grund war, daß ich auch beim Malmöer Stadttheater aufgehört hatte – ich hatte nicht mehr den sicheren Halt im Theater, sondern sollte versetzt werden, ich war im Aufbruch. Ich wußte nicht richtig, ob ich Fisch oder Fleisch war oder wo ich zu Hause war. Und das hatte wohl seine ansteckenden Folgen.

TM: Statt einfach zu sagen, daß etwas mit *Das Teufelsauge* nicht stimmt, sollte man untersuchen, was daran nicht stimmt, und nicht einfach deiner mangelnden Inspiration die Schuld geben.

IB: Das Schlimme ist, daß man fast immer erst hinterher weiß, ob man etwas Schlechtes gemacht hat, oder etwas, wofür man keine Gefühle hat. Es ist nur *einmal* passiert, daß ich von Anfang an gespürt habe, daß ich Scheiße baue, und das war bei *Menschenjagd.* Aber ansonsten habe ich immer mit der Überzeugung begonnen, daß ich den besten Film der Welt machen würde. Das tue ich immer noch.

TM: Immer dann bekommen die Bergman-Nörgler Wasser auf ihre Mühle, und sie nehmen natürlich jede Gelegenheit wahr.

IB: Und sie hacken ja auch ordentlich zu.

TM: Dieser Film war der zweite von dir, den »Chaplin« behandelte. Victor Svanberg schrieb über *Die Jungfrauenquelle,* und *Das Teufelsauge* wurde im Zusammenhang mit der Anti-Bergman-Nummer rezensiert.

IB: Von Ernest Riffe – einem Franzosen. Den Namen fand ich 1949, als ich mit einem Mädchen nach Frankreich fuhr. Sie wollte unbedingt zu einem Friseur à la mode gehen, der Ernest Riffe hieß. Sie hatte sehr schönes Haar, etwas rötlich, dick und lang. Er war wohl ein Päderast, denn er warf sich über dieses phantastische Frauenhaar und raspelte es vollkommen ab. Da beschloß ich, mich blutig zu rächen und taufte meinen kritischen Widersacher Ernest Riffe.

JS: Lustgården und *Ach, diese Frauen!* sind vom selben Autor geschrieben, Buntel Eriksson, der – das wissen wir nun – identisch ist mit dir und Erland Josephson. Kannst du etwas von der Geburt dieses Mannes erzählen, und wie er seine beiden Filme schrieb?

170

IB: Erland sagte oft, es falle ihm so schwer, sich Geschichten auszudenken, aber es mache ihm Spaß, Dialoge zu schreiben, und ich finde es einfach, mir Geschichten auszudenken, aber langweilig, Dialoge zu schreiben; so fingen wir an, mehr aus Spaß.

Als Carl Anders Dymling ernsthaft krank wurde, hatte SF kein einziges für die Dreharbeit fertiges Buch, aber sie hatten Sickan Carlsson und Gunnar Björnstrand engagiert, man mußte also anfangen. Da ich die Verhältnisse kannte und die Organisation vor ihrem totalen Zusammenbruch stand, bildeten wir eine kommissarische Regierung mit Wirschaftsdirektor Birger Juberg und Harald Molander, Allan Ekelund und Hasse Ekman. In Filmstaden stand alles still – hundertfünfunddreißig Personen waren angestellt, und alle liefen nur herum, und nichts geschah. Der Film wurde gedreht, als ich mit *Licht im Winter* beschäftigt war, soweit ich mich entsinne.

TM: Warum wähltet ihr ein Pseudonym statt eurer beider Namen?

IB: Es war nur aus Spaß. Wir bildeten uns ein, daß wir das Pseudonym würden behalten können. Wir hatten vielfältig Pläne für eine weitgehende Zusammenarbeit, die den ganzen Bereich umfassen sollte, von Hörspielen bis hin zu Filmen und gewöhnlichen Theaterstücken, alles mögliche.

SB: Buntel Eriksson schrieb auch zwei Pastiches.

IB: Nun finde ich, daß *Lustgården* unwahrscheinlich schlecht weggekommen ist, denn der Film war vollkommen harmlos, und man hat ihn ungeheuer beschimpft. Ich finde, daß er etwas langweilig ist, aber ziemlich süß. Sickan ist ungewöhnlich gut und Gunnar ist recht lustig, auch Bibi ist süß. Es war unser erster Farbfilm – damals starteten wir auch unsere Farbfilmschule.

SB: Lustgården wurde zum Beispiel eine der Waffen in Bo Widerbergs Buch, über die aktuelle schwedische Filmsituation »Visioner i svensk film«. Es war ein brutaler Angriff auch auf Sickan Carlsson und auf Gunnar, die wirklich gut waren; pfui Teufel, kann ich nur sagen.

TM: Sie hat später in keinem Film mehr mitgespielt.

IB: Nein.

SB: Was hielten du und Erland von Sickan? Sie ist ja die Schauspielerin, die wirklich eine sehr spezielle Komödienform geprägt hat?

IB: Sickan hat eine robuste, selbstverständliche, gar nicht tiefe, aber gute Ausstrahlung. Ich finde, sie hatte einen feinen erotischen Charme, den es galt, auszunutzen.

SB: Sie war der ewige Teenager – ich weiß nicht, wie lange sie Schulmädchen gespielt hat.

IB: Aber hier machten wir sie zu einem erwachsenen Frauenzimmer, und sogar mit einer Tochter von zwanzig Jahren.

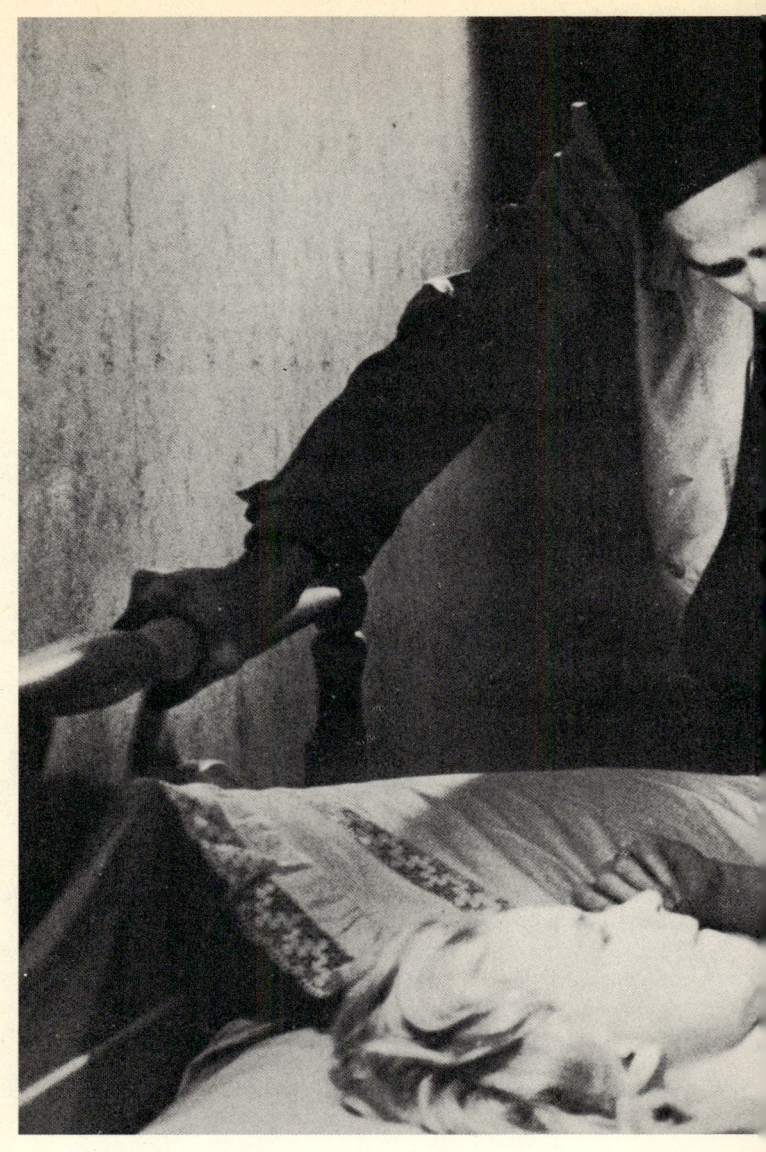

Wir hatten uns wirklich bemüht, einen guten Farbfilm zu machen; wir haben Häuser neu gestrichen und weiß der Himmel was noch und unendlich viel geprobt. Der Film wurde von den Kritikern draußen in Filmtechnik vorgeführt, dem einzigen Ort, an dem es einen anständigen Farbfilmprojektor gab. Es war ein bewölkter, unangenehm kalter Nachmittag kurz vor Weihnachten. Ich sah die Versammlung, als sie herauskam und nach der Vorführung hier oben auf der Anhöhe stand und auf die Autos wartete. Ja, ich vergesse nie diesen Anblick. Ein Haufen schwarzer, verfrorener Krähen, der dastand und sauer vor sich hinglotzte.

SB: Während dieser Zeit warst du auch Produktionsleiter?

IB: Einen anderen gab es nicht. Ich mußte ganz einfach einspringen.

SB: Alf Kjellin arbeitete hier, und Hans Abramson machte seinen ersten Film, auch Vilgot Sjöman und Gunnar Hellström. In welchem Ausmaß hast du als Produktionsleiter ihre Tätigkeit verfolgt? Ich weiß nicht, ob du direkt mitgewirkt hast, aber auf jeden Fall hast du zu bestimmten Manuskripten beigetragen – für *Älskarinnan* trägst du wohl die Verantwortung?

IB: Ja, natürlich, ich setzte es durch, daß *Älskarinnan* gemacht wurde. Niemand wußte, was Vilgot leisten konnte. Er hatte bislang keinen Meter Film gedreht. Aber Vilgot schrieb mir und sagte: »Wenn ihr ihn hier nicht macht, mache ich ihn selbst«; daraufhin meinte ich, daß SF den Film drehen sollte und setzte es tatsächlich durch. Ich versprach, selbst als Regisseur einzuspringen, falls Vilgot es nicht schaffen sollte.

Vilgot machte sich mit großem Ernst an die Arbeit und drehte, finde ich, einen wunderbaren Film. Ich war damals Produktionsleiter und für ihn verantwortlich, so daß ein großes Theater entstand, als die Eisenbahngesellschaft sich weigerte, einen Schlafwagen auszuleihen.

SB: Aber warst du auch Produktionsleiter bei *Lustgården* und anderen Filmen?

IB: Das kann man wohl sagen. Ich war letztlich für die Produktion, die mit *Briggen Tre Liljor* begann, verantwortlich.

SB: Also auch dafür, welche Regisseure engagiert wurden?

IB: Ja.

SB: Wollen wir uns jetzt *Alla dessa kvinnor* vornehmen?

IB: Dafür seid ihr ja Spezialisten.

TM: Ja, wir sind sehr von dem Film angetan.

SB: Er ist stroheimisch, aber irgendwie etwas weicher.

IB: Er ist einfach ungenießbar. Ich meine, daß wir über diesen Film gesprochen haben.

172/173: IB gibt Jarl Kulle und Bibi Andersson Anweisungen in *Das Teufelsauge*.

SB: Wir haben darüber gesprochen. Du sagtest, daß darüber nicht viel zu sagen sei, und wir sagten, daß wir auf ihn zurückkommen wollten. Ich würde gerne auf ihn zurückkommen und fragen, was du von Farcenschauspielern hältst?

IB: Wenn die Posse gut ist, ist sie das beste, was es gibt – aber sie gut zu machen, ist fast das schwierigste.

Es ist eine strategische Fähigkeit, eine intellektuelle strategische Fähigkeit, gewisse Dinge in einer Ecke beginnen und in einer anderen explodieren zu lassen, oft synkopiert: Wenn man glaubt, daß es knallen wird, knallt es nicht, aber später knallt es.

JS: Lektion in Liebe geht mehr in Richtung Burleske?

IB: Ja, genau.

SB: Nun ist man ja großgezogen mit Possenreißern des Stummfilms, und auch Tati und Jerry Lewis arbeiten in der gleichen Tradition. *Ach, diese Frauen!* sucht auch die »Quellen« auf und ist stilechter als Possenfilm als deine früheren Komödien.

IB: Ja, das kann man sagen. Was wir früher genannt haben, ist wohl mehr ein Mittelding zwischen Komödie und Farce. Die Farce – falls man eine Definition geben würde – ist für mich eine komische realistische Situation, die ad absurdum geführt wird; sie wirkt durch ihre knallharte Logik.

SB: Ich finde auch, daß *Ach, diese Frauen!* ein sehr logischer Film ist.

IB: Ja, er ist vollkommen konsequent von Anfang bis Ende.

SB: Ich glaube, daß *Ach, diese Frauen!* von sehr vielen mißverstanden wurde. Der Film enthält viele der klassischen Farcenelemente; vor allem die Logik, die dann plötzlich nicht mehr stimmt. Die Farce wird gegen sich selbst gerichtet. Es wird nicht so lustig, wie man zunächst geglaubt hat. Meiner Meinung nach gibt es zwei sehr gute Szenen, die nahe daran sind, lustig zu werden, aber es ist gewiß nicht beabsichtigt, daß sie es werden sollen. Es gibt immer ein *aber*. Das Publikum wird um den erwarteten Effekt betrogen. Nehmen wir zum Beispiel Kulles Auftritt, als er *nicht* in den Swimming-pool steigt, und dann sein Manipulieren mit der Statue, die nicht zu Boden fällt. Du bringst diese Szenen in statischen Bildern und strapazierst die ganze Zeit die Geduld des Zuschauers. Der Zuschauer wird getäuscht, und seine ganz legitimen Erwartungen werden nicht befriedigt. Es wird nie so, wie man es erwartet hat, weder für Jarl Kulle noch für uns, und deshalb reagieren wir sauer auf den Film.

IB: Ferner gibt es niemanden, mit dem man sich identifizieren kann. Das ganze Ensemble wird von außen beobachtet, ganz objektiv. In allem benutzten wir diese vollkommen mathematische Form.

SB: Sie ist ungeheuer kühl, was gar nicht negativ gemeint sein soll.

SB: Nur wenige konnten diesen Film schlucken. Die ganze Problematik war natürlich viel zu exklusiv. Die Geschichte mit dem Künstler und seinen Kritikern ist ganz uninteressant. Es ist wirklich total uninteressant für ein größeres Publikum, ob der große Künstler um seine Unsterblichkeit besorgt ist.

TM: Du sprichst von der Identifikation in Possen dieser Art, da muß ich an Chaplin denken. Muß man sich eigentlich mit einer lustigen Situation identifizieren können?

In *Der Immigrant* – apropos, daß etwas nicht zustande kommt – hängt Chaplin über der Reling des Schiffes, und man glaubt, daß er spuckt, aber er steht da und fischt. Ein anderer Effekt als erwartet tritt ein, und das Lachen kommt.

In *Goldrausch,* als er auf dem Felsen steht, kommt ein Bär hinter ihm her, und man glaubt, daß der Bär ihn angreifen wird, aber der Bär haut irgendwo anders hin ab, und Chaplin geht weiter. Empfinden die Leute Chaplin wirklich als einen Menschen? Ich tue es nicht.

IB: Nein, aber sie identifizieren sich mit ihm. Das ist das große Mysterium. Sie identifizieren sich mit Dick und Doof, und sie identifizieren sich mit Harold Lloyd, und sie identifizieren sich in gewisser Hinsicht mit Buster Keaton.

SB: Aber doch wenig.

IB: Gut; dennoch ist Buster Keaton der Farcenmacher in Reinkultur.

SB: Und er ist der ideale Filmregisseur.

IB: Und wie artistisch er seine Aufstellungen und seine Kameraeinstellungen meistert!

TM: Der ausgesägte Giebel in dem Haus, das genau so fällt, daß er nicht verletzt wird, in *Steamboat Bill, Jr.!*

SB: Ich finde, daß Keaton ein geschickterer Filmkünstler ist als Chaplin. Chaplin ist wärmer und vielleicht zugänglicher für ein größeres Publikum, aber auch mit einem Ballast an Sentimentalität.

IB: Ja, Chaplin ist das Genie – Keaton hat einen schmaleren Bereich und eine dämonischere Komik, etwas Ungeheuerliches.

The Navigator gehört zu meinen Lieblingsfilmen.

SB: Oder *Sherlock Junior* – hast du ihn gesehen? – wo er in die Leinwand hineingeht . . .?

IB: Und den herrlichen Film *Der General* mit dem Zug!

SB: Ach, diese Frauen! hat mehr von einem Keatonfilm als irgendeine deiner Komödien.

TM: Hatten die Leute nicht wenigstens Spaß an den erotischen Witzen in *Ach, diese Frauen!*

IB: Nein.

TM: Warum nicht?

IB: Die Leute entschlossen sich, den Film zu verabscheuen, und das machten sie gründlich. Für mich war es vielleicht lustig, zwei Fiaskos innerhalb einer Woche zu erleben.

SB: Welches war das zweite?

IB: Das zweite war »Tre knivar från Wei«, Harry Martinsons Stück, das am 6. Juni 1964 in Dramaten Premiere hatte und an dem ich den ganzen Winter über gearbeitet hatte. Dann kam drei Tage später *Ach, diese Frauen!* Niemand hatte während der Arbeit das Gefühl, daß es das größte Fiasko aller Zeiten werden würde.

SB: In einer Szene nimmst du die Farbe stark zurück – warum?

IB: Wir hatten uns in den Kopf gesetzt, einen perfekten Farbfilm zu machen, und das gelang uns, aber das war auch alles. Der Film ist mißglückt, das muß ich leider zugeben.

Jarl Kulle, Barbro Hiort af Ornäs und Allan Edwall in *Ach, diese Frauen!*

JS: Ich möchte, daß wir die Probleme der Technik und der Methode, oder auch der filmischen Moral, wenn man so will, diskutieren, ausgehend von den aktuellen Parolen, die durch »cinegiornali liberi«, »cinetracts«, »news-reels« usw. verbreitet werden. Und die hier in Schweden beispielsweise vom Filmcentrum vertreten werden.

Ihre Polemik gegen den kommerziellen Film fußt unter anderem auf der These, daß es ökonomische Schwierigkeiten gibt, die Intentionen eines Films auch auf der Ebene der Technik zu verwirklichen. Das wissen auch wir Kritiker, die wir uns ja selber mit dem Filmemachen beschäftigt haben. Hätten wir das Geld und die Möglichkeit, eine bessere Kamera oder ein anderes Licht zu benutzen und hätten wir überhaupt andere technische Bedingungen, so könnten wir ein eleganteres, vielleicht sogar ein effektiveres Ergebnis erreichen. Und dagegen wendet man sich. Man muß versuchen, sagt man, in dem, was in einem bestimmten Film gesagt wird, einen Wert zu finden, auch wenn es ungehobelt wirkt. Die Eckigkeit ist vielleicht nicht auf Mängel in der Ausdrucksweise zurückzuführen, sondern auf rein technische Mängel – die ökonomische Ursachen haben.

IB: Man muß es unbedingt auch auf jene andere Weise sehen: Wenn man das Material *beherrscht* und die verschiedenen Elemente, die zur Herstellung eines Films gehören, *beherrscht,* dann kann man das, was man machen will, mit kolossal einfachen Mitteln erreichen. Ich würde sagen, daß oft die Unwissenden und Unerfahrenen den größten Apparat benutzen. Die durch ihr Unwissen die Arbeit komplizieren. Nehmen wir als Beispiel einen Kameramann wie Sven Nykvist, der technisch gesehen ungeheuer geschickt ist, einer der geschicktesten der Welt. Ein Zeichen seines Könnens ist, daß er mit drei Lampen und etwas Folie arbeiten kann. Worauf es ankommt ist doch gerade, daß man eine Masse unnützer technischer Komplikationen eliminiert und damit die Maschinerie auf das Notwendigste reduziert.

JS: Ja, wer die Technik beherrscht, kann Folie benutzen und damit seine Effekte erreichen. Aber wenn du einen guten Ton haben möchtest, dir aber eine Nagra nicht leisten kannst, sondern einen Tandberg mit zwei Spuren benutzen mußt, dann bekommst du einen schlechteren Ton.

IB: Das hängt ganz davon ab, ob ich gelernt habe, wo ich das Mikrophon hinstellen soll.

JS: Ich glaube nicht, daß es so einfach ist.

IB: Doch, es ist so einfach. – Ich glaube, daß wir auf Grund eines Mißver-

IB mit Sven Nykvist bei der Dreharbeit zu *Die Stunde des Wolfs.*

ständnisses einen Ausdruck für zwei Erscheinungen benutzen, die eigentlich zwei verschiedene Kapitel darstellen. Wir sind uns doch darin einig, daß derjenige, der Filme macht, ein Ziel vor Augen haben muß, nämlich zu versuchen, dem Zuschauer so nahe wie möglich zu kommen, den Zuschauer also so wirksam wie möglich zu treffen. Darin sind wir doch wohl einig? Was ich Technik nenne, das ist exakt zu wissen, *wie* ich den Zuschauer treffen kann. Deshalb ist es falsch zu sagen, daß Arne Mattsson und Torbjörn Axelman geschickte Techniker seien. Sie sind technisch ungeschickt, denn sie treffen niemanden.

JS: In diesem Punkt bin ich mit dir einer Meinung. Du machst nur einen semantischen Fehler, wenn du zur Filmtechnik auch die Suggestionsästhetik und die psychologischen Mechanismen hinzurechnest.

IB: Das eine ist die Hauptsache, das andere die Nebensache. Das eine ist etwas, was du lernen kannst, das andere ist eine Frage der Begabung. Das mit der Technik ist wie verhext. Man muß bestimmten Worten den Zauber nehmen.

JS: Ich finde, daß du nun das Problem umgedreht hast. Die Leute um das Filmcentrum stehen in starker Opposition zu dem Filmtyp, den Mattsson und die andern sogenannten Professionellen herstellen, und du stehst den Leuten um das Filmcentrum natürlich viel näher als Mattsson, so daß wohl der Technikbegriff eigentlich nur eine Interpretationsfrage ist.

IB: Was ich ebenfalls unter dem Begriff Technik verstehen würde, ist das, was du Suggestionsästhetik nanntest.

179

SB: Der Professionalismus ist ja keine wunderbringende, magische Haut, die man über jedes beliebige Thema oder über jede beliebige Filmhandlung ziehen und sie damit vergolden kann. Es handelt sich ja nicht um eine technische Bravour, die man für alle Filme in der gleichen Weise benutzen kann. Der Regisseur geht davon aus, was er sagen möchte, und dann benutzt er den technischen Apparat, der für das Thema am besten paßt. Aber man muß ja zuallererst etwas zu sagen haben.

IB: Ich brauchte verdammt viele Filme, bevor es mir gelang, den technischen Apparat zu erobern und zu bezwingen. Es ist mir, ich habe das schon gesagt, sehr schwergefallen – und dies ist keine Pose meinerseits.

SB: In der Einleitung zu *Wie in einem Spiegel* stellst du die vier Hauptpersonen vor, das Geschwisterpaar, den Vater und den Gatten. Der Dialog am Anfang des Filmes ist sehr komprimiert. Ihre Beziehungen, ihre Berufe, alles wird in den ersten zehn Minuten erklärt, um dies erledigt zu haben, kann man sagen, und danach können die Personen frei agieren.

Auch durch das Bild gibst du ihnen verschiedene Möglichkeiten, zu erzählen, wer sie sind. Du setzt Max von Sydow und Gunnar Björnstrand in ein

In der Einleitung zu *Wie in einem Spiegel.* Gunnar Björnstrand und Max von Sydow unterhalten sich in einem Ruderboot.

Boot und zeigst zuerst eine Totale vom Boot, und dann schneidest du im Wechsel zwischen sehr hellen Bildern – du hast eine von unten auf ihre Gesichter und den Himmel gerichtete Kamera. Dann zeigst du Harriet Andersson und Lars Passgård in einer langen Kamerafahrt, als sie gerade Milch holen wollen, und die Stimmung im Bild ist ganz anders. Karin und ihr Bruder sind auf eine ganz andere Weise als der Vater und Karins Mann in die Landschaft integriert. Auf eine sehr bewußte Weise trennst du die Personen voneinander und zeigst ihre Zugehörigkeit oder ihren Mangel an Zugehörigkeit zu dem Milieu, in dem sie leben.

IB: Ja, aber ich mache es nicht bewußt.

SB: Wie hast du es tatsächlich gemacht? Was steht im Drehbuch? Nimm die Bootsszene zum Beispiel – sie hat eine sehr geschlossene Form, da sie mit der gleichen Totalen beginnt und endet, und dazwischen hat sie dann jene im Wechsel geschnittenen Bilder von Max von Sydow und Gunnar Björnstrand.

IB: Ich erinnere mich nicht sehr gut an *Wie in einem Spiegel*. Ich schrecke etwas davor zurück. Aber es ist doch so, daß in der Bootsszene wichtige Informationen über die Beziehungen mitgeteilt werden. Wir erfahren von Karins Krankheit, von der Flucht des Vaters und daß der Mann sie wirklich liebt. In der anderen Szene wird nur ein Kontakt zwischen den Geschwistern veranschaulicht.

SB: In den Bildern im Boot werden die Personen voneinander isoliert.

IB: Ja, genau, und in der anderen werden die Personen zusammengeführt. Aber das ist wohl etwas, was man fast instinktiv tut.

SB: Als du nun zum Beispiel die Bootsszene drehtest, nahmst du die ganze Szene aus wechselnden Perspektiven auf, so daß du später am Schneidetisch die Wahl zwischen verschiedenen Lösungen hattest? Oder hattest du schon während der Dreharbeiten die Gestaltung der Szene beschlossen und die Zahl der Kameraeinstellungen im Verhältnis dazu festgelegt?

IB: Nein, ich habe es immer als einen Sport angesehen, in der Kamera zu schneiden. Es ist eine besonders starke Genugtuung, so wenig wie möglich Material zu verbrauchen und exakt zu wissen, wo ein Szenenwechsel stattfinden soll. Dadurch gibt man dem Film schon bei der Aufnahme einen Rhythmus. Die Schauspieler bekommen ein Gefühl für die beabsichtigten Rhythmen und arbeiten mit einer immer größeren Einsicht, je weiter der Film voranschreitet.

In *Der Ritus* habe ich dies auf die Spitze getrieben, da wir nur neun Tage für die Dreharbeit hatten und ich den Materialverbrauch auf maximal 15 000 Meter angesetzt hatte. Wir verbrauchten ca. 13 500 Meter, da mußte ich genau wissen, was wir draufhaben wollten.

In einem Film wie *Schande* kann man natürlich nicht so verfahren. Da spielen zu viele irrationale Faktoren mit hinein. Bei Außenaufnahmen muß man normalerweise viel verschwenderischer mit dem Filmmaterial umgehen.

JS: Wie in einem Spiegel soll anfangs »Die Tapete« geheißen und auch Wurzeln weit zurück in *Gefängnis* haben?

IB: Ja, genau.

JS: Kannst du etwas von der Entstehung und der Idee des Films erzählen?

IB: In *Gefängnis* gab es ursprünglich eine Szene mit einem verrückten Maler. Birgitta Karolina verbringt eine Nacht mit dem Dichter. Am Morgen wacht sie auf, sieht ihn schlafen und will sich aus dem Staube machen: es ist in der Morgendämmerung an einem Frühlingstag. Sie geht hinaus in den Flur und wird da von dem Maler geschnappt, den Ulf Palme spielt. Er sagt zu ihr: »Komm rein, dann wirst du etwas sehen.« Es ist genau vor Sonnenaufgang, und sie stehen da und warten, bis schließlich die Sonne aufgeht.

In dem Moment, als die Sonne aufgeht, hört Birgitta Karolina, wie es um sie herum zu flüstern beginnt, und plötzlich sieht sie, wie sich das eigentümliche Tapetenmuster in eine Masse Gesichter verwandelt, in bewegliche, eigentümliche, erregte, wütende, lachende Gesichter, aber ganz diffus und nur wie eine Bewegung. Dann verschwindet plötzlich der Sonnenstrahl, die Gesichter verschwinden, und es wird still.

Diese Episode probierten wir in *Gefängnis*. Wir mühten uns auf verschiedenste Weise mit ihr ab, kriegten sie aber technisch nicht hin. Zum Schluß erklärte Lorens, daß wir diesen Blödsinn nicht weitermachen könnten, weil es zu teuer würde, und so wurde die ganze Episode gestrichen.

Aber Dinge, die eine starke Suggestion auf einen ausüben, kann man nicht so leicht löschen. Mit der Zeit dachte ich daran, einen Film über eine Person zu drehen, die ganz natürlich durch eine Tapete hindurchgehen kann, und ich hatte dafür Harriet Andersson vor Augen. Ich sah eine kleine Tür in der Wand, durch die sie in eine andere Welt gelangte, und durch sie wieder zurückkehrte; sie lebte ganz ungeniert in beiden Welten, aber allmählich wurde die wirkliche Welt mit Tisch und Stuhl immer unwirklicher, die andere Welt dagegen immer realer. Das war der Ausgangspunkt. Später – das war meine Idee – sollte sie plötzlich in eins der Gesichter auf der Tapete verwandelt werden und im Muster verschwinden.

Aber als ich mit der Vorarbeit des Filmes beschäftigt war, bekam ich Interesse am mitmenschlichen Drama um eine Person, die dabei war, wegzugleiten – also am Krankheitsbild selbst und den Gruppierungen um ein solches Krankheitsbild. Ich empfand es als wichtig, auf alle Kunstgriffe zu verzichten und mich nur auf das menschliche Drama zu konzentrieren. So entstand dieses Stück, denn es ist ein Stück. Es ist ein verkapptes Theaterstück, das ist ganz klar, mit deutlichen Szenen, die nebeneinander gestellt sind. Das Filmische ist in *Wie in einem Spiegel* ziemlich reduziert. Da ich mich immer mit Theater beschäftigt und mich immer danach gesehnt habe, Theaterstücke zu schreiben, ist es klar, daß bestimmte Filme verkappte Theaterstücke geworden sind.

SB: Es wäre möglich, *Wie in einem Spiegel* zu einem Theaterstück umzugestalten, aber ich bin nicht der Meinung, daß der Film unfilmisch ist.

IB: Ich spüre einen ernsthaften Zug von Wirklichkeitsflucht und schwerer Verlogenheit in *Wie in einem Spiegel,* eine Art verzweifelten Drang nach Geborgenheit, einen Versuch, eine Lösung aufzuzeigen, eine Art Unlustgefühl darüber, nur mit der Frage selbst zu kommen und nie eine Antwort zu bieten – wie ein Trapezkünstler, der alle Vorbereitungen zu einem Salto mortale trifft und dann eine ironische Reverenz macht und herunterklettert, bevor er seinen Todessprung gemacht hat.

Die Deutschen haben einen guten Ausdruck für Kunst, die nicht rein, sondern mit steuernden Elementen vermengt ist, sie sei »gewollt«. Ich finde, das ist ein guter Ausdruck. Es gibt sowieso immer einen formalen Anspruch, einen ordnenden Faktor, aber dieses Wollen ist etwas anderes. Es ist ein sterilisierendes und antikünstlerisches Element.

TM: In Heines Gedicht »Der Atlas« kommt das Wort »gewollt« vor.

IB: Achso?

TM: Ich habe eine Überlegung und eine Frage. Du sprachst vorhin von der Form in *Wie in einem Spiegel,* und daß du darin verschiedene Rhythmen untergebracht hättest. Mir kam dabei die Sonatenform in den Sinn – hast du auch daran gedacht? Du nennst ja selbst die Waldstein-Sonate.

IB: Du weißt, daß der Film meiner damaligen Frau gewidmet ist. Während dieser Zeit begann ich, auf professionelle Weise mich mit Musik zu beschäftigen, und es ist selbverständlich, daß *Wie in einem Spiegel* davon beeinflußt worden ist, da ich praktisch täglich mit Musik zu tun hatte. Außerdem glaube ich, daß meine Inszenierung der »Möwe« in Dramaten ebenfalls auf *Wie in einem Spiegel* eingewirkt hat.

TM: Der Film, wie ich ihn verstanden habe, enthält zwei zentrale Fragen. Ganz plötzlich kommt hier etwas hinein, was ich in deinen Filmen früher nicht gesehen habe. Es ist zweifelhaft, ob der Künstler das Recht hat, bei Leuten zu schmarotzen, wie das David ja tatsächlich tut. Du entwickelst neue Gedanken, die Funktionen des Künstlers anzuzweifeln – da sind wir mitten in *Die Stunde des Wolfs.* Der zweite Grundgedanke, den ich erkenne, ist ein neuer Gottesbegriff. Zuvor ist Gott eine sehr starke, autoritäre Gestalt mit spezifischen ethischen Prinzipien gewesen, aber hier wird

Harriet Anderssons Zusammenbruch vor der eigenartig gemusterten Tapete in *Wie in einem Spiegel.*

er plötzlich etwas Eiskaltes, ein Monster, ein anonymes Wesen, ein Spinnengott, ein – wie in Harriets Einwurf – »Vergewaltigungsgott«. Kannst du diese Bedeutungsverschiebung des Gottesbegriffes erklären?

IB: Soweit ich mich entsinne, handelt es sich um eine totale Auflösung jeder Vorstellung von einer außerirdischen Erlösung. Die Auflösung erfolgte kontinuierlich während dieser Jahre und wurde ersetzt durch das Gefühl jener Heiligkeit, die, unbeholfen ausgedrückt, im Menschen selbst eingebaut ist. Das ist die einzige Heiligkeit, die wirklich existiert. Sie ist ganz und gar irdischer Herkunft. Das ist es wohl auch, was die Schlußsequenz ausdrücken möchte. Dies mit der Liebe als der einzigen Form von Heiligkeit.

Hier beginnt gleichzeitig eine andere Linie meiner Gottesvorstellung, die vielleicht im Laufe der Jahre immer stärker geworden ist. Es ist die vom Christengott als etwas Destruktivem und ungeheuer Gefährlichem, etwas für den Menschen Riskantem, das dunkle, destruktive Kräfte hervorlockt statt des Gegenteils. In *Passion* ist es ganz sicher eines der Hauptmotive. In *Licht im Winter* parodiert ja der Küster die Botschaft aus *Wie in einem Spiegel!*

JS: Vilgot Sjöman schreibt in seinem Tagebuch über die Dreharbeiten zu *Licht im Winter,* daß du zur Zeit von *Wie in einem Spiegel* eine große Geborgenheit in diesem Gottesbegriff fandest und daß Gott für dich die Liebe war. Aber schon während der Dreharbeit fingst du an zu zweifeln. Das führt hin zu mindestens zwei Fragen, finde ich: Ist es für dich immer noch ein Prinzip, während der Dreharbeit das Manuskript nicht zu ändern, hältst du dich auch heute noch genau so streng an den Text, wie er im Drehbuch fixiert ist?

IB: Heutzutage schreibe ich nicht mehr fixierte Texte. Ich führe den Dialog nicht mehr aus, sondern mache einen Vorschlag für den Dialog. Das Drehbuch ist eine Art Motivsammlung, die ich dann zusammen mit den Schauspielern im Laufe der Dreharbeit bearbeite. Die endgültige Fassung entsteht dann am Schneidetisch, wo ich Elemente, die überhängen, wegschneide.

Was ich heutzutage schreibe, sieht viel chaotischer aus als das, was ich früher machte.

Damals schrieb ich wie aus einem Guß. Wenn ich wenig Glück hatte, sah das Ergebnis so aus wie in *Wie in einem Spiegel,* also »gewollt«, während *Licht im Winter* nicht »gewollt« ist. Da kommt alles wie von selbst, und das Drama ist von selbst gewachsen, was ein großer Unterschied ist.

JS: Der zweite Teil der Frage ist mehr theoretisch – wie kommt es, daß du gerade während der Dreharbeit an *Wie in einem Spiegel* diese Auffassung vom Gott der Geborgenheit aufgabst?

Karin (Harriet Andersson) mit ihrem Vater / dem Verfasser (Gunnar Björnstrand) in *Wie in einem Spiegel*. Später liest sie das Tagebuch des Vaters.

IB: Es war wohl eine Einsicht, die plötzlich Gestalt gewann, und dies gehört in hohem Grade zu meinem privaten Leben. Früher hatte ich in Malmö gewohnt und mein Leben praktisch in einem Theater verbracht. Dann schwenke ich um neunzig Grad und besorge mir eine Djursholmsvilla und starte ein bürgerliches Dasein, das eine exakte Kopie meiner Vorstellungen von einem Geborgenheitsdasein ist. Das erlebe ich mit dem gleichen Enthusiasmus, mit dem ich früher eine andere Lebensart gestaltet habe. Ich versuche die neue Rolle durchzuführen, um zu sehen, ob sie mir nicht eine größere Geborgenheit geben kann. Ich errichte auch eine Ideologie um all die materiellen Erscheinungen, die ich um mich sammle. Plötzlich entdecke ich, daß es ganz verrückt war, es stimmt alles nicht. Alles dreht sich nur um einen schmalen Sektor meines Selbst und ist eine Art Rückkehr in eine bürgerliche Welt, in der ich aufgewachsen bin und die ich nun versuche wiederherzustellen. Aber sie stimmt in keinem einzigen Punkt. Die tiefe Enttäuschung bewirkt dann, daß die ganze Ideologie, die ich aufgebaut habe, in Stücke bricht, und so stehe ich plötzlich da mit einem massiven materiellen Überbau, aber ohne Ideologie, um ihn zu stützen. Das erzeugt Angst.
Ich glaube, das war ziemlich genau der Grund, warum die Substanz in *Wie in einem Spiegel* zusammenbrach. Das führte übrigens auch dazu, daß ich *Wie in einem Spiegel* mit sturem Eigensinn durchführte, mit einer harten Willensanstrengung, was auch im Film spürbar ist.
TM: Ja, gerade dieses Geborgenheitsgefühl, das mit allen Mitteln erreicht werden soll . . .
IB: Ja, wir erstreben ja zwei Dinge. Zum einen die Gemeinschaft – das ist der tiefere Instinkt in uns, zum andern Geborgenheit, und durch dauernde Gemeinschaft können wir die ungeheuerliche Tatsache der totalen Einsamkeit akzeptieren. Wir greifen ständig nach neuen Projekten und neuen Konstruktionen und neuen Systemen, die zum Teil oder ganz die Einsicht von der Einsamkeit aufheben sollen. Sonst wären alle religiösen Systeme undenkbar.
SB: Der Film hebt viele wenn auch recht schwache und verletzbare Zustände der Geborgenheit auf, aber für viele Menschen bietet er die Möglichkeit für einen neuen Anfang.
IB: Das kann man sagen.
SB: Es herrscht eine Art verlogener Geborgenheit bis hin zur endgültigen Konfrontation mit den Problemen, an denen die Personen zu tragen haben.
IB: Ja, genau, aber wie verlogen der Film ist, sah ich erst ein, als ich mit ihm beschäftigt war. Ich konnte meine Einsicht nicht mehr profilieren, sondern rettete mich über die Zeit und in die Schlußsequenz.

JS: Du gebrauchtest den Begriff »gewollt«, als Steuerungseffekt. Ich erinnere mich, daß Jörn Donner sich in seinem Buch »Djävulens ansikte« zustimmend zu *Wie in einem Spiegel* äußert. Er hat streng genommen nur einen einzigen Einwand, und der bezieht sich auf Minus' Schlußworte im Film, als dieser sagt: »Papa sprach mit mir.« Donner findet, daß dies ein dramaturgischer Fehler sei, weil eine entsprechende Basis in der vorangegangenen Handlung ganz und gar fehle. Wie verhältst du dich heute zu einer solchen Behauptung?

IB: Er hat recht, aber er hat auch unrecht. Der Grund, weshalb er diesen Satz als inadäquat empfindet, liegt darin, daß ich eine natürliche Zusammenschmelzung zwischen dem Film als solchem und der Schlußsequenz nicht erreicht habe. Sie stehen völlig tot nebeneinander. Eine natürliche, gefühlsmäßige Brücke zwischen der mehr hoffnungsvollen Botschaft des Schlusses und der Schwarzmalerei des übrigen Filmes hat es bei mir nicht gegeben.

TM: Das ist ja ein Beethoveneffekt. Er hört oft irgendwie auf . . . er wird müde.

IB: Ich wurde nicht müde, es war im Gegenteil so, daß ich eine maßlose Energie darauf verwendete, sowohl mich als auch die Umwelt zu überzeugen.

TM: Ich meinte es anders . . . ein Thema, für das du auf keine Weise die Kraft hast oder das du nicht in den Griff bekommst. Das passiert bei Beethoven häufig.

Gunnar Björnstrand und Lars Passgård in *Wie in einem Spiegel.*

189

IB: Ja, das passiert uns eben.

JS: Du hast den Begriff »Kammerspiel« für die Trilogie gebraucht. Strindberg nennt Kammerspiel »das intime Verfahren«. Was für einen Gehalt hat der Begriff für dich? Du hast zwei formal so verschiedene Filme wie *Wilde Erdbeeren* und *Wie in einem Spiegel* Kammerspiele genannt.

IB: Wie in einem Spiegel, Licht im Winter, Das Schweigen und *Persona* habe ich Kammerspiele genannt. Das ist Kammermusik. Man verteilt eine Anzahl Motive über eine begrenzte Anzahl von hervorragenden Stimmen und Figuren. Man extrahiert die Hintergründe. Man umgibt sie mit einer Art Nebel. Man macht ein Destillat.

SB: Die Zeit ist auch konzentriert.

IB: Das gab ich später wieder auf. Aber es war stimulierend, gewisse Dinge in einem begrenzten Zeitraum geschehen zu lassen, das haben die drei Kammerspiele, soweit ich weiß, gemeinsam – die Zeitbegrenzung trifft auch für die Trilogie zu.

JS: Du knüpftest an *Passion* in einem Zusammenhang an, der mir nun nicht mehr ganz klar ist.

IB: Das bezog sich auf den destruktiven Effekt der religiösen Vorstellung.

JS: Da möchte ich noch etwas aus Vilgot Sjömans Tagebuch über die Dreharbeit von *Licht im Winter* zitieren. Du sagst anfangs, daß »dies mit der Religion in Wellen geht, wie Ebbe und Flut«. Nach *Das siebente Siegel* und *Wie in einem Spiegel* war offenbar eine »religiöse Ebbe«. Glaubst du, daß du heute, nach der Trilogie und den neuen Filmen, wieder eine »religiöse Ebbe« in deiner Filmarbeit erleben wirst?

IB: Die religiösen Vorstellungen und Glaubensphänomene sind etwas, vor denen man nie sicher sein kann. Das können weder du noch ich. Wir können von ihnen getroffen werden, wenn wir es am wenigsten ahnen. Das ist wie eine Hongkonggrippe oder wie ein Blitzschlag, oder was du willst. Da bist du total machtlos.

So wie ich es heute sehe, erscheint ein Rückfall ganz ausgeschlossen. Ich kann nicht sagen, daß es auch morgen ausgeschlossen sein wird.

SB: Ich möchte dir eine sehr konkrete Frage stellen; es geht um die Gestaltung des Krankheitsbildes, das Karin in *Wie in einem Spiegel* zeigt. Wie gingst du vor – wolltest du ein medizinisches Krankheitsbild darstellen, oder hast du es ganz und gar erdichtet?

IB: Es ist eine reine Phantasiekonstruktion, natürlich mit einer gewissen Kenntnis davon, wie Schizophrenie aussieht, aber die medizinische Basis ist dünn. – Hatte Torsten einige Fragen?

TM: Ja, sie sind allerdings nicht so wichtig, aber wir können ja auf sie eingehen.

Minus (Lars Passgård) am Wrack.

IB: Auch kleine Fragen können an einen großen Mann gestellt werden!
TM: Es geht um das Spiel im Spiel. Das kommt in *Die Stunde des Wolfs*
und auch in *Gefängnis* vor. Bist du auf diesen Typ von Einschüben irgendwie fixiert?
IB: Wenn man eine Weile mit einem Langfilm beschäftigt gewesen ist, ist
es angenehm, etwas Unvorhergesehenes einzusprengen. Das Publikum ist
gewohnt, in eine bestimmte Richtung zu gucken, steckt man den Kopf
plötzlich an einer anderen Stelle hervor, dann drehen alle den Kopf. Sie
kriegen etwas Gymnastik, so einfach ist das.
Über die Unterbrechung in *Persona,* als der Film kaputtgeht, wurde viel
diskutiert. Viele Besserwisser fanden, daß die Unterbrechung blödsinnig sei
und daß man das Publikum aus dem Geschehen reiße und so weiter. Ich
bin genau der entgegengesetzten Auffassung. Ich glaube, wenn man das
Publikum für eine Weile aus dem Geschehen reißt und es dann zurückführt,

dann erhöht man die Sensibilität und die Bereitschaft, statt sie zu verringern. In *Passion* habe ich vier reine Akte – der Film ist in vier Blöcke aufgebaut, und jeder Block wird durch eine Arie abgeschlossen –, die Schauspieler treten hervor und kommentieren ihre Rolle und treten etwas aus ihr heraus.

JS: In bezug auf die große Auseinandersetzung im Motorboot in *Wie in einem Spiegel* zwischen David (Gunnar Björnstrand) und Martin (Max von Sydow): Ich habe das Gefühl, daß das kritische Grundmaterial in Martins Anklage gegen David verschiedenen kritischen Angriffen auf dich selbst entstammt, nicht zuletzt »Chaplins« Anti-Bergman-Nummer von 1960. Die persönlichste Kritik stammte ja von diesem Franzosen Ernest Riffe, der laut gewissen gewöhnlich gutunterrichteten Quellen identisch mit Bergman selbst sein soll. Was nicht auf überzeugende Weise dementiert wurde. Viele haben diesen Artikel in »Chaplin« eher wie ein schwarzes Selbstbekenntnis als wie einen Spaß gelesen – das war also die Frage.

IB: Das war die Frage, ja.

JS: Gerade diese Kritik an Martin ist sehr persönlich.

IB: Während man produziert, ist eine fortdauernde innere Kritik gegen das, was man macht, im Gange. Aber was mir vielleicht gelungen ist: diese Kritik darf nie auf verheerende Weise in die Produktivität eingreifen. Zwei wilde Tiere, die ich unter allen Umständen auseinanderhalte. Ich liebe *8¹/₂*. Da ist dieser magere Verrückte, der immer wieder hervorspringt. Wo auch immer der arme Regisseur Mastroianni auftaucht, da taucht auch diese Figur auf und redet und kritisiert und folgt ihm nach, und Mastroianni wird müder und müder.

JS: Der Artikel von Ernest Riffe scheint aber doch mit einem gewissen Genuß geschrieben worden zu sein.

IB: Ja, aber gleichzeitig macht Fellini diesen Kerl zu einer lustigen Figur – nicht wahr? Aber ihr könnt überzeugt sein, daß der Hintergrund pechschwarz ist. Das ist ja einer der Notausgänge, daß man fast immer negative, brutale Erlebnisse in etwas Produktives und manchmal sogar in etwas Lustiges verwandeln kann.

Es war für mich ein besonderes Freiheitsgefühl, die ganze eigene Kritik, die oft recht synchron mit der äußeren Kritik verläuft, zu sammeln und in Worte zu fassen und außerdem den kleinen Kunstgriff anzuwenden, sie als eine schlechte schwedische Übersetzung aus dem Französischen zu verkaufen. Und dann »Expressen« aufzuschlagen und zu lesen: »Dies ist das beste, was in den letzten Jahren über Ingmar Bergman gesagt worden ist«.

SB: Als *Wie in einem Spiegel* fertig war – hattest du damals Lust, die Diskussion aus dem Film weiterzuführen? Hattest du die Trilogie damals geplant oder ergaben sich die Filme von selbst, und zu welchem Zeitpunkt kamst du auf die Idee, die drei Filme zusammenzustellen?

IB: Erst, als alle drei fertig waren. Aber dann war ich selbst etwas erstaunt, daß sie so einheitlich geworden waren. Es war wohl eigentlich Vilgot, der mich zuerst darauf aufmerksam machte. Aber es lag keine Absicht bei mir vor, als ich die Filme plante.

IB: Licht im Winter – falls wir jetzt darüber sprechen wollen – habe ich Ostern danach konzipiert – welches Jahr war das?

TM: 1961.

IB: Er hat sehr viel mit einem Musikstück zu tun. Und zwar mit Strawinskijs »Psalmensinfonie«, die zu Ostern im Radio gespielt wurde. Mich packte der Gedanke, einen Film über die einsame Kirche der schwedischen Uppplands-Ebene zu machen – mit einer Person, die in diese Kirche hineingeht und sich einschließt und zum Altar geht und sagt: »Gott, nun bleibe ich hier, bis Du mir irgendwie beweist, daß Du existierst. Entweder gehst Du daran zugrunde oder ich!« Der ursprüngliche Gedanke war, daß der Film von den Tagen und Nächten handeln sollte, die die in der Kirche eingeschlossene einsame Person durchlebt, immer hungriger, immer durstiger, immer intensiver wartend, immer mehr von Erlebnissen, Visionen, Träumen erfüllt, Traum und Wirklichkeit vermischend, während sie diesen eigentümlichen Schattenringkampf mit Gott führt.

Wir wohnten damals auf Torö in den Stockholmer Schären. Es war der erste Sommer, in dem ich das Meer um mich herum hatte. Ich wanderte am Strand entlang und zwischendurch war ich im Haus und schrieb und ging dann wieder hinaus. Das Drama verwandelte sich in etwas anderes, in etwas ganz Handgreifliches, etwas ganz Wirkliches, etwas ganz Elementares und vollkommen Selbstverständliches.

Der Film basiert auf einem konkreten Erlebnis: nämlich auf einer Erzählung eines Pastors oben in Dalarna – über einen Selbstmörder, den Fischer Persson. An einem Tag hatte der Pastor versucht, mit dem Fischer zu sprechen, und am nächsten Tag hatte dieser sich erhängt, was der Pastor als eine persönliche Katastrophe empfand.

JS: Die Motivation des Fischers hattest du dir selbst ausgedacht?

IB: Ja, das über die Chinesen und die Atombombe. Aber das ist an sich nichts Merkwürdiges. Ich glaube, daß recht viele Menschen Angst vor den Chinesen und der Atombombe gehabt haben. Nicht nur der Fischer Jonas Persson.

Wir fuhren herum und guckten uns Kirchen an, mein Vater und ich. Mein Vater ist ja Pastor – er kennt alle Kirchen in Uppland. Wir besuchten die

193

Der Pastor Tomas Ericsson (Gunnar Björnstrand) unterhält sich mit der Fischerfrau (Gunnel Lindblom) in *Licht im Winter*.

Gottesdienste in verschiedenen Orten und erlebten intensiv die geistliche Misere in diesen Kirchen und den Mangel an Besuchern und den kläglichen geistigen Zustand der Pastoren und die Armut der Predigten und die Nachlässigkeit und Nonchalance des Rituals.

Ich erinnere mich, daß mein Vater und ich in einer Kirche waren und dort zusammen saßen – ich glaube, das hat sehr viel mit dem Ende des Filmes zu tun. Mein Vater war seit vielen Jahren pensioniert, er war alt und behindert. Er und ich saßen da und mit uns wohl auch die Pastorin – nein, sie war nicht da, aber der Kirchenvorsteher, außerdem hatten sich einige alte Frauen eingefunden. Unmittelbar vor dem Läuten hörten wir draußen ein Auto. Wir sahen einen glänzenden Volvo halten, aus dem eilig der Pastor herausstieg und mit lautem Gemurmel in der Sakristei verschwand. Schließlich kam er, um anzufangen, wieder hervor – also nach dem Läuten – und sagte, er fühle sich leider sehr schlecht, deshalb habe er mit dem Oberpfarrer gesprochen und der Oberpfarrer habe ihm versprochen, einen verkürzten Gottesdienst abzuhalten und den Altardienst zu streichen. Vorgesehen waren also nur ein Lied, die Predigt und noch ein Lied. Daraufhin ging der Pastor hinaus, woraufhin mein Vater plötzlich wütend in der Bank zu poltern begann, aufstand und in die Sakristei zog, in der ein langes murmelndes Gespräch stattfand. Auch der Kirchenvorsteher und der Organist, den man inzwischen von der Empore geholt hatte, wurden in die Sakristei geholt. Schließlich kam der Kirchenvorsteher wieder heraus und verkündete, daß ein vollständiger Gottesdienst gehalten werde. Mein Vater übernahm den Altardienst vor und nach der Predigt.

Irgendwie glaube ich, daß der Schluß des Stückes vom Eingreifen meines Vaters beeinflußt worden ist – daß man um jeden Preis das tun soll, was einem auferlegt worden ist, besonders im geistlichen Bereich. Auch wenn es ganz sinnlos erscheinen mag.

P. A. Lundgren baute die Kirche im großen Atelier, und Nykvist und ich begannen gemeinsam, an einer ganz neuen Beleuchtungstechnik zu arbeiten. Wir studierten das Licht und fingen an methodisch zu überlegen, wie das Licht funktionierte oder besser, wie sich das Licht eigentlich verhält und wie wir beleuchtungstechnisch das Verhalten des Lichtes reproduzieren könnten. Diese Arbeit taten wir mit einer Art Aggression gegen das moderne Fotografieren, das uns ein gekünsteltes Bild dessen gegeben hat, wie das Licht der Wirklichkeit aussieht. Das Fotografieren mit ultraschnellem Film bewirkt, daß die hellen Flächen heller aussehen und die dunklen dunkler, als es der Fall ist. Das ist sehr interessant. Was das Aussehen des Lichtes betrifft, haben wir statt der alten Lüge eine neue bekommen.

Es wurde eine anstrengende Dreharbeit, die sich über sechsundfünfzig Tage dahinschleppte. Das war eine meiner längsten Dreharbeiten und heraus kam einer meiner kürzesten Filme.

JS: Was war so mühsam?

IB: Einmal war Gunnar Björnstrand während der ganzen Dreharbeit krank. Er hatte eine schwere Herzgeschichte im Herbst gehabt, oder ich glaube es war im Sommer, und hatte Kummer mit sich selbst, und außerdem verabscheute er die Rolle.

JS: Aus welchem Grund?

IB: Die Rolle ist wirklich nicht besonders brillant, und er war verdammt geplagt und wurde gezwungen, andere Ausdrücke zu verwenden als die, an die er gewöhnt war. Während der ganzen Dreharbeit war Ingrid Thulin ein Felsen der Stärke und Festigkeit.

JS: Sie hatte also Gefallen an ihrer Rolle?

IB: Ihr gefiel die Rolle, aber außerdem war sie eine moralische Stütze. Gunnar war es auch mit seiner professionellen Einstellung – jeder Zeit zur Verfügung zu stehen. Aber es war eine belastende Dreharbeit.

Ich zeigte den Film meiner damaligen Frau, sie sagte: »Ja, Ingmar, es ist ein Meisterwerk, aber es ist ein tristes Meisterwerk«. Es ist sicher etwas Wahres dran, aber man soll nicht die Bedeutung des Tristen in der Kunst unterschätzen. Worüber ich mich am meisten wunderte – denn ich meinte wirklich, daß ich einen recht reifen und klaren Film gemacht hatte – das war die Reaktion der Kritiker.

JS: Verneinst du kategorisch die Christussymbolik in der Märtagestalt?

IB: Nein, ich verneine sie nicht, aber andererseits ist sie eine totale nachträgliche Rationalisierung. Märta ist für mich etwas von dem Material, aus dem Heilige gemacht werden, also hysterisch, herrschsüchtig, aber auch mit einer inneren Vision. Zum Beispiel dies mit dem Ekzem an den Händen und an der Stirn: das hatte ich direkt von meiner zweiten Frau geklaut, die daran litt und große Pflaster auf der Stirn und verbundene Hände hatte. Sie hatte ein allergisches Ekzem. Aber daß es irgendwie mit einer Stigmatisierung zu tun hatte, ist vollkommen falsch. Für mich ist Märta etwas Wütendes, Lebendes, Unbändiges, Problematisches. Groß und übermächtig für eine sterbende Figur wie den Pastor. Wenn sie einen Brief schreibt, sind es nicht drei Seiten, sondern es sind siebenundzwanzig, die sich nur so über seinen Tisch ergießen; ihre ganze Art, zu ihm zu sprechen und mit ihm zusammenzusein, ist unaufhörlich überwältigend. Als sie an der Altarschranke niedersinken, küßt sie ihn nicht einmal, sondern sie küßt ihn neunundsiebzigmal, besudelt ihn mit Küssen und denkt nicht daran, daß er in diesem Augenblick alles andere verkraften würde, nur nicht Küsse. Sie gibt ihn nicht auf. Gleichzeitig glaube ich, daß Märta die einzige Rettung des Pastors ist, zu irgendeiner Lebensform zu gelangen. Ich finde, Märta ist ein ungeheuerliches Frauenzimmer. Sie ist eine Naturkraft, während der arme Pastor dabei ist, vor die Hunde zu gehen.

JS: Hast du dich selbst irgendwann mal als religiösen Verkünder empfunden, als eine Art Prophet?

IB: Nein, wirklich nicht. Ich habe die Dinge immer von beiden Seiten gesehen.

JS: O'Neill soll gesagt haben: »Jede Dramatik ist wertlos, die nicht vom Verhältnis des Menschen zu Gott handelt.«

IB: Ja, das habe ich oft zitiert, und ich bin in diesem Punkt gründlich mißverstanden worden. Wir sagen, daß jede Kunst heute eine politische Hand-

Märta (Ingrid Thulin), eine Klippe der Stärke und Festigkeit und die einzige Rettung des Pastors in *Licht im Winter*.

lung sei, aber ich möchte sagen, daß jede Kunst mit Ethik zu tun hat. Das ist wohl eigentlich das Gleiche. Es handelt sich um ein Verhaltensmuster, und das hat O'Neill gemeint.

JS: Das könnte dann bedeuten – wenn man es überinterpretieren möchte, oder wie man das ausdrücken soll –, daß man dich heute einen politischen Filmemacher nennen kann, weil du dich mit der gleichen Art ethischer Problemstellungen beschäftigst, obwohl die jungen Radikalen den religiösen Stoff gegen den politischen ausgetauscht haben – was du teilweise auch in *Schande* gemacht hast?

IB: Dies ganze Gerede davon, daß ich einer Sache fremd gegenüberstehe.

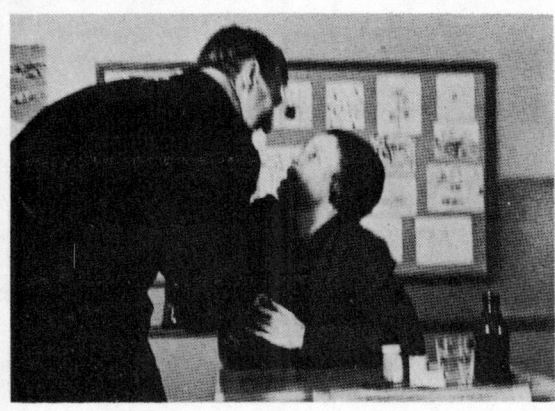

Gunnar Björn-strand und Ingrid Thulin im Klas-senzimmer in *Licht im Winter.*

daß ich mich abseits stelle und isoliere und all sowas, das hat mich immer erstaunt.

JS: Man hat das Gefühl, als würdest du – nicht zuletzt während dieses ganzen langen Interviews – diese Probleme plötzlich viel deutlicher artikulieren, auch für dich selbst. Es gibt andere Interviews, die wir zitiert haben, in denen du sagst: »Ich bin kein politischer Mensch, ich kümmere mich nicht . . .«

IB: Ich habe sehr deutlich erklärt, daß ich kein politisch engagierter Künstler sei, daß ich aber selbstverständlich Ausdruck der Gesellschaft bin, in der ich lebe – etwas anderes wäre grotesk. Aber ich propagiere nicht die eine oder andere Strömung.

Ich wähle, wie gesagt, die Sozialdemokraten. Ich finde, daß ihre Art, die Gesellschaftsprobleme zu lösen, dem am nächsten kommt, was ich mir als anständig vorstelle. Natürlich kann ich auch bei denen einen Haufen Merkwürdigkeiten finden. Besonders während der Zeit, als ich Chef von Dramaten war, konnte ich einen Politikeralltag aus der Nähe erleben und die – fast hätte ich gesagt – alltägliche moralische Haltbarkeit feststellen.

JS: Ich finde, es schadet nicht, dann und wann darauf hinzuweisen, daß ethische Probleme, d. h. moralische Probleme in einer ganz bestimmten sozialen Situation und in einer ganz bestimmten Gesellschaft vielleicht in erster Linie religiöser Natur waren – und daß auch diese Probleme Gegenstand politischer Lösungen werden können. D. h. – man kann nicht zwischen Ethik und Politik trennen.

IB: Ich hätte fast gesagt, daß es das gleiche sei. Es ist eine semantische Frage. Machen wir ein Weilchen so weiter, dann bin ich gesellschaftlich engagiert.

TM: Du hast jedenfalls kein Interesse daran, ganz plötzlich deinen bürgerlichen Hintergrund zu verleugnen? Der ist da und ist so ungeheuer stark . . .

IB: Ja, warum sollte ich einen Faktor verleugnen, der in jeder Hinsicht so viel für mich bedeutet hat.

TM: Es gibt Künstler, die es tun, wenn sie sehen, daß der Wind in eine andere Richtung weht.

IB: Man kann sich nicht expatriieren. Man kann sich nicht von seinen Wurzeln abschneiden, denn dann schneidet man auch die schöpferischen Elemente seines Nährbodens ab. Man muß zugeben und akzeptieren, daß man so ist und nicht anders, und dann versuchen, einen festen Kurs in einem ungewöhnlich aufgewühlten und schwarzen Meer zu halten, das sich schäumend um einen herum bewegt.

SB: Als wir uns über deine Trilogie, die Dreieinigkeit und deine Absicht,

Thema-Filme zu sammeln, unterhielten, kam mir etwas in den Sinn, das dich zu interessieren scheint im Hinblick auf das einzelne Werk, und das ist das Dreierverhältnis. Deine Filme handeln entweder von zwei oder von vier Personen.

IB: Es ist nun einmal so. Es wurde mir plötzlich klar, daß ich praktisch nur Komödien über eheliche Beziehungen gemacht hatte. *Das Lächeln einer Sommernacht, Lektion in Liebe* . . . Erst in *Passion* habe ich bei den Beziehungen zwischen Mann und Frau stärker zugepackt.

JS: War es beabsichtigt, daß *Das Schweigen* ein dritter Teil einer Trilogie werden sollte?

IB: Nein.

JS: Welches Projekt hat dich nach *Licht im Winter* beschäftigt? War das nicht *Das Schweigen*?

IB: Doch, genau. Der Film kam ganz kurz danach. Ich weiß noch, mit dem *Schweigen* fing ich um Weihnachten herum an, nachdem ich gerade mit *Licht im Winter* fertig geworden war.

Nach dem *Schweigen* erhielt ich einen anonymen Brief, der ein schmutziges Stück Klopapier enthielt; dieser heute so unschuldige Film traf damals also ganz schön hart. Einige Leute riefen an und drohten, meine damalige Frau und mich umzubringen. Wir hatten praktisch Telefonterror und ich bekam an die hundert anonyme Briefe. Das sexuelle Trauma in diesem Land war schon böse. Aber das hat sich in den letzten Jahren radikal geändert.

SB: Du und Kenne Fant, ihr glaubtet doch beide, daß *Das Schweigen* ökonomisch ein ziemlich riskantes Unternehmen werden müßte.

IB: Eine Katastrophe!

SB: Es war auf jeden Fall ein kleiner Film, verglichen mit den anderen. Wie hast du persönlich auf das enorme Echo reagiert, das *Das Schweigen* auslöste? Besonders angesichts dieser anderen Reaktionen?

IB: Als Kenne und ich den Film zum ersten Mal anschauten, da sagte ich zu ihm: »Über eins mußt du dir im klaren sein, nach diesem Film werden sich die Leute nicht die Hacken ablaufen.« Da kann man mal sehen, wie falsch man eine Situation einschätzen kann, denn genau das taten die Leute.

Aus der Einleitung von *Das Schweigen*. Die drei Hauptpersonen, Gunnel Lindblom, Jörgen Lindström und Ingrid Thulin, kommen in der fremden Stadt an.

SB: Aber wie hast du persönlich die Reaktion empfunden?

IB: Man freut sich immer, wenn ein Film geht. Aber dann kriegt man auf einmal irgendwie einen Schrecken, wenn man merkt, warum er geht und wieviele Leute hineingingen und wütend wurden und beschlossen, sich nie wieder einen Ingmar-Bergman-Film anzusehen.

JS: Die seriöse Debatte drehte sich mehr um die Filmzensur und weniger um die zentrale Problematik.

IB: Worum es in dem Film eigentlich ging, das ging wie gewöhnlich verloren.

JS: Er hatte auf jeden Fall produktionspolitische Bedeutung – dieser Film bohrte ja die Zensur in den Grund!

IB: Es war wohl die erste entscheidende Bresche. Und durch diese Bresche kam eine Menge anderes. Einen gewissen Nutzen hatte er also doch.

Es ist vielleicht nicht so interessant, aber gerade gestern abend dachte ich darüber nach, wie der Film eigentlich entstand. Dummerweise habe ich die Arbeitsbücher verlegt – ich kann sie einfach nicht finden, ich weiß nicht, wo ich damit abgeblieben bin –, aber ich kann mich erinnern, daß es um Weihnachten herum war und daß es beim *Schweigen* genauso wie bei *Licht im Winter* mit einem Musikstück begann, nämlich mit Bartóks Konzert für Orchester.

Die ursprüngliche Idee war, einen Film zu machen, der nach musikalischen und nicht nach dramaturgischen Gesetzen ablief. Der Film sollte assoziativ funktionieren – rhythmisch, mit Leitmotiven und Nebenmotiven. Beim Aufbau des Films dachte ich viel mehr musikalisch, als ich das früher getan hatte. Das einzige, was von Bartók geblieben ist, ist eigentlich der Anfang. Mit diesem unbeweglichen Ton und dem darauffolgenden plötzlichen Ausbruch liegt er ganz nahe bei Bartók.

Und dann haben mich fremde Städte immer fasziniert. Als Junge war ich oft in Deutschland. Berlin übte eine fast dämonische Suggestion aus. Das lag an einer frühen Novellensammlung von Sigfried Siwertz über Berlin. Berlin war dadurch für mich überhaupt kein wirkliches Berlin, sondern eine schwarze Stadt der Destruktion. Auch Falladas »Kleiner Mann, was nun?« und »Wolf unter Wölfen«, von der »Dreigroschenoper« ganz zu schweigen, die ja an und für sich nicht Berlin, sondern London schildert, aber ganz »berlinerisch« ist. Zu unserer Jugend gehörten ja Lotte Lenya und die Band von Lewis Ruth, die auf dieser alten Telefunkenplatte spielt.

Ich kann mich erinnern, wie man vorm Krieg von Sassnitz kam und der Zug näherte sich Berlin und man stand da und sah sich in der Dämmerung diese grauen, riesigen Vorstädte an. Die Häuser wurden höher und die Tunnel unheimlicher, und die ganze Zeit hatte man dieses Gefühl einer dunklen

Suggestion, das ihr sicher auch kennt. In einer riesigen Stadt zu versinken, darin zu verschwinden, sie zu erleben, anonym darin zu sein.

Ein paar Jahre früher schrieb ich einen Film, den ich nie fertiggemacht habe – das letzte Drittel fehlt – über ein Akrobatenpaar, das seinen dritten Partner verloren hat und in irgendeiner deutschen Stadt, Hannover oder Dresden oder sowas, hängengeblieben ist, während der letzten Kriegsjahre. Als sich das Ende nähert, geht das Verhältnis zwischen ihnen nach und nach kaputt. In gewisser Weise war es diese Idee, die ich wieder aufgriff.

Ursprünglich dachte ich an zwei Männer, einen alten und einen jüngeren, die zusammen herumreisen. Der eine kann nicht mehr, wird krank und landet in einem Krankenhaus; dann geht es um die Erlebnisse des anderen in dieser Stadt, wie er mehr und mehr in ihr versinkt und wie ihre Freundschaft gestört wird, je kränker der alte wird. Aber dann sah ich plötzlich den Kontrast, die Spannung, das Interessante, das rein Physische in der Beziehung, und empfand Ingrid Thulin und Gunnel Lindblom als zwei mächtige Pole – und als Katalysator war da zunächst der kleine Junge. Aber ich probierte lange herum, bis ich den Film endlich schrieb.

Grundgedanke ist der Zusammenbruch von Lebensverhältnissen und einer Ideologie. Ich kann mich erinnern, daß ich etwas aufschrieb, was mich sehr zufrieden machte, was aber natürlich nichts Besonderes ist; ich schrieb, daß das Leben nur die Bedeutung hat, die man ihm selber zumißt. Das ist an und für sich nichts Besonderes, aber für mich war das eine große Entdeckung.

Dann rieten mir alle davon ab, den Film zu machen, sowohl meine damalige Frau als auch Kenne Fant und andere Freunde. Aber ich hatte unheimlich große Lust und habe ihn also gemacht. Das ist eigentlich alles, was ich über *Das Schweigen* zu sagen habe.

TM: Ist hier nicht schon die Idee für *Die Schande* teilweise vorweggenommen, mit dem Kriegsmotiv? Der Krieg ist im *Schweigen* ja im Hintergrund und man hört ihn näherrollen. Dachtest du da schon an *Die Schande*?

IB: Ja, an den Kriegsfilm, den ich schon im Zusammenhang mit dem *Schweigen* und *Die Schande* machen wollte. Den habe ich aber noch nicht gemacht. Der Krieg als Motiv, das ist etwas, dem ich mich Schritt für Schritt nähere – aber darüber sollte ich vielleicht nichts sagen. Faulkner sagt ja, »stories you tell you never write.«

Ich taste mich an einen Kriegsfilm heran, der adäquat ist für den Komplex von Empfindungen, die man heute im Zusammenhang mit dem Krieg hat. *Die Schande* ist ja eher Nachkrieg.

TM: Hast du nicht eine Szene am Ende vom *Schweigen* gestrichen, in der die Panzerwagen in die Stadt eindringen?

IB: Nein, ganz und gar nicht.

TM: Ich habe sowas gehört.

IB: Aber es stimmt nicht. Für mich ist wichtig, daß Esther eine geheime Mitteilung an den Jungen schickt. Diese Mitteilung, die er zu entziffern versucht, die ist wichtig. Esther in all ihrem Elend repräsentiert für mich das Destillat von etwas unzerstörbar Menschlichem, das sie dem Jungen vererbt.

TM: Soweit ich sehen kann, sind verschiedene Dinge im *Schweigen* sozusagen zu Bruch gegangen. Das Geistige ist durch das Körperliche ersetzt. Man kommt diesen beiden Frauen sehr nahe. Das andere ist, daß die Sprache nicht mehr funktioniert.

IB: Ja, das ist völlig richtig, die Sprache hat aufgehört, Kommunikationsmittel zu sein; sie können nicht miteinander sprechen. Es gibt wenig Dialoge im *Schweigen*. Gewissermaßen war das auch ein Sport.

JS: Gibt es eine semantische Authentizität der Sprache im *Schweigen*?

IB: Den Ortsnamen »Timoka« entdeckte ich in einem Buch, das meiner damaligen Frau gehörte. Sie ist ja Estin. Es war ein Gedichtband, und da stand in einer Zeile »Timoka«, und ohne zu wissen, was es bedeutete, taufte ich die Stadt »Timoka«. Hinterher fragte ich sie, was es bedeutete, und da sagte sie – das Estnische hat ja eine Menge Fälle – »dem Henker gehörig«.

Aber sonst war es eine reine Zufallssprache. Kennt ihr dieses Buchstabenspiel, ich weiß nicht, wie es heißt? Ich mischte die Buchstaben, legte sie in eine lange Reihe und teilte sie nach ganz subjektiven Gesichtspunkten auf. Auf diese Weise entstand eine Sprache.

TM: Bei Fellini gibt es das in »8 1/2«. »asa nisi masa« wird auf eine Tafel geschrieben, und dann rät ein telepathisch begabter Mensch, was das für ein sonderbares Geschwätz ist.

IB: Ich habe das schon in *Wilde Erdbeeren* gemacht, wo Victor eine Prüfung ablegen muß. Man hat etwas auf eine schwarze Tafel geschrieben, das er deuten soll.

JS: Die Schauspieler müssen das also auch lernen?

IB: Ja, bis auf den alten Håkon Jahnberg, der sich seine eigene Sprache machte, weil er das einfach nicht lernen konnte.

JS: Ist die Sprache wie gewöhnlich auf Tonband aufgenommen?

IB: Ja.

SB: Hast du nicht daran gedacht, den Film in ein konkretes ausländisches Milieu zu verlegen?

Gunnel Lindblom und Ingrid Thulin, die beiden mächtigen Pole in *Das Schweigen*.

IB: Nein, nie. – Aus verschiedenen Gründen blieb ich ungefähr zwei Jahre nach dem Krieg in Grenoble hängen. Es war mitten im Sommer, ich hatte wenig Geld und wohnte in einem scheußlichen kleinen Hotel. Ich weiß nicht, ob ihr Grenoble kennt, aber es ist ein Loch. Das einzig Versöhnende ist, daß ein »Rapide« durch die Stadt geht. Grenoble ist der einzige Ort, an dem der Expreß zwischen der Cote d'Azur und Paris anhält.

Aber dann erlebte ich etwas Seltsames – das Hotelzimmer, in dem Birger Malmsten und Gunnel Lindblom ihre Liebesübungen machen, ist die Kopie eines Hotelzimmers in Paris, in das ich einmal mit einer Frau verschlagen wurde. Es war am hellichten Tage, brennendes Sonnenlicht, ein frischer Herbsttag, und wir wurden da hineingetrieben und ich war krank. Es war im dritten Stock, der Hof draußen war so groß wie dieser Raum hier, unten im Hof waren dicke Rohglasfenster und darunter sah man Menschen herumkriechen wie weiße Leichenwürmer. Das war die Hotelküche. Ein dicker Essensgestank hing in dem Zimmer, das gerade so lang war wie ein Sarg. Wenn man sich umdrehte und hinaussah, sah man ganz hoch oben einen weißen Herbsthimmel und einen Augenblick lang sah man Reflexe des Sonnenlichts auf einem Dachfenster.

TM: Aber bei dieser Reise und der Stadt in dem Film hat man den Eindruck, daß man in einem autoritären Land ist, auf der östlichen Seite des Eisernen Vorhangs. Es gibt da Truppenbewegungen, Kanonen, Panzerwagen.

IB: Es ist ein Land, das sich auf den Krieg vorbereitet, in dem der Krieg jeden Tag ausbrechen kann. Ich weiß nicht, ob das ein Bürgerkrieg oder ein anderer Krieg ist, aber man empfindet es immer als etwas Perverses und Schreckliches, wenn Panzerwagen auf den Straßen sind. Ich war zufällig in Hamburg, allerdings nach dem Krieg, da sah man sowas oft. Zum Teil war die Stadt zerstört, dennoch fuhren Panzer durch die Straßen, besonders in den Nächten, oder sie standen nur still da und schliefen an der Straßenecke.

SB: Du erwähntest einen Zug. Auch in *Licht im Winter* gibt es eine wichtige Szene mit einem Zug. Märta und Tomas müssen mit ihrem Auto an einem Bahnübergang halten. Waggons mit Eisenerz donnern vorbei. Sie sehen aus wie große Leichenwagen, und du unterstreichst das noch, indem du sie in einer besonderen Perspektive zeigst.

JS: Ja, deine Eisenbahnszenen – du bist wirklich ein eisenbahntechnischer Virtuose! Irgendwo in deinem Leben muß es einen Bahnhofsvorsteher oder einen Lokomotivführer gegeben haben.

IB: Hat es auch. Ich wuchs bei meiner Großmutter in Dalarna auf, in einer kleinen Stadt. Sie hieß Duvnäs und liegt jetzt an der großen Touristen-

Håkan Jahnberg in *Das Schweigen*.

strecke hinauf nach Leksand und Rättvik. Aber damals war es wirklich eine
kleine Stadt, mit zwei Bauernhöfen und einem Bahnhof, denn es gab da
auch ein kleines Sägewerk.

Mein Großvater war Ingenieur und baute die Eisenbahn in Södra Dalarna.
Er war wie besessen von Zügen und baute sich auf der halben Strecke ein
Häuschen, und die Eisenbahnlinie führte quer über das Grundstück. Die
Aussicht über den Fluß und die Heide auf der anderen Seite und die mei-
lenweiten Höhenzüge ist phantastisch. Aber hundert Meter unterhalb des
Hauses geht die Eisenbahn vorbei. Das Haus hatte eine Veranda, auf der
der Alte früher saß. Ich kann mich erinnern, daß ich auf seinen Knien saß;
er hatte einen großen Bart und einen gesteiften Kragen und war an beiden
Beinen gelähmt. Er sah auf seine Uhr und dann kamen vier Züge aus beiden
Richtungen angedampft und hielten an dem kleinen Bahnhof Duvnäs und
ruhten sich aus.

In meiner Kindheit tauchen immer wieder Züge auf. Und dann der Bahnhofsvorsteher Eriksson, der zwanzig Jahre in Duvnäs gewohnt hatte, von
den Bauern aber immer noch als Zugezogener angesehen wurde; mit ihm
war also nicht zu reden. Die Eisenbahnbrücke über den Fluß war schwin-
delnd hoch, und der Fluß ging weit unten vorbei mit einer wirbelnden
schwarzen Strömung. Diese heißen Schienen im Sommer und die Walderd-
beeren unten am Bahndamm . . .

TM: Ich denke dabei an *Eva*.

IB: Ja, genau.

TM: Da fährt der Junge selbst die Lok.

207

IB: Auf dem Bahnhof von Duvnäs war manchmal eine kleine Rangierlok. Sie hieß Anna, die kleine Lok, mit allerhand Zeugs beladen schnaufte sie den Berg hoch – Holz oder was es war, ich weiß nicht mehr. Und da konnte man mitfahren, nach Lännheden und Repbäcken und Duvnäs.

JS: Während der Dreharbeiten zu *Licht im Winter*, um wieder zurückzukommen, hattest du also das Gefühl, daß der Gottesbegriff anders gefaßt werden müßte?

IB: Es ist doch so, daß alles miteinander zusammenhängt, wie Torsten ganz richtig sagt. *Das Schweigen* ist einfach, berichtet mit einfachen Mitteln, nicht mit irgendwelchen Symbolen und Künstlichkeiten.

JS: Ich möchte etwas Positives in dieser Kapitulation sehen. In der Einsicht in Gottes Schweigen drückt sich eine Art Reifeprozeß aus.

IB: Ja, das kann schon sein, aber ich finde, das gibt es schon in *Licht im Winter*. Obwohl es sehr schwer ist, etwas darüber zu sagen. Aus allem Elend, allen Konflikten und elenden Bedingungen kristallisiert sich doch dieser kleine klare Tropfen von etwas Anderem heraus – dieser plötzliche Trieb, einige Wörter in einer anderen Sprache zu verstehen. Das ist seltsam, und das Einzige, was noch geblieben ist, das einzig Positive. Ebenso wie es das einzig wirklich Positive in *Licht im Winter* ist, daß der Priester aufsteht und die Hohe Messe abhält, obwohl niemand da ist.

SB: Und die Neugierde, die man empfindet, ist nicht nur augenblicklich, sondern man kann weiter darauf aufbauen.

IB: Ja, genau, und das ist für mich das Wesentliche, das ist das Positive in *Das Schweigen*.

JS: Auf einer geistigen Ebene kann man die Trilogie wohl als eine parabelähnliche Bewegung ansehen, in deren Nullpunkt man zuerst Depression empfindet. Später kehrt man zum Nullpunkt zurück und kann dann die Konfliktkurve, durch die man hindurchgegangen ist, mit Versöhnung betrachten.

IB: Ich finde, es hört sich sehr schön an, wenn du das so siehst. Ich sah es nicht so, als ich den Film machte.

TM: Können wir jetzt über die Konfrontation mit der weiblichen Welt, die so interessant ist und die du so oft behandelt hast – *Das Warten der Frauen* und *An der Schwelle des Lebens* und wie sie alle heißen – sprechen; ich bin vorwiegend an der Beziehung zwischen den Frauen interessiert, wie sie im Film stehen, wie sie dir gegenüber stehen. Ich sehe zum Beispiel ein sehr starkes Ekelgefühl, ein klebriges. Anna pusselt die ganze Zeit an ihrem Körper herum, wäscht sich und zieht sich aus und zieht sich an, pusselt an

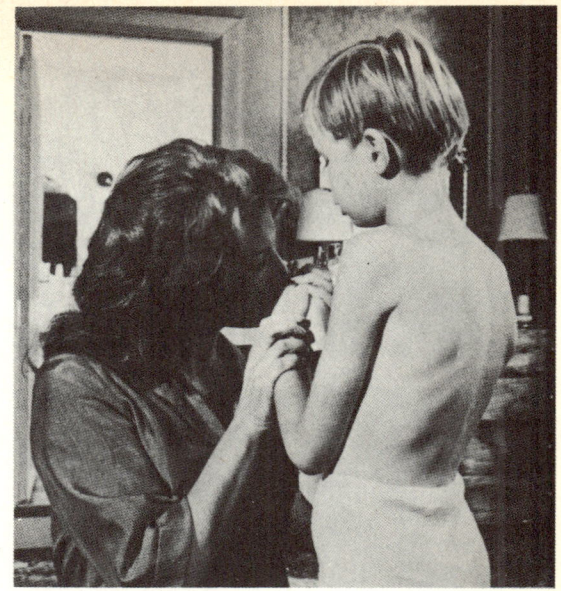

Jörgen Lindström und die beiden Frauen in *Das Schweigen*, Gunnel Lindblom (die Mutter) und Ingrid Thulin (die Tante).

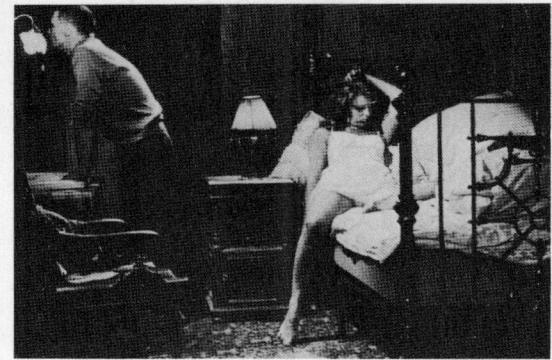

Birger Malmsten,
Gunnel Lindblom
und Ingrid Thulin
in einer sexuell
geladenen Szene
in *Das Schweigen*.

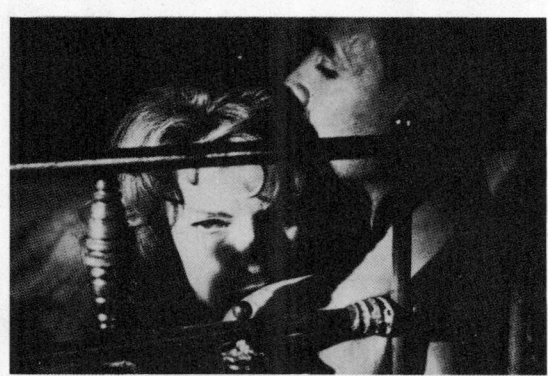

dem Jungen herum undsoweiter, aber wenn man das bildlich sieht, dann wird, wie in der Szene im Bett, in dem die vielen Polster herumliegen, eine aufgeschwollene Frauenlandschaft daraus. Daneben haben wir diesen handgreiflichen, fast scheußlichen Konflikt zwischen den Schwestern, wo die eine sensitiv ist, ein bißchen träge, die andere intellektuell gespannt, trocken. Sind das zwei Frauenideale, die sich bei dir um Aufmerksamkeit schlagen?

IB: Nein, das ist genau wie in *Persona* – es hätten genausogut Männer sein können. Wesentlich ist, daß Esther, obwohl sie krank ist und obwohl sie die Verwesung in sich trägt, die sie bekämpft, eine Art Abscheu gerade für das gewaltsam Physische bei Anna empfindet. Sie versucht, sich dagegen zu stemmen. Die Anfälle haben zur Folge, daß sie sich gedemütigt fühlt. Sie versucht die ganze Zeit, sich hübsch und sauber zu halten. Während Anna hemmungslos physisch ist und den kleinen Jungen in ihrem physischen Zauberkreis beherrscht. (Er ist ja völlig an sie gefesselt.) Der physische Ekel, der spürbar ist, das ist Esthers Ekel vor dem Körper, der Gewalt über sie gewonnen hat und sie in erniedrigende Situationen bringt. Aber es gibt keine Distanzierung in meinem Verhältnis zu Anna, eher umgekehrt. Da steckt vielleicht ein kleiner Sarkasmus dahinter, wenn sie nach dem Liebesakt breit daliegt und darüber reflektiert, daß sie trotz allem gut autofahren kann, obwohl Esther findet, sie sei doof.

TM: Hier hat Gunnel Lindblom eine große Rolle. Vorher hatte sie nur kleinere Rollen gehabt. Sie trat zuerst in Malmö auf, oder?

IB: Ja, sie war während der ganzen Malmöer Zeit dabei.

TM: Und dann spielte sie kleinere Rollen. Halt, in der *Jungfrauenquelle* hatte sie doch eine ziemlich große Rolle.

IB: Die zweite Frauenrolle.

TM: Sie ist ein bißchen anders als deine anderen großen Schauspielerinnen. Sie ist ein bißchen kantiger und gleichzeitig runder.

IB: Sie ist ein herrliches Mädchen, herb und ehrlich und großartig.

SB: Im Film erlebt man sie auch nicht als negativ. Ich sehe das so, daß der Junge die Hauptperson ist, und durch die Bedeutung, die sie für ihn hat, wird sie zu einer positiven Gestalt.

IB: Ja, weil beide sich Johan von ihrer besten Seite zeigen.

SB: Ich fasse das auch so auf, daß diese Neugierde sich auf Johan überträgt, als eine positive Haltung dem Leben gegenüber.

IB: Er geht ziemlich unbeschädigt durch den Film und hat die ganze Zeit eine Art Neugierde. Er hält seine Mutter ein wenig auf Distanz, aber das ist an und für sich kein Fehler. Er sieht sie zum ersten Mal klar, weil er für Esther Partei ergreift.

JS: Ich wollte an das anknüpfen, was Torsten über das Frauenbild des Films zu sagen hatte. Ich habe einen Artikel gelesen, den der Soziologe Joachim Israel in Stockholms Tidningen zu der Zeit schrieb, als *Das Schweigen* in Schweden diskutiert wurde. Er faßte *Das Schweigen* als sexualfeindlich auf. Er schrieb: »Durch seine negative Einstellung zur Sexualität wird *Das Schweigen* zur Pornographie.« Außerdem hat er gesagt: »Der Film ist freizügig, aber auf eine reaktionäre und sexualfeindliche Art.« Er fand, der Film grenze an Schund.

Findest du selber, daß du hier eine sexualfeindliche, puritanische Moral zeigst? Außerdem will ich an einen anderen Beitrag in der gleichen Zeitung, von Viveka Heyman, anknüpfen, der dich eines reaktionären Frauenbildes beschuldigt . . .

IB: Als es um *Persona* ging, waren einige forsche linke Mädchen auf dem Kriegspfad und wollten eine große Geschichte daraus machen, daß die Frauen in *Persona* ein reaktionäres Frauenbild verträten. Ich glaube beinahe, es war Kjell Grede, der sie stoppen konnte und ihnen beibrachte, daß der Film nicht speziell von Frauen handelte.

JS: Und die puritanische Moral?

IB: Zum Teufel damit – mit der habe ich mich während meiner ganzen Jugend herumgeschlagen, und die war typisch für ein bürgerliches Milieu der zwanziger Jahre. Es gab zwei Sachen, von denen durfte man nicht reden, wenn man fein sein wollte: es wurde nie von sexuellen Dingen geredet und es wurde nie von Geld geredet. Hier könnte ich einen langen Exkurs starten, aber ich weiß nicht, ob das etwas bringt. Ich habe ein gleichaltriges Mädchen getroffen, als ich vierzehn war, und ich bin ihr heute noch dankbar. Während der vier Jahre, die wir aufs Gymnasium gingen, kamen wir zu einer Art Resultat – einer Art Lebensgemeinschaft –, nachdem wir eine Kameradschaft in Zerknirschung und Schuld und Sünde und Schrecken vor dem Sexuellen erlebt hatten, zu einer selbstverständlichen, offenen Gemeinschaft.

JS: In dieser Hinsicht hast du allem Anschein nach mehr Glück gehabt als viele deiner Kameraden. Heute meint man, die sexuelle Erfahrung sei damals sehr spät gekommen.

IB: Dieses Mädchen war groß und fett und furchtbar lieb und sehr freundlich und nicht besonders hübsch. Ich glaube sogar, daß ich sie häßlich gefunden habe. Wenn es sie nicht gegeben hätte, wäre ich vermutlich übergeschnappt.

JS: Es ist merkwürdig, daß du so oft der Sexualfeindschaft geziehen worden bist. Das liegt wohl teilweise daran, nehme ich an, daß du mit einer starken körperlichen Nähe in den Filmen arbeitest, mit manchmal herausfordernden Körperlichkeiten – die Kritiker haben eine Doppelmoral, wenn sie zeigen, daß sie aufgescheucht worden sind.

IB: Wir können ja nun wirklich in Vilgot Sjömans Filmen sehen, was Sexualhemmungen und Sexualfeindschaft sind und wie sie sich im Film äußern. Aber du sagst, meine Filme seien physisch, und das betrifft nicht nur das Sexuelle, das betrifft die ganze Breite des Spektrums. Meine ständige Faszination für das weibliche Geschlecht ist eine meiner Hauptantriebsfedern. Klar, daß eine solche Gebundenheit auch eine Ambivalenz in sich birgt, sie beinhaltet einen Zwang. Aber daß ich Züge einer Sexualfeindschaft hätte – das Etikett kann ich nur sehr schwer akzeptieren.

JS: Hast du innerlich Probleme, die moderne Geschlechterrolle zu akzeptieren, die die Frau nach den gängigen Argumentationsmustern spielen soll?

IB: Nein, überhaupt nicht.

SB: Aber für die etwas bewußtere Frau hast du dich in deinen Filmen nicht interessiert.

IB: Nein, und auch nicht für den bewußten Mann. Die Menschen in meinen Filmen sind genau wie ich selbst – Triebwesen, die bestenfalls dann denken, wenn sie reden. Die intellektuelle Kapazität meiner Filme ist verhältnismäßig klein. Der Körper ist der größte Teil, mit einer kleinen Ecke für die Seele. Das Material meiner Filme ist Lebenserfahrung; oftmals ist sie intellektuell und logisch schlecht unterbaut.

JS: Wenn man mit dem *Schweigen* nach dem Muster eines »close reading« verfährt, und sich das Leiden Christi als Fazit denkt, dann zeigt das eine verblüffende Ähnlichkeit.

IB: Aber das habe ich nicht beabsichtigt.

JS: Wenn man die Trilogie als die Passionsgeschichte versteht: Getsehmane, der Opfertod und das Grab. Dann kann man *Persona* als die Auferstehung sehen. Die Frauen stehen für Christus – Karin in *Wie in einem Spiegel*, Märta Lundberg in *Licht im Winter*, Esther in *Das Schweigen*, Elisabet Vogel in *Persona*.

IB: Nein, überhaupt nicht!

JS: Du bist an einer solchen Interpretation vollkommen uninteressiert?

IB: Total, sie geht viel zu weit.

JS: Aber exegetisch gebildete Interpreten insistieren darauf und haben verblüffende Ähnlichkeiten nachgewiesen.

IB: Das ist gar nicht so verwunderlich. Ich habe das Christentum mit der Muttermilch eingesogen und ich komme aus einer konservativ christlichen Vorstellungswelt. Da ist es nur zu selbstverständlich, daß gewisse – heißt das nicht Archetypen? – im Bewußtsein haften bleiben, und daß bestimmte

213

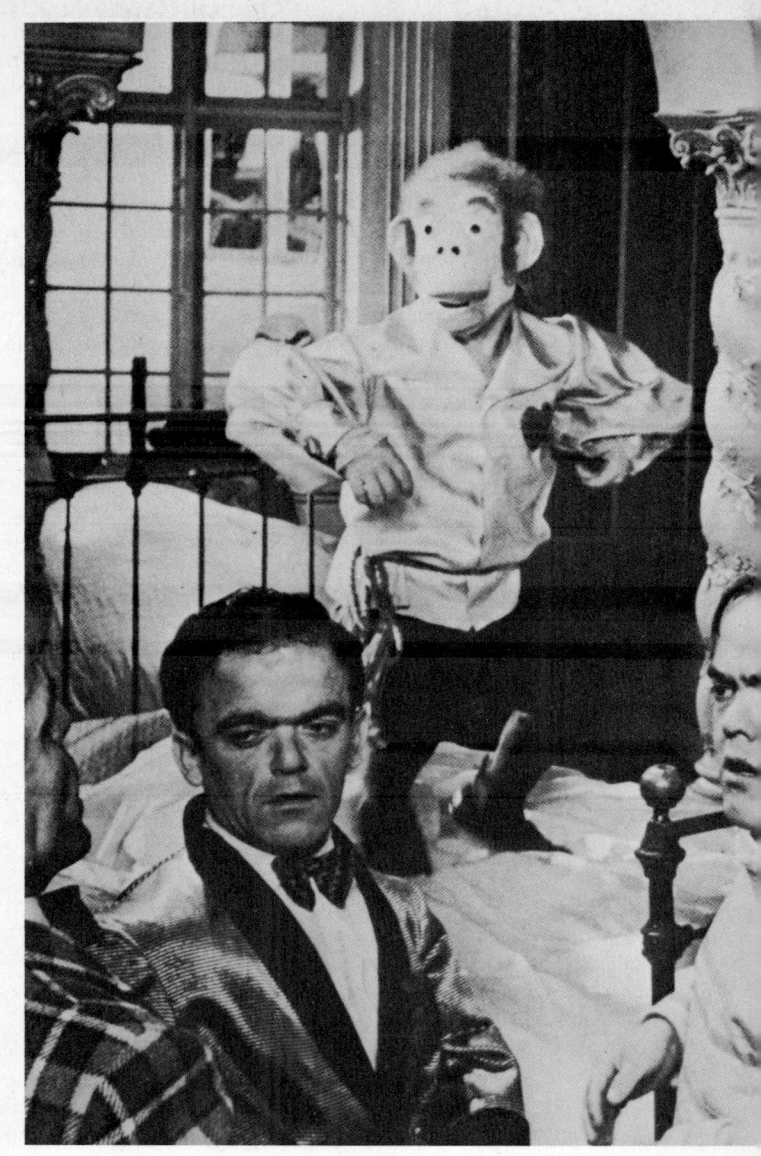

Linien, Ereignisse und Verhaltensweisen den Ereignissen in der christlichen Vorstellungswelt adäquat werden.

TM: Dieser Arzt hier ist wohl eine Verlängerung der Gottesgestalt. Er greift so radikal ein. Die Ärztin in *Persona* – sie lenkt wirklich – oder etwa nicht?

IB: Ich antworte darauf so, wie ich es in *Ritus* tue – ich stelle mir selber meine Engel und Dämonen zur Verfügung.

TM: Der Junge in *Schweigen* und in *Persona* ist nicht nur derselbe Schauspieler, er hat auch die gleiche Funktion. Nun muß man allerdings berücksichtigen, daß da noch ein Film dazwischen lag, aus dem dann nichts wurde und dessen Motive du dann in *Die Stunde des Wolfs* verwendet hast. Aber hast du den Jungen nicht – wenn du *Das Schweigen* und *Persona* schon hintereinander gedreht hast – hast du ihn nicht übernommen? – er kommt nämlich in der Buchausgabe nicht vor. Jörgen Lindström liest dasselbe Buch und hat in beiden Filmen eine katalysatorische Funktion. Auch wenn er in *Persona* nicht dabei ist, sondern nur das Geschehnis auslöst, es herbeibeschwört, während er im *Schweigen* ein Bindeglied und entschieden eine wichtige Person ist. Willst du nicht von seiner Funktion in beiden Filmen reden?

IB: Ja, aber dann kommen wir sofort zu *Persona*. Im *Schweigen* ist er der, der er ist, er steht für nichts, er ist ein Junge im Schnittpunkt der beiden Frauen. Er steht für nichts, außer dem, was im Text steht.

JS: Meine Frage hat mit der Kritik am *Schweigen* zu tun: Mauritz Edström schrieb in seiner Rezension in Dagens Nyheter eine ganz interessante Sache. Er meint, daß du einen fundamentalen künstlerischen Fehlgriff getan hast, als du kranke Menschen schildertest und den Anschein erwecktest, daß es sich um Glauben und Zweifel handele. Er schrieb: »Er läßt die Schizophrene sich mit der Frage nach der Existenz Gottes herumschlagen, die erotisch Ausgehungerte wird ins Drama von Glaube und Liebe gestellt und über die Einsamkeit des vom Tode gezeichneten Alkoholikers fällt zum Schluß das Licht aschgrau, während die Posaunen des Gerichts ertönen.« Edström meint, daß der Priester und Gottes Richtstuhl das falsche Forum sind. Es seien menschliche Probleme, um die der Arzt sich zu kümmern hätte und der Psychiater. Wie reagierst du auf eine solche Behauptung und auf eine solche Form der Kritik?

IB: Mauritz Edström kommt aus freikirchlichen Kreisen, und soweit ich sehe, leidet er selber in diesem Punkt unter einem Trauma.

JS: Ich habe das hier erwähnt, weil nicht nur Edström diese Art von Kritik vorgebracht hat. Das ist auch andernorts geschehen, nicht zuletzt im Ausland – daß du psychiatrische Probleme zu religiösen gemacht hättest. Du

wirst deshalb kritisiert. Natürlich kann man darin eine Art Dogmatik sehen.

IB: Man glaubt, es gebe eine Lösung. Wenn alles in bestimmte Bahnen ge-
zwängt wird, alles in die richtigen Kästchen gestopft wird, dann wird alles
ganz großartig. Ich bin davon nicht so überzeugt.

JS: Es ist ja oft eine atheistische Vorstellung, daß Religiosität Ausdruck
einer Psychose sei.

IB: Ja, genau das, genauso, und in religiösen Kreisen kann man das Umge-
kehrte behaupten. Mir fällt es schwer, diese Kritik zu verstehen. Ich empfinde sie noch nicht einmal als relevant. Ich finde nicht, daß sie irgendwas
mit den Motiven zu tun hat. Ehrlich gesagt, ich verstehe überhaupt nicht,
was Edström meint. Verstehst du das?

JS: Ich bin eher prinzipiell an dem Problem interessiert. Aber wenn ich
diese Frage stellen darf – bist du nach dem *Schweigen* zum Agnostiker geworden?

IB: Was heißt Agnostiker?

JS: Naja, das ist wohl jemand, der ein Problem, mit dem er sich herumgeschlagen hat, ganz aufgibt, und es, wenn er keine Antwort findet, ganz zur
Seite schiebt.

IB: Oder man kann auch so sagen: das Problem löst sich auf. Es ist wichtig
zu sagen: *das Problem existiert nicht mehr.* Aus all dem Glauben und Zweifel, aus all dem Plagen und Placken ist ein absolutes Nichts entstanden.
Dagegen bin ich mir bewußt, daß für viele meiner Mitmenschen diese Probleme noch existieren. Ich hoffe, daß dies die letzten Generationen sein
werden, die unter dem Druck einer religiösen Angst leben.

TM: Daß du so auf dieses Fremdwort reagiert hast, das Jonas brachte, ist
lustig. Das kommt auch zweimal in deinen Filmen vor – »Revelanz?« fragt
Thea in *Ritus*, und Harriet zeigt auch diese Reaktion – »Du bist infantil«,
sagt Lars Passgård in *Wie in einem Spiegel* – »Ich weiß nicht, was infantil
bedeutet.«

IB: Mit Fremdworten habe ich mich immer schwer getan. Ich habe immer
geglaubt, »bulleresk« hätte etwas mit einem Bullen zu tun.

JS: Du verwendest selber viele Fremdworte.

IB: Tue ich das? In meiner beruflichen Tätigkeit versuche ich das zu ver-
meiden.

TM: In deinen Filmdialogen bist du wie Count Basie – du zeigst nicht, wieviel du kannst.

SB: Sollen wir uns jetzt an *Persona* machen?
IB: Vielleicht fangen wir mit der eigentlichen Geburt des Films an! Im Sommer davor hatte ich keinen Film gedreht, nur ein Drehbuch geschrieben mit dem Titel »Die Menschenfresser«. Es war ein überlanger Film. Ich hatte eigentlich einen vierstündigen Film drehen wollen. Das war ein Jahr nachdem ich Intendant des Dramatischen Theaters geworden war, und der Film sollte im Jahr darauf gedreht werden.

Dann wurde ich krank, im Januar, nur eine gewöhnliche Erkältung, aber ich schleppte sie mit mir herum. Anfang März wurde ich sehr krank, und es zeigte sich, daß ich schon sehr lange mit einer Lungenentzündung herumgelaufen war. Ich wurde krankgeschrieben; und dann kam eine Penicillinvergiftung dazu, und eine Virusinfektion setzte sich im Mittelohr fest, ich hatte Schwindelanfälle und war in einem jämmerlichen Zustand. Von März bis Mai lag ich im Sofiaheim. Die Dreharbeiten zu den *Menschenfressern* hätten ja länger gedauert, und wir haben sie schon im März wieder eingestellt, weil niemand wußte, wann ich wieder auf der Höhe sein würde. Das Dramatische Theater habe ich per Telefon verwaltet. Manchmal konnte ich lange Zeit nicht lesen, ich konnte nicht fernsehen. Ich saß im Bett und starrte auf einen schwarzen Fleck an der Wand, denn hätte ich den Kopf zur Seite gedreht, wäre alles umgefallen – ich verlor ständig das Gleichgewicht.

Bibi hatte einen Vertrag für den Menschenfresserfilm. Ich hatte auch eine Gruppe norwegischer Schauspieler getroffen – ich erzähle das alles ein bißchen langatmig, und ich hoffe nur, daß es euch nicht allzu sehr anödet. Eine Gruppe norwegischer Schauspieler war im Frühling zu einem Studienaufenthalt in Stockholm gewesen, und bei der Gelegenheit hatte ich ganz flüchtig Liv Ullmann zusammen mit Bibi getroffen. Wir sind an der Ecke Almlövsgatan–Nybrogatan zusammengestoßen, und plötzlich schoß mir durch den Kopf, daß ich für diese Liv Ullmann eigentlich eine Rolle schreiben könnte. Da habe ich sie prompt gefragt, ob sie nicht Lust hätte, im nächsten Film mitzumachen. Und dann habe ich eine Rolle für sie geschrieben, keine besonders große Rolle, aber ich habe eine Rolle in den *Menschenfressern* für sie geschrieben. Später war ich einmal abends bei meinem

Das Bild der beiden Hauptpersonen in *Persona*, Bibi Andersson und Liv Ullmann, ist zu einer Identität zusammengeflossen.

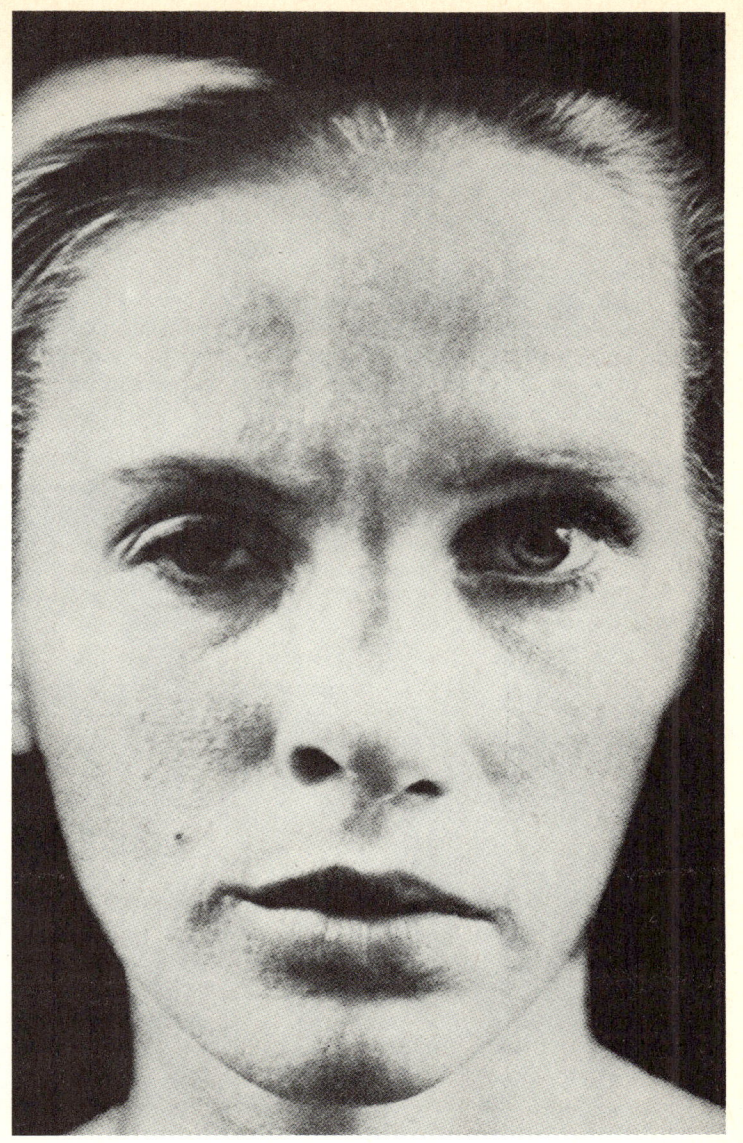

Arzt zu Besuch. Er ist einer meiner besten Freunde und mit Gunnel Lindblom verheiratet, Sture Helander heißt er, und wir haben uns Dias angeschaut. Gunnel und er hatten Bibi besucht während der Dreharbeiten zu
Pan; oder wie der Film nun hieß . . .

SB: Kurz ist der Sommer.

IB: Kurz ist der Sommer, genau, oben in Kärringöya im Sommer davor; dort
waren Bibi und Liv gute Freunde geworden, und er hatte sie fotografiert,
als sie an einer Wand saßen und sich sonnten, und als ich das Bild sah,
dachte ich plötzlich: meine Güte, was sind die sich ähnlich! Sie hatten eine
so eigentümliche Ähnlichkeit.

Dann bin ich nach Hause gefahren, ins Krankenhaus, und bekam wieder
diese Schwindelanfälle. Aber die Ähnlichkeit der beiden spukte mir wieder
im Kopf herum. Ich dachte mir, man könnte gut irgendwas über zwei Leute
schreiben, die ihre Identitäten aneinander verlieren und die auch eine gewisse Ähnlichkeit haben.

Liv Ullmann in ihrer Theaterrolle als Phädra in *Persona.*

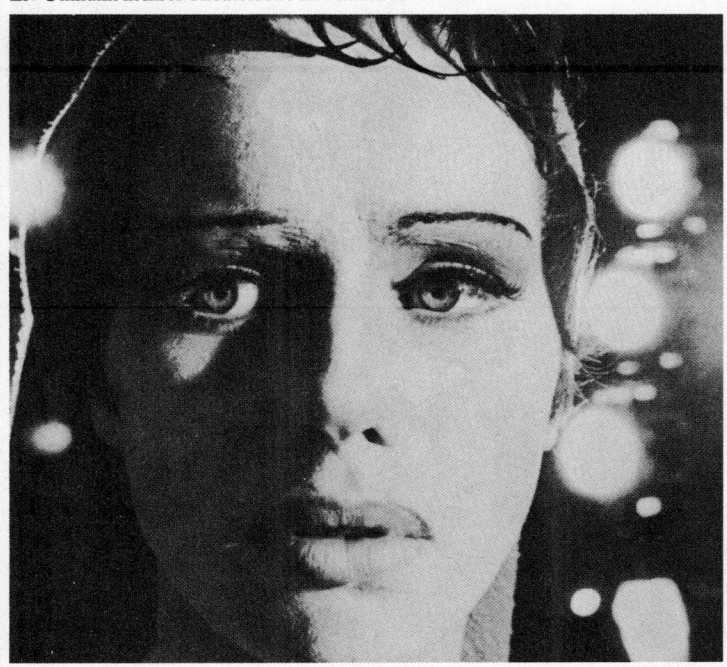

Plötzlich bekam ich die Idee, daß sie dasitzen und ihre Hände miteinander vergleichen, das war das erste Bild – daß sie dasitzen und die Hände nebeneinander halten und große Hüte auf dem Kopf haben. Da hatte ich plötzlich im Gefühl, daß da was dran ist, ein fruchtbares Material, das gab mir so unheimlichen Auftrieb, daß ich gleich Kenne Fant anrief, und Kenne kam ins Krankenhaus – es war April und schon ein wenig Frühling – und wir beide fuhren raus nach Djurgården und gingen in die Thielsche Galerie. Ich sagte: »Hör mal, du, wäre es nicht möglich, daß du etwas Personal für mich bis Ende Juli freihältst und daß wir Liv Ullmann und Bibi Andersson engagieren, und daß du das Geld vorschießt und vielleicht die Kosten auf den nächsten Film überschreibst, falls der Film nicht zustandekommt?« Es ging mir nämlich immer noch schlecht, deshalb war die Chance nicht groß, daß es überhaupt zum Drehen kommen würde. Da zeigte sich Kenne sehr verständnisvoll und sagte: »Worum geht es denn?« »Ja, er handelt von einer, die redet und einer, die schweigt, und dann vergleichen sie ihre Hände miteinander, und dann vermischen sie sich miteinander.« »Ach so«, sagte Kenne. Ich sagte: »Es wird ein sehr kurzer Film, der kann sicher sehr billig werden.« Kenne war voll dabei. Das vergesse ich nie.

Ich fing vorsichtig an, ein bißchen zu schreiben – als Therapie zwang ich mich täglich eine Stunde an den Schreibtisch im Krankenhaus.

Bis dahin hatte ich Liv nur einmal zehn Minuten mit diesen Schauspielern getroffen und zehn Minuten mit Bibi zusammen, und deshalb bat ich sie rüberzukommen, damit wir miteinander reden könnten. Wir trafen uns in meinem Büro im Dramatischen Theater. Ich war für einen Tag aus dem Krankenhaus gekommen und wir saßen und redeten miteinander – das heißt, ich sprach und Liv saß stumm dabei und war unangenehm berührt.

Im Mai ging es mir sehr schlecht, und die Arbeit blieb liegen. Bibi und Liv kamen vorbei und besuchten mich im Krankenhaus. Ich erinnere mich noch, daß ich auf dem Bett lag und den Kopf nicht drehen konnte, und mich wahnsinnig anstrengen mußte, wenn ich die beiden beim Reden anschauen wollte. Aber es gab schon einen kleinen Packen Manuskripte, den holte ich heraus und zeigte ihn vor, damit sie nicht glauben sollten, aus dem Film würde nichts. Dann sind die beiden nach Polen und in die Tschechoslowakei gereist zusammen mit ihren Männern, und Kenne hatte ihnen ihr Honorar garantiert, ob aus dem Film nun etwas werden würde oder nicht.

In den ersten Junitagen fuhr ich raus nach Ornö. Das Dramatische Theater machte zu, und mir ging es langsam etwas besser, obwohl ich immer noch diese Schwindelanfälle bekam. Aber plötzlich ging mir das Schreiben leicht von der Hand. Die zweite Hälfte von *Persona* habe ich in vierzehn Tagen geschrieben. Und da wurde es auch höchste Zeit, weil ich selbst im Oktober mit den Proben zu *Hedda Gabler* am Dramatischen Theater anfangen sollte, und Bibi ab Anfang September in *29 to Duel* mitspielen sollte. Wir fingen mit den Aufnahmen am 19. Juli im Atelier in Stockholm an. Die ersten Tage waren entsetzlich. Ich spürte, ich schaff' das nicht, und ein Tag nach dem anderen verging und wir hatten nur schlechte Ergebnisse. Sauschlechte Ergebnisse die ganze Zeit, und Bibi war wütend und Liv war nervös und ich war wie versteinert vor Müdigkeit.

JS: Warum warst du dir eigentlich so sicher, daß Liv Ullmann eine so große Rolle auch ausfüllen würde, wo du sie doch vorher nur auf der Straße getroffen hattest?

IB: Ich war mir dessen überhaupt nicht sicher. Ich habe das einfach nur geglaubt.

SB: Es passiert doch ziemlich selten, daß du Schauspieler engagierst, ohne sie vorher im Theater oder in Filmen von anderen gesehen zu haben?

IB: Ich habe sie später gesehen, nachdem die Sache abgemacht war. Da habe ich sie in einigen Filmen gesehen, bei denen sie in Norwegen mitgespielt hatte, und dann in *Kurz ist der Sommer.*

JS: Was hat dich an ihr so fasziniert?

IB: Einem Schauspieler sieht man gleich an, ob er gut ist oder nicht. Man braucht nur fünf Minuten mit ihm zu sprechen, dann weiß man's. Nicht mit Eleven, nicht mit Anfängern. Liv war eine alte gerissene Schauspielerin und ich kannte ihre Meriten. Sie hatte einen grandiosen Erfolg in Brechts *Kreidekreis* gehabt, sie hatte gerade Shaws *Heilige Johanna* gespielt. Sie hatte die Julia gespielt und die Margareta. Sie war die große junge Schauspielerin des Nationaltheaters, genau wie Bibi hier – es war also wirklich keine Pia Degermark, mit der man da aufs Parkett ging.

SB: Nun ist das ja noch nicht vorgekommen – aber könntest du bei einem Nichtschauspieler dieselben Qualitäten entdecken und sagen, die Person könnte ich für eine Rolle gebrauchen? Gesetzt den Fall – was würde dich an dieser Person davon überzeugen, daß du ihn oder sie brauchen könntest?

IB: Ich reagiere auf die Art sich zu geben, die Art zu sehen oder zu hören, die Art sich zu bewegen.

JS: Göran O. Eriksson hat in einer Rezension zum Drehbuch von *Persona* geschrieben, daß du zu den Regisseuren gehörst, die einem das Gefühl vermitteln, daß sie mehr sind als die Summe ihrer Schauspieler, »und das ist seine größte Schwäche als Filmer«, hat er hinzugefügt. Er meint anscheinend, daß die Schauspieler nur zu deinen Instrumenten werden und daß sie nie ihre eigenen Instrumente bleiben, die einen eigenen Klang und eine eigene Stimme haben – wenn ich ihn richtig verstehe.

IB: Das ist auch so ein Klischee, das ich überhaupt nicht verstehe. Ohne die Stärke der Schauspieler oder ihre Initiative oder ihre Anregung oder das Phantasieanregende oder die intellektuelle Klarheit und Fähigkeit bei den Schauspielern, mit denen ich zusammenarbeite, würde ich nie etwas durchführen können, was ich selber geschrieben habe. Sie nehmen es selbst in die Hand und machen es sich zu eigen. Ich finde, daß schon Bibis Gestaltung der Anna in *Persona* dem, was er sagt, total widerspricht. Bibi ist viel besser geworden, als es die Rolle zunächst war. Gunnar Björnstrand zum Beispiel ist ein Schauspieler mit einer feinen intellektuellen Schärfe und intensivem Erkenntnisvermögen und klarem Blick, oder Max von Sydow – Teufel auch, diese Leute führe ich doch nicht irgendwohin. Die sagen doch nicht okay und tun dann, was ich sage. Die verwenden das, was ich bringe, als Material für ihre eigene Gestaltung. Findest du nicht selber, daß das eine komische Äußerung ist? Aus dem Text geht nicht hervor, was er meint!

JS: Ich finde, das ist sein Dilemma als Kritiker.

IB: Wollen wir jetzt kurz etwas zu dem Jungen im Film sagen? Also, als ich mit *Persona* beschäftigt war, schwebte mir vor, ein Gedicht zu machen über die Situation, aus der *Persona* geboren wurde. Nicht in Worten, sondern in Bildern. Da habe ich überlegt, was wichtig war, und fing mit diesem Projektor an und der Lust, ihn in Bewegung zu setzen. Aber als der Projektor endlich in Schwung gekommen war, waren bloß noch alte Ideen da, wie die Spindel und das Gotteslamm und ähnlich triste Sachen. Mein Dasein bestand gerade damals aus toten Menschen und Ziegelmauern und ein paar kahlen Parkbäumen.

Bibi Andersson in
Persona.

223

Wenn man im Krankenhaus lebt, spürt man die Anwesenheit der Toten. Von meinem Fenster aus sah ich auf die Leichenhalle, wo die Leichenzüge hingingen und kleine Särge hinein- und herausgetragen werden. Dann spielte ich den kleinen Jungen, der gestorben war, aber doch nicht richtig tot sein durfte, weil er dauernd mit Telefonanrufen vom Dramatischen Theater geweckt wurde. Dann wurde er so ungeduldig, daß er sich hinlegte und ein Buch las: »Ein Held unserer Zeit«. Plötzlich fand ich, daß das ziemlich bezeichnend war für mich: der abgehetzte Manager, der auf seinem Sterbebett liegt. Ja, das ist wirklich trivial, aber so läuft das eben – und plötzlich sieht man zwei Gesichter, die sich ineinander bewegen, und da fängt der Film an. Dann kann man das Ganze deuten, wie man will. Es ist genau wie mit allen Gedichten. Das Bild bedeutet für jeden Menschen etwas anderes.

SB: Es ist ein schöner Anfang für den Film, finde ich.

IB: Ja, ich finde ihn spannend.

SB: Die Bilder haben eine unglaubliche Reinheit, die auch dadurch unterstrichen wird, daß ein Teil von ihnen ins Weiße hinüberspielt.

IB: Sie haben sogar einen weißen Rand – sie füllen nicht die ganze Leinwand aus, sondern sind in das Weiße hineingeschrieben.

SB: Auch der Ton ist sehr verhalten. Du hast Ateliergeräusche und Musik verwendet.

IB: Ja, der Projektor und dann die durchbohrte Hand. Es war ungewohnt, auf diese Art Gedichte zu schreiben. Ich werde das sicher noch öfter tun, wenn mir danach ist, weil es anregend war, ein Gedicht in Bildern zu schreiben.

Das wiederholt sich ja, als der Film abgespult ist und der Projektor stehenbleibt. An dem Punkt war es plötzlich aus mit meiner Eingebung. Das war im Mai, als ich wieder krank wurde und die Arbeit liegenblieb.

JS: Hattest du den Film zuerst *Kinematographie* nennen wollen?

IB: Ja, *Kinematographie*, aber da wurde Kenne ganz verzweifelt.

TM: Da kommen wir auf den Namen zu sprechen. *Persona* heißt ursprünglich die Maske, die im klassischen Drama verwendet wurde. Das Wort kann auch die einzelnen Rollen des Stückes bezeichnen. Aber Jung hat eine Definition, von der ich meine, daß sie sehr gut auf deinen Film paßt – ich möchte gern hören, was du dazu sagst: Jung sagt, daß Persona den bewußt artifiziellen oder maskierten Persönlichkeitskomplex bezeichne, der von einem Individuum entgegen seinen inneren Charakterzügen adaptiert werde, um ihm als Schutz, als Verteidigung, als ein Betrug oder als ein Versuch zu dienen, sich der Umwelt anzupassen.

IB: Ich finde, das hört sich gut an, und in diesem Fall paßt es auch gut. Ich finde, das war so faszinierend bei diesen Leuten, die die Masken miteinander tauschten und plötzlich eine Maske miteinander teilten.

TM: Aber sie machen auch ein Spiel zusammen – sie spielen Rollen gegeneinander aus und manchmal tauschen sie die Rollen.

IB: Ja, genau so.

TM: Wir sollten vielleicht über den Effekt reden, der entsteht, wenn Bibi Anderssons Gesicht plötzlich anfängt zu flattern, und dann das von Liv Ullmann eine Weile sichtbar bleibt.

IB: Die Mädchen wußten nicht, daß ich das machen wollte. Das war eine Idee, die ich während der Aufnahmen hatte. Während wir auf Fårö waren, schickten wir diese Sequenz ins Labor, wo die dunkle Seite des Gesichts der einen durch die helle Seite des Gesichts der anderen ergänzt werden sollte. Die Muster kamen zurück und ich bat die Mädchen, mal zu kommen und sich etwas Lustiges am Schneidetisch anzusehen – eine Überraschung. Dann zeigten wir ihnen das Ergebnis und Liv rief: »Aber das ist ja ein scheußliches Bild von Bibi!« Und dann sagte Bibi: »Nein, das bin ich doch nicht, das bist du!« Und dann war das Bild zuende. Man muß dazu sagen, daß jedes Gesicht eine schöne und eine häßliche Seite hat, und das Bild ist eine Kombination von Bibis und Livs weniger vorteilhaften Seiten. Im ersten Schreck sahen sie ihre eigenen Gesichter nicht. Als erste Reaktion hätten sie normalerweise sagen müssen: »Was hast du aus meinem Gesicht gemacht?« Aber das taten sie nicht. »Schau mal, wie komisch Liv aussieht«, sagte Bibi. Sie erkannten ihre eigenen Gesichter nicht wieder. Ich finde, das ist eine ziemlich interessante Reaktion.

SB: Die Sequenz ist also im Labor entstanden?

IB: Ja, dadurch, daß die eine Hälfte der Szene im Dunkeln bleibt, war das ganz einfach, die jeweiligen hellen Seiten zusammenzuschieben.

TM: An dem Punkt setzt Almas Schizophrenie ein, ihre Sprache fällt in Scherben, sie merkt, daß sich die andere Frau in sie hineinprojiziert.

IB: Ja, die Worte hören auf zu existieren.

TM: Aber das gehört zum schizophrenen Krankheitsbild!

IB: Ich habe das so aufgefaßt. Almas Aggressivität wächst in dieser Traumsituation, in der sie sich befindet, auf ein solch unglaubliches Maß an, daß sie Worte nicht mehr verwendet. Sie wird kopflos, jeder Ausdruck verläßt sie, und sie wird wie eine Maschine, die kaputtgegangen ist. Sie läuft nur auf wahnsinnig schnellen Touren und es kommen Worte heraus, die nirgendwo mehr koordiniert sind, was Bibi beim Lernen unglaubliche Schwierigkeiten gemacht hat. Sie mußte sich diese Wortfolgen ja einprägen. Eine Wortfolge auswendig zu lernen, die überhaupt keinen Sinn ergibt, ist mit das Schwerste, was es gibt.

TM: So etwas kommt in Becketts »Godot« vor.

IB: Ja, Lucky hält seinen langen Monolog; nein, er hat zusammenhängende Wortfolgen. Er hat Sätze, die auseinandergehackt sind. Er hält einen unendlich langen Vortrag, der aus Satzfragmenten besteht. Aber in *Persona* gibt es keine zwei Wörter, die irgendeine Beziehung zueinander haben. Jedenfalls schleppten sich die Aufnahmen mit sehr schlechten Ergebnissen dahin, aber als wir nach Fårö kamen, ging es gleich besser. Es war schönes Wetter und es lief mit den Aufnahmen, und wir fingen nochmal mit dem an, was wir schon in Stockholm gemacht hatten. Wir konnten das Sommerhaus ungefähr so einrichten, wie das Atelier in Stockholm eingerichtet war. Das Krankenhaus bauten wir im Heimatmuseum nach, wo wir unser kleines Filmatelier hatten. Als wir dann nach Stockholm zurückkamen, haben wir sofort einige Sachen nochmal wiederholt. Der halbe Film besteht aus Wiederholungen.

JS: Wurde er teurer, als du gedacht hattest?

IB: Ja, er wurde ziemlich teuer.

SB: Diese träumerischen Nachtszenen – sind die im Atelier aufgenommen?

IB: Sowohl als auch. Sie sind sowohl auf Fårö wie im Atelier entstanden.

SB: Zum Beispiel diese Szene, in der Liv durch die Zimmer schwebt und man weit entfernt das Nebelhorn tuten hört?

IB: Das ist auf Fårö aufgenommen. Die ganze Auseinandersetzung zwischen Liv und Bibi ist auf Fårö aufgenommen, vorher hatten wir sie in Stockholm gespielt, aber sie war uns völlig mißglückt.

SB: Wie stark regt Sven Nykvist dich oder ihr euch gegenseitig an, was die visuelle Gestaltung der Filme angeht?

IB: Man kann sagen, daß wir untereinander eine Geheimsprache entwickelt haben. Wir brauchen kaum etwas zu sagen. Vor dem Beginn der Aufnahmen besprechen wir sehr genau, wie wir uns den Film vom Licht her vorstellen, überprüfen die Lichtverhältnisse und versuchen dann, alle Probleme, die mit der Beleuchtung zusammenhängen, gemeinsam zu lösen.

JS: Wenn du an internationalen Projekten arbeiten willst – soll Sven Nykvist da mitmachen?

IB: Ja, das hoffe ich sehr. Das wäre sonst schrecklich.

SB: *Persona* ist ja fast ausschließlich auf Nahaufnahmen und weite Totalen aufgebaut, und die Form deckt sich vollständig mit dem Inhalt. In den Beziehungen zwischen den Frauen gibt es diese heftigen Wechsel zwischen Nähe und Ferne, zwischen Intimität und Distanzierung. Diese Erzählweise, die die eher »normale« und alltägliche Halbtotale ausläßt, ist natürlich bewußt.

IB: Ja, das mit den Totalen und Nahaufnahmen ist eine Ambivalenz im

226

Regisseur selber. Du weißt ja selbst als Regisseur, daß du plötzlich eines Morgens überschüssige Kräfte spürst und daß du ein starkes Bedürfnis hast, diesen Idioten auf den Leib zu rücken, sie herauszufordern, sie an die Wand zu drängen und gutgelaunt das letzte an Ausdruck aus ihnen herauszuquälen, sie dazu zu bringen, über sich selbst hinauszuwachsen. Manchmal muß man Nahaufnahmen machen, nur weil die Situation Nahaufnahmen verlangt, aber manchmal hast du rasende Lust, bis an deine Grenze und die der Schauspieler zu gehen. Dann weißt du, wie unglaublich entlarvend, wie unglaublich schwer die Nahaufnahme ist, aber auch die Replik, die mit der Nahaufnahme zusammenhängt.

An manchen Tagen fühlst du eine große Unlust und Müdigkeit und möchtest am liebsten nach Hause gehen oder alle Leute anschreien und dich in die Ecke stellen und maulen. Da fühlst du plötzlich – nein, jetzt will ich in Totalen filmen, jetzt will ich sie alle auf Abstand haben, weit weg, und plötzlich denkst du: Geht das denn? Ja, das geht prima, hier ist es sogar gut, Totalen zu haben. Aber was da eigentlich abläuft – ob das innere Rhythmusgefühl den Ausschlag gibt oder ob du von persönlichen, privaten Impulsen gelenkt wirst – das mußt du dir klarmachen. Du mußt deine Ambivalenz als etwas Fruchtbringendes, Funktionierendes einsetzen.

Ich glaube, daß diese Veränderungen stark davon abhängen, daß du einen Rhythmus in dir hast. Wenn du einmal in diesem Rhythmus drin bist – du kommst nach und nach hinein, manchmal nach drei Tagen, manchmal nach einer Woche, und im Fall *Persona* erst ungefähr einen Monat nach Beginn der Dreharbeiten, – wirst du bombensicher und dann kannst du entweder a) mit deiner Vitalität ihnen auf den Leib rücken, oder b) deine Unlust ausnutzen und dich abschirmen. Irgendwie setzt man ja alles ein, was man hat, jede einzelne Zelle des Körpers, wenn man einen Film macht.

JS: Wenn du dir die Auflösung eines Bildes oder einer Szene ausgedacht hast, schließt du dann eine moralische oder psychologische Überlegung an und fragst dich: Aber ist die Auflösung dieser Szene berechtigt, drückt sie das aus, was ich in dieser Szene sagen will? Denkst du so rein intellektuell, oder vertraust du da auf dein Rhythmusgefühl, auf deine Eingebung? Ich meine, daß es eine moralische und psychologische Kongruenz zwischen Form und Inhalt geben muß.

IB: Das ist wohl in hohem Maß eingebaut.

JS: Das über Form und Moral hat, glaube ich, Godard gesagt.

IB: Ich glaubte, es sei Antonioni gewesen, der das gesagt hat – daß es eine moralische Stellungnahme sei. Dann muß Godard aber eine verdammt niedrige Moral haben. Aber das ist richtig, man kommt ziemlich bald darauf, daß eine Szene eigentlich nur auf eine Art gemacht werden kann.

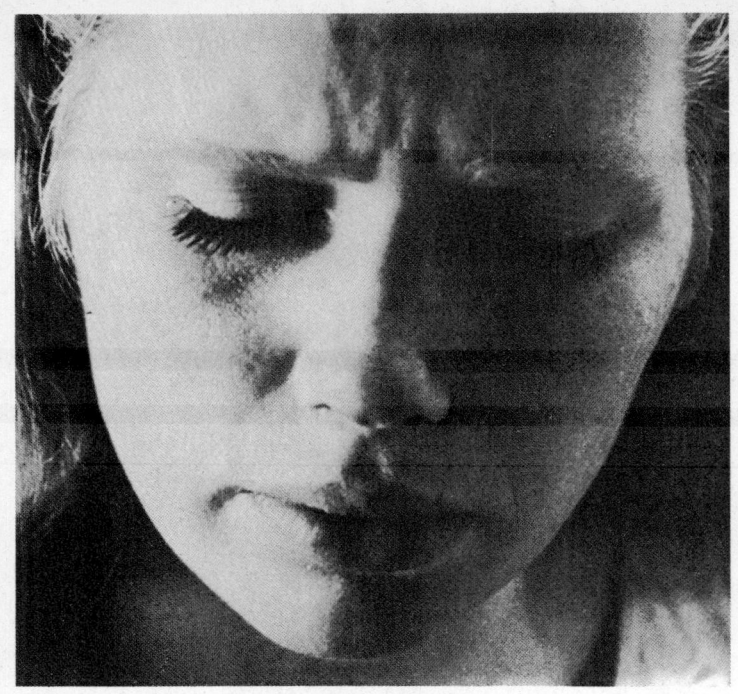

Persona, ein Film in Großaufnahmen. Liv Ullmann,

SB: Ich hätte gerne deinen Kommentar zur Gestaltung einer bestimmten Szene in *Persona,* in der Bibi Liv von ihrem Erlebnis am Strand mit dem Mädchen Katarina und den beiden vierzehnjährigen Jungen erzählt. Sie ist fast schon raffiniert genau aufgebaut. Du fängst mit einer Totalen von Bibi an, wie sie in einem Stuhl sitzt und erzählt. Dann machst du einen Schnitt: Liv, wie sie im Bett sitzt und zuhört. Dann zeigst du Bibi in der Halbtotalen und Liv in der Halbtotalen, und dann Bibi in Großaufnahme und Liv in Großaufnahme. Dann sehen wir, wie Bibi träge und rauchend im Zimmer auf und ab geht. Dann folgt eine Großaufnahme von Liv, glaube ich, und noch ein Bild von Bibi, und dann werden sie in Großaufnahme gezeigt, wie sie im Bett liegen. Und die Erzählung läuft die ganze Zeit weiter. Diese Szene hättest du ja auf ähnliche Weise lösen können wie die Szene in *Licht im Winter,* wo Ingrid Thulin ihren Brief vorliest. Da hast du dich

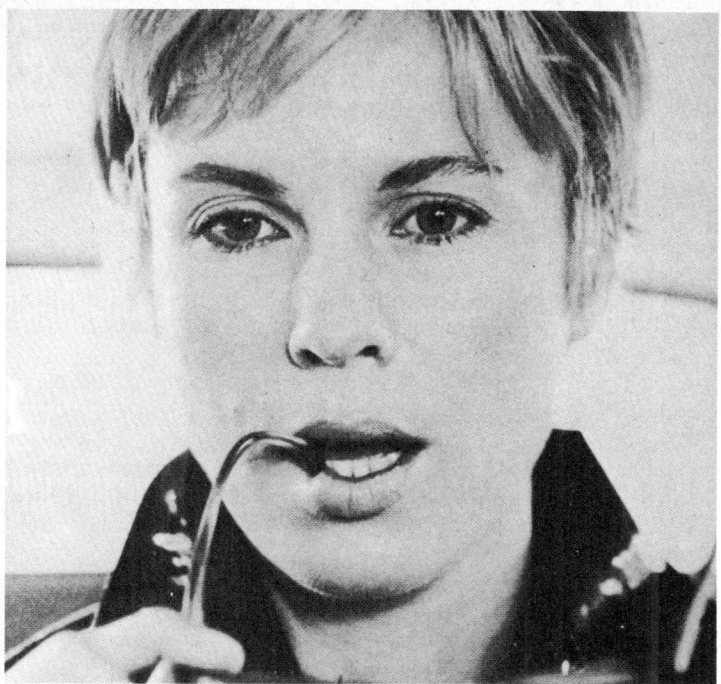

und Bibi Andersson.

dafür entschieden, den Zuhörer draußen zu lassen, aber in *Persona* schien es dir wichtig, auch den zuhörenden Teil zu zeigen.

IB: Schau dir Livs Gesicht an: es schwillt die ganze Zeit über an, es ist faszinierend – die Lippen werden größer, die Augen dunkler, das ganze Mädchen verwandelt sich in eine Art Lüsternheit.

Ein Bild von Liv im Profil ist darunter, das ist makellos. Man sieht richtig, wie sich das Gesicht in eine Art kühle, wollüstige Maske verwandelt.

Wir haben diese Szene »die Erzählung« genannt. Die Mädchen haben eine Menge Spaß dabei gehabt. Als wir sie drehten, redete ich mit Liv darüber, daß sie alles Gefühl in den Lippen sammeln sollte. Sie sollte sich darauf konzentrieren, ihre Sensibilität dorthin zu legen – man kann das ja – und besonders Schauspieler können das – sein Gefühl in bestimmte Körperteile legen. Man kann plötzlich das Gefühl in einem Zeigefinger sammeln, oder im großen Zeh oder der einen Hinterbacke oder in den Lippen, und genau dazu habe ich sie aufgefordert. Und davon hat sie diese merkwürdig lüstern-lauschende Haltung. Wichtig ist ja nicht nur Bibis eingeschüchterte und etwas halbvulgäre, vollkommen tonlose Stimme und ihr Erstaunen über ihre eigenen Erlebnisse. Genauso wichtig, genauso erotisch wichtig in dieser Szene ist ja die Zuhörerin, die Empfängerin, die dem Bombardement und dem Reiz ausgesetzt wird.

SB: Wie machst du das rein praktisch? Nimmst du die ganze Szene zuerst mit Bibi in der Totalen, dann die ganze Szene in der Halbtotalen und dann in Nahaufnahme?

IB: Oh nein, die Kunst dabei ist, bis zu einem bestimmten Punkt zu gehen, dann bricht man ab und dreht die entsprechende Szene zur anderen Seite. So geht das die ganze Zeit.

SB: Die Szene ist sehr architektonisch oder musikalisch-architektonisch aufgebaut, und dieser Aufbau ist also vorher festgelegt?

IB: Je aufgewühlter, je roher, scheußlicher, brutaler, unanständiger eine Szene ist, desto besser ist es, die Kamera objektiv vermitteln zu lassen. Wenn die Kamera selber verdammt aufgeregt wird und anfängt herumzuhopsen, verlierst du unheimlich viel. Du sollst ja getroffen werden, du sollst betroffen sein, und wenn sich die Kamera dazwischendrängt und anfängt, von eigenen Gefühlen zu erzählen, steht sie deinem Erlebnis häufig im Weg. Die Geschichte soll ja nicht nur Elisabeth beeinflussen, sie soll ja auch dich beeinflussen, so daß du alles auf deiner eigenen, inneren Leinwand erleben kannst – viel drastischer und viel brutaler und aufrichtiger und lustvoller als alles, was ich jemals zustandebrächte. Stell dir da nur mal eine Überblendung vor und eine Erzählung in Bildern – was für ein billiger Effekt! Da wären wir mitten in *Nackt wie der Wind des Meeres*.

TM: Wenn du davon sprichst, daß manche Bilder aus einer inneren Einstellung zu den Schauspielern, zum Tag zustandegekommen sind – wie stehst du dann zum fertigen Material, wenn es auf den Schneidetisch kommt? Da muß sich ja deine Haltung zu den verschiedenen »Anfällen« verändert haben.

IB: Dann haben sie sich in etwas anderes verwandelt. Schon wenn ich im Vorführraum sitze, habe ich eine ganz sachliche Einstellung zum Material. Bevor es gestaltet ist, bevor es die Kamera eingefangen hat, da wütet der große Anfall.

TM: Ich erlebe bei dir nie, daß es Alternativen gibt, alles muß so und nicht anders sein. Gerade in dieser Totalen, wo Bibi herauskommt und das Glas auf die Erde wirft. Man fragt sich, was das Mädchen jetzt machen wird – sie steht nur da und verharrt, und erst als es zum Drama kommt, als Liv sich an dieser Scherbe schneidet, gehst du mit der Kamera näher heran.

IB: Genau das. Unsicher wird man eigentlich nur, wenn man weiß, daß eine Szene irgendwie schlecht ist, oder wenn man es mit einem schlechten Schauspieler zu tun hat oder wenn etwas schief gegangen ist. Wenn man plötzlich in eine Art Unsicherheit hineingerät, dann . . . Ihr wißt selbst, wie das ist, wenn alle gedrängt in der Ecke stehen und die Köpfe hängen lassen und darauf warten, daß dem Regisseur, diesem Idioten, endlich was einfällt, damit man zum Essen gehen kann.

TM: Ist es nicht in einer Filmindustrie wie der amerikanischen – die ja unglaublich kommerzialisiert ist – so, daß der Film auf jeden Fall gemacht werden muß? Der Dollar rollt – und durch Kamerabewegung wird ersetzt, was am Drehbuch und an Vorstellungskraft fehlt?

IB: Sieh dir nur einen Arne-Mattsson-Film an – an dem kannst du sehen, wie die Kamerabewegung das meiste ersetzen muß.

JS: Du hast gesagt, *Persona* sei ein Gedicht in Bildern. Diesen Hinweis habe ich deshalb besonders dankbar aufgenommen, weil *Persona* zu den Filmen von dir gehört, die ich am meisten bewundere, aber gleichzeitig derjenige ist, von dem ich rein intellektuell am wenigsten verstehe.

Ich würde also gern vom Film aus ein paar Fragen stellen. Elisabeth Vogler, die Schauspielerin, findet, daß ihre Kunst ganz sinnlos ist. Sie hat ein freiwilliges Schweigen gewählt. Im Vorwort zum Drehbuch steht ungefähr: »Die Religion und die Kunst werden aus sentimentalen Gründen als konventionelle Höflichkeit dem Vergangenen gegenüber am Leben erhalten – aus wohlmeinender Sorge um die immer nervöseren Freizeitbürger.« Du hast selber hin und wieder während unserer Gespräche Zweifel am Sinn der Kunst geäußert, – wir haben das jedenfalls diskutiert. Ist das ein Thema, das es in deinem Werk schon lange gibt – was meinst du?

IB: Zuerst war ich nur unheimlich froh darüber, daß die Männchen sich bewegten und ich weitermachen durfte. Danach entdeckte ich immer mehr die begrenzten Möglichkeiten des Theaters, ebenso wie des Films und des Fernsehens, die Fiktion, das Erfundene, das Gestaltete zu vermitteln, und wenn ich das Ausarten des Romans sehe, unsere immer größere Unfähigkeit, ein fiktives Ereignis elementar zu erleben und zu akzeptieren, die eigene wachsende Unlust, Geschichten zu erzählen, Erzählungen mit Anfang und Ende zu gestalten – ja, da kamen die Zweifel.

JS: Elisabeth Vogler wird von dem brennenden vietnamesischen Mönch wie von einem Schock getroffen – die Wirklichkeit, die den Künstler überfällt. Diese Konfrontation hier hat eine Prägnanz, die man kaum vorher in deinen Filmen gesehen hat, und da finde ich es vielleicht nicht ganz abwegig – auch wenn du vielleicht meinst, daß die Frage ein wenig absurd ist – dich

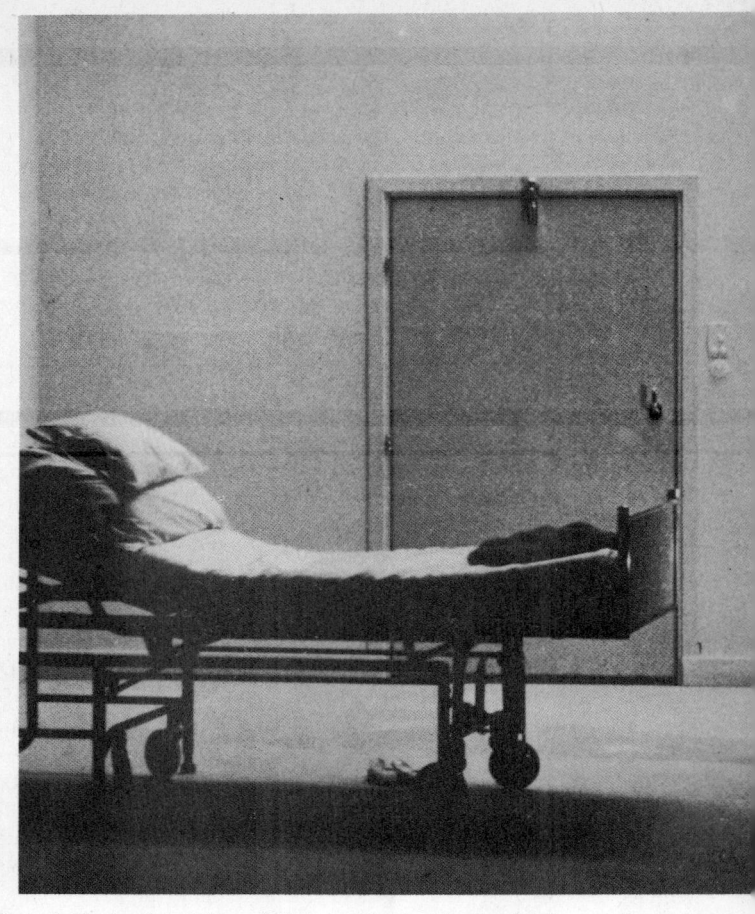

Elisabeth Vogler (Liv Ullmann) sieht im Krankenzimmer den brennenden vietnamesischen Mönch im Fernsehen.

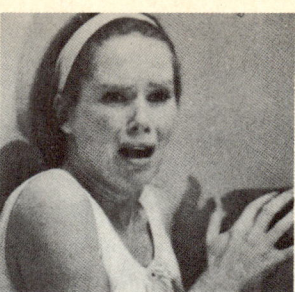
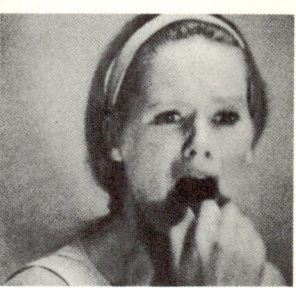
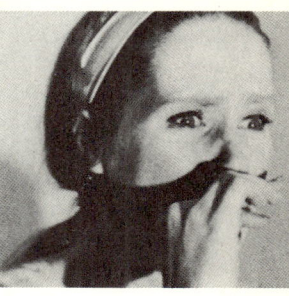

zu fragen, welche Wirklichkeit dich zur Zeit der Entstehung von *Persona* so stark persönlich getroffen haben könnte?

IB: Ich gestalte selten irgendwelche Dinge, die im Augenblick aktuell sind, außer zum Beispiel dieses Gedicht als Einleitung zu *Persona*, in dem eine eben vergangene Situation geschildert wird. Wir wissen ja, daß die Kunst früher eine politische Demonstration sein konnte, ein Ansporn zu politischem Handeln. Wir wissen heute, daß die Kunst dort ihre Rolle total ausgespielt hat, *Die Stunde der Hochöfen* mag auch noch so heiß sein. Heute ist es die Nachrichtenübermittlung, die Nähe des Fernsehens zu den verschiedenen Ereignissen an verschiedenen Punkten der Erde, die die politischen Aktivitäten auslösen. Da ist die Kunst hoffnungslos ins Hintertreffen geraten. Die Künstler sind kaum mehr soziale Visionäre, wie sie es früher waren. Das sollten sie sich nicht einbilden. Die Wirklichkeit läuft den Künstlern und ihren politischen Visionen die ganze Zeit davon.

TM: Das ist eine absolute Wahrheit – nach Rubys Mord an Oswald, den wir direkt verfolgen konnten!

IB: Ja klar! So läuft das die ganze Zeit.

JS: Aber du meinst, daß der Künstler auf jeden Fall immer noch eine Aufgabe in der Gesellschaft hat?

IB: Da die Gesellschaft immer noch meint, daß sie die Künstler braucht und sie noch dazu für ihre Dienste bezahlt, und solange Menschen in die Kinos gehen und sich im Fernsehen Filme ansehen und die Theater und Konzertsäle füllen, so lange soll auch der Künstler antreten, unabhängig davon, ob er von Nutzen ist oder nicht. Deshalb meine ich, daß er verdammt genau darüber *nachdenken* muß, wo er von Nutzen sein kann und *auf welche Weise* er von Nutzen sein kann, und ob er vielleicht gerade *dadurch* von Nutzen sein kann, *daß er sich selbst bejaht und nur Künstler ist.*

JS: Du läßt Alma in *Persona* sagen: »Ich hege eine kolossale Bewunderung für Künstler und ich meine, daß die Kunst im Leben eine kolossale Bedeutung hat, besonders für Menschen, die es auf irgendeine Weise schwer im Leben haben.« Der Künstler als Therapeut, ganz einfach. Ist das hier nur Spott, oder glaubst du, daß wir die Kunst nicht so nutzbringend verwenden dürfen?

IB: Da mache ich nur Spaß, weil genau das die allgemein verbreitete Auffassung ist. Wo man vielleicht am meisten gerührt und am meisten verärgert wird, das ist, wenn die Leute – brave Leute – die brav ins Theater marschieren und die Konzertsäle füllen und zur Volkshochschule gehen, wenn die sagen: »Ich habe furchtbar viel Respekt vor Künstlern und ich mag Kunst sehr gern und ich glaube, daß Kunst besonders für gehetzte Menschen eine kolossal große Bedeutung hat!« Die Leute sitzen ergeben, gottergeben da und warten auf Erbauung. Normalerweise sind die Künstler in ihrem unendlichen Dünkel langweiliger als die Leute, die dasitzen und auf Erbauung warten. Ich mag dieses ganze unterwürfige Getue vor den Künstlern nicht, *von mir aus sollte man ihnen einen kräftigen Tritt in den Arsch geben* – darüber wäre eine ganze Menge zu sagen.

SB: Bibi sagt das auch so naiv.

IB: Ja, sie sagt das sehr betörend.

JS: Aber das Publikum hat doch das Recht, die Kunst zu therapeutischen Zwecken zu benutzen, wenn es das will?

IB: Ja, das Recht haben – das wäre großartig, wenn es dazu kommt! Danach schaltet Elisabeth ein Hörspiel ein – nein, das macht sie vorher. Da hat auch Bibi einen Auftritt: Bibi spielt ein Hörspielsternchen mit einem entsetzlichen Tonfall, so einem richtigen Schauspielerheulen in der Stimme, und da fängt Elisabeth an zu lachen und gerät vollkommen außer sich. Genau wie als sie die Phädra spielt, wo sie plötzlich sich selbst hört – verdammt, wie höre ich mich eigentlich an? Sie sieht ihre Kollegen, deren geschminkte Gesichter – was zum Teufel machen wir eigentlich? Und dann denkt sie: es hat keinen Zweck, irgendwas zu sagen, es ist besser, man hält den Mund. Wenn ihr euch die erste Großaufnahme anseht, als sie sich umdreht: plötzlich steht sie da, sieht sich um und beginnt zu lächeln.

SB: Das sagt ja auch der Arzt.

IB: Und das ist völlig unneurotisch, das ist bei Elisabeth so wichtig. Das Schweigen, das sie sich auferlegt, ist unneurotisch. Das ist die Art, auf die ein starker Mensch protestiert.

TM: Hitchcock hat das noch ironischer fomuliert, als er in *Eine Studie über Verbrechen* über Musik spricht, im Zusammenhang mit James Stewarts katatonischen Depressionen im Krankenhaus. Sie haben versucht, das mit Musik zu beheben, und schließlich geht das Mädchen rein zum Arzt und sagt: »Herr Doktor, ich glaube, Mozart hilft überhaupt nicht.«

IB: Mir dagegen hilft Mozart!

JS: Hast du – das behauptet ein Doktor der Theologie – Hjalmar Sundéns religionspsychologische Arbeit »Die Religion und die Rollen« – sie ist gestaltpsychologisch beeinflußt – als Vorarbeit zu *Persona* gelesen?

IB: Nein, gar nicht, überhaupt nichts.

JS: Aber das Buch hast du wohl gelesen – es ist ja an und für sich ein Standardwerk?

IB: Nein, das habe ich nicht. Ich habe verhältnismäßig wenig Literatur im Gepäck. Wer Literaturgeschichte bei Professor Lamm studierte, mußte nämlich »Harward, der Harfenspieler« und Lings Dramen lesen.

TM: Was nützt dir das Gepäck der anderen, wenn du dein eigenes hast?

IB: Man bereichert sein Selbst damit. Im Lauf der Jahre wird das immer wichtiger. Allmählich komme ich darauf, daß es legitim ist, den ganzen Tag ein Buch zu lesen, das ich mag. Früher hatte ich immer ein schlechtes Gewissen, wenn ich tagsüber las.

IX. Das erste Treffen in Filmstaden, am 1. 1. 1968

SB: Die Hauptperson in *Die Stunde des Wolfs*, der Maler Johan Borg, wird von »Dämonen« geplagt, die er im Film mehrmals »Menschenfresser« nennt. Vor den Dreharbeiten zu *Persona* hast du an einem Projekt gearbeitet, das *Die Menschenfresser* hieß. Liegt das Drehbuch zu diesem geplanten Film der *Stunde des Wolfs* zugrunde, oder hast du sowohl für *Persona* als auch für *Die Stunde des Wolfs* Motive aus *Die Menschenfresser* entlehnt?

IB: Dieses Menschenfressermotiv, das Motiv in *Die Stunde des Wolfs*, ist schon ziemlich alt. Das gleiche gilt von dem Motiv in *Persona*: die Umverteilung der Macht, das Identifikationsproblem, die schweigende Rolle gegen die sprechende.

Man kann sagen, daß das Drehbuch zu den *Menschenfressern*, das nicht verfilmt wurde, dem Drehbuch zu *Die Stunde des Wolfs* zugrundeliegt. *Die Menschenfresser* schrieb ich ein Jahr vor den Dreharbeiten zu *Persona*.

Die Stunde des Wolfs ist sehr persönlich. Der Film ist sogar in solchem Grad persönlich, daß ich ein Vorspiel und ein Nachspiel dazu gemacht habe, um ihn in einen spielerischen Rahmen zu stellen. Jetzt ist nur noch der Redetext übrig, der dem Vorspann zugrundeliegt. Ich habe mich in diesem Prolog und Epilog eines Selbstbetruges schuldig gemacht. Es ist besser, keine ästhetischen Spielchen zu versuchen, um sich von dem Film zu distanzieren. Ich habe diese Sequenzen in zwei Etappen entfernt. Der Film war ursprünglich 2850 Meter lang. Ich habe vierhundert Meter davon entfernt.

JS: Welche Form hatten diese Sequenzen?

IB: Sie waren sehr einfach. Ich saß im Archiv und erzählte den Schauspielern, wie mir die Idee für den Film gekommen war: daß eine Frau mir ein Tagebuch gegeben habe – Johan Borgs Tagebuch – und daß ich sie dann dazu bewegt hätte, mir aufs Tonband von ihrem Zusammenleben zu erzählen. Alles nach bekanntem E. T. A. Hoffmann'schen Muster.

TM: Du bist in dieser Ecke zu Hause – Hoffmann, Poe, Almquist?

IB: Klar, der Bezug ist bewußt. Mehrere der Personen in *Die Stunde des Wolfs* haben Hoffmann'sche Namen: Kapellmeister Kreisler, Kurator Heerbrand, Archivar Lindhorst.

JS: Johann Borg sagt in einer Art persönlichem Purgatorium während des Festes auf dem Schloß in *Die Stunde des Wolfs*, daß der Künstler auserwählt sei, ohne eigenes Verschulden.

Er sagt: »In meinem Schaffen gibt es nichts Selbstverständliches – außer

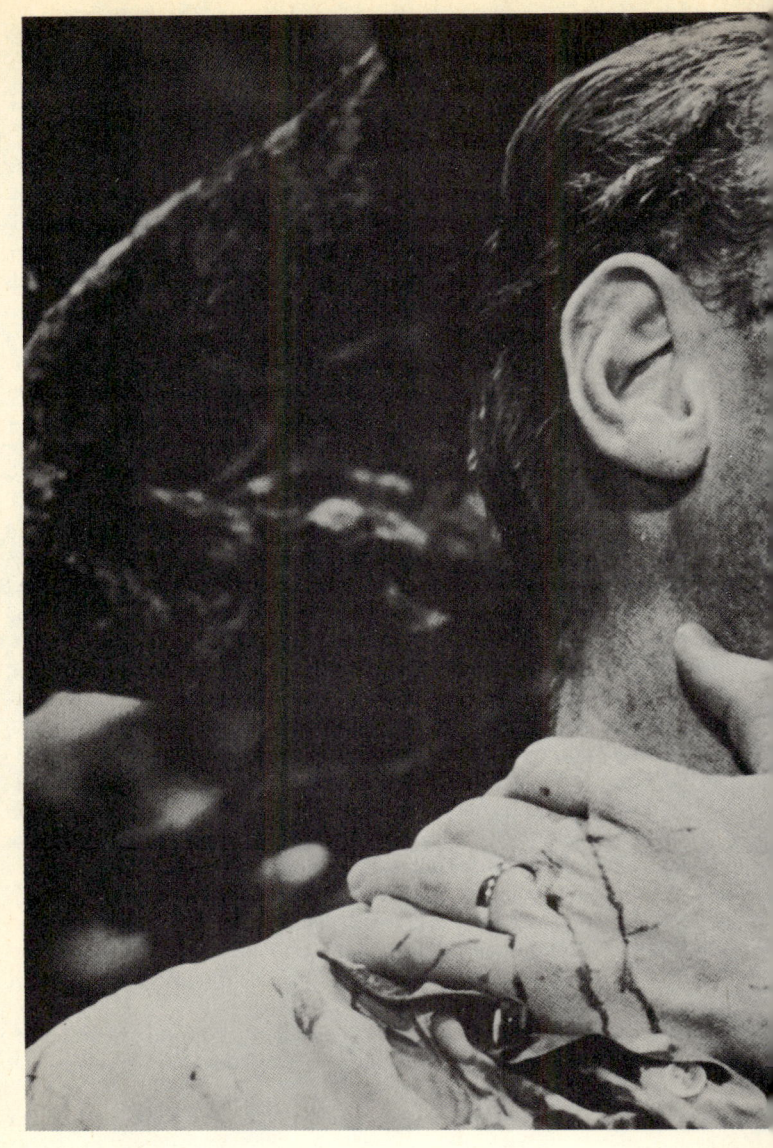

dem Zwang.« Das ist ja eine romantische Auffassung vom Künstler. Mehrere deiner früheren Filme haben die gleiche Einstellung gezeigt.

IB: Was meinst du mit romantisch?

JS: Daß der Künstler der von Gott Gesandte ist. Er wird vom platonischen Glauben an die Eingebung geleitet.

IB: So habe ich das nicht gemeint, auch wenn es hier vielleicht so aussieht.

JS: Sonst würdest du zu der ästhetischen Haltung in Opposition stehen, die viele Künstler heute einnehmen. Die jungen Autoren, Sven Delblanc zum Beispiel, die vom Schreiben als einem Beruf reden, als einer Aufgabe.

IB: Ich teile als Mann vom Fach, als Filmemacher und Regisseur, diese Auffassung in hohem Maß. Johan Borg will ausdrücken, daß er vor einem »Muß« steht, einer fortdauernden Qual, einem Zahnschmerz. Er kommt nicht davon los. Es ist also nicht von einer Gabe von oben die Rede. Es gibt keine außerweltliche Beziehung. Es gibt dort nur eine Krankheit, eine Perversion, ein Kalb mit fünf Beinen. Er betrachtet die Situation sehr brutal.

Ich erinnere mich nicht genau an das, was Johan Borg in dieser Szene sagt.

Man spricht vom Künstler als einem Auserwählten. Ich glaube, er verwendet den Ausdruck in Anführungszeichen. Ich weiß jedenfalls, daß ich etwas Schmerzhaftes gemeint habe, als ich das schrieb. Es geht etwas vor, gegen das man nichts machen kann. Dann versucht man, das in professionelle Formen umzusetzen. Die künstlerische Tätigkeit ist außerdem Erwerbstätigkeit.

Meine Haltung zu meiner künstlerischen Arbeit ist es, daß ich Gebrauchsgüter herstelle. Wenn dann irgendetwas zu mehr wird, freue ich mich. Aber ich arbeite nicht »sub specie aeternitatis« (im Blick auf die Unsterblichkeit).

JS: Ist hier, in deiner Haltung zum künstlerischen Prozeß, nicht eine Entdramatisierung eingetreten?

IB: Indem der religiöse Aspekt meines Daseins ausgelöscht wurde, konnte ich mein Leben viel leichter leben.

Sartre hat einmal von seinen Hemmungen als Künstler und Autor gesprochen. Er litt darunter, daß das, was er machte, nicht gut genug war. Langsam, durch einen Prozeß des Nachdenkens, kam er dahinter, daß diese ängstliche Unruhe, nichts von Wert zu schaffen, ein Atavismus aus einer religiösen Vorstellung war, es gebe etwas, das als das »höchste Gut« bezeichnet werden könnte, oder etwas, das perfekt sei. Indem er diese heim-

Aus *Die Stunde des Wolfs;* Max von Sydow ist von den Vögeln angegriffen worden.

lich fortlebende Vorstellung aufdeckte, indem er sie durchschaute und wegoperierte, verlor er auch die Hemmung in seinem künstlerischen Schaffen.

Ich habe eine merkwürdige Parallele erlebt. Als der massive religiöse Überbau zusammenkrachte, habe ich auch die Schreibhemmung verloren. Ich verlor vor allem die Angst, nicht up-to-date und modern zu sein. Ich habe in *Licht im Winter* reinen Tisch gemacht. Seitdem ist es in diesem Punkt ruhig und gut gewesen.

TM: Wenn du jetzt von Sartre und dem religiösen Syndrom sprichst, möchte ich gern auf deine Ansicht über das Vaterbild zu sprechen kommen, auf das Autoritäre, das Bild vom Urvater. Die Abrechnung mit dem Vaterbild kommt schon in deinen ersten Filmen vor, von dem Stück *Jack bei den Schauspielern* bis hin zu *Stunde des Wolfs*. Da kommt auch dieser kleine Alte in der Garderobe vor, von dem Johan Borg in *Stunde des Wolfs* spricht.

Viele haben dich einen Freudianer genannt, aber das ist falsch. Du bist ja Jungianer, denn bei Jung kommen diese Archetypen vor, die atavistisch, primitiv sind – ursprünglich vereinzelt, privat, aber sie sind allgemeingültig geworden.

Diese Überlegung kann wohl auch zu dem homosexuellen Lustmord in Beziehung gesetzt werden, den Johan Borg an dem kleinen Jungen am Strand begeht. Es ist der Vater, den er ermordet – der kleine Alte in der Garderobe, der ihn in den Fuß zu beißen versucht.

IB: Darauf kann ich nicht antworten. Diese Szene hat ihre Bedeutung für mich viele Male geändert. Es ist jetzt fast zwei Jahre her, daß ich *Stunde des Wolfs* geschrieben habe, und anderthalb Jahre, seit ich den Film gedreht habe. Als ich diese Szene geschrieben habe, sollte sie realiter ein Ausdruck für Johan Borgs manische Angst sein, gebissen zu werden. Der Junge war einer der Dämonen. Johan Borg konnte sich selber keine Rechenschaft darüber ablegen, ob das Geschehene ein Traum oder ob es Wirklichkeit war, ob er einen lebenden Jungen umgebracht hatte oder ob das nur in seiner Vorstellung existierte. Die Grenze zwischen Traum und Wirklichkeit war verwischt.

JS: Die Erzählung von der Züchtigung in *Stunde des Wolfs*, der Alte in der Garderobe, hast du das selbst erlebt?

IB: Das habe ich selbst erlebt. Es ist unbegreiflich, daß ich da lebend herausgekommen bin.

Im ursprünglichen Manuskript hatte ich die Episode filmisch gestalten wollen. Ich glaube nicht, daß ich dem Geschehen das gleiche Resultat hätte geben können, wenn ich es ins Bild umgesetzt hätte.

SB: Die Stunde des Wolfs ist ja sehr stark so aufgebaut, daß du entweder mit dem Bild erzählst, und dann wird das Geschehen nicht mit Worten kommentiert, oder du erzählst ganz verbal, während die Kamera auf einem Gesicht ruht. Auf diese Weise erreichst du eine viel größere Dichte und Suggestion, als wenn Bild und Text parallel laufen würden. Im Wechsel von reinem Bilderlebnis zum Worterlebnis wird eine bestimmte Spannung geschaffen.

JS: Bibi Anderssons erotische Erzählung in *Persona* ist ja auch unglaublich viel stärker erregend als jeder beliebige Pornofilm.

IB: Das beweist doch nur, daß man im Film praktisch alles machen kann – oder?

TM: Aber wie wenige nutzen diese Möglichkeiten aus!

IB: Ich wußte, wie schwierig es sein würde, *Die Stunde des Wolfs* zu drehen. Aber gleichzeitig reizte es mich, den Film zu machen, formal, praktisch, vom Spiel her. Ich habe mich während der ganzen Arbeitszeit unglaublich angeregt gefühlt.

SB: Der Film ist eine Herausforderung – sowohl für dich wie für den Zuschauer.

IB: So soll er auch wirken.

SB: Wir haben vorhin von dem Metafilm-Einschlag gesprochen, den der Film hat, – und den es auch in *Persona* gibt. Während des Vorspanns zu *Stunde des Wolfs* hören wir dich mit den Technikern reden . . .

IB: Ein bißchen Atelierlärm, ja.

SB: Aber vor dem Vorspann kommen drei Textabschnitte, in denen du den Hintergrund des Filmes erklärst. Du hast Johan Borgs Tagebuch bekommen und du hast Alma Borgs Erzählung gehört. Hier kommt ein bemerkenswerter Bruch herein. Zuerst erweckst du den Anschein, als wenn wir Zeugen eines realistischen Dramas werden würden: das hier ist passiert. Dann kommt der »Atelierlärm«, der uns sofort distanziert: was wir jetzt sehen, ist ein Film. Und dann kommt Liv Ullmann und setzt die Erzählung da fort, wo die Texte aufgehört hatten: eine neue, scheinbar realistische Situation. Du scheinst bewußt einen Bruch schaffen zu wollen zwischen Identifikation und Distanzierung.

IB: Es ist manchmal ganz gut, die Leute aufzuwecken, um sie dann wieder ins Drama zurückzuschicken.

Aus diesem Grund wiederhole ich auch den Titeltext, *Die Stunde des Wolfs*, mitten im Film.

JS: Du hast früher nicht bewußt auf diese Art gearbeitet, oder?

IB: Nein, nicht vor *Persona.*

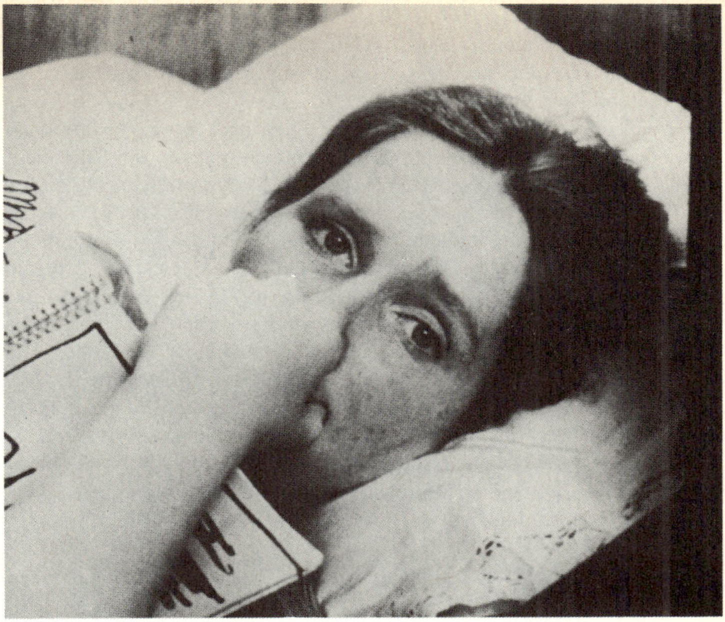

oben: Liv Ullmann mit dem
Tagebuch in *Die Stunde des
Wolfs*.

unten: Georg Rydeberg –
einer der »Dämonen« – in
Die Stunde des Wolfs.

JS: Die französische Neue Welle hat ja mit diesen Distanzierungseffekten experimentiert. Belmondo wendet sich in *Außer Atem* ab und zu direkt ans Publikum und kommentiert die Geschehnisse. Das wurde damals als etwas schockierend Neues empfunden.

IB: Weißt du, wo es das schon immer gegeben hat? Beim Theater. Man wendet sich direkt ans Publikum. Das ist einfach und gut. Ich habe diese Methode einmal, in *Die Zeit mit Monika*, benutzt. Ich wußte nicht, warum ich das machte, aber ich habe entdeckt, daß es klappte. Das ist in einer Szene, als Monika in die Stadt zurückgekommen ist und mit einem fremden Kerl in einer Kneipe sitzt. Der Kerl spielt am Automaten. Da steckt sich Harriet Andersson eine Zigarette an und dreht plötzlich ihr Gesicht zur Kamera und schaut uns direkt an. Damals war das verboten. Sie schaut uns in einer langen Großaufnahme an, ungebührlich lang zu der Zeit.

SB: Wenn man deine Entwicklung als Filmschaffender in Begriffe der Bildenden Kunst übersetzt, könnte man sagen, daß du früher skulptural gearbeitet hast: du hast Räume geformt und Spannungen geschaffen durch die Plazierungen und Bewegungen der Schauspieler im Raum. Du hast Dramen inszeniert. Jetzt beschäftigst du dich auch mit Porträtzeichnungen.

IB: Die Konzentration liegt auf dem Gesicht, und der Hintergrund ist Begleitung.

SB: Du deutest den Hintergrund an, wie zum Beispiel in der einleitenden Sequenz zu *Stunde des Wolfs*: wir sehen zuerst das Haus, aus dem Liv Ullmann herauskommt, dann setzt sie sich an den Tisch, der im Vordergrund des Bildes steht, und schließlich ist die Kamera auf ihr Gesicht fixiert.

IB: Der Hintergrund ist hauptsächlich deswegen mit drauf, weil ein starker Wind wehte. Er zerrte an den schwarzen Büschen, das schuf eine herbstliche Stimmung.

SB: Diese Arbeitsmethode setzt voraus, daß man die Schauspieler gut kennt. Man weiß, was man von ihnen erwarten kann. Man weiß, daß sie mit der Kamera – wenn nötig lange Zeit – allein sein können. Ich weiß, daß du deine Rollen direkt im Hinblick auf bestimmte Schauspieler schreibst, aber kannst du etwas darüber sagen, wie deine Rollenfiguren zustandekommen? Man kann die Frage auch umdrehen und sagen: könntest du dir vorstellen, bestimmte Schauspieler in bestimmten Filmen auszutauschen, und wie, glaubst du, hätten sich die Filme dann verändert?

IB: Sie würden sich wesentlich verändern. Man hat A für eine Rolle, B für eine andere und C für eine dritte. Dann sieht man plötzlich, wie sich das Kraftfeld zwischen A, B und C verschiebt und sich zum einen oder anderen hin verlagert. Das ist etwas, worauf man selbst nur ganz wenig Einfluß hat. Das verfolgt man selbst mit, bewußt oder unbewußt.

JS: Du hast immer mit großem Respekt und großer Zärtlichkeit von den Schauspielern gesprochen. Liegt das am Beruf, daß man so geschliffen sein und diese Loyalität ausdrücken muß?

IB: Ich erlebe die Schauspieler in ihrer Lage als ausgeliefert. Immer sind sie es, die auf der Szene stehen, immer sind sie es, die vor der Kamera stehen. Immer sind sie es, die sich bis auf die Knochen entblößen. Wir sind geschützt. Wir können eine Grimasse schneiden oder uns verbal aus der Affäre ziehen. Sie können das nicht. Sie können sich nicht verdrücken oder nachträglich herausreden. Sie stehen da mit ihrem Körper und ihrem Gesicht. Deshalb empfinde ich es als das einzig moralisch Anständige, immer, unverbrüchlich, unerschütterlich sich auf die Seite der Schauspieler zu stellen.

JS: Manchmal, in Debatten über Schauspieler und mit Schauspielern, bin ich von ihrem Mangel – nicht an Intelligenz – sondern an Kenntnissen außerhalb ihres Berufes irritiert gewesen und von ihrem mangelnden Willen, ihr Wissen zu erweitern. Es gibt selbstverständlich eine Menge Schauspieler, die heute aktiv an Debatten teilnehmen, die nicht nur ihren Beruf betreffen, aber zu vielen anderen möchte man am liebsten sagen: Lest die Zeitung!

IB: Die Schauspieler, mit denen ich zu tun habe, sind nicht so. Aber es *gibt* Schauspieler, mit denen man nicht versuchen sollte, über Vietnam zu reden: in *dem* Drama gibt es keine gute Rolle für sie.

JS: Stehst du dem intellektuellen Schauspielertyp skeptisch gegenüber?

IB: Ich bin Schauspielern gegenüber skeptisch, die Intuition, Sensibilität, Phantasie durch intellektuellen Jargon ersetzen. Sie haben aus Ängstlichkeit oder Scheu oder Schüchternheit oder ganz einfach aus Mangel an Begabung eine Art zu reden gefunden, mit der sie sich über die Runden helfen. Früher oder später kommen sie damit in Schwierigkeiten.

SB: Wenn wir zur ersten Frage über die Schauspieler zurückkommen: kannst du etwas darüber sagen, wie groß der Anteil der Schauspieler an einer Rolle ist, wenn du ein Drehbuch schreibst?

IB: Ich kann eigentlich nicht mit dem Schreiben anfangen, bevor ich mich nicht entschieden habe, welcher Schauspieler welche Rolle übernehmen soll. Die Rolle kleidet sich dann in seine Haut, seine Muskulatur, seine Art der Intonation, vor allem in seine Art der Rhythmisierung, des Seins.

JS: Du sollst in *Schande* eine ganze Menge improvisiert haben. Du hast vorher gesagt, daß »jeder Improvisation eine Vorbereitung zugrundeliegen muß«. Der technische Aufnahmestab für *Schande* bestand aus etwa dreißig Leuten. Liegt darin nicht ein Widerspruch? Muß nicht die Improvisation, das Hineinhorchen, das Spielerische von diesem großen Apparat gehemmt

werden? Werden dann diese Improvisationen nicht zur technischen, taktischen Maßnahme, um ein besseres Arbeitsklima zu schaffen, anstatt zu einer ästhetischen?

IB: In einem Film wie *Schande*, in dem wir die ganze Zeit eine Wirklichkeitsillusion nachstellen, ist es natürlich, daß die Schauspieler ihre eigenen Worte wählen. Sie haben ja ihre eigene Art, vor einem Wort zu zögern, etwas zu intonieren, zu rhythmisieren. Statt eines Dialoges, dem die Schauspieler folgen müssen, steht im Drehbuch zu *Schande* in indirekter Rede ungefähr das, worum sich das Gespräch drehen soll.

JS: Aber im Grunde hast du eine bestimmte Vorstellung vom Ergebnis?

IB: Ja, das muß man bei jeder Improvisation – jedenfalls in diesem Medium. Wir müssen uns genau darüber im klaren sein, was wir haben wollen. Danach kann es plötzliche, lustige, eigenartige und spannungsvolle Abwandlungen geben. Aber das Ziel muß vorher bestimmt sein.

SB: Fühlst du dich von den neuen Möglichkeiten, die der Film bietet, angeregt? Die Entwicklung ist in den letzten Jahren sehr schnell vorangegangen. Wir haben schnellere, lichtempfindlichere Filme bekommen, der Farbfilm ist entwickelt worden, die technische Ausrüstung ist leichter zu handhaben, das Aufnahmeformat ist variabler geworden. Aber du hast dich bisher – mit Ausnahme von *Ach, diese Frauen!* – an Schwarzweiß gehalten und hast im Normalformat gefilmt.

IB: Auf die anderen Formate verstehe ich mich nicht. Sie wirken gekünstelt – und häßlich. Ich würde es gerne sehen, wenn wir das alte Stummfilmformat zurückbekämen, das war noch etwas höher.

Aber ich will mit der Farbe anfangen. Farbe hat einen erotischen Charme, wenn sie richtig verwendet wird. Aber wenn da nur einfach Farben sind, macht das keinen Spaß. Ich·finde zum Beispiel, daß die Farbe einen Film wie *Bonnie und Clyde* kaputtmacht. Wenn irgendeiner, dann hätte dieser Film in Schwarzweiß gemacht werden müssen, in einem großen, schwarzweißen Ton. Arthur Penn ist übrigens ein außerordentlich guter Regisseur.

SB: Du hast Penn genannt, und ich finde, daß es einige gemeinsame Züge in seinen und deinen Filmen gibt. Bei Penn gibt es einen sehr starken Einschlag von Gewalt, nicht nur von äußerer, sondern auch von einer inneren,

IB bereitet zusammen mit dem Fotografen Sven Nykvist den einleitenden langen Monolog Liv Ullmanns in *Die Stunde des Wolfs* vor. (S. 246)
Bei den Dreharbeiten zu *Die Stunde des Wolfs:* Max von Sydow, Liv Ullmann, IB und Gertrud Fridh. (S. 247)

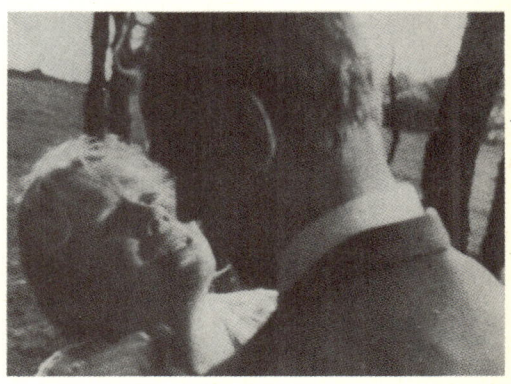

Liv Ullmann und Max
von Sydow auf dem
Heimweg über die
Heide zur Wolfs-
stunde.

249

unerlösten Gewalt, die in den Personen steckt. Das kann man auch sehr handgreiflich in deinen beiden letzten Filmen erleben, nicht zuletzt in *Persona*, obwohl die Gewalt niemals direkt zum Ausdruck kommt. Erlebst du die Gewalt stark, die um uns – und auch in uns – ist?

IB: Ja, ich bin ja von Natur aus aggressiv. Ich habe oft Schwierigkeiten, diese Aggressivität zu hemmen. Der Film läßt sich ja so gut für destruktive Handlungen, für Gewalthandlungen benutzen. Ich finde, daß der Film eine höchst legale Funktion darin hat, die Gewalt zu ritualisieren.

JS: Dich ausgenommen, ist der schwedische Film sehr aggressionsgehemmt gewesen.

IB: Aber der Schwede ist ja aggressionsgehemmt. Und schwedische Regisseure sind verdammt aggressionsgehemmt.

x. Filmstaden, den 24. Februar

TM: Ich möchte dich über den Hintergrund zu *Schande* befragen. Wir haben dich gebeten, den Anstoß für jeden Film zu nennen. Du hast bei verschiedenen Gelegenheiten gesagt, daß keine Absicht bestand, einen politischen Film zu machen, und so sehe ich *Schande* als Fortsetzung deiner früheren Filme – Persönlichkeitsschilderungen zweier oder mehr Menschen.

IB: Der ursprüngliche Hintergrund zu *Schande* ist eine Angstvorstellung. Wie hätte ich mich verhalten während der Nazizeit, wenn Schweden besetzt gewesen wäre, wenn ich selbst auf irgendeine Art in einer verantwortlichen Stellung gewesen wäre oder in einer Institution oder wenn ich nur eine gefährdete Privatperson gewesen wäre. Wieviel Zivilcourage hätte ich gegenüber physischer oder psychischer Gewalt aufbringen können oder gegenüber dem Nervenkrieg, den eine Okkupation mit sich bringt? Wenn ich das durchdacht habe, habe ich immer an mir festgestellt, daß ich sowohl physisch wie psychisch feige bin, ausgenommen, wenn ich wütend werde. Unglaublich wütend bin ich momentan, aber feige bin ich immer. Ich habe einen starken Selbsterhaltungsinstinkt, aber meine Wut kann mir rein physisch ganz ansehnliche Mengen von Mut liefern. Das ist eine physiologische Erscheinung. Aber die lange, kalte, zehrende Drohung – wie würde ich die überstehen?

Der Gedanke hat mich lange beschäftigt und ich bin immer noch nicht mit ihm fertig. Das Ganze wurde von einer Filmreportage aus Vietnam ausgelöst, die keine Kriegsbilder zeigte, sondern die Zivilbevölkerung. Das war ein betrübliches Bild. Zwei Alte, eine Frau und ein Mann, südvietnamesische Bauern, stehen da und halten eine Kuh an der Leine, und gleichzeitig startet ein amerikanischer Militärhubschrauber im Hintergrund, und die Kuh wird wild und will durchgehen, aber die Frau ist zäh und hält sich an der Leine fest und verschwindet in einer Staubwolke. Der Alte steht noch da, ist den Tränen nahe und starrt bloß auf diesen dröhnenden Hubschrauber und auf die Alte, die mit der Kuh verschwindet.

JS: Wann hast du das Drehbuch geschrieben?

IB: Ich habe es im Frühjahr geschrieben. Im Frühjahr 1967. Aber eins dürfen wir nicht vergessen, daß nämlich zu der Zeit weder der Einmarsch in die Tschechoslowakei noch die Eskalation des Vietnamkrieges stattgefunden hatte. Der Film hätte anders ausgesehen, wenn die beiden Sachen schon passiert gewesen wären.

251

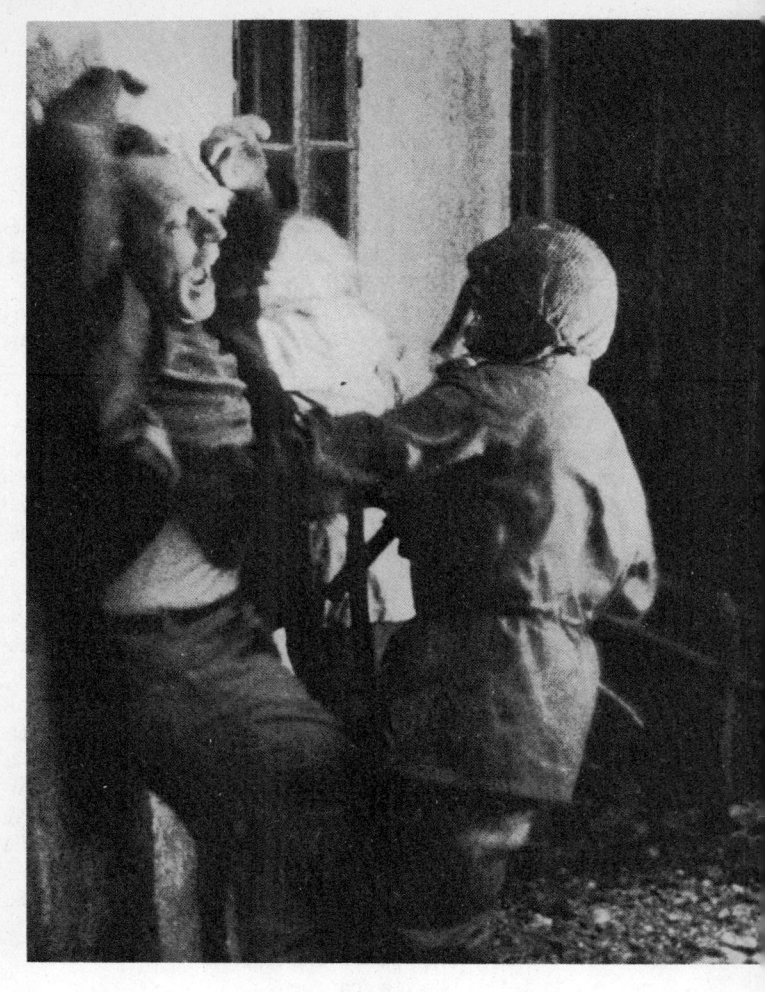

Liv Ullmann und Max von Sydow werden von den feind-lichen Bildreportern über-rumpelt. Aus: *Schande*.

SB: Daß du Max von Sydow Musiker sein läßt, siehst du also im Verhältnis zum Film eher als Zufall? Ich meine – was an *Schande* kritisiert worden ist, ist ja gerade, daß du als Hauptpersonen wieder Künstler nimmst und daß ihre Probleme innerhalb des viel größeren Problems beschrieben werden, das Krieg und Bedrohung darstellt.

IB: Die hätten auch irgendwas anderes sein können. Für mich war wichtig, daß in einem Orchester ein wohlgeordnetes Dasein herrscht, das ist eine disziplinierte Welt, ein bißchen autoritär und mit sehr strengen Arbeitsformen. Ich wollte wohl am ehesten zeigen, daß Jan noch gut beieinander ist, solange er unter diesen Verhältnissen lebt. Die Ehefrau zeigt das auch später. Das einzige, was mit ihnen als Künstlern zu tun hat, ist das schöne Instrument, das aus dem 18. Jahrhundert stammt und die Napoleonischen Kriege durchgemacht hat und ein bewegtes Schicksal gehabt hat. Das wird zerstört, und auf irgendeine Weise ist der Mann an sein Instrument gebunden. In dem Augenblick, in dem sein Instrument zusammen mit seiner ganzen Vorstellungswelt entzweigeschlagen wird, geht eine Veränderung in ihm vor.

TM: Du baust auf etwas, was ich eine Katastrophentheorie nennen würde: indem ihm das zustößt, wird die Kultur zerschlagen. Aber die Kultur wird ja nur beiseite geschoben, das, was wir Überbau nennen, Musik und all das, kommt ja wieder. Du meinst also, daß die Kultur von einem Krieg nicht ausradiert werden kann?

IB: Und niemals zurückkehren könnte – das glaube ich keinen Augenblick lang.

TM: Wenn wir nur mal die Musik nehmen – es gibt ja Musiker, die die Musik im Kopf haben.

IB: Ich glaube, daß es, solange es Menschen gibt, auch eine Wiederherstellung, einen Versuch zur Wiederherstellung, eine Wiederbelebung kultureller Manifestationen geben wird.

SB: Es gibt ein kurzes Gespräch zwischen den Musikern Jan und Eva und Jacobi, in dem gerade ihre Künstlerschaft infrage gestellt wird. Jacobi spricht von der heiligen Laschheit der Kunst.

IB: Heilige Freiheit, heilige Laschheit der Kunst.

SB: Du kommst hier auf eine Diskussion über die Situation des Künstlers zurück, die wir aus mehreren deiner früheren Filme kennen. Damit erlebt man die Berufswahl als wichtig für Jan und Eva, gerade weil ihre Funktion als Künstler wichtig ist.

IB: Für mich ist sie total unwichtig – oder besser gesagt, nicht total, aber sie ist sekundär oder tertiär oder wie das nun heißt. Jacobi meint bloß, daß es jetzt keine Freiheit mehr für einen Künstler gibt. Kommt bloß nicht und

254

Jan (Max von Sydow) wird mit den Realitäten des Krieges konfrontiert.

redet von der Freiheit des Künstlers, denn es ist bloß Laschheit, und senti-
mentalisiert bitte nicht die Situation, bloß weil ihr zufällig Künstler seid.
Das ist wohl noch am ehesten gemeint.

JS: Schande ist der Film aus deiner Produktion, der das größte politische
Interesse gefunden hat?

IB: Ja, er kam genau in *diese* Modewelle rein.

TM: Ich finde, Jan (Max von Sydow) ist ein sehr interessanter Typ, und dieser kehrt ja, unter anderen Namen, in einigen deiner Filme wieder – in fast
allen Filmen, kann man sagen. Ich sehe z. B. eine gewisse Ähnlichkeit mit
Caligula in *Die Hörige.*

IB: Für mich ist er ein ganz neuer Typ. Er entspringt nämlich einem anderen

Aus dem Schlußabschnitt von *Schande*.

Film. Sowohl er wie Jacobi sind einem Film entnommen, den ich anfing, als ich gerade mit *Sechs Personen suchen einen Autor* in Oslo beschäftigt war. Er handelte von einem Wissenschaftler, der psychische Experimente macht, zwei Menschen in sein Labor einsperrt und sie verschiedenen psychischen Einflüssen aussetzt und sie die ganze Zeit beobachtet. Nun bekam ich die Geschichte nicht in den Griff. Aber dort wollte ich eine Person haben, die irgendwie unvorbelastet war. Sie taucht in *Eine Passion* wieder auf.

TM: Ich habe nicht gesagt, daß er Caligula *war* – ich konnte den Satz nicht zuende führen –, sondern ich habe nur gesagt, daß er gewisse Züge von ihm hatte. Alle Menschen, die Angst haben und unter Druck gesetzt werden, genau wie bestimmte Tiere, verteidigen sich erst, wenn sie angegriffen werden, schwarze Panther zum Beispiel, und Sadisten verhalten sich ja genauso. Caligula ist so einer, Himmler war so einer. Die Bosheit kommt erst zum Vorschein, wenn sie angegriffen werden, wenn sie mit dem Rücken zur Wand stehen.

Jan kann seiner Konstruktion nach eine Amöbe sein, aber er wird plus oder minus, wie du willst, wenn er in eine Konfliktsituation und mehr noch, wenn er in eine Paniksituation gerät. Dieser unerhörte Druck setzt auf eine bestimmte Art Kräfte in ihm frei und verändert ihn, und hier zeigen seine Charakterzüge kleine, aber immerhin Ähnlichkeiten mit solchen Typen wie Caligula.

Zum Beispiel, wenn er sich vor seiner Frau versteckt, vor sich hinmault und dem Weinen nahe ist. Das ist ja dieselbe Szene wie in *Die Hörige*, als Jan-Erik nach Hause kommt und Caligula auf der Treppe sitzt: »Du mußt mich verstehen, mir geht es so dreckig, ich bin so milieugeschädigt und ich bin so unglücklich und ich bin so einsam.« Das erinnert daran, meinte ich. Aber wenn man diesen Menschen freie Hand gibt und die Kontrolle über sie verliert, dann ist es aus, dann werden sie Faschisten und Gewalttäter.

IB: Das ist die große Frage – wieviel von einem Faschisten haben du und ich in uns? In welcher Situation werden aus uns guten Sozialdemokraten funktionierende Nazis? Das möchte ich herausfinden.

TM: Die Paniksituation, wenn man aus seinen Zusammenhängen gerissen wird und sich nicht länger kontrollieren kann!

IB: Ich erlebe es immer stärker, daß Menschen unter dem ungeheuren Druck, dem sie heute ausgesetzt sind, panikartig handeln. Sie agieren aus einem einzigen Beweggrund: dem eigenen Vorteil. Davon handelt der Film.

SB: Der Film beschreibt eine Paniksituation, und du meinst, daß die Menschen in einer solchen Situation hundertprozentig selbstsüchtig handeln. Das ist eine sehr pessimistische Ansicht. Diejenigen, die *Schande* kritisiert haben, haben sich vor allem gegen diese Auffassung gewandt. Den Hauptpersonen fehlt ein Ideal oder eine Ideologie, sie können keine Stellung beziehen. Die Situation im Film ist auch so verwickelt, daß sie keine Möglichkeit haben, Stellung zu beziehen. Aber ich glaube nicht, daß der Selbsterhaltungstrieb der einzige Antrieb für die Menschen in dieser Situation ist. Wir, die wir außerhalb dieser Paniksituation stehen, haben es gewiß leichter, Stellung zu beziehen.

IB: Ich glaube auch, daß ein Glaube in kritischen Situationen hilft, mag er religiös oder politisch sein, und eine Immunität gegen Psychosen schafft.

JS: Der Pessimismus in diesem Film gibt keine konkreten Verhaltensalternativen. Als Eva und Jan auf das Meer fliehen – was erwartet sie dort?

IB: Nichts. Wir haben unser Erbe verspielt. Wir sind auf dem absteigenden

Ast. Die Entwicklung, die schon zu weit fortgeschritten ist, läßt sich nicht stoppen – die Gegenkräfte sind zu schwach, zu schlecht organisiert, zu einfältig, zu unbeholfen. Wir wissen, daß das, was im Abendland geschieht, verteufelt schlecht ist und daß es schnell bergab geht.

JS: Ich würde gern eine ziemlich theoretische Frage stellen . . .

IB: Wenn ich das schaffe.

JS: Mal sehen, ob *ich* das schaffe! Diese Gespaltenheit zwischen authentischer Wirklichkeit und symbolischer Fiktion in deinen Filmen wurde nach meiner Meinung auf eine sehr selbstverständliche Art in den Kammerspielen, in der Trilogie und in *Persona* gelöst. Ich glaube, daß es äußerlich betrachtet eine Frage der größeren Schärfe des Ausdrucks ist, vermehrte Konkretion ganz einfach. Deshalb reagiere ich persönlich negativ auf die symbolisch beschwerte Schlußszene in *Schande*. Der Film wird plötzlich so allegorisch, und das wird nicht zuletzt dadurch betont, daß deine etwas leichtere impressionistische Sprache hier von einer schwereren expressionistischen abgelöst wird.

IB: Eva erzählt den Traum. Nichts anderes wird gesagt. Es ist die einzige Replik, die am Ende gesprochen wird.

JS: Der Film wird umso abstrakter, je abstrakter die Problematik wird. Eine Art Illusionskonflikt entsteht; der Film geht gerade vom Authentischen zum Symbolischen. Ich frage mich, ob du irgendwann Bedenken gegen diese Coda gehabt hast?

IB: Nicht da, aber in einem anderen Punkt. Die Schlußsequenz habe ich eigentlich aus einer Bilderserie in »Life«. Während oder gleich nach dem Krieg hatten sie einen Transporter fotografiert, der torpediert worden war, und sie hatten Massen von toten Menschen gefunden, die im Atlantik trieben, und alles sah vollkommen stilisiert aus. Das ist, wie wenn du die Schlangen vor den Krematorien in den Konzentrationslagern siehst, oder die Bilder von den nackten Frauen, die vor einem Grasabhang stehen, halb zur Kamera gewandt und die Krematoriumstür schräg im Hintergrund. Das ist so unwirklich, daß es aussieht wie arrangiert. Ich finde, die Schwäche von *Schande*, wenn ich es selbst sagen darf, liegt in einem Problem, das du gestreift hast und das du, glaube ich, instinktiver erlebt hast. Es gibt da nämlich bestimmte dramaturgische Kniffe, an denen ich mich heute selbst stoße. Es hätte sie nicht gegeben, wenn ich mir ein halbes Jahr Zeit gelassen hätte, oder, besser gesagt, wenn der Film ein halbes Jahr später entstanden wäre.

Auf der vorhergehenden Doppelseite: die Hinrichtung Jacobis (Gunnar Björnstrand). Sigge Fürst ist der Führer des Hinrichtungskommandos.

JS: Kannst du das präzisieren? Du hast vorhin schon erwähnt, daß die Einmärsche in Vietnam und in der Tschechoslowakei nicht stattgefunden hatten, aber daß sie auf die Konzeption in einer bestimmten formalen Richtung beeinflußt hätten – welcher denn?

IB: Ja, das hätte zur Folge gehabt, daß ich eines der Elemente ausgeschlossen hätte, das zu den Hauptantrieben für *Schande* gehört hatte – die ganze Jacobi-Episode. Ich hatte den Film zu einem Tag des Krieges gemacht. Ich hatte den Film um die beiden konzentriert, um ihr Erlebnis, daß die äußerste Flügelspitze des Krieges in ihre Richtung ausschlug, und nur von ihnen erzählt, von nichts anderem. Da hatte ich den Film in etwas hineingesteuert, aber das lag wohl daran, daß ich einige Sachen gesagt haben wollte. Ich hatte die Absicht, bestimmte Dinge zu untersuchen. Darum würde ich mich heute nicht kümmern.

SB: Es gibt bestimmte Szenen im Film mit einer stark expressionistischen Prägung, die neben den mehr dokumentarisch geprägten Szenen mit dem Paar Jan und Eva stehen und die ebenfalls nicht besonders gut funktionieren. Denk nur mal an die Verhörszenen.

IB: Nein, die sind nicht gut.

JS: Mit einem Mal seid ihr so kritisch dem Film gegenüber, und auch dem Regisseur – ich finde das ein bißchen ungerecht!

IB: Wenn man sich darauf einläßt, eine so ernste Sache wie einen Krieg zu schildern, oder wenn man sich darauf einläßt, ein Konzentrationslager zu schildern oder irgendwas in der Richtung, oder eine Geisteskrankheit oder einen Krebsfall, dann stellen sich die ästhetischen Forderungen sehr viel strenger. Eigentlich ist es unziemlich, einen Krieg als Kunstwerk zu gestal-

Eva (Liv Ullmann)
und das tote Kind
in *Schande*.

261

ten, ebenso wie es völlig unziemlich ist, ein Konzentrationslager künstlerisch zu gestalten, außer als Farce vielleicht. Wenn man sich darauf einläßt, einen Krieg zu gestalten, muß man sich damit abfinden, daß da ganz andere moralische Gesetze entstehen als sie für die übrige künstlerische Tätigkeit gelten. Es waren diese Gesetze, die ich nicht genügend beachtet habe. Ich war mir ihrer bewußt, ich hatte Angst davor, Menschen zu zeigen, wie sie sterben, und sowas. Es kommt nur ein einziger realer Todesfall vor, als Jacobi erschossen wird, und das passiert einen halben Kilometer entfernt, man sieht es flüchtig hinter einem Wagen.

JS: Das ist eine sehr effektvolle Szene.

IB: Ich finde, *Schande* hat gute Momente, aber sie ziehen sich nicht so durch den Film, daß er von großer Reichweite wäre.

SB: Du führst den Krieg schon während des Vorspanns ein durch die Geräuschkulissen im Hintergrund.

IB: Ja, genau.

JS: Willst du ein bißchen über den Traumcharakter des Filmes sprechen?

IB: Man kann sagen, daß er auf zwei Träumen aufbaut. Es fängt mit dem Traum des Mannes über die friedliche Arbeit im Orchester an. Und es hört mit Evas Traum von der verlorenen Liebe auf. Genau in der Mitte des Films sitzt sie da und sagt, daß jemand das alles geträumt hat – o, wie wird er sich schämen, wenn er aufwacht! Da liegt ganz einfach mein ethischer und ästhetischer Vorbehalt. Ich sah ein, daß das hier ein nicht zu bewältigendes Unterfangen war, und daß ich mich moralisch geniert fühlen würde, wenn ich den Film fertig hätte – obwohl es besser ging, als ich erwartet hatte, das muß ich sagen. Das ist nicht das letzte Mal gewesen, daß ich das Thema aufgreife. Jetzt habe ich die Erfahrungen, die ich brauche.

SB: Willst du das Kriegsmotiv in einem ähnlichen Zusammenhang wieder verwenden?

IB: Nicht ähnlich, sondern auf eine Art, in der ich noch klarer und konziser meine Auffassung vom Krieg formulieren kann und wie er die menschliche Seele beeinflußt.

JS: Um nochmal von der Schlußszene zu sprechen – der Traum, den Eva erzählt –, was hat er letztlich für eine Bedeutung?

IB: Eva sagt: »Ich fühle, daß ich mich an etwas hätte erinnern müssen, was ich vergessen habe.« Es handelt von den Rosen, die brennen, und es handelt vom Kind, das sie an ihrer Wange fühlt. Es handelt von all dem, was *ist* – ein Wasser, ganz klares grünes Wasser, das fließt und spiegelt. Es ist ein Traum, den ich selbst gehabt habe, ein rein visuelles Erlebnis von etwas Schönem und Angenehmem, was vorbei ist, was unerreichbar ist und achtlos vergeudet wurde. Es hat wohl mit Liebe zu tun.

JS: Der Widerstandskämpfer Sigge Fürst geht freiwillig über Bord. Das ist eine verzweifelte, aber überlegte Tat . . .?

IB: Nicht verzweifelt, aber überlegt. Das ist eine Person, die auf allen nur denkbaren Seiten gespielt hat und die ganze Zeit gut durchgekommen ist. In dem Augenblick, in dem sich das Ganze festfährt, zieht er die Konsequenzen und haut ab. Er geht unter.

JS: Er schwimmt nicht an Land?

IB: Nein, er hat keine Möglichkeit, an Land zu schwimmen, er ist draußen auf dem Meer. Jan sieht ihn und rührt keinen Finger.

JS: Waren die Dreharbeiten technisch schwierig?

IB: Es macht Spaß, wenn es knallt und kracht und brennt. Man kann wirklich einer Reihe recht infantiler Gelüste freien Lauf lassen.

TM: Wenn dieser Jan das Ganze übersteht – wird er dann ein Führer?

IB: Niemals.

TM: Du glaubst das nicht?

Schande, der Schluß. Im Vordergrund Max von Sydow und Liv Ullmann.

IB: Nein.

TM: Daß er anschwillt . . .

IB: Nein, niemals, er sinkt genauso schnell wieder zusammen.

TM: Im Normalzustand – aber wenn dieser außergewöhnliche Zustand weiter anhält, wird er dann . . .?

IB: Nein.

TM: Aber du läßt uns mit ihm allein – verzeih', wenn ich mich hier falsch erinnere . . .

IB: Nein, es ist zu Ende. Wenn du einen Glauben hast, wenn du eine tiefe Überzeugung hast, egal ob du Nazi oder Kommunist bist oder was zum Teufel auch immer – dann kannst du dich und andere für deinen Glauben opfern. Aber in dem Augenblick, wo du keinen Glauben hast – in dem Augenblick, wo du in einer tiefen inneren Verwirrung lebst –, bist du den Mächten ausgeliefert.

JS: Hast du nicht die Gültigkeit dieses Filmes gerade für schwedische Verhältnisse betonen wollen, daß du ein Bild der Neutralitätsideologie geben wolltest?

IB: Von der Neutralitätsvergiftung, meinst du.

JS: Ja, gern von mir aus.

IB: Es wäre heute ungeheuer wichtig, daß die Sozialdemokratie wirklich ihre Ideale bestimmen würde. Ich finde, es ist schade, daß sie das nicht tut.

TM: Innerhalb der Sozialdemokratie gibt es keinen Ideologen – doch, vielleicht Wigforss.

IB und Liv Ullmann während der Aufnahmen zu *Schande.*

XI. Filmstaden, den 12. Februar

TM: Wie kam es dazu, daß du einen Fernsehfilm gedreht hast, wann, wo und wie hast du die Idee zu *Der Ritus* bekommen?
IB: Ich hatte *Schande* im Frühling 1967 geschrieben, und wir wollten im September damit anfangen. Wir wollten Farbfilm mitnehmen und experimentieren. An den Tagen, an denen schlechtes Wetter war und wir nicht arbeiten konnten, wollten wir einen Sketch zusammen machen. Wir hatten ein kleines Filmatelier im Heimatmuseum auf Fårö, wo wir Innenaufnahmen machen wollten. Ich hatte vor, eine Episode über drei Varietéartisten zu schreiben, die in eine Sittlichkeitsaffäre verwickelt werden. Dann habe ich ein bißchen zerstreut angefangen, und ehe ich mich's versah, war ein Stück daraus geworden. Das Manuskript für die Regie ist zwar in Manuskriptform verfaßt, aber es hat überhaupt keine Szenenanweisungen. Es besteht nur aus Dialogen. Es sind neun Dialoge. Es war so schön, plötzlich ein Stück zu schreiben – alle filmischen Rücksichten außer acht zu lassen und nur Dialoge zu schreiben.
JS: Wenn man das Stück liest, bekommt man den Eindruck, daß es sehr wohl auf die Bühne gebracht werden könnte.
IB: Das haben wir auch diskutiert. Aber ich fühlte, daß ich Nahaufnahmen haben wollte.
JS: Du hast das Stück während der Arbeit an *Schande* geschrieben?
IB: Ich habe es im Juli geschrieben. Wir haben mit *Schande* im September angefangen. Dann hatte ich plötzlich ein Stück oder ein Spiel oder einen Haufen Dialoge, aber wir waren dann so intensiv mit *Schande* beschäftigt, daß wir noch nicht einmal Zeit hatten, einen Blick darauf zu werfen.
JS: Wann hast du dich dafür entschieden, das Stück zu verfilmen und es auch selber zu produzieren?
IB: Es ist immer ein wahnsinniger Aufwand um diese Filme. Es ist ein schwerfälliger Apparat, und man braucht fünfundvierzig Tage, man braucht fünfzig Tage und man braucht sechzig Tage, um einen Film zu drehen. Bei Fellini dauert es achtundzwanzig Wochen, es ist ein wahnsinniger Radau und kostet astronomische Summen, und da dachte ich mir: Scheiße, ich hole mir vier von meinen guten Freunden, dann proben wir vier Wochen zusammen und dann drehen wir. Ich hatte mir ausgerechnet, daß ich ihn in neun Tagen herunterdrehen könnte.
JS: Hast du es geschafft?
IB: Ja, hier in der Filmstadt.

JS: Du hast bei einer Gelegenheit, als du noch mit dem Film zu tun hattest, über ihn gesagt, daß es ein Film ganz ohne Ansprüche sei, und dann hast du gelacht und gesagt: »Naja, so einfach ist es wohl doch nicht!«

IB: Wann habe ich das gesagt?

JS: Ach, irgendwann.

IB: Godard spricht von diesen ›cinétracts‹. Nun, das hier ist meine Art, einen ›cinétract‹ zu machen, obwohl er ja nicht so verdammt gesellschaftsbezogen ist. Aber er hat allerdings mit dem Künstler und der Gesellschaft zu tun.

TM: Für mich ist der Film, wenn du den Ausdruck entschuldigst, eine Art Handbuch, eine persönliche Anthologie, von dir über dich. Seitdem ich den Film gesehen habe, denke ich darüber nach, daß diese drei Artisten *Funktionen* von dir darstellen, alle drei. Aber ich habe auch über Erik Hell nachgedacht, ob er nicht auch irgendwie eine Funktion ist . . .

IB: Klar ist er das.

JS: Wenn man dem Film ein witziges Etikett geben wollte, könnte man ihn als »Purgatorium« bezeichnen.

IB: Da kommen wohl die ganzen Spannungen aus der Zeit als Chef des Dramatischen Theaters heraus. Die Ambivalenz liegt im Richter, den wir zuerst mit den Augen der Artisten sehen. Dann entdecken wir, daß er, ebenso wie Björnstrand, sich eine gewisse funktionierende Menschlichkeit bewahrt hat.

TM: Die anderen beiden – Thea Winkelman und Sebastian Fischer –, die sind ja wie Landminen, wenn man auf sie drauftritt, fliegen sie in die Luft.

IB: Es sind Artisten auf dem Weg bergab, die zwischen ihrer Berufsausübung und dem Tod nichts besitzen.

JS: Hast du die Zeugnisse nach chronologischen Gesichtspunkten eingebaut, so daß man sagen könnte, Anders Ek als Fischer entspricht deiner Sturm- und Drang-Periode?

IB: Nein, was hier wem entspricht, ist sehr schwer zu sagen.

JS: An und für sich sind sie ja ziemlich klar getrennt. Anders Ek repräsentiert mehr das romantische Bild vom Künstler, Ingrid Thulin mehr das neurotische.

IB: Ingrid Thulin repräsentiert das Gefährlichste, das Irrationalste, das am meisten Instinktbetonte in diesem Konglomerat – das, was am leichtesten verletzlich ist, aber auch am notwendigsten. Sebastian Fischer ist die kreative Kraft, er ist das ausführende Element, der aktive, der schaffende Fak-

Rollenfoto der drei Artisten in *Der Ritus:* Ingrid Thulin, Anders Ek und Gunnar Björnstrand.

tor, der Materialisierende, der noch von gewissen Resten von sozialer Rücksichtnahme in Schach gehalten wird, von gewissen Resten menschlicher Gefühle und gewissen Erinnerungen daran, wie menschliche Beziehungen aussehen. Die dritte Person, das ist der ordnende, planende, organisierende, der in seinem ganzen Verhalten tief bürgerliche – Anker.

JS: Er ist auch die Person, die am natürlichsten an Figuren aus deinen späteren Filmen erinnert, während Anders Ek an Figuren aus deinen früheren Filmen erinnert.

IB: Ja, Anders Ek erinnert am stärksten an diese Gestalt aus *Das Gesicht*, aber nicht mehr so stark und einheitlich, wie diese es war, sondern sehr aufgelöst und zerstört. Er ist ja derjenige, mit dem es von allen am schnellsten bergab geht.

JS: Du meinst, er ist Vogler in *Das Gesicht?*

IB: Ja, genau das. Aber Vogler hatte immer noch Vitalität und geistige Stärke, und das hier ist der Anfang eines Ruins.

TM: Beim großen Haßausbruch, den Fischer im Film hat, liegt er ja auf einem Sofa. Fast wie in der Sprechstunde eines Psychoanalytikers. Die Signale in *Der Ritus*, die so lustig sind – wir hatten viel Spaß daran –, die kehren in der Barszene wieder, in diesem Geschäft . . . und dann sagt er: »Ich habe einen Agenten, der im Ausland für mich das und das arrangiert.« Denkst du da an United Artists, die bestimmte Verbindungen pflegen sollten – solche kleinen Signale gibt es oft in dem Film. Scheinbar ganz irrational – z. B. als Fischer hereinkommt und zum Richter sagt: »Weiter war wohl nichts?« »Doch, da war noch eine Geschwindigkeitsübertretung in Flensburg, 1956.« Bist du selbst . . .?

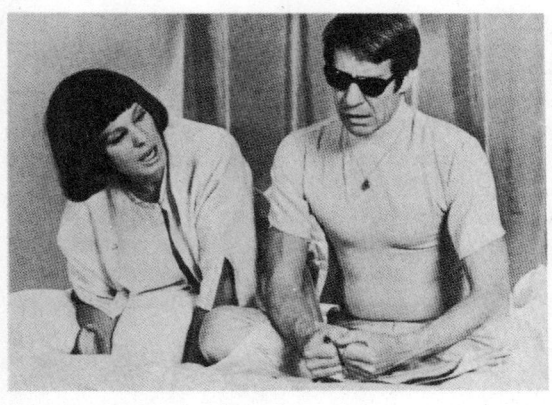

Ingrid Thulin und Anders Ek während der Abrechnung im Hotelzimmer in *Der Ritus.*

IB: Ja, aber nicht in Flensburg.

TM: Warum diese komischen Ortschaften – Flensburg –, diese tristen deutschen Städtchen?

IB: Und Grenoble! Außerdem habe ich den Hjalmar-Bergman-Trick benutzt – ihr Einkommen habe ich auf zwei Millionen Dollar im Jahr festgesetzt. Das sind solche unglaublichen Summen.

JS: Ein anderes Signal kommt an einer Stelle, wo du sagst, daß die Vertraulichkeit fort ist, wenn das Tonbandgerät läuft.
Ich frage mich, wo du das her hast . . .

IB: Klar, daß wir jetzt, wo wir 3333 halbe Stunden zusammengesessen haben oder wieviele es nun sind – wir kennen uns inzwischen ganz gut . . . oder nicht?

JS: Dir hat es offensichtlich Spaß gemacht, den Film zu drehen, diese Anthologie über deine Filmproduktion – du greifst ein Thema nach dem anderen auf, manchmal witzig und deutlich assoziativ. Aber man kann das Knäuel entwirren!

IB: Es ist ein Spiel, wie alles ist es ein Spiel. Die Absichten formuliert man hinterher. Es ist eine Ladung, die in die Luft geht.

JS: Daß du diese Aggressivität, die der Film zeigt, so vital halten kannst.

IB: Sonst wäre ich ein Selbstmörder. Bei mir ist die ganze Zeit eine Spannung zwischen Destruktion und Lebenslust. Das ist eine der elementarsten Spannungen sowohl in meiner Art zu schaffen wie in meiner Art, in der sinnlichen Welt zu existieren. Ich wache jeden Morgen mit neuem Zorn und neuem Mißtrauen und neuer Lust zu leben auf.

JS: Es gibt eine Schlüsselszene in der achten Szene, in einer Bar. Die ganze Zeit über hatte Sebastian Fischer aus der Tournee aussteigen wollen, er hat

Die Barszene zwischen Anders Ek und Gunnar Björnstrand, in *Der Ritus*.

ständig damit gedroht, aber dann tritt die Situation ein, daß er mehr oder weniger gezwungen wird, zu bleiben und weiterzumachen.

IB: Aus ökonomischen Gründen.

JS: Das ist eine Form von Erpressung. Ich verstehe, daß das eine Situation ist, die der Künstler erleben kann, darüber hast du schon gesprochen.

IB: Nun hat ja Sebastian Fischer über seine Verhältnisse gelebt, daß es geradezu verrückt war. Winkelman sitzt da und rächt sich auf eine freundliche Weise. Die ganze Barszene ist eine komprimierte Vergeltungsaktion von Winkelman.

TM: Aber beide sind sich dessen sicher bewußt, man hat den Eindruck, daß sie das beide genießen.

IB: Man muß damit rechnen, daß alle, die in das Stück verwickelt sind, auf einem ziemlich hohen Bewußtheitsniveau leben.

JS: In dieser Szene ist auch eine spürbare Freude.

IB: Ja, das ist Komödie. Überhaupt kann man den *Ritus* als eine schwarze Komödie sehen.

TM: Ich wollte im Zusammenhang mit dem *Ritus* selber fragen – ich erlebe ihn als die Theateraufführung, die den Zuschauern den Tod bringt. Die Grenzen zwischen Kunst und Wirklichkeit und zwischen Leben und Tod sind ganz verwischt.

IB: Wenn der Interpret den Zuschauer totschlägt, haben wir ja den Höhepunkt des engagierten Theaters erreicht, könnte man sagen. Der Ritus ist nicht das, was sie da am Schluß machen. Das ist ja eine Art Pappmachéspiel mit Spielmarken und Zeugs und Hokuspokus. Der Ritus ist das Spiel zwischen dem Künstler und seinem Publikum und der Gesellschaft. Diese beiderseitige Mischung von Demütigung und gemeinsamem Bedürfnis. Das ist das Rituelle.

JS: Ich sehe auch den Schluß des Filmes als den Traum vom Unmöglichen, vom letztgültigen Kunstwerk – den Ball schwebend in der Luft zu halten. Ihre Nummer ist sehr mystifizierend. Sie hat wirklich einen heidnisch rituellen Zug.

IB: Das ist dem Dionysoskult entnommen – das Gesicht des Gottes zu vertreiben. Das gibt es im katholischen Abendmahl. Es ist interessant, wie bestimmte Dinge funktionieren. Im katholischen Abendmahl gibt es die sogenannte Elevation. In einem bestimmten Moment hebt der Priester den Kelch. Das tut er im evangelischen Abendmahl nicht. Es ist sogar verboten. Die Elevation, also die Erhöhung, ist in der katholischen Kirche noch vorhanden als rituelles Überbleibsel des Dionysoskultes, wo der Priester die Schale mit Blut über seinen Kopf hob und die Gottesmaske hinter seinen Rücken spiegelte, um den Gott fortzutrinken.

JS: Welche von den Personen des Filmes ist dir am sympathischsten?

IB: Was soll man dazu sagen?

JS: Die dem Publikum leid tut – von der ich selbst am meisten ergriffen werde, das ist der Richter.

IB: Ich habe wohl ein bißchen für den Richter Partei ergriffen, viel mehr, als ich ursprünglich vorhatte.

JS: Er ist so ausgeliefert, er versucht plötzlich die ganze Zeit, von sich selber zu reden. Er will die Vorstellung auch abbrechen.

IB: Er begreift plötzlich, daß er in eine Falle geraten ist, als das Messer gezückt wird. Aber in einer Sache hat sich der Richter dumm verhalten, und das ist, als Hans Winkelman, der wirklich die gleiche Sprache wie der Richter sprechen kann, ihn bittet, ihn bekniet, Thea nicht aufzusuchen, da könnt ihr das verzückte, sadistische Richtergesicht dieses Richters sehen, das sagt: »Ich habe lediglich meinen Anweisungen zu folgen – dieses Gespräch müssen wir leider führen.« Winkelman weiß, daß das schief gehen wird.

JS: Zugleich demütigt Winkelman den Richter einerseits, indem er ihn zu überreden versucht, das Treffen abzusagen, andererseits mit einem schlichten Bestechungsgeld.

IB: Ja, das ist *sein* Fehler. Der Richter hat ihn gedemütigt, indem er zu ihrem Treffen zwei Stunden zu spät kommt. Er kommt, unter dem Deckmantel eines rein juristischen Verfahrens, mit einer Reihe unverschämter und demütigender Fragen. Das Wesentliche ist, daß die drei Artisten es ihm hier heimzahlen. In dem Augenblick, als der Richter Thea verletzt hat, hat er sich unverzeihlich vergangen.

JS: Wie erlebt ein Fernsehpublikum eine solche persönliche Auslassung, deiner Meinung nach?

IB: Ehrlich gesagt, ich wage nicht, daran zu denken.

TM: Wir als Filmkritiker und exklusives Publikum und als an Ingmar Bergman und seinen Filmen Interessierte – wir bilden eine ganz andere Welt. Aber die anderen sind ja eine andere Rasse – die Fernsehzuschauer draußen in ihren Häuschen.

IB: Ich habe ein Vorwort geschrieben, das am gleichen Abend gesendet wird . . . Wo ich fürs Kino Propaganda mache – ich sage, daß sie zur Neun-Uhr-Vorstellung noch zurechtkommen, oder daß sie ein gutes Buch oder eine Zeitschrift lesen können.

JS: Ich glaube, Torsten hat recht, wenn er sagt, daß das Publikum diesen Film als eine Art Menagerie sehen wird, aber die Suggestion, die man erlebt, ist ja enorm. Es ist nicht so wichtig, daß man Ingmar Bergman darin erkennt.

IB: Das ist völlig gleichgültig.

JS: Rein formal gesehen, hast du den Film ausschließlich mit Nahaufnahmen und extremen Halbtotalen aufgebaut. Es gibt fast keine Totalen. Du wechselst doch sonst als Regisseur die ganze Zeit zwischen Nahaufnahme und Totale.

IB: Ich fühlte, daß der Rhythmus des Mediums Fernsehen ein ganz anderer ist als der des Films. Ich fand, daß ich mehr Nahaufnahmen hereinnehmen mußte, als ich es sonst tue, gerade weil die Augen so wichtig sind – Gesichter, Augen, Stimmen, Hände.

JS: Dieses Vogelgedicht, das Claudia dem Fischer vorliest – stammt das von dir?

IB: Ja, das ist Spaß, das ist Spielerei. Es ist in irgendeinem mystischen Strindbergschen Versmaß verfaßt.

JS: Warum bist du selber als Priester im Beichtstuhl aufgetreten?

IB: Weil der Film billiger werden sollte.

TM: Hier ist wirklich eine Referenz zum *Siebenten Siegel*.

IB: Ja, natürlich.

TM: Und der Tod . . .

JS: Was hast du für Honorar bekommen – eine Statistengage?

IB: Nein verdammt – Rollengage! Ich hatte ja einen Text!

JS: Der ist aber nicht im Bild!

IB: Trotzdem.

IB tritt als Priester in *Der Ritus* auf.

XII. Filmstaden, den 24. Februar

TM: Wir hatten uns darauf geeinigt, jetzt einige allgemeine Motive zu diskutieren, wobei wir nicht einen einzelnen Film behandeln, sondern uns mit Motiven beschäftigen wollen, die in verschiedenen Filmen wiederkehren, und da hatten wir uns auf das Kindermotiv geeinigt, und auf Sex und Zensur.

Sollen wir mit dem Kindermotiv anfangen? Ein kurzer Film ist nämlich noch übrig, das ist *Daniel* – der kleine Abschnitt aus *Stimulantia* aus dem Jahre 1966.

Ich habe vier Typen von Kindermotiven aufgestellt. Erstens gibt es das Kind als Katalysator unterbewußter Phobien, von Traumen und Archetypen – *Die Stunde des Wolfs* ist ja nur ein Beispiel dafür. Wir sprachen über den kleinen Jungen, der direkt auf den Alten in der Garderobe zurückgeht.

Zweitens das Kind als Objekt von Gewalt. In *Das Gefängnis* wird ein Baby ermordet; das Mädchen, das in der *Jungfrauenquelle* vergewaltigt wird, ist fast noch ein Kind. In *Die Schande* kommt das kleine tote Mädchen vor, das von Liv gefunden wird, das zugleich auch den Traum von Kindern zerstört. Und in *Die Hörige* ist der Junge, der am Anfang zu spät kommt und von Gunnar Björnstrand einen Verweis erhält (von allen Menschen!), auch nur ein ausgelieferter kleiner Mensch.

Drittens: Das Kind als Traum von Kontinuität, von Gemeinschaft, als Retter von Beziehungen – man kann es als Patentlösung bezeichnen, nicht besonders typisch für dich, aber in dem Komplex *An die Freude, Eva* und *Traum der Frauen* enthalten, wo die Frau sagt, sie möchte ein Kind mit Ulf Palme haben, und wo er antwortet: »Ich möchte nicht irgendwo so einen kleinen armen Schlucker haben, an den ich nicht herankomme.« Im *Schweigen* ist das ja weniger deutlich, aber dennoch ist der Junge ja ganz entschieden die Kommunikationsbrücke zwischen den Frauen, und in *An der Schwelle des Lebens* ist das sehr handgreiflich – es ist fast ein klinischer Film über Kinder, er handelt von den verschiedenen Attitüden dieser drei Frauen.

Viertens, schließlich, das Zwergenmotiv. – In *Der Ritus* spricht Hans von seinen Kindern, aber es kommt kein Kind vor. Ich möchte gern deine Einstellung zu Kindern erfahren.

IB: Meine erste Reaktion, wenn du das hier erzählst, ist Beklommenheit. Das richtet sich nicht speziell gegen dich, sondern es ist ein Gefühl der Ohnmacht. Ich kann es nicht erklären. Ein Gefühl, daß das unerfreulich ist, daß es unerfreulicher wird, daß das, was ich gemacht habe, plötzlich unerfreulich geworden ist. Ich kann das nicht erklären. Ich weiß nicht warum, aber ich werde böse und traurig, wenn ich hier sitze und dich höre – bitte fasse das nicht falsch auf, Torsten! Es ist nicht gegen dich gerichtet, es ist einfach so! Wenn mir jemand einen Brocken so hinwirft und sagt: Ja, aber das ist doch so? Ist das nicht so? Hier ist das so und da ist das so. Ich bin völlig gelähmt. Ich kann nichts sagen. Ja doch, es ist möglich, daß es sich so verhält. Ich weiß nicht. Ich will mich nicht schützen, sondern es ist ganz einfach so, daß es bei mir nicht auf diese Art läuft. Ich kann keine Motive durchgehend diskutieren. Klar, ich kann eine Vorlesung über Motive der Demütigung halten – ich glaube sogar, daß wir darüber ziemlich eingehend gesprochen haben. Aber das hier mit den Kindern . . . Da ich selbst acht Kinder habe, habe ich natürlich gewisse Erfahrungen auf diesem Gebiet, und ich habe bestimmte Reaktionsweisen, die sich im Laufe der Jahre nach und nach verändert haben. Aber ich finde das uninteressant, ich finde, das gehört nicht in dieses Gespräch.

SB: Du faßt doch deine Tätigkeit so auf, daß da eine ständige Veränderung drin ist; daß du dich selber veränderst und neue Filme machst, die du mit neuen Ideen füllst? Später entdeckt man, daß es in diesen Werken, die während einer sehr langen Zeitspanne entstanden sind, doch ganz deutlich bestimmte Motive gibt, die immer wiederkehren, bestimmte Ansichten. Sie stören die eigene Auffassung, daß man selbst und das, was man ausdrücken will, einer ständigen Veränderung unterliegt, und das hat zur Folge, daß man diesen Zusammenfassungen gegenüber negativ ist, nicht wahr?

IB: Fest steht, daß man die Karten immer neu mischt, nicht um den Zuschauer irrezuführen, sondern ganz einfach deshalb, weil der Bewußtseinsgehalt zur Zeit der Konzipierung ein anderer ist als beim vorigen und vorvorigen Mal.

Diese Motivsuche und diese Art der Analyse haben wir von der Literaturwissenschaft geerbt, wo sie bis zum völligen Irrsinn weiterentwickelt worden sind. Man stellt ein Werk in seinen Zusammenhang und am Ende ist alles so gut eingepaßt und fügt sich so vorzüglich ein, daß es schließlich für den, der das Werk gemacht hat, nichts mehr hinzuzufügen gibt. Wir haben da eine unüberwindliche Kluft, zumindest zwischen mir und denen, die meine Filme kommentieren. Ich kann nicht mit Menschen übereinstimmen, die meine Filme kommentieren. Und das hat kein bißchen mit Torsten zu tun, von dem ich viel halte.

Ich glaube, die Erklärung liegt wohl darin, daß das Werk für mich niemals etwas Theoretisches werden kann. Ich habe euch die ganze Zeit zu erklären versucht, daß hinter jedem Werk eine praktische, handgreifliche Realität gesteckt hat. Es ist nie etwas gewesen, was man mit »erdacht« bezeichnen würde. Sobald es etwas Erdachtes oder »Gewolltes« war, habe ich selber es früher oder später als schlecht verwerfen müssen.

JS: Ich finde, diese Ausführungen waren gut, nicht zuletzt deshalb, weil man nach Torstens Frage sich mit bestimmten Definitionen befassen könnte.

TM: Das erschwert natürlich unsere Arbeit, weil man sich auf einem dünnen Eis bewegt und nicht weiß, wann man einbricht. Aber du hast das selbstverständliche Recht, ganz offen zu sagen, daß du auf das, was ich hier angeschnitten habe, nicht antworten möchtest.

IB: Weil ich es nicht kann.

TM: Du kannst nicht oder willst nicht, aber das spielt keine Rolle, du bestimmst ja!

IB: Ich weiß nicht, was ihr von mir wollt. Du hältst mir hier eine regelrechte Vorlesung – stell mir lieber eine konkrete Frage!

JS: Wir drei, die wir dich hier interviewen, gehen auf jeweils verschiedene Weise an diese Arbeit heran – ihr müßt mich berichtigen, wenn ihr meint, daß ich Unrecht habe –, aber ich versuche vor allem, deine Arbeit in Beziehung zur Gesellschaft zu setzen, Stig hat sich auf formale Fragen konzentriert und Torsten ist der Analytiker im Bunde. Das ist vielleicht am schwersten. Eben weil deine Filme so persönlich und autobiographisch sind, empfindet man gerade die methodische Annäherung als kritische Schwierigkeit. Eine formale Analyse oder eine sogenannte Strukturanalyse reicht nicht aus, sondern man ist dazu gezwungen, auch die genetische Methode zu verwenden, das heißt, man muß auch vom Werk hin zum Urheber gehen. Dieses kritische Dilemma, das unser Dilemma als Kritiker ist, schafft leicht sowohl praktische als auch theoretische Probleme . . .

IB: Und das Instrument ist ein bißchen stumpf, könnte man sagen. Eine Wunde muß sich nicht unbedingt in einem Symbol ausdrücken. Es kann sich auch in einem Formstreben ausdrücken. Deshalb fließt alles die ganze Zeit ineinander und auseinander.

JS: Dir wird zum Beispiel in einem aktuellen Interview von einem Journalisten eine Frage über deine Beziehungen zu den Schauspielerinnen gestellt, und du bittest ihn, das Tonband abzuschalten, weil das nicht dazugehöre. Der Journalist schaltet das Tonband aus, schreibt aber trotzdem – das gehört dazu! In diesem Dilemma stehen auch wir.

TM: Du meinst, wenn du Dinge aus deinem Leben erwähnst, und das hast du andauernd in unterschiedlichem Maß getan, dann hast du genug gesagt. Du willst nicht, daß der, der bis zum Film kommt, noch weiter vorstößt, weil das, was darüber hinausgeht, die Zuschauer nichts angeht.

IB: Ich bin bedrückt und ein wenig verlegen, weil ich nicht verstehe, was ihr von mir haben wollt. Plötzlich sehe ich nicht mehr klar – jedesmal, wenn ihr mir konkrete Fragen gestellt habt, habe ich auf meine Weise zu antworten und mich auszudrücken versucht, aber in dem Moment, wo Torsten eine kleine Vorlesung liefert, die ich an sich interessant finde, und ich dann über ein weites Gebiet reden soll, gerate ich in Bedrängnis, weil es keine konkrete Frage ist. Weil mein Werk oder wie man es nun nennen soll, also diese dreißig Filme für mich etwas Konkretes sind, etwas, was ich gemacht habe – brauche ich auch konkrete Fragen, um konkrete Antworten geben zu können.

JS: Wir hatten nicht die Absicht, hier zu sitzen und unsere eventuellen Analysemodelle sanktioniert zu bekommen.

IB: Nein, genau das meinte ich.

TM: Warum nicht?

SB: Wäre mir dieselbe Frage gestellt worden, hätte ich wohl nur »ja« gesagt und nichts weiter. Ist es nicht so, daß wenn man ganz spontan fühlt, daß wir hier auf ein Gebiet zu sprechen kommen, über das ich eine Menge zu sagen habe, dann spielt es keine Rolle, wie die Frage formuliert war. Manchmal haben wir gesagt, heute wollten wir über, sagen wir, *Traum der Frauen* sprechen, dann hast du einfach angefangen zu erzählen.

Wenn wir dich jetzt zu *Daniel* befragen wollen – das ist ja ein ziemlich ungewöhnlicher Teil deiner Produktion –, dann möchte ich eine konkrete Frage zum Film stellen. Neben den Spielfilmen machst du für dich selbst Schmalfilme. *Daniel* ist ein solcher Film. Aber daß du dich dafür entschieden hast, gerade deinen Sohn Daniel zu filmen, muß doch damals eine besondere Bedeutung gehabt haben. Warum hast du einem größeren Kreis von Menschen von Daniel erzählen wollen?

IB: Die Idee zu *Stimulantia* war eigentlich eine Antwort auf *Mondo cane*. Anfangs war das völlig anspruchslos geplant, mehr als ein Spiel. Aber es geriet total aus den Fugen, wie immer, wenn mehrere an so etwas beteiligt sind.

Für meinen Teil wußte ich kaum, was ich machen sollte. Dann kam mir plötzlich die Idee, einen ›cinétract‹ zu machen, etwas ganz Einfaches, ganz Simples und Gradliniges. Was gab es denn da, das ich sehr gern hatte? Ich hatte einige tausend Meter Film mit Daniel, und deshalb setzte ich mich hin und ging das Material durch und suchte mir die Stücke heraus,von denen ich meinte, sie seien gut. Ich wollte Daniel etwas zu seinem Geburtstag schenken – ein Testament, etwas, das er haben sollte, wenn er groß wäre.

Alle diese Wörter – Schuld und Gewissen, Gefängnis und Gefangener und Strafe, die sollten verbannt werden, die sollte es nicht geben, all die Demütigungen, die mich geprägt haben, sowohl als Kind, wie als Erwachsener.

Elisabeth Vogler und das
Bild des Sohnes in *Persona*.

Ich fand, es lief, als ich den Film machte. Aber die Reaktion auf den Film war ja durchweg negativ, er muß also doch irgendwo verkorkst gewesen sein.

SB: Gibt es noch andere Themen, die du auf diese Art verfilmen wolltest oder die du noch verfilmen willst?

IB: Wenn ich jetzt nach Fårö fahre, werde ich einen Film über die Geburt von Schafen machen. Ich möchte nach und nach Fårö in kurzen Filmen von ein paar Minuten dokumentieren. Keine großen, tiefsinnigen Angelegenheiten, sondern vielleicht zehn, fünfzehn, zwanzig kurze Filme.

JS: Du hast im schwedischen Kulturleben nicht nur eine künstlerisch kreative Rolle gespielt, sondern auch eine kulturpolitische. Du bist Theaterintendant gewesen, künstlerischer Berater bei der schwedischen Filmindustrie, Inspekteur der Filmschule usw. Du hast unzweifelhaft große Möglichkeiten gehabt, aktiv auch als Kulturpolitiker zu wirken?

IB: Damit habe ich aufgehört.

JS: Warum das?

IB: Ich habe festgestellt, daß mir das Talent für die Art der Strategie fehlt, die nötig ist, um kulturpolitische Reformen durchzusetzen. Ich bin jetzt auf einer bescheideneren Ebene tätig, durch meine Produktionen fürs Theater. Dort kann ich in Zusammenarbeit mit der Theaterleitung die Reformen durchsetzen, die ich für notwendig halte.

JS: Ich bilde mir ein, daß deine Ansichten über den jungen Film früher ziemlich dogmatisch waren. Als die Filmschule in Schweden gegründet wurde, das war wohl 1964, hast du geäußert, daß die Auswahl der Schüler ganz einfach vor sich gehen könnte, nämlich so, daß die Anwärter die Aufgabe kriegen sollten, Strindbergs »Ein Bogen Papier« zu verfilmen. Und du hast dich erboten, zu entscheiden, wer filmbegabt sei und wer nicht. Ich frage mich, ob du heute ein so persönliches Auswahlinstrument vorschlagen würdest?

IB: Ich kann mich nicht erinnern, mich so ausgedrückt zu haben. Es ist möglich, daß ich das getan habe, aber in diesem Fall habe ich es verdrängt. Ich glaube, daß jeder, der etwas zu sagen hat, einfach anfängt und irgendetwas macht. Ich glaube generell nicht an eine Ausbildung an der Filmschule, außer in strikt technischer Hinsicht.

JS: Trotz deiner gewaltigen Dominanz im schwedischen Filmleben während so vieler Jahre sind es nur sehr wenige von der sogenannten neuen schwedischen Welle – wenn der Ausdruck erlaubt ist –, die man als Bergman-Schüler ansprechen könnte.

IB: Überhaupt niemand.

JS: Auch nicht Vilgot Sjöman?

IB: Der ist wirklich andere Wege gegangen.

JS: Aber unter jungen schwedischen Filmern sind Wünsche laut geworden – zum Beispiel von Jonas Cornell – nach pädagogischen Bemühungen deinerseits. Man hat deiner Erfahrungen bedurft und du bist immer an Ausbildungsfragen interessiert gewesen, allerdings tatsächlich mehr an der Theaterausbildung.

IB: Film ist nicht so schwer. Theater ist viel schwerer. Film ist eine einmalige Schöpfung. Theater ist die Kunst der Wiederholung, und dort bin ich sehr an den pädagogischen Problemen interessiert. Sie werden zu Gunsten von Pseudoerscheinungen vernachlässigt.

JS: Meinst du jetzt mehr die Schauspieler als die Regisseure?

IB: Ja, auch die Regisseure haben technische Schwierigkeiten, stehen im Theater vor viel größeren technischen Schwierigkeiten als im Film.

JS: Jetzt, wo die jungen Filmer deine Erfahrungen kennenlernen wollen – wir können ja dieses ganze Interview als Kompendium der Filmausbildung ansehen, wenn man so will – würdest du da mitmachen?

IB: Ich dränge mich niemandem auf, und ich kann nur strikt professionell und strikt kollegial wie ein älterer Kollege mit einem jüngeren diskutieren. Ich habe bestimmte praktische Erfahrungen, die uns gemeinsam sind, und die kann ich mitteilen – und nichts anderes.

JS: Dieses Gerede vom dämonischen Regisseur Bergman, das hört man jetzt eigentlich nicht mehr . . .

IB: Nein, ich bin doch lieb!

JS: Vilgot Sjöman erzählt in seinem Tagebuch über *Licht im Winter* von einem Zwischenfall – er war selbst nicht anwesend –, aber es hatte einen Ausbruch deinerseits gegeben, jemand weinte und Vilgot wurde so unangenehm davon berührt, schreibt er.

IB: Ja, das war eine Maskenbildnerin.

JS: Du hast vorhin davon gesprochen, daß du hier in Filmstaden wie ein Wirbelwind herumsaust, damit alles klappt . . .

IB: Herumgesaust *bin*! Mein Terror ist jetzt von der friedlichen Art.

JS: Konntest du im Atelier während der Dreharbeiten auch mit Schauspielern und den engsten technischen Mitarbeitern so umspringen?

IB: Ja, das habe ich gemacht. Man merkt das vielleicht nicht, aber ich laufe mit einer konstanten Wut im Bauch herum. Das ist eines der großen Probleme meines Lebens, daß ich dauernd wütend bin. Seid ihr das auch?

JS: Selbstverständlich!

TM: Ich bin dauernd wütend!

IB: Ich glaube, daß Stig es eigentlich auch ist, doch, er trägt einen großen Zorn in sich. Aber ich bin nicht aggressionsgehemmt. Ich würde eher sagen umgekehrt. Ich habe überhaupt keine Schwelle, bei mir brennt gleich die Sicherung durch. Bevor ich weiß, wie mir geschieht, bin ich in einen Wutanfall verstrickt, und das hat zur Folge, daß ich mich ziemlich genau im Auge habe. Ich weiß, daß jede Gemütserregung, jeder Wutausbruch, der nicht kontrolliert ist und der nicht als ein sogenannter pädagogischer Ausbruch am Platze ist, sowohl mir als auch dem Gegenüber schadet. Aber auf der anderen Seite ist es kein Unglück, finde ich, daß die Menschen fühlen, daß irgendwo ein großer Zorn arbeitet. Man darf ihn nur nicht unkontrolliert entweichen lassen. Entflogen' Wort kann man nicht am Flügel packen. Wenn man jemanden angeschrien hat und unerfreuliche Ausdrücke benutzt hat, dann vergißt das der Betreffende nie. Deshalb glaube ich eigentlich, daß nie jemand während der letzten fünfzehn Jahre mich ein böses Wort zu einem Schauspieler hat sagen hören. Ich weiß, daß ich dann nur umso schlechtere Ergebnisse bekomme. Ja, ich habe Liv ein paarmal angefaucht. Das ist mehr auf der privaten Ebene. Sie hat selbst mit unerhörter Entzückung erzählt, daß ich sie bei *Schande* ins Feuer gejagt habe.

JS: Alle Schauspieler wollen anscheinend Rollen bei dir haben.

IB: Der Grund, weshalb Schauspieler gern mit mir zusammenarbeiten, ist vielleicht erklärlich. Ich habe mich während meiner ganzen Zeit als Professioneller damit beschäftigt, wie Schauspieler funktionieren, und wie ich das beste Resultat vom Schauspieler bekomme. Da der Schauspieler mein wichtigstes Instrument ist, muß ich hundertprozentig lernen, wie ich zusammenzuarbeiten habe, und das habe ich nach und nach herausbekommen. Sie wissen, daß sie den Service bekommen, den sie haben müssen. Daß sie die Anregung und die technischen Hilfestellungen bekommen.

JS: Die Macht der Regisseure, die sehr lange im schwedischen Theater und im schwedischen Film geherrscht hat, und die jetzt teilweise dank verschiedener Arten von Kollektivproduktionen und anderer Möglichkeiten der Mitbestimmung im Theater usw. gebrochen worden ist – wie hat das deine Beziehungen zu den Schauspielern beeinflußt?

IB: Vergiß nicht, daß ich es war, der als erster diese Mitbestimmung geschaffen hat – ich habe mit dem Schauspielerrat angefangen, das heißt, ich bin es auch nicht gewesen, das war Moliére. Ich meinte, die Schauspieler sollten ihre eigene Macht darstellen. Du hast etwas von der Macht der Regisseure gesagt!

Auf der nächsten Doppelseite: IB, umgeben von seinen Schauspielern. Von links oben: Allan Edwall, Georg Funkquist und Jarl Kulle; unten: Bibi Andersson, Harriet Andersson, Gertrud Fridh, Barbro Hiort af Ornäs, Eva Dahlbeck und Mona Malm.

JS: Ja, die Hierarchie an der Spitze und der despotische Einfluß, den es zweifellos immer gibt – ist man Regisseur, dann ist man auch Despot. Das ist ein Zwang. Das sagt zum Beispiel Bo Widerberg – ich polemisiere hier vielleicht gegen Stig, aber ich glaube auch, daß man nicht kollektiv arbeiten kann, wenn man nicht vorweg die Funktionen bestimmt.

IB: Ich glaube nur, daß jemand die Marschrichtung abstecken muß, und dann sollte man versuchen, sich darüber zu einigen. Der Regisseur sollte darauf achten, daß man diesen Weg zusammengeht, daß man die Abmachungen einhält, die man getroffen hat. Sind sich alle einig, bemühen sie sich darum, die Richtung einzuhalten und streben gemeinsam danach, daß sie nicht verändert wird. Mit Zwang geht das nicht.

TM: Solche Vorstellungen kommen nicht nur bei dir vor, sondern überhaupt auf dem Theater, insgesamt gesehen. Solche, die zerbröckeln – und dann ist die Theaterkritik etwas unerhört Schwieriges, während man in der Filmkritik die ganze Zeit das gleiche Produkt beurteilt.

IB: Je amateurhafter, desto mehr zerbröckelt es.

JS: Was meinst du damit?

IB: Ein wichtiger Teil der Ausbildung und der Fähigkeiten des Schauspielers muß es sein, wiederholen zu können, es wird nicht von ihm verlangt, daß er emotionell Abend für Abend und Tag für Tag auf dem gleichen Stand zu sein hat, aber das wird in technischer Hinsicht von ihm verlangt, so daß er jedesmal dem Publikum genau den gleichen Eindruck vermittelt. Man kann niemals verlangen, daß ein Mensch zwei Tage lang gefühlsmäßig gleich ist, aber technisch muß er es unbedingt sein, so daß er den Eindruck vermittelt, er wäre es, sonst zerfällt das Spiel.

JS: Du glaubst überhaupt nicht an diese Inspirationstheorie?

IB: Die Proben sind die kreative Periode, die Vorstellungen sind die nachschaffende.

SB: Pflegst du deine Aufführungen zu besuchen?

IB: Allerdings, darauf kannst du dich verlassen!

JS: Gibt es eine bestimmte schauspielerische Methode, nach der du gearbeitet hast?

IB: Meine eigene!

TM: Stanislavskij und Strasberg?

IB: Sie repräsentieren andere Theatersysteme und andere Probenformen. Unser System ist auf einer bestimmten wirtschaftlichen Grundlage aufgebaut. Wir wissen, daß wir acht bis zehn Wochen proben können, und die Dauer der Probenzeit ist für die Technik, die wir verwenden, ziemlich entscheidend.

JS: Was, glaubst du, ist heute für den Regisseur sowohl im Theater als auch im Film das Wichtigste?

IB: Ganz egal, was er für ein Mensch ist: hat er etwas zu sagen, dann wird es auch was. Hat er nichts zu sagen, dann soll er etwas anderes machen. Meint ihr nicht auch?

XIII. Dramatisches Theater,
den 27. April 1970

SB: Du knüpfst in *Eine Passion* an *Schande* an. *Schande* wird in dem neuen Film sozusagen fortgeführt. Es gibt eine Traumszene in *Eine Passion*, die dort anfängt, wo *Schande* aufhört. Du hast niemals vorher auf eine solch direkte Weise einen deiner früheren Filme kommentiert oder an ihn angeknüpft. Was war der Grund dafür, daß du hier so verfahren bist?

IB: Die Beziehungen in *Eine Passion* sind aus dem Milieu entstanden, in dem *Schande* spielte, und das hat für mich eine eigentümliche Bedeutung. Der Krieg, der in *Schande* dargestellt wurde, manifestierte sich – jetzt, für mich – im gleichen Milieu auf eine mehr unterschwellige Weise. Mit der geplagten Kreatur – oder wie das heißt. Die Tierquälereien, die erstochenen Lämmer, das brennende Pferd und der Vogel, der gegen die Scheibe fliegt, während der wirkliche Krieg – der, den ich nicht gestalten kann – auf die Mattscheibe verlegt ist. Bitte, das ist eine sehr einfache Metapher. Max und Liv sehen sich den Fernsehkrieg ein bißchen erschrocken und zerstreut an, aber machen sich Gedanken um den jungen Hund, der aufgehängt wurde, – weil sie das begreifen.

In beiden Filmen tritt dieselbe Schauspielerin auf, Liv Ullman. Für mich war der Gedanke anregend, daß es für diese Anna Fromme eine Art heimlichen Erlebnishintergrund gibt, von dem Krieg in *Schande* her. Sie kann davon träumen, weil ja ich es bin, der ihr ihre Träume gibt. Die ganze Zeit war der *Schande*-Krieg aktuell, als Hintergrund für die Gewalt in *Eine Passion*.

Aber ich habe außerdem ein ganz anderes Manuskrpit geschrieben, bevor ich *Eine Passion* schrieb, und das handelte von ganz anderen Dingen. Daraus habe ich eigentlich nur die Namen der Hauptpersonen übernommen, Anna, Anders, Elis und Eva. Als ich *Eine Passion* schrieb, waren die Darsteller bereits für diesen anderen Film engagiert.

SB: Und sie sollten dieselben Rollen spielen, denen die Rollennamen in *Eine Passion* entsprechen?

IB: Genau das. Ich dachte mir, ich mache im Grunde denselben Film, ändere bloß ein bißchen. Dann wurde es schließlich eine ganz andere Sache – es lief einfach in eine ganz andere Richtung.

JS: Dieses andere Manuskript, ist das völlig untergegangen?

IB: Das ist völlig untergegangen, weil darin ein Gedanke war, den ich nicht bewältigen konnte – eine Idee. Nachdem es dann eine Weile gelegen hatte,

Bibi Andersson besucht Max von Sydow in *Eine Passion*.

begriff ich, wo der Fehler in dem zweiten Manuskript steckte, und dann habe ich darüber geschrieben, und daraus entstand dann *Das Reservat*.

TM: Ich finde, die Einleitungsszene und die Schlußszene in *Eine Passion* gehören irgendwie zusammen. Diese drei Sonnen, die wir zu Anfang sehen, die sind ja ein Omen. Ich habe versucht herauszufinden, was die Sonne im Zusammenhang mit einem Omen für eine Funktion hat, habe aber keinen Erfolg gehabt. Sind die Sonnen ein Omen, ein Menetekel für die Schlußszene, wo Andreas verbrannt wird, oder eher für die Verbrennung von Andreas' Bild?

IB: Daran ist nichts besonders Merkwürdiges. Die Sonnenräder – so wird das ja genannt, das ist der terminus technicus –, sind ein Phänomen, das aufgetreten ist. Es gibt, ich glaube in der Storkyrka in Stockholm, eine Tafel mit sieben Sonnenrädern, die den Dreißigjährigen Krieg prophezeit haben. Solche Himmelsphänomene haben Krieg oder Katastrophen verschiedener Art prophezeit. Für mich ist das ein altes wohlbekanntes Zeichen.

TM: Es kommt auch im Buch der Offenbarung vor. Das siebte Siegel ist . . .

IB: Es wird etwas prophezeit. Etwas Bedrohliches, das eintreten wird. Und dann dieser bösartige Eimer, der vom Dach herunterfällt und überhaupt nicht stehenbleiben will.

TM: Eine Passion ist ein Katastrophenfilm. Ich fasse ihn so auf. Ein Spannungsbogen, könnte man sagen, von diesen Sonnen bis zur Schlußszene.

IB: Was passiert mit Andreas? Er wird aufgelöst. Für diesen Mann gibt es keine Möglichkeit, in der Sinnenwelt zu existieren. Er wird aufgelöst werden. Ich weiß nicht, ob man das im Film sieht. Er geht auf und ab und zum Schluß legt er sich hin – unmittelbar bevor die totale Auflösung des Bildes kommt.

TM: Ist es nicht eine Folge der Entwicklung seiner Persönlichkeit, oder besser des Mangels an Entwicklung, daß ständig die Gewalt auftaucht, daß die Gewalt ständig andrängt. Er wird zerbrochen, und der ganze Film wird davon zerbrochen . . .

IB: Es hat auch Spaß gemacht, das Letzte aus dem Material herauszuholen. Es war ein faszinierendes Erlebnis zu sehen, wie der optische Printer funktionierte, wenn er überlastet wurde. Ich habe niemals einen Apparat sich so benehmen sehen, wie eine nervöse Primadonna vor einer Koloraturarie. Wir hatten während der ganzen Zeit nur die halbe Helligkeit auf der linken Bildseite. Und ihn dann dazu zu bekommen, sich zu justieren und das Richtige zu tun – bis dahin gab es manch bangen Augenblick.

JS: Was bedeutet der Titel *Eine Passion*? Passion kann ja sowohl Leiden als auch Leidenschaft bedeuten, also zwei Seiten derselben Sache.

IB: In Amerika ist der Titel *Eine Passion* geschützt, und dort wird er *The Passion of Anna* heißen, Annas Passion, die Annapassion, Annas Leiden . . . Dort habe ich also deutlicher definiert, wovon die Rede ist.

SB: Als ich über den Film schrieb, bin ich in meiner Rezension besonders auf Annas Passion eingegangen und habe Anna als das Kernstück des Films aufgefaßt, als sein emotionales Zentrum. Ich habe zum Teil ihre Passion als etwas Positives aufgefaßt und tue das immer noch. Sie ist die konsequenteste Persönlichkeit des Films und moralisch gesehen die stärkste. Aber es gibt sehr starke negative Züge in dieser Stärke, in den absoluten Forderungen, die sie an sich selbst und an ihre Umgebung stellt. Dort ist eine Unerbittlichkeit, die diejenigen lähmt, die ihr nahestehen.

Wie faßt du Anna auf? Empfindest du ihre Stärke als etwas Negatives?

IB: Sie ist jemand, der ständig tätig ist, eine Art moralische Naturkraft. Zufällig hat sie negativ gewirkt, und zufällig könnte sie positiv wirken – das kommt auf die Umstände an. Persönlich empfinde ich Anna als furchteinflößend. Ich habe große Angst vor Moralisten – ich bin nämlich selber einer gewesen. Einen moralischeren Moralisten als mich konnte es kaum geben.

TM: Aber sie ist bedeutender als Eva mit all ihren Kompromissen?

IB: Eva ist doch die ganze Zeit menschlich, ganz menschengleich, während Anna Züge einer Monstrosität, von etwas furchtbar Gefährlichem besitzt.

TM: Niemand kann sie bewältigen?

IB: Nein, sie kann sich auch selbst nicht bewältigen. In ihrem Moralismus

290

Max von Sydow als Andreas Winkelman in *Eine Passion.*

und ihren ständigen Forderungen liegt etwas unerhört Destruktives. Sich selbst nicht zu akzeptieren, die Umwelt nicht zu akzeptieren, ist mit das Gefährlichste, was es gibt. Als erstes muß man, glaube ich, bevor man überhaupt mit irgendwas anfangen kann, sich selbst akzeptieren.

TM: Diese Monstrosität, die du Anna zuschreibst, kommt in ein paar Szenen deutlich heraus. Unter anderem gibt es da eine kleine Vampyrszene, die ganz lustig ist. Sie kommen ab und zu in die Filme hinein, vermutlich ohne Absicht, sie sind einfach da. In *Eine Passion* gibt es ein Bild, wo Anna Andreas an sich zieht, ihn um den Hals faßt und ihn küssen will. Dann verzieht sie den Mund, und man sieht einen scharfen Eckzahn . . .

IB: Ja, sie will ihn erwürgen. An den Zahn habe ich nie gedacht . . .

TM: Ich sehe, du hast selbst so einen Zahn!

IB: Ja, ich habe so einen . . .

TM: Ich wollte dich zu der Szene etwas fragen, wo Anna Andreas vom

291

Autounfall erzählt. Ich finde, es ist eine ganz phantastische Szene. Da ist nur Liv Ullmans Gesicht, und es geht aus hoffnungsvoller Freude in bodenlose Verzweiflung über. Das Gesicht scheint eine andere Farbe zu bekommen, und ihre Augen werden rot, während sie spricht. Steckt hinter diesem Bild eine technische Manipulation? Das Gesicht ist in Großaufnahme aufgenommen, und du hast weder die Kamera bewegt, noch das Licht verändert. Hast du eine Heizsonne oder etwas ähnliches benutzt?

IB: Nein, sie ist eine Schauspielerin, die funktioniert – und das will etwas heißen. Sowas sieht man nicht sehr oft. Das hat beim ersten Versuch geklappt. Wir haben die Szene nur technisch geprobt, haben sie ein paarmal durchgesprochen und sie dann gedreht. Dieser Teil wurde fast ein halbes Jahr nach der Fertigstellung des Filmes aufgenommen.

SB: Der ganze Film ist nachträglich synchronisiert, nicht wahr? Ist auch diese Szene später synchronisiert?

IB: Nein, du kannst im Hintergrund ein schwaches Surren der Kamera hören. Da ist nachträglich nichts gemacht.

JS: Warum synchronisierst du jetzt deine Filme immer nachträglich?

IB: Um einen ganz deutlichen Ton bei Nahaufnahmen zu bekommen, einen ganz lippennahen Ton. Ich bin den schlechten Ton im schwedischen Film so leid, den wir so oft wegen der schlechten Aufnahmeverhältnisse haben und weil einige Kerle kein Mikrophon halten können. Und trotzdem dauern diese Mikrophoneinstellungen so lange!

Eine Passion ist in fünfundvierzig Tagen gedreht worden. Wir haben alles für das Bild vorbereitet, haben die Kamera bereitgestellt und dann mußten die Tontechniker einen Stützton aufnehmen. Und dann haben wir alle Arbeiten mit dem Ton hinterher gemacht. Diese Schauspieler sind darin schon virtuos.

JS: Mir kommt Eva ein wenig einfältig vor. In der Souperszene sitzt sie plötzlich mit offenem Mund da, der Unterkiefer klappt herunter. Das ist unheimlich gut gespielt von Bibi Andersson . . .

IB: Sie ist unsicher, unter Beschuß genommen von dem dominierenden Mann, mit dem sie lebt und den sie liebt. Sie ist wohl nicht schlauer oder weniger schlau als jeder andere. Sie hat eine Art ungeschützter Weiblichkeit, deswegen kann sie sich nicht wehren. Sie geht allem auf den Leim.

JS: Aber die intellektuelle Virtuosität, die ihr Mann hat, kann sie nicht parieren.

IB: Sie hat gleichzeitig eine intuitive Empfindlichkeit. Sie sagt ja zu Andreas – ohne gleichsam Anna irgendwie durchschauen zu können –, nimm dich vor Anna in acht!

SB: Wie wurde die Souperszene in *Eine Passion* gemacht? Wieviel davon ist dein Text und wieviel ist Improvisation der Schauspieler? Ist diese Szene auch hinterher synchronisiert?

IB: Nein, das ist sie nicht.

Es ist sehr einfach. Im Manuskript stand, worüber sie ungefähr reden sollten – weiß der Teufel, vielleicht stand noch nicht einmal das da. Wir haben uns am Abend vorher getroffen und haben besprochen, worüber jeder einzelne reden sollte. Ich habe den Szenenplan und die Situation erläutert. Sie sollten um einen Tisch sitzen, und das und das Essen sollte serviert werden und der und der Rotwein. Jeder von ihnen war sich über seinen Platz im Film im klaren. Dann wurde die Kamera zuerst auf den einen gerichtet, und dann auf den nächsten, den dritten und vierten, und das Gespräch lief so ab, wie es wollte.

SB: Wurde die Szene in einem späten Stadium der Dreharbeiten aufgenommen?

IB: Ja, sie war eine der letzten, die gedreht wurden. Sonst wäre es nicht gegangen. Liv hat auch dort so eine merkwürdige Sache, als sie plötzlich anfängt, ihre Ehe zu verteidigen und eine wilde und grelle eigentümliche Stimme bekommt. Wirklich gute Künstler – die in ihren Rollen sicher sind und so ziemlich genau wissen, worum sich das Ganze dreht – können ihre Worte selbst wählen. Das geht gut. Und es muß nicht nur Geschwätz werden.

SB: Vergérus in *Eine Passion* und Vergérus in *Das Gesicht* haben viele Züge gemeinsam.

IB: Natürlich, sie sind miteinander verwandt. Elis Vergérus ist ein Urenkel des Medizinalrates oder sowas. Sie haben viel gemeinsam.

TM: Welcher der beiden Männer in *Eine Passion* erscheint dir am sympathischsten, am menschlichsten – Andreas oder Elis?

IB: Ich finde, sie sind beide sehr menschlich. Elis ist ja auch völlig aus dem Gleis geraten. Ich denke an dieses hysterische Bildersammeln. Außerdem ist da die ganze Unsicherheit der Ehefrau gegenüber. Er ist ängstlich und eifersüchtig und ruft an und versucht zu verstehen, wer sie ist, aber kann nicht begreifen, woraus sie besteht.

TM: Er versteckt sich hinter Zynismen.

IB: Er ist ein Mensch, der eine gewaltige Empfindlichkeit und Sensibilität hinter einer wohldurchdachten äußeren Haltung kaschiert. Wenn er sagt, daß die politische Situation ihm nicht den Schlaf raubt, daß der Gedanke an die Kinder in Biafra oder ähnliches ihn nicht schlechter schlafen lassen, sagt er die Wahrheit. Das ist durchdacht.

SB: Wir sprachen eben davon, welche der Personen die sympathischste wäre. Ich finde, die meisten Personen in *Eine Passion* haben unsympathi-

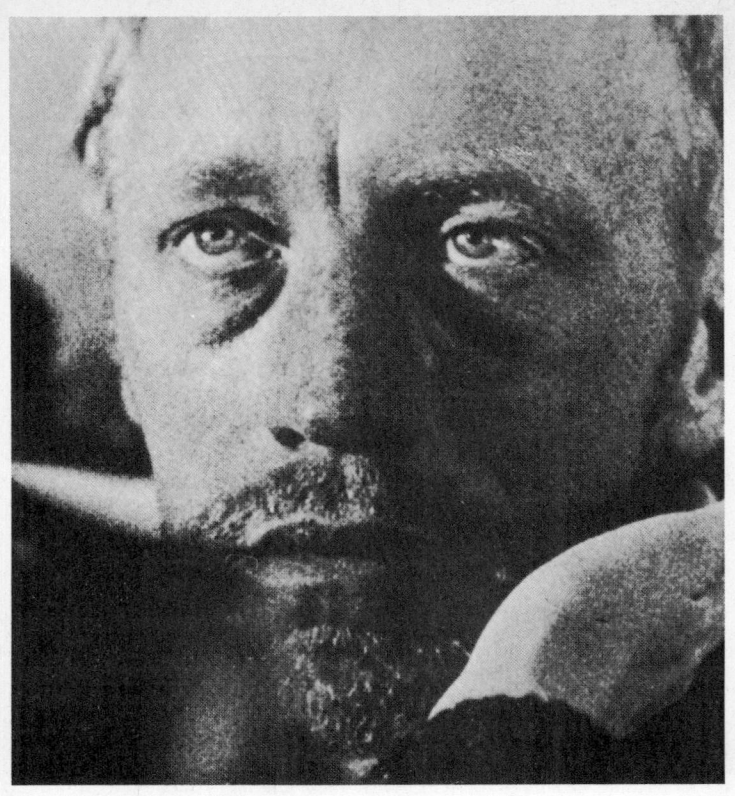

Max von Sydow in *Eine Passion.*

sche Züge, oder besser, sie haben Charaktermängel, und du vermeidest es auch nicht, sie darzustellen.

IB: Antipathien und Sympathien sind in diesem Film gleichmäßig verteilt. Ich mag diese Menschen eigentlich. Ich habe nichts gegen sie. Sie haben es sehr schwer. Ich glaube nicht, daß ich mich in Zukunft jemals noch mit dieser Sorte Mensch beschäftigen werde. Sie gehören, glaube ich, endgültig zum Vergangenen.

Bei den Aufnahmen zu *Eine Passion* ging alles drunter und drüber – es waren die schlimmsten, die ich überhaupt mitgemacht habe. Alles sah nach angenehmen Dreharbeiten aus. Alle freuten sich darüber, auf Fårö zu sein, alle hatten ihre eigenen Häuser, und es war riesig gemütlich. Dann wirkte der Film auf eigenartige Weise ansteckend, auf uns alle, natürlich vor allem auf mich, und es wurde unerhört schwer. Ich habe seit *Licht im Winter* keine so drückenden und schweren Aufnahmearbeiten gehabt.

Das Manuskript war in einem Zug geschrieben, es legte eher Rechenschaft über Stimmungen ab, als daß es ein Filmmanuskript war. Sonst pflege ich immer die meisten technischen Probleme im Manuskriptstadium zu lösen, aber diesmal habe ich sie vor mir hergeschoben, wollte sie später lösen – sowohl aus Zeitmangel als auch aus einem Bedürfnis heraus, mich selber herauszufordern. Das bedeutete, daß ich einen Haufen Dinge die ganze Zeit wiederholen mußte. Ich habe Szenen gemacht, sah, daß sie nichts wurden und mußte sie nochmal machen. Dann haben wir fast zum ersten Mal mit Farbe gearbeitet. Beim ersten Mal hatten wir ganz nach dem Buch gearbeitet, aber diesmal wollten wir einen Farbfilm machen, wie er noch nicht dagewesen war. Und Sven und ich waren zum ersten Mal seit vielen vielen Jahren zusammen. Ich spürte wieder mein Magengeschwür und Sven bekam wieder seine Schwindelanfälle. Es waren zwei Verrückte beieinander, die herumtorkelten und sich Aufnahmen ansahen und sich haßten.

Außerdem war die Drehzeit auf fünfundvierzig Tage begrenzt, aus ökonomischen Gründen, und es kam darauf an, innerhalb dieses Rahmens dauernd Aufnahmen zu wiederholen. Wir haben massenweise wiederholt, weil wir es nicht so hinbekamen, wie wir wollten. Damals gab es auch nicht diesen empfindlicheren Film, den, der genauso empfindlich ist wie Double-X. Es war sehr anstrengend.

JS: Hast du unter anderem deswegen nicht vorher mit uns über *Eine Passion* reden wollen?

IB: Er lag nur so kurze Zeit zurück. Dann war auch das Schneiden eine enorme Arbeit, weil ich ein viel viel größeres Material hatte als sonst. Nach dem ersten Schneiden war der Film 3400 Meter lang, glaube ich; das war mir noch nie passiert. Jetzt ist er etwa 2750 Meter, und dafür, daß er von mir stammt, ist es ein ungewöhnlich langer Film.

JS: Jedesmal, wenn du über den Film geredet hast, hast du es jedenfalls mit einer Art geheimnisvoller Freude getan, erinnere ich mich. Ich habe dir deine Gereiztheit oder Müdigkeit überhaupt nicht angemerkt.

IB: Er war eine Herausforderung. Das ist ja immer anregend. Und ich wußte, daß wir irgendwo in diesem Material, irgendwo im Manuskript, irgendwo in den Leistungen der Schauspieler ein bißchen über unsere Grenzen hinausgegangen waren.

SB: Hast du mit der Farbe auf eine besondere Art gearbeitet? Es gibt

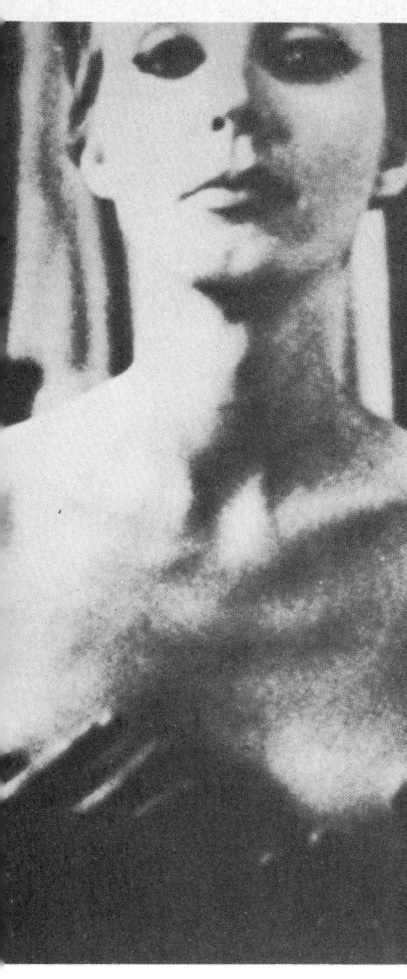

Elis Vergérus (Erland Josephson) vor einigen seiner Bilder
in *Eine Passion.*

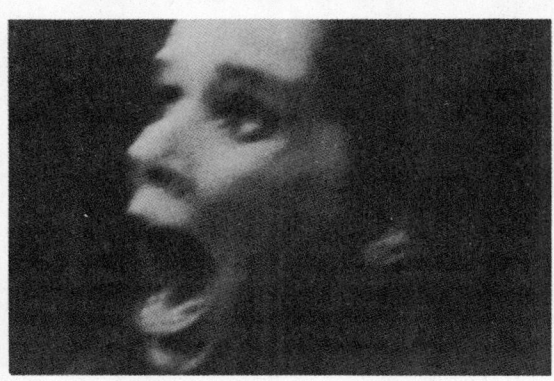

Die Gewalt, die
die Katastrophe
ankündigt. Eine
Abrechnung
zwischen Anna
(Liv Ullmann)
und Andreas
(Max von
Sydow).

eigentlich nur eine Szene in dem Film, wo die Farbe einen Eigenwert hat, das ist die, wo Andreas und Eva sich während des Sonnenuntergangs treffen. Du hast sonst nicht daran gedacht, die Farbe zu »benutzen«.

IB: Wir bemühten uns darum, die Landschaft so aussehen zu lassen, wie sie es wirklich tut. Ihr wißt selbst, wie es ist, wenn man mit Farbe in der Sonne dreht, wie operettenartig bunt das werden kann. Es war sehr schwer, die Sonne so aussehen zu lassen, wie ich es wollte. Es gibt zum Beispiel kein Blau im ganzen Film. Es gibt nur Grau, Braun, Grün und dann diese rote Szene.

JS: Fårö-Dokument entstand also aus der Idee, einen Film über die Geburt von Schafen zu machen. Wie kam es denn dann, daß daraus ein Dokumentarfilm über Fårö und seine Bewohner wurde?

IB: Das war ganz einfach. Sven Nykvist und ich wollten einen Film über die Schafe drehen, und gleich nach der Woyzeck-Premiere Mitte März fuhren wir nach Fårö. Da fing es mit den Geburten an. Ich kam mit einem Schafzüchter ins Gespräch – Werner Larsson, der Mann, der im Film im Bus interviewt wird. Wir fingen an, über den Schlachthof zu reden, darüber, daß der Schlachthof höhere Preise verlangt und die Produzenten schlechter bezahlt, als das die Schlachthöfe auf dem Festland tun. Wir fanden, das sei merkwürdig, da sei etwas faul. Nach und nach wurde es immer faszinierender, sich mit Fårö und den Problemen seiner Bewohner vertraut zu machen. Ich dachte, diese Schlachtereigeschichte müßte man doch untersuchen, und den Fährverkehr und den Busverkehr und die Straßenbaupolitik. In vielen Punkten ist die Insel verdammt vernachlässigt worden. So fing ich eben an, zu untersuchen und mit den Leuten zu reden, und dann ergab eins das andere. Außerdem war auch dieser Streit zwischen dem Küster und dem Pfarrer in vollem Gang!

JS: Hast du kontinuierlich an dem Film gearbeitet?

IB: Ja, das haben wir tatsächlich getan. Es wurden ungefähr fünfundvierzig Drehtage. Wir fingen mit dem Film am 15. März an und waren Anfang Mai 1969 fertig.

JS: Man kann *Fårö-Dokument* als deinen ersten Dokumentarfilm bezeichnen, oder zählst du *Daniel* auch als Dokumentarfilm? Du hast uns früher gesagt, daß du selber deine eigenen Dreharbeiten mit 16 mm- und 8 mm-Kameras dokumentiert hast . . .

IB: Naja, die zählen nicht. *Fårö-Dokument* ist von Anfang an im Hinblick auf eine Aufführung gedreht worden. Er ist ganz bewußt konzipiert und geplant und als eine Komposition gedacht.

SB: Die Schlußkonzeption des Filmes, dein Kommentar am Ende, ist das eine Sache, die du geschrieben hast, während der Film geschnitten wurde? Oder gab es eine Art Manuskript für den Film, in dem du die Interviews und Meinungen, die du gesammelt hattest, auf die Zusammenfassung hinlenkst, die du am Schluß gibst?

IB: Ich hatte einen riesengroßen Bogen Papier an der Wand befestigt und hatte verschiedene Abteilungen und Unterabteilungen aufgemalt. Und dort strich ich dann das durch, was wir aufgenommen hatten. Das Resümee des Films wurde in einem frühen Stadium geschrieben. Ich empfinde es als sehr ungerecht, daß alle Menschen in diesem Land, die organisiert sind, sich Vorteile verschaffen können, während alle diejenigen, die nicht oder nur schlecht organisiert sind, keine Möglichkeit haben, ihre Rechte geltend zu machen.

JS: Du hattest also von Anfang an eine klare politische Haltung zu deinem Material?

IB: Ich weiß nicht, ob sie politisch war. Nachdem ich einige Wochen an dem Film gearbeitet hatte, kristallisierte sich das einfach heraus. Ich empfand diese Verhältnisse als demütigend.

JS: Du hast eine Arriflex-Kamera und ein Nagra-Gerät gekauft. Willst du weiterhin Dokumentarfilme drehen?

IB: Ja, ich will mich darin üben. Ich will mich überhaupt praktisch üben. Ich möchte lernen, selber mit dieser Apparatur umzugehen und sie technisch zu meistern, so daß ich mein eigenes Auge, meine eigene Hand und mein eigenes Ohr werden kann. Sven steht mir ja nicht immer zur Verfügung.

Links: Andreas' (Max von Sydow) und Evas (Bibi Andersson) Begegnung im Sonnenuntergang in *Eine Passion*.

Rechts: IB auf Fårö.

SB: Glaubst du, daß *Fårö-Dokument* deine Produktion von Spielfilmen beeinflussen wird?

IB: Nein, das glaube ich nicht. Deshalb, weil Dokumentarfilm und Spielfilm völlig verschiedene Wege gehen. Mit dem Spielfilm befindet man sich auf einem Weg oder auf einer Treppe, da legt man einen Stein auf den anderen. Im Dokumentarischen bin ich ein reiner Anfänger.

JS: Glaubst du, daß der Dokumentarfilm kein Medium für Filmkünstler oder für filmische Kunst ist?

IB: Natürlich ist er das! Ich habe großen künstlerischen Gewinn aus *Fårö-Dokument* gezogen. Aber wenn ich nur darauf angewiesen wäre – wenn jemand von der »Reichsfilmkammer« in Stockholm sagen würde, Bergman

hat einen guten Dokumentarfilm gedreht, mit den Spielfilmen soll er aufhören und nur noch Dokumentarfilme machen, für die er offensichtlich eine gewisse Begabung gezeigt hat, von seinen Spielfilmen haben wir genug – dann würde ich ganz aufhören!

JS: Du siehst ja viele Filme. Siehst du dir auch Dokumentarfilme an, und gibt es einen Dokumentarfilm, der dich besonders interessiert?

IB: Schoendoerffers *Pluton Anderson* ist ein Beispiel für einen guten Dokumentarfilm, finde ich. Der war gut.

JS: Du siehst auch viel fern, siehst du da die Dokumentarprogramme?

IB: Natürlich, das tue ich.

Der Ritus wurde, wie ihr wißt, im Fernsehen gezeigt. Irgendwie fand ich es schade, daß die Leute auf Fårö den *Ritus* sehen mußten. Vor diesen Freunden schämte ich mich ein bißchen für diesen Film. Ihr versteht vielleicht nicht, was ich meine, irgendwie schien es lächerlich. Ich wußte, daß sie sich jetzt in ihren Häuschen hinsetzen, um Bergmans Film zu sehen. Und natürlich waren sie kolossal enttäuscht. Das ist ja klar.

Als ich dann den Fårö-Film drehte, dachte ich, diesen Film sollen die Leute mögen. Daß ich den Film den Bewohnern von Fårö gewidmet habe, ist keine leere Phrase. Der Film ist für sie gemacht, damit sie gehört werden. Und es macht Spaß zu wissen, daß der Film gut drei Millionen Zuschauer gehabt hat.

JS: Er handelt nicht nur von Menschen und persönlichen Beziehungen. Er handelt auch von einer Landschaft und von einem Gefühl für das Ursprüngliche auf dieser Insel. Warum hast du dich auf Fårö niedergelassen?

IB: Zuerst war es eine romantische Vorstellung – das Inselgefühl und das Meer, der Alte und das Meer. Also völlig idiotische Vorstellungen, die man hat, wenn man nie am Meer gewohnt hat – ich stamme ja aus Dalarna.

Im Laufe der Jahre ist Fårö für mich unentbehrlich geworden, weil dort alles die richtigen Proportionen hat. Man lebt dort in einem spontanen und natürlichen Kontakt mit einem Element – dem Meer. Die Menschen dort tun das, man selbst tut es auch, und man muß die eigene Größe, die eigene Bedeutung überprüfen und eingrenzen. Es ist eine Erholung, die eigene Bedeutung oder den Mangel an Bedeutung klar vor Augen geführt zu bekommen.

Wenn ich hier in Stockholm laut zu zetern anfange oder hier ins Theater komme und schlechte Laune habe, dann verbreitet sich das in diesem verdammten Haus und ich bekomme vielleicht den Eindruck, es wäre bedeutsam, wenn ich schlechte Laune habe. Oder wenn ich eine neue Frau habe und dazu Kommentare abgegeben werden, oder wenn ich irgendetwas

302

äußere oder wenn ich einen Film mache, bekomme ich vielleicht den Eindruck, daß das irgendeine Bedeutung hat, daß das etwas besonderes ist. Aber wenn ich auf Fårö ein Geheul ausstoße – was mir nie einfallen würde –, würde wohl höchstens eine Krähe aufgescheucht werden! Das hat dann genau die richtige Bedeutung. Und das gibt mir ein Gefühl der Sicherheit.

JS: Du hast angedeutet, daß du mit deiner früheren Filmproduktion abgerechnet hast, daß du dabei bist, dir eine neue Haltung zum Film zu erarbei-

IB auf Fårö.

ten, eine Art Umorientierung. Ist das richtig? Beruht das in diesem Fall auf den Erfahrungen, die dir die Arbeit an *Fårö-Dokument* vermittelt hat?

IB: Nein, es beruht auf einer völligen Änderung in meinem Lebensstil. Diese Arbeitshysterie – jederzeit zu jedem Preis mit etwas beschäftigt zu sein – geht mir jetzt völlig ab. *Jetzt tue ich nur das, was ich will und wozu ich Lust habe.* Nichts weiter. Es wird sicher reizvoll, mit diesen einfachen Übungen mit der Nagra und der Arriflex anzufangen – vorher hatte ich nie Zeit dazu. Ich könnte mir denken, damit weiterzumachen. Ich weiß nicht, was dabei herauskommt. Wir werden sehen.

xiv. The Touch

Dieses Interview stammt aus dem Kurzfilm ›Bergman‹, den Stig Björkman während der Dreharbeiten an ›The Touch‹ im Auftrag des Schwedischen Filminstituts gedreht hat. Der Text wurde erstmals in ›Cinéma en Suède‹ (Nr. 2, 1971), der offiziellen Publikation dieses Instituts, veröffentlicht.

SB: Wenn man das Drehbuch von *The Touch* liest, hat man den Eindruck, daß dieser Film sich deutlich von deinen früheren abhebt. Vor allem scheint es, daß die Geschichte sehr viel »banaler« ist.

IB: Ja. *The Touch* will banal, alltäglich sein. Der Film wurde ursprünglich als Porträt einer Frau konzipiert – und zwar nicht einer glänzenden, großartigen Frau von Welt, sondern einer braven Bürgerin, die ein sorgsam behütetes Dasein führt, weit ab von der Welt der großen Katastrophen, der Strömungen und Neurosen, die uns umgeben.

Es geht um die Frau eines Arztes in einer kleinen Provinzstadt. Sie und ihr Mann sind ökonomisch bestens versorgt, leben gut, haben zwei nette Kinder und ein schönes Haus. Alles ist perfekt, auf eine fast unangenehme Weise. Das hat mich interessiert: ein Bild dieser Frau zu zeichnen, sie in einer gegebenen Situation zu porträtieren. Also mußte ich mich mit einer Menge schrecklich konkreter Details befassen – und aus diesem absolut Konkreten ist die Geschichte entstanden. Sie wäre ohne das konkrete Beiwerk, das sie umgibt, völlig undenkbar. Jede Stilisierung wurde beiseite gelassen.

SB: Ist es das Ideal des traditionellen bürgerlichen Lebens oder so etwas, das du in den Griff bekommen und kritisieren willst?

IB: Ich glaube, man reagiert automatisch auf seine Lebensweise. Aber das ist meiner Ansicht nach eine Geschmacksfrage. Ich halte es nicht für wichtig. Die Kritik wird ohne Bitterkeit oder Haß formuliert; sie ergibt sich automatisch aus dem Thema.

Am Ende des Films versucht die Frau zu begründen, warum sie sich entschieden hat, bei ihrem Mann, in ihrem Heim zu bleiben. Sie spricht von ihrer Pflicht und all dem anderen, und das ist vielleicht auch die Wahrheit. Aber ihr Liebhaber erwidert: »Du lügst«. Er wiederholt es dreimal. Danach bleibt es dem Zuschauer überlassen, auf welche Seite er sich stellen will. Lügt sie, oder sagt sie die Wahrheit? Wählt sie den Weg der Pflicht, indem sie auf ein Leben voller Abenteuer und Leidenschaft verzichtet, aber weiterlebt, um in ihre Märchenwelt zurückzukehren? Oder wählt sie die bittere

Pflicht, indem sie eine Liebe lebt, die sie niemals richtig verwirklicht hat? Lügt sie, oder sagt sie die Wahrheit? Für mich ist das völlig gleichgültig.

SB: Aber es muß doch in ihrem Dasein etwas fehlen, wenn sie sich mit einer solchen Intensität in die Leidenschaft für diesen Mann stürzt, der da plötzlich in ihr wohlbehütetes Leben eintritt.

IB: Selbstverständlich. Sie *sucht* diese Wunde, sie sucht diese Leidenschaft. Sie ist augenblicklich bereit, und mit der Sicherheit eines Schlafwandlers stürzt sie sich in das Messer, das er ihr hinhält. Sie stößt es sich so tief wie möglich ins Herz, und sie dreht es sogar noch mehrmals um in der Wunde. Die Frage ist nun: Genügt ihr das jetzt, kehrt sie mit einer menschlichen Erfahrung zurück?

Ich will das Milieu, in dem sie lebt, nicht ironisch schildern. Das wäre auch fast überflüssig. Es ist von sich aus ironisch. Man kann seine verschleierten sarkastischen Aspekte sehr leicht aufdecken. Ich habe mich mit vagen Andeutungen begnügt. Es ist ja das Milieu, in dem ich aufgewachsen bin, und ich habe lange genug darin gelebt, um es genau zu kennen.

SB: Wieso hast du einen ausländischen Schauspieler für die Rolle des Liebhabers genommen? Hast du dir von Anfang an vorgestellt, es müßte ein Ausländer sein, der da in ihr Leben tritt?

IB: Es sollte jemand aus einem ganz exotischen Land sein. Ich wollte nicht gerade einen Farbigen nehmen, das schien mir übertrieben. Aber es kam mir darauf an, jemanden zu nehmen, der aus einem völlig entwurzelten Dasein kommt.

So dachte ich an einen Juden, dessen ganze Familie von den Nazis umgebracht worden ist. Er wäre zuerst, mit einem entfernten Verwandten, in die USA geflohen, dann nach Israel und von da aus wieder woandershin. Ein völlig entwurzelter Mensch. Und der tritt nun in ein Verhältnis zu jener tief in ihren Traditionen verankerten Welt, die ihre ganze Substanz aus den Traditionen zieht.

SB: Du stellst häufig solche verschiedenen Welten einander gegenüber. Schon in *Das Schweigen* und auch in *Persona* zum Beispiel.

IB: Na ja, ich bin eben ein Dramatiker. Ich fühle diese Spannungen in mir. Das ist ganz natürlich.

SB: Du nimmst oft dieselben Schauspieler in mehreren Filmen hintereinander. In *The Touch* hast du dir zum ersten Mal einen Ausländer geholt, Elliott Gould. Warum gerade ihn? Wie bist du auf ihn gekommen?

IB: Wenn man einen Schauspieler drei Minuten lang, oder vielleicht nur eine Minute oder dreißig Sekunden lang gesehen hat, dann weiß man, ob man mit ihm arbeiten möchte oder nicht. Man weiß, ob er ein richtiger Schauspieler oder ein Pseudo-Schauspieler ist. Mit richtigen Schauspielern zu arbeiten, ist immer interessant. Nach meiner Ansicht findest du überall in der Welt, egal wo du hinkommst, daß die Schauspieler eine einheitliche Menschensorte sind, mit denselben Leidenschaften und denselben Bedürfnissen. Die *wirklichen* Schauspieler. Deshalb ist es nie problematisch, mit einem neuen Schauspieler zu arbeiten.

Elliott Gould habe ich zufällig gesehen, in einem Film, und die Rolle, die ich für *The Touch* geschrieben hatte, war eigentlich ganz anders. Aber ich merkte mit einem Schlag, daß ich hier einen *Schauspieler* vor mir hatte. Und es war ein Glück, daß er sofort bei mir mitmachen wollte und auch gerade frei war. Später hat sich dann herausgestellt, daß die Zusammenarbeit für uns beide höchst erfreulich war.

SB: Du warst dir bloß aufgrund dieses einen Films ganz sicher, daß du richtig gewählt hattest?

IB: Ich wäre es auch gewesen, wenn ich bloß eine Minute von diesem Film gesehen hätte. Das ist eben so. In diesem Punkt täuscht man sich nie.

SB: Wieso machst du immer noch Filme und willst es auch weiter machen, statt dich ganz dem Theater zu widmen?

IB: Eines Tages werde ich sicher mit dem Filmen aufhören, um mich vielleicht nur noch mit Experimenten zu befassen, zu meiner persönlichen Befriedigung.

Einen Film zu machen, das ist nicht nur psychisch sehr anstrengend, sondern auch physisch. Es gibt sehr wenig aktive Filmregisseure über sechzig. Außerdem hat es der Filmregisseur in Skandinavien schwerer als anderswo. Wir müssen einen Haufen manueller Arbeiten, Verwaltungskram und Organisationsaufgaben, selber machen, was die anderen Regisseure nicht brauchen. Und ihnen steht oft viel mehr Drehzeit zur Verfügung. Wir stehen viel mehr unter Zeitdruck. Deshalb werde ich, so Gott will und ich durchhalte, vielleicht noch zwei, drei Jahre weitermachen. Ich mache noch vier oder fünf Filme, und dann höre ich auf.

Daß ich überhaupt weitermache, liegt daran, daß ich Lust dazu habe – diese Lust, die ich immer dazu hatte. Ich weiß nicht, woher es kommt, vielleicht ist es ein starkes Bedürfnis nach Kontakt. Ich empfinde ein starkes Bedürfnis danach, andere Menschen zu beeinflussen, die Leute zu berühren, physisch und geistig, mit ihnen zu kommunizieren. Und der Film ist natürlich ein phantastisches Mittel, den Nächsten zu berühren, mit ihm in Kontakt zu treten, ihn wütend oder glücklich zu machen, ihn traurig oder nachdenklich zu machen. Seine Gefühle zu erschüttern. Das ist letztlich der Grund, warum ich weitermache.

Dann gibt es auch etwas bei der Dreharbeit selbst, das einen bei der Sache hält: Man gehört in ein Kollektiv. Wenn man, wie ich, relativ verschlossen, schüchtern und ungehobelt ist, jemand, dem es schwerfällt, tiefere Kontakte herzustellen, dann ist es wunderbar, in einem Kollektiv von Filmleuten zu leben, wenn man einen Film macht – oder in einem Theaterkollektiv, wenn man Theater macht. Denn es gibt dann nur eins, was zählt, man geht ganz darin auf, und alles andere wird unwichtig, man setzt sich voll ein, im Besten wie im Schlimmsten, und man muß riskieren, daß man sich lächerlich macht. Man muß riskieren, daß sich die Leute über einen lustig machen, aber letztenendes ist einem das egal. Durch den Film und durch das Theater ist man ständig in Kontakt mit anderen Leuten: Man dringt in die Probleme der anderen ein, in die der Schauspieler, der Techniker. Man muß sich immer wieder einer Form von Sensibilität stellen, die sehr nützlich und äußerst belebend und immer faszinierend ist. Denn das ist der große Reiz: immerzu, immerzu mit Menschen zu tun haben. Mit lebendigen Wesen.

SB: Hast du den Eindruck, daß du das Kollektiv in derselben Weise auch an deinen Problemen teilhaben läßt?

IB: Das ist ja gerade ihr Fluch, daß sie, wenn wir schließlich einen Film drehen, sich acht oder zehn Wochen lang mit einem vertrackten Problem herumschlagen müssen, das ursprünglich meins war. Aber das ist eine andere Geschichte und spielt hier nur eine Nebenrolle.

Man kann aber auch sagen, daß diese Leute häufig auf indirekte Weise den Schwierigkeiten und Problemen des Regisseurs ausgesetzt sind, denn der Regisseur ist ja nie besser, als seine Grenzen es ihm erlauben. Der Chef eines Ensembles ist immer nur so gut, wie es seine Ressourcen zulassen. Allerdings kann man wohl behaupten, daß es bei mir ein Instinkt ist, ein Bedürfnis wie das Essen und Trinken, die Liebe oder der Schlaf. Es ist so total in jede Zelle meines Körpers integriert, daß wahrscheinlich, würde man meine berufliche Tätigkeit von mir abziehen, praktisch nichts mehr übrig bliebe. Wollte man den Künstler, der diese Produkte verwirklicht, außer acht lassen, so bliebe nur ein armer Irrer, der ziellos herumliefe, ohne auf sich selber achten zu können.

SB: Wenn du sagst, daß du nicht mehr allzu lange weitermachen wirst – glaubst du, daß der Film eine Zukunft hat?

IB: Und was für eine! Ich nehme zwar an, daß wir auf Veränderungen zugehen, aber das spielt keine Rolle. Der Film, als Sammler und Verteiler von Träumen, als Umschlagplatz der geheimen Träume und Wünsche und Hoffnungen der Menschen, wird immer weiterbestehen; denn es gibt kein besseres Medium.

(Aus dem Französischen von Burkhart Kroeber).

XV. Interview von Jonas Sima für die Zeitung ›Expressen‹ am 5. März 1973, dem Tag der Premiere von *Schreie und Flüstern*

– Ingmar ist zu Hause und krank!

Ich habe die Cinematograph AG angerufen, um Kontakt mit dem geschäftsführenden Direktor zu bekommen, der zur Zeit am Königlichen Theater in Kopenhagen den »Misanthrop« inszeniert.

Am Apparat ist Lars-Owe Carlberg, Bergmans Produktionsleiter und Koordinator der Gesellschaft im neuen Büro im Sandrews Haus in der Floragatan in Stockholm.

– Aber ruf ihn doch an, schlägt Carlberg mit überraschender Unbedenklichkeit vor. Er gibt mir eine neue Stockholmer Nummer.

Schön, daß du anrufst, sagt Ingmar Bergman mit heiserer Stimme wie aus einem Arne Mattsson-Krimi.

Ich sitze hier an einem Artikel für die Programmzeitschrift »Röster i Radio-TV« über meine neue Fernsehserie »Sechs Szenen einer Ehe«, die am 4. April im zweiten Programm anläuft.

So was ist das Schlimmste, das ich mir vorstellen kann. Du hast mich im richtigen Augenblick unterbrochen.

– Du bist also nicht todkrank?

– Nein doch!

Das berühmte Riesengelächter erschüttert das Telegraphenamt.

– Es ist ein Gefühl, als ob sich ein Insekt in der Nase festgesetzt hätte. Ich habe ja immer wahnsinnige Angst davor, krank zu werden. Da habe ich mir gedacht: ich will nicht hier in Dänemark sterben. Also bin ich nach Hause gefahren.

Ich schlage dem Patienten Bergman ein prophylaktisches Gespräch über *Schreie und Flüstern* vor, der vor seiner schwedischen Premiere steht.

– Nja, meint Bergman und läßt seine Stimme noch ein bißchen rostiger klingen.

Es kommt mir albern vor, jetzt über den Film zu reden. Der ist vorbei. Man muß seine Werkstatt sauber halten.

Man hat ein Möbel gemacht, danach weg mit den Spänen. Was bleibt, ist vielleicht eine schönere Alltagsware, die die Menschen benutzen können.

Man hat doch seinen Selbsterhaltungsinstinkt, brummelt er gutmütig.

Okay, aber wir erledigen es auf der Treppe, damit ich dich nicht anstecke. Hol Papier und Bleistift!

Bevor ich mich zu einer Frage sammeln kann, hat Bergman das Interview begonnen.

– Weißt du, die Premiere ist für mich ein bereits überstandenes Leiden. Der Film ist vorher schon in New York gelaufen, seine Zensuren hat er also bekommen.

Bergman nennt *Schreie und Flüstern* sein Sonntagskind. Alles hat Spaß gemacht. Alle Wahlsituationen lösten sich, er bekam genau die Schauspieler, die er haben wollte. Er nennt den Dänen Henning Moritzen, der eine sehr kleine Rolle hat.

Die Methode Bergman.

– Der Film ist während einer sehr glücklichen Zeit auf Fårö entstanden!

Ich versichere Bergman, daß ich von dem Film sehr ergriffen gewesen sei und daß ich meine Kollegen nicht beneide, die jetzt über ihren Rezensionen schwitzten. Die Kritik hat es diesmal wohl schwerer als das Publikum.

Ich weiß nicht, ob ich ihn selbst ganz begreife, erklärt der Filmschöpfer leichthin. So ist es mit allen Träumen.

Ich pflege zu sagen wie Strawinskij, sagt Berman: »Ich habe nie ein Kunstwerk verstanden, ich habe es nur erlebt« – das ist ein großer Trost für mich.

Die Träume in *Schreie und Flüstern* sind durch schnelle, rote Überblendungen gekennzeichnet. Ungewöhnliche »Visionen«, um in der Fachsprache zu reden. Der ganze Film geht ja im übrigen in rot, warum das?

– Ja, warum rot! (spöttisches Lachen im Hörer).

Allein die Arbeit mit den Visionen dauerte ein halbes Jahr, erzählt Bergman. Die Techniker waren wie Ärzte, die einen interessanten Fall gefunden haben.

Ich vermute, sage ich zu Bergman, daß besonders zwei Szenen die Menschen schockieren werden. Harriet Anderssons unerhört qualvoller Todeskampf und die Szene, wo Ingrid Thulin eine Glasscherbe in ihre Scheide stößt.

Bergman weigert sich, die Glasscherbe zu kommentieren.

– Jeder muß, die Szene nehmen, wie er selbst will!

Er räuspert sich entschieden.

Er kann sich fast nicht mehr daran erinnern, wie die merkwürdige Szene mit Harriet Andersson gemacht wurde.

Der Todeskampf tritt um fünf Uhr nachmittags ein, in starkem Sonnenlicht.

Für Bergman gibt es nichts Grauenhafteres als weißes Sonnenlicht.

Cinematograph mietete für einen Tag starke Scheinwerfer, wir sind ein kleines und armes Unternehmen und mußten auf der Hut sein, meint der geschäftsführende Direktor.

– Es war gut, daß wir mit der Technik beschäftigt waren, als Gegengewicht zu der Szene, sonst hätten wir nicht durchgehalten.

Eigentlich, erklärt Bergman, ist *Schreie und Flüstern* ein erster Versuch, mein Mutterbild einzukreisen. In vier Gestalten.

Mama war das überwältigende Erlebnis in meiner Kindheit.

Sie hieß als Mädchen Karin Åkerblom. Sie ermunterte mich in meinem Theaterinteresse, ließ mich mein Puppentheater bauen und nahm mich zum erstenmal mit ins Theater.

Ich habe enorm an ihr gehangen und habe ihr viel zu verdanken.

Der Film enthält eine kleine autobiographische Szene.

Ein kleines Mädchen steht hinter einer weißen Gardine und beobachtet heimlich seine Mutter. Als die Mutter sie entdeckt, glaubt es, daß es Schelte setzen wird. Stattdessen drückt die Mutter das Mädchen an sich.

Ich bin es, der da hinter der Gardine steht, enthüllt Bergman.

Es sind selten bemerkenswerte Sachen, an die man sich erinnert, sondern solche kleinen sensuellen Erlebnisse.

Leider, hustet Bergman nachdenklich, sind wir alle immer noch seelische und gefühlsmäßige Analphabeten. Wir blockieren unsere Sinne.

Nimm die Schule zum Beispiel. Da lernen die Kinder alles über den Ackerbau in Pretoria, über die Backenzähne des Kaninchens und über die Schwellkörper im Penis. Aber warum Leute böse aufeinander werden und sich schlagen, und wie die Seele funktioniert – davon kein Wort!

Der Puritanismus, der alte Sauerteig, ist immer noch da. Darum gibt es keine Bidets in norwegischen Hotels.

Bald fängt er an, über seinen nächsten Film nachzudenken. Wir werden sehen, was daraus wird.

– Irgendetwas wird es schon werden.

XVI. Szenen einer Ehe

Im Frühjahr 1973 wurde Ingmar Bergmans Fernsehserie *Szenen einer Ehe* im schwedischen Fernsehen gesendet. Die Serie wurde für Bergman ein großer Publikumserfolg; laut Statistik von Sveriges Radio verfolgte mehr als die Hälfte der schwedischen Bevölkerung Johans und Mariannes eheliches Los, in der Darstellung von Liv Ullman und Erland Josephson. Als die Serie gelaufen war, sendete das 2. Programm am 11. Juni ein sogenanntes Weltanschauungsprogramm, »Die Herausforderung«, in dem Ingmar Bergman mit einem bekannten Radio-Pfarrer und religiösen Schriftsteller, Ludvig Jönsson (LJ), Gewissensfragen im Zusammenhang mit der Fernsehserie diskutierte. Das Programm, das auch in Dänemark gezeigt wurde, wurde von Per-Arne Axelsson (PAX) geleitet. Coproduzent war Jonas Sima. *Szenen einer Ehe*, von Bergmans eigener Gesellschaft Cinematograph produziert, wurde sowohl in Schweden als auch im Ausland in einer verkürzten Kinoversion gezeigt. Das folgende Gespräch ist ein Auszug aus »Die Herausforderung«; besonders Pastor Jönssons Beitrag zum Programm ist stark redigiert worden.

Per-Arne-Axelsson: Was machen wir mit unserem schlechten Gewissen? Geht es nicht darum, sich selbst und die Wirklichkeit kennenzulernen und durch das Gewissen ein Schuldbewußtsein zu bekommen?
Ingmar Bergman: Zuerst möchte ich gern mit einer kleinen persönlichen Reflexion kommen. Ich bin mit einem schlechten Gewissen aufgewachsen und erzogen worden. Ich bin ja in einem Pfarrhaus groß geworden, in einem christlichen Milieu. Ganz deutlich erinnere ich mich daran, daß ich einen maßlosen Schrecken vor Gott hatte. Ich fand auch Christus schrecklich. Ich wurde dazu erzogen, dauernd ein schlechtes Gewissen zu haben, wegen der Sünden, die ich begangen hatte, ohne es zu wissen, ein schlechtes Gewissen gegenüber meinen Eltern und gegenüber allem um mich herum. Schon als Kind trug ich an einer Bürde von Schuld, die mich zeitweise fast erdrückte. Daher kommt es, daß ich unheimlich böse bin auf alles, was mit schlechtem Gewissen, Schuld, Gnade und Strafe zu tun hat. Ich glaube, es ist wichtig, daß ich das hier sage, weil ich in diesem Punkt vielleicht ziemlich extreme Ansichten habe.
Ludvig Jönsson: Das klingt wirklich wie eine Herausforderung an mich als Pfarrer. Aber vielleicht stehen wir einander gar nicht so fern. Schuldgefühle als Erziehungsmethode auszunützen, ist nicht nur für christliche Menschen

oder für das Christentum typisch. Ich glaube, es ist fast das üblichste und effektivste Mittel, mit dem wir uns im menschlichen Zusammenleben aneinander binden. Unsere Lebensfrage, ob wir nun religiös sind oder nicht, ist ja: Kümmert sich jemand um mich? Aber wir sollten nicht glauben, daß wir alle Normen und Gebote hinter uns gelassen haben . . .

IB: Entschuldigung, daß ich unterbreche! Das Schlimme ist, daß ein großer Teil des schwedischen Volkes das Sündenbekenntnis vergessen hat, das du in der Kirche vorliest: »Ich armer, sündiger Mensch . . .« Ich selbst lese es nicht so gerne, ich finde, es gibt bessere Varianten. Aber es steht im schwedischen Gesangbuch, du kannst es sicher besser . . .

LJ: ». . . in Sünde geboren, habe ich all mein Lebtag gesündigt . . .« usw.

IB: Ja, das Schlimme ist, daß der größte Teil des schwedischen Volkes das vergessen hat. Es wird immer schwierig, wenn etwas unter die Oberfläche gesunken ist, denn in unseren Herzen und in unseren Seelen – in unserer Erziehung und in der Gesellschaft, in der wir leben – da gibt es noch allzu viel von der alten entsetzlichen Sünde – der Gedanke und das Gefühl von Sünde und die tiefe Demütigung des Menschlichen liegt da verborgen. Oberflächlich ist das Christentum immer mehr aus unserer Denkweise verschwunden, aber die schlimmen Sachen, an denen das Christentum schuld ist, gibt es noch. Das Gesetz gibt es noch im Christentum, aber das Evangelium nicht mehr. Das Gute, also die Botschaft von der Liebe, ist in Vergessenheit geraten, so sehe ich das.

LJ: Ich glaube, das Christentum hat hier große Schuld, aber die Botschaft von der Liebe haben wir nicht verloren gehen lassen, das ist heute fast das Wichtigste: daß du lieben sollst! Wer nicht imstande ist zu lieben, der ist verloren! Dagegen haben wir die bedingungslose Gnade verloren, die nach meiner Meinung der Kern des Christentums ist . . .

IB: Ludvig, du hast eine unerhört gute Definition für schlechtes Gewissen!

LJ: Was meinst du?

IB: Was du über unterbrochene Relationen sagst . . .

LJ: Ich glaube ganz einfach, daß jeder Mensch im Innersten sich danach sehnt, Nähe zu erleben, er selbst zu sein, sich einem andern hinzugeben und diesen zu empfangen, in Gemeinschaft und Nähe zu leben. Ich glaube, jedes Mal, wenn dieses Muster sich verschiebt und kaputtgeht, reagieren wir mit etwas, das man als schlechtes Gewissen bezeichnen könnte. Schlechtes Gewissen und Schuldgefühle sind für mich immer unterbrochene Relationen, denn unsere Bestimmung ist, in Relationen zu leben.

IB: Wie ich schon sagte, litt ich als Kind und auch als Junge und noch lange nachher sehr an schlechtem Gewissen und Schuldgefühlen. Daraus entstand eigentlich nichts anderes als Wut und Aggressionen. Wegen der Schuldgefühle reagierte ich falsch und oft auf unpassende Art. Das machte mich mehr und mehr aufmerksam auf diese Sache mit den Schuldgefühlen und was sie bei mir angriffen und zerstörten. Schritt für Schritt mußte ich versuchen, das »Untier« in mir zu zähmen und aufzupassen, daß es meinen Beziehungen zu anderen nicht schadete. Ich kreiste dieses Tier immer mehr ein und hungerte es aus. Das ist ein interessantes Forschungsthema, Schritt für Schritt etwas über sich selbst und seine Reaktionen zu lernen.

LJ: Ich glaube, es gehört zu unserer menschlichen Würde, so wie du zu fragen: »Was bin ich, wofür stehe ich?« Seinem Gewissen nachzuspüren. Ich glaube wie du, daß man damit sein ganzes Leben lang arbeiten muß. Wir sitzen in unseren Schuldgefühlen und Verpflichtungen verschiedenen Forderungen gegenüber fest. Da muß man sich doch fragen, wo diese Forderungen herkommen. Wenn man Aggressionen hat, sagt die Gesellschaft: so darfst du nicht sein. Wenn durch die Aggressionen eine Beziehung abgebrochen wird, haben wir ein schlechtes Gewissen. Kann die Aggression für einen anderen destruktiv, aber konstruktiv für einen selbst sein? Ja, das kann sie . . .

IB: Das Fürchterliche ist, daß wir seelische Analphabeten sind, glaubst du nicht auch? Das wir von Kindheit an zu menschlicher Würde und Wissen um uns selbst erzogen werden müßten? Wir lernen eine ganze Menge über die Backenzähne der Eichhörnchen, die Schwellkörper im Penis, die Wurzel aus pi und ich weiß nicht was. Aber wir lernen nicht das Geringste über unsere Seelen.

LJ: Ich bin völlig deiner Meinung. Das ist das Problem Nr. 1 in der Gesellschaft heute. Das mit der Selbstbehauptung z. B. ist ein Punkt, wo man von Anfang an mit Schuld beladen worden und unsicher geworden ist, wer man ist. Da fragt es sich dann, soll man dem eigenen Gewissen folgen oder Rücksicht auf Dritte nehmen?

IB: Ist es nicht ziemlich unheimlich, dieses verdammte Schweigen, mit dem die Menschen leben? Ich meine, daß man nicht spricht, sich nichts vorwirft, sich nicht ausschilt. Sondern man unterdrückt es, frißt es in sich hinein, man sagt nichts! Das ist eine effektive Art, seine Umgebung zu lähmen, aber mit einem guten Gewissen, denn man ist ja so rücksichtsvoll! Man hat ja nichts Böses getan! »Was hab ich denn gesagt, ich hab doch nur den Mund gehalten!«

PAX: Im letzten Abschnitt deiner Fernsehserie *Szenen einer Ehe* scheinen Johan und Marianne keinerlei Skrupel zu haben, sich wiederzutreffen, weil sie ihren Gefühlen folgen. Was macht man da mit einem möglicherweise schlechten Gewissen? Oder man kann es vielleicht so sagen: Entgeht man dem schlechten Gewissen, wenn man seinem Gefühl treu ist und damit sich selbst verwirklicht?

IB: So ist es, glaube ich, mit Johan und Marianne: sie fühlen deutlich, wie gespalten und verwickelt die Situation ist, wenn sie sich nun wieder treffen und ineinander verliebt sind, denn das Verhältnis zu dem jeweiligen neuen Partner ist schief. Sie sprechen sogar darüber. Für mich ist es sehr wichtig, daß die beiden fühlen, daß sie lügen und sich winden. Was sie jetzt erleben, ist kein vollendetes Glück ... Vergiß nicht, daß sie zwanzig Jahre gemeinsamen Lebens hinter sich haben. Ich habe selber darüber nachgegrübelt, wie es zwischen ihnen weitergehen sollte. So nach und nach werden wohl Marianne und Johan zu ihren neuen Partnern gehen und darüber sprechen, wie schwer und mühsam das ist. So ist es nun mal im Leben. Viele erwarteten wohl, daß ich in der Fernsehserie eine Lösung anbieten würde, aber das konnte ich nicht. Ich verlasse diese beiden Menschen, als sie in eine neue Konfliktsituation gekommen sind. Sie haben den Konflikt ganz und gar nicht unter den Teppich gekehrt, sondern fühlen, daß sie von etwas leben, das andere vielleicht bezahlen müssen. Ich kann sagen, und das freut mich, daß das hier ganz und gar kein glücklicher Schluß ist, sondern nur der Anfang dazu, daß sie ganze und richtige Menschen werden. Sie haben noch einen weiten Weg vor sich ...

LJ: Deine Unterscheidung zwischen echten und falschen Schuldgefühlen ist wichtig. Was Johan und Marianne in der Fernsehserie anbelangt, so empfand ich es so, daß die, die nie richtig lieben können, sich auch nie richtig voneinander trennen können. Zur Liebe gehört auch Respekt vor dem andern, daß man ihn oder sie verlassen kann. Das ist wichtig für mich. Wir dürfen Liebe und Selbstauslöschung nicht miteinander verwechseln.

IB: Du hast etwas sehr Gutes gesagt, Ludvig, ich muß dich noch einmal zitieren: Daß man seinen Vater und seine Mutter ehren soll, bedeutet nicht unbedingt, daß man ihnen gehorchen soll ...

LJ: ... und daß Rücksicht und Liebe nichts miteinander zu tun haben ... Ich hätte Lust, ein nicht ganz unbekanntes Wort von Paulus aus 1. Kor. 13 zu zitieren: »Denn jetzt sehen wir dunkel wie in einem Spiegel, dann aber werden wir von Angesicht zu Angesicht sehen.« Für mich ist das die beste Formulierung für den Sinn des menschlichen Lebens. Nichts kann den Sinn des Menschenlebens so ausdrücken wie dies: »von Angesicht zu Angesicht« ...

IB: Ich finde die Formulierung »von Angesicht zu Angesicht« und »dunkel wie in einem Spiegel« auch gut ... Aber für mich ist das Wesentliche schließlich und endlich nicht, daß wir Gott oder Christus, sondern daß wir Menschen uns von Angesicht zu Angesicht gegenüberstehen sollen. Das ist das Zentrale, daß wir uns selbst und den anderen kennenlernen und den Weg zu einem inneren Verständnis finden müssen.

LJ: Obwohl das Leben nicht nur aus »wir« und »der andere« besteht. Unser Dasein handelt viel von menschlichen Relationen, aber ich stehe auch in Relation zum Leben selbst. Diese ganze Mischung aus Freude, Trauer, Kummer, Schmerz . . .

IB: Aber für mich ist es wichtiger als alles andere, daß der Mensch auf eine Art heilig ist, daß er Würde und etwas Unverletzliches, Wunderbares hat, dessen wir uns viel zu wenig bewußt sind. Gerade die Vorstellung von Gott – und Christus – befreit uns von alledem – von der Verpflichtung, in uns selber einzudringen. Die Kirche hat bei diesem Eskapismus sehr schön nachgeholfen!

LJ: Ich glaube, wir sollten das Christentum entmystifizieren, eine Menge Gerümpel beiseite schaffen, und worauf würden wir dann treffen? Ja – auf Gott und Jesus und Versöhnung. Aber wir haben so eine Menge von Überlagerungen, durch die wir hindurchmüssen! Welche Kirche könnte es wagen zu sagen: »Wir erwähnen das Wort Gott 20 Jahre lang nicht mehr!« Ich glaube, das wäre sehr nützlich, um endlich mal auf die Wirklichkeit hinter den Buchstaben G-O-T-T zu treffen. Oder wie Per Lagerkvist gesagt hat: »Schaff das religiöse Gerümpel beiseite, damit ich das Heilige erkennen kann . . .«

IB: Da meinen wir eigentlich dasselbe, obwohl wir uns verschieden ausdrücken. Ich finde, der Mensch ist das Phantastischste, was es gibt. Die Taten des Menschen, seine Größe und seine Kleinheit. Ich bin auch von berufs wegen auf jede Weise vom Menschen verzaubert – von seinem Gesicht, seiner Stimme, seinem Verhalten, davon, was er tut und was er nicht tut . . . all das Phantastische. Das ist alles für mich. Für dich ist es nur die Ouvertüre, für mich ist es die ganze Oper!

PAX: Kehren wir zurück zu *Szenen einer Ehe.* In der vierten Szene sehen Johan und Marianne sich wieder. Johan hat von seiner neuen Liebe erzählt. Marianne fühlt sich noch an ihn gebunden. Die Begegnung ist voller Schmerz. Marianne liest Johan aus ihrem Tagebuch über ihre Schuldgefühle vor.

IB: Was Marianne passiert, ist, daß eine Katastrophe ihr Leben zerstört. Aber sie hat dann Kraft genug, noch einmal von vorn anzufangen, und aus den Normen und Formen, die sie von ihren Eltern geerbt hat, beginnt sie ihr eigenes Leben zu schaffen. Zentral ist, daß sie, vielleicht mit Hilfe anderer, aber zum größten Teil aus eigener Kraft, sich selbst zu erforschen beginnt. Sie versucht wirklich, etwas von sich selbst zu verstehen. Sie hat also verstanden, daß schon etwas schief ging, als sie noch ein kleines Kind war und dazu erzogen und indoktriniert wurde, nur zu gefallen. Ich glaube, es ist typisch, daß man gerade durch eine Krise den Weg findet und die Sache anzupacken wagt. Aber wir haben so verzweifelte Angst vor der Krise – zu einem Krach, einer Abrechnung darf es nicht erst kommen, auf die Wunde muß erst mal ein Pflaster. Die Auffassung ist in unseren Formen des Zusammenlebens gut verankert – daß es darauf ankommt, einander vor der Krise zu bewahren. Damit halten wir einander auch davon ab, der Mensch zu werden, der man ist, denn darum geht es bei der Abrechnung doch. Wir haben unheimlich Angst vor allem, was weh tut, Ludvig. Du bist oft so etwas wie der einsame Rufer in der Wüste, wenn du sagst: »Hab keine Angst davor, daß es wehtut, hab keine Angst vor der Krise und der Konfrontation.« Du sagst das in jedem Zusammenhang. In diesen faszinierenden Kolumnen in der Zeitung, wo man Rat bei persönlichen Problemen sucht, da steht die ganze Zeit, wie man versuchen soll zu verhindern, geradeheraus zu reden und aneinanderzugeraten.

PAX: Deine Fernsehserie *Szenen einer Ehe* hat manchem Zuschauer zu denken gegeben. Ich denke selbst oft an Johan und Marianne. Mariannes Angstträume in der sechsten Szene deuten wohl an, daß sie doch nicht so frei ist. Ihr Gewissen reagiert. Was meinst du, was soll sie mit ihrem schlechten Gewissen machen?

IB: Ich sehe das so, daß Marianne eine kühne und starke Persönlichkeit ist, die eine Menge Schritte in etwas hinaus gemacht hat, dem sie plötzlich nicht mehr gewachsen ist. Sie erschrickt, sie hat zwei Schritte zuviel gemacht. Das erscheint im Angsttraum wieder. Im Traum, in dem sie sie selbst ist, hat sie plötzlich Angst, daß ihre Kräfte nicht ausreichen. Sie sagt dann ja auch zu Johan, daß sie wohl noch nie jemanden geliebt hat und wohl noch nie geliebt worden ist.

PAX: Das sagt sie vor dem Traum . . .

IB: Nein, nach dem Traum. Tut mir leid, aber das muß ich wissen . . .! Ich kenne diese Serie in- und auswendig! Genau am Ende flüchtet sie verschreckt in seine Arme und sagt, sie glaube, daß niemals jemand sie geliebt hat und so weiter. Das ist wichtig für dieses freie, kühne Mädchen, das ihren eigenen Idealen, Intentionen und Vorstellungen zu folgen beginnt. Plötzlich ist sie drei Schritte zu weit gesprungen und muß zurück . . . Sie fühlt durch den Traum, daß sie vielleicht nie erlebt hat, was Liebe ist. Gerade da erleben diese beiden Menschen unglaublich stark die irdische Liebe. Ludvig hat übrigens etwas vom Besten gesagt, was über die Liebe überhaupt gesagt worden ist – nun mache ich Propaganda für dich! Du hast gesagt, Liebe, das ist, wenn zwei Menschen zusammen abwechselnd Erwachsene und Kinder sein dürfen. Der eine muß nicht die ganze Zeit erwachsen und der andere nicht immer Kind sein. Auf einmal muß der eine einmal Kind sein, und da wird der andere erwachsen. Die sechste Szene ist ganz nach Ludvig. Zuerst sitzt Marianne da und sieht sich ihren kleinen Johan an und empfindet eine überströmende Zärtlichkeit für ihn. In der Nacht wird sie dann klein und ängstlich und er ist plötzlich reif und erwachsen und nimmt sie in den Arm. Das ist für mich der Beweis dafür, daß diese beiden sich, auf irdische Weise, lieben. Besser kann ich nicht antworten.

LJ: Du hast in der Serie sehr schön beschrieben, wie man Dinge versteckt und verschließt, Ingmar – so daß das Gefühl, verraten und verlassen zu sein, nicht verstanden und erkannt wird. Wenn man in akute Schwierigkeiten kommt, spiegelt sich das, was dahinter liegt ... In dieser Fernsehserie kommt man einer Sache nahe, die für mich ziemlich wichtig ist: wohin muß ich mich wenden, um dieses »du« zu treffen, das ich die ganze Zeit suche? Für mich hat das viel vom religiösen Erlebnis. Die Wirklichkeit, die sich hinter den Buchstaben G-O-T-T verbirgt, faßt in sich alle diese Menschen, zu denen ich in einer Art gebrochener Beziehung stand. In Ihm, in dieser Wirklichkeit, treffe ich sie durch die Liebe, die Gott heißt. Ist das unverständlich?

IB: Nein, ich verstehe das sehr gut! Ich habe es genauso empfunden. Während der gesamten Lebenszeit meines Vaters habe ich ihm gegenüber praktisch eine tiefe Fremdheit empfunden. Durch diese sinnlose Erziehung mit Verboten, Prügeln, geistiger und körperlicher Folter entstand ein Haß auf meinen Vater, den ich so nach und nach überwand. Am Ende konnte ich ohne allzu große Selbstüberwindung mit ihm verkehren. Ich sah einen armen alten Herrn, für den ich schließlich ziemlich großes Mitleid empfand ... Aber erst nach seinem Tod, als das mit der Vergebung und dem Ganzen schon hätte passiert sein müssen, begann ich ein bißchen nachzuforschen. Eine Menge alter Familienalben fiel mir in die Hände. Da saß ich und sah diesen kleinen Kerl an, mit seiner Mutti und all den unheimlichen Tanten, die ihn umgaben. Ich sah ihn mir an, ich sah mir diese Verlobungskarte mit Mutter und Vater an – und plötzlich bekam ich eine Art inneres Verständnis für diesen Mann und seine Einsamkeit und Ausgesetztheit. Ich bekam eine unheimlich gute Beziehung zu ihm, ohne irgendein Bedürfnis, ihn um Verzeihung zu bitten, oder daß er mich um Verzeihung bitten sollte. Es war interessant zu sehen, wieviel Aggressionen noch da waren, als er starb, durch welche Schichten von Haß und Verachtung ich hindurchmußte, und wie sich das dann später auflöste und verschwand. Ich bekam eine Art natürliche, keine demütigende Zärtlichkeit für ihn, eine Zärtlichkeit, die ich nicht hatte, als er lebte. Aber bis dahin war es ein weiter Weg.

Filmographie
Zusammengestellt von Bertil Wredlund

1944

Hets (dt. Die Hörige, 1967)
Produktion: Svensk Filmindustri – Verleih: SF – Regie: Alf Sjöberg – Drehbuch: Ingmar Bergman – Kamera: Martin Bodin – Musik: Hilding Rosenberg – Regieassistent: Ingmar Bergman – Ausstattung: Arne Åkermark – Schnitt: Oscar Rosander – Länge: 101 Minuten – Premiere: Röda Kvarn, 2. 10. 1944 – Darsteller: Stig Järrel (Caligula), Alf Kjellin (Jan-Erik Widgren), Mai Zetterling (Bertha Olsson), Olof Winnerstrand (Rektor), Gösta Cederlund (»Pippi«), Stig Olin (Sandman), Jan Molander (Pettersson), Olav Riego (Direktor Widgren), Märta Arbin (Frau Widgren), Hugo Björne (Arzt), Anders Nyström (Bror Widgren), Nils Dahlgren (Kommissar), Gunnar Björnstrand (der junge Lehrer), Carl-Olof Alm, Curt Edgard, Sten Gester, Palle Granditzky, Birger Malmsten, Arne Ragneborn (Gymnasiasten).

1945

Kris (Krise)
Produktion: Svensk Filmindustri – Verleih: SF – Regie, Drehbuch: Ingmar Bergman nach dem Stück »Moderdyret« von Leck Fischer – Kamera: Gösta Roosling – Musik: Erland von Koch – Ausstattung: Arne Åkermark – Schnitt: Oscar Rosander – Länge: 93 Minuten – Premiere: Spegeln, 25. 2. 1946 – Darsteller: Dagny Lind (Ingeborg), Marianne Löfgren (Jenny), Allan Bohlin (Ulf), Stig Olin (Jack), Ernst Eklund (Onkel Eduard), Signe Wirff (Tante Jessie), Svea Holst (Malin), Arne Lindblad (Bürgermeister), Julia Caesar (Bürgermeisterin), Dagmar Olsson (Sängerin auf dem Ball), Anna-Lisa Baude (Kundin im Modesalon), Karl-Erik Flens (Nellys Kavalier), Wictor Andersson (ein Musiker).

1946

Det regnar på vår kärlek (Es regnet auf unsere Liebe)
Produktion: Sveriges Folkbiografer Lorens Marmstedt – Verleih: Nordisk Tonefilm – Regie: Ingmar Bergman – Drehbuch: IB, Herbert Grevenius nach Oscar Braathens Stück »Bra Mennesker« – Kamera: Hilding Bladh, Göran Strindberg – Musik: Erland von Koch – Ausstattung: P. A. Lundgren – Schnitt: Tage Holmberg – Länge: 95 Minuten – Premiere: Astoria, 9. 11. 1946 – Darsteller: Barbro Kollberg (Maggi), Birger Malmsten (David), Gösta Cederlund (der Herr mit dem Schirm), Ludde Gentzel (Håkansson), Douglas Håge (Andersson), Hjördis Pettersson (Frau Andersson), Julia Caesar (Hanna Ledin), Gunnar Björnstrand (Herr Purman), Magnus Kester (Folke Törnberg), Sif Ruud (Gerti Törnberg), Åke Fridell (Pastor), Benkt-Åke Bengtsson (Staatsanwalt), Erik Rosén (Richter), Sture Ericson (»Schnürsenkel«), Ulf Johansson (»Stahlfeder«), Torsten Hillberg (Pfarrer), Erland Josephson (Beamter beim Gemeindeamt).

1947

Skepp till Indialand (Schiff nach Indialand)
Produktion: Sveriges Folkbiografer (Lorens Marmstedt) – Verleih: Nordisk Tonefilm – Regie, Drehbuch: Ingmar Bergman nach einem Stück von Martin Söderhjelm – Kamera: Göran Strindberg – Musik: Erland von Koch – Ausstattung: P. A. Lundgren – Schnitt: Tage Holmberg – Länge: 101 Minuten – Premiere: Röda Kvarn, 22. 9. 1947 – Darsteller: Holger Löwenadler (Kapitän Alexander Blom), Birger Malmsten (Johannes Blom), Gertrud Fridh (Sally), Anna Lindahl (Alice Blom), Lasse Krantz (Hans), Jan Molander (Bertil), Erik Hell (Pekka), Naemi Briese (Selma), Hjördis Pettersson (Sofie), Åke Fridell (Varietédirektor), Peter Lindgren (ausländisches Mitglied der Besatzung), Gustaf Hiort af Ornäs, Torsten Bergström (Bloms Kumpane), Ingrid Borthen (Mädchen auf der Straße), Gunnar Nielsen (ein junger Mann), Amy Aaröe (ein junges Mädchen), Torgny Anderberg, Torsten Mann, Svea Holst, Kiki, Stig Pettersson.

Kvinna utan ansikte (dt. Frau ohne Gesicht, 1952)
Produktion: Svensk Filmindustri – Verleih: SF – Regie: Gustaf Molander – Drehbuch: Ingmar Bergman – Kamera: Åke Dahlqvist – Musik: Erik Nordgren – Ausstattung: Arne Åkermark – Schnitt: Oscar Rosander – Länge: 100 Minuten – Premiere: Röda Kvarn, 16. 9. 1947 – Darsteller: Alf Kjellin (Martin Grandé), Gunn Wållgren (Rut Köhler), Anita Björk (Frida Grandé), Stig Olin (Ragnar Ekberg), Olof Winnerstrand (Direktor Grandé), Marianne Löfgren (Charlotte), Georg Funkquist (Victor), Åke Grönberg (Sam Svensson), Linnea Hillberg (Frau Grandé), Calle Reinholdz, Karl-Erik Flens (zwei Schornsteinfeger), Sif Ruud (Magda Svensson), Ella Lindblom (Marie), Artur Rolén (»der Flotte«), Wictor Andersson (Nachtwache), Björn Montin (Pil), Carl-Axel Elfving (Briefträger), Carin Svensson (Magdas Freundin), Arne Lindblad (Hotelier), David Eriksson (Portier), Torsten Hillberg (Polizeidetektiv), Ernst Brunman (Taxichauffeur), Gun Adler.

Musik i mörker (Musik im Dunkeln)
Produktion: Terrafilm (Lorens Marmstedt) – Verleih: Terra – Regie: Ingmar Bergman – Drehbuch: Dagmar Edqvist nach ihrem eigenen Roman – Kamera: Göran Strindberg – Musik: Erland von Koch – Ausstattung: P. A. Lundgren – Schnitt: Lennart Wallén – Länge: 85 Minuten – Premiere: Skandia, 17. 1. 1948 – Darsteller: Mai Zetterling (Ingred), Birger Malmsten (Bengt Vyldeke), Bengt Eklund (Ebbe), Olof Winnerstrand (Pfarrer), Naima Wifstrand (Frau Schröder), Bibi Skoglund (Agneta), Hilda Borgström (Lovisa), Douglas Håge (Kruge), Gunnar Björnstrand (Klasson), Segol Mann (Anton Nord), Bengt Logardt (Einar Born), Marianne Gyllenhammar (Blanche), John Elfström (Otto Klemens), Rune Andreasson (Evert), Barbro Flodkvist (Hjördis), Ulla Andreasson (Sylvia), Sven Lindberg (Hedström), Svea Holst (Postfräulein), Georg Skarstedt (Jönsson), Reinhold Svensson (ein angetrunkener Mann im Bierlokal), Mona Geijer-Falkner (die Frau bei der Mülltonne), Arne Lindblad (Küchenmeister), Stig Johansson, Britta Brunius.

1948
Hamnstad (dt. Hafenstadt, 1951)
Produktion: Svensk Filmindustri – Verleih: SF – Regie: Ingmar Bergman – Drehbuch: IB, Olle Länsberg nach Länsbergs Roman »Guldet och murarna« – Kamera: Gunnar Fischer – Musik: Erland von Koch – Ausstattung: Nils Svenwall – Schnitt: Oscar Rosander – Länge: 99 Minuten – Premiere: Skandia, 18. 10. 1948 – Darsteller: Nine-Christine Jönsson (Berit), Bengt Eklund (Gösta), Berta Hall (Berits Mutter), Erik Hell (Berits Vater), Mimi Nelson (Gertrud), Birgitta Vallberg (Assistent Vilander), Nils Dahlgren (Gertruds Vater), Hans Strååt (Ingenieur Vilander), Harry Ahlin (»der Schone«), Nils Hallberg (Gustav), Sven-Erik Gamble (»die Eiche«), Sif Ruud (Frau Krona), Kolbjörn Knudsen (ein Seemann), Yngve Nordwall (Vorarbeiter), Bengt Blomgren (Gunnar), Hanny Schedin (Gunnars Mutter), Helge Karlsson (Gunnars Vater), Stig Olin (Thomas), Else-Merete Heiberg (ein Mädchen aus dem Erziehungsheim), Britta Billsten (Freudenmädchen), Sture Eriksson (Kommissar).

Eva (dt. Eva, 1952)
Produktion: Svensk Filmindustri – Verleih: SF – Regie: Gustaf Molander – Drehbuch: Ingmar Bergman, Gustaf Molander nach einer Idee von IB – Kamera: Åke Dahlqvist – Musik: Erik Nordgren – Ausstattung: Nils Svenwall – Schnitt: Oscar Rosander – Länge: 97 Minuten – Premiere: Röda Kvarn, 26. 12. 1948 – Darsteller: Birger Malmsten (Bo), Eva Stiberg (Eva), Eva Dahlbeck (Susanne), Stig Olin (Göran), Åke Claesson (Fredriksson), Wanda Rothgardt (Frau Fredriksson), Inga Landgré (Frida), Hilda Borgström (Maria), Axel Högel (Fischer Johansson), Lasse Sarri (Bo als Zwölfjähriger), Olof Sandborg (Berglund), Carl Ström (Johansson), Sture Ericson (Josef), Hans Dahlin (Olle), Hanny Schedin (Hebamme), Yvonne Eriksson (Lena), Monica Wienzierl (Frida), Anne Karlsson (Marthe).

1948/49
Fängelse (dt. Gefängnis, 1961)
Produktion: Terrafilm (Lorens Marmstedt) – Verleih: Terra – Regie, Drehbuch: Ingmar Bergman – Kamera: Göran Strindberg – Musik: Erland von Koch – Ausstattung: P. A. Lundgren – Schnitt: Lennart Wallén – Länge: 78 Minuten – Premiere: Astoria, 19. 3. 1949 – Darsteller: Doris Svedlund (Birgitta Carolina), Birger Malmsten (Tomas), Eva Henning (Sofi), Hasse Ekman (Martin Grandé), Stig Olin (Peter), Irma Christenson (Linnea), Anders Henriksson (Paul), Marianne Löfgren (Frau Bohlin), Kenne Fant (Arne), Inger Juel (Greta), Curt Masreliez (Alf), Torsten Lilliecrona (Filmphotograph), Segol Mann (Beleuchtungsarbeiter), Börje Mellvig (Kommissar), Åke Engfeldt (Polizist), Gunilla Klosterberg, Lasse Sarri, Åke Fridell, Bibi Lindqvist, Arne Ragneborn, Brita Brunius.

Törst (dt. Durst, 1953)
Produktion: Svensk Filmindustri – Verleih: SF – Regie: Ingmar Bergman – Drehbuch: Herbert Grevenius nach Birgit Tengroths Erzählungen – Kamera: Gunnar Fischer – Musik: Erik Nordgren – Ausstattung: Nils Svenwall – Schnitt: Oscar Ros-

ander – Länge: 84 Minuten – Premiere: Spegeln, 17. 10. 1949 – Darsteller: Eva Henning (Rut), Birger Malmsten (Bertil), Birgit Tengroth (Viola), Mimi Nelson (Valborg), Hasse Ekman (Doktor Rosengren), Bengt Eklund (Raoul), Gaby Stenberg (Astrid), Naima Wifstrand (Fräulein Henriksson), Sven-Eric Gamble (Arbeiter), Gunnar Nielsen (Assistent), Estrid Hesse (Patientin), Helge Hagerman, Calle Flygare (Pfarrer), Monica Wienzierl (kleines Mädchen im Zug), Hermann Greid (der deutsche Schaffner), Else-Merete Heiberg (norwegische Dame im Zug), Sif Ruud (redselige Witwe auf dem Friedhof).

Till glädje (dt. An die Freude, 1951)
Produktion: Svensk Filmindustri – Verleih: SF – Regie, Drehbuch: Ingmar Bergman – Kamera: Gunnar Fischer – Musik aus Werken von Beethoven, Mendelssohn, Mozart und Smetana – Ausstattung: Nils Svenwall – Schnitt: Oscar Rosander – Länge: 98 Minuten – Premiere: Spegeln, 20. 2. 1950 – Darsteller: Stig Olin (Stig), Maj-Britt Nilsson (Martha), Victor Sjöström (Sönderby), Birger Malmsten (Marcel), John Ekman (Mikael Bro), Margit Carlqvist (Nelly), Sif Ruud (Stina), Rune Stylander (Persson), Erland Josephson (Bertil), Georg Skarstedt (Anker), Berit Holmström (Lieschen), Björn Montin (Lasse), Agad Helin, Svea Holst (Krankenschwestern), Ernst Brunman (Aufseher im Konzerthaus), Maud Hyttenberg (Gehilfin im Spielwarenladen), Carin Svensson, Svea Holm (zwei Ehefrauen).

1950
Medan staden sover (Während die Stadt schläft)
Produktion: Svensk Filmindustri – Verleih: SF – Regie: Lars-Eric Kjellgren – Drehbuch: Kjellgren, Per Anders Fogelström nach einer Idee von Ingmar Bergman, die auf Fogelströms Roman »Ligister« zurückgeht – Kamera: Martin Bodin – keine Musik – Ausstattung: Nils Svenwall – Schnitt: Oscar Rosander – Länge: 101 Minuten – Premiere: Skandia, 8. 9. 1950 – Darsteller: Sven-Eric Gamble (Jompa), Inga Landgré (Iris), Adolf Jahr (Iris' Vater), John Elfström (Jompas Vater), Märta Dorff (Iris' Mutter), Elof Ahrle (Vorarbeiter), Ulf Palme (Kalle Lund), Hildung Gavle (der Hehler), Barbro Hiort af Ornäs (Rut), Rolf Bergström (Gunnar), Ilse-Nore Tromm (Jompas Mutter), Ulla Smidje (Asta), Ebba Flygare (die Frau des Hehlers), Carl Ström (Hausmeister), Mona Geijer-Falkner (Wirtin), Alf Östlund (Andersson), Hans Sundberg (Knatten), Lennart Lundh (Slampen), Arne Ragneborn (Sune), Hans Dahlberg (Lang-Sam), Åke Hylén (Pekå), Börje Mellvig (Staatsanwalt), Olav Riego (Richter), Arthur Fischer (ein Polizist), Harriet Andersson (Lucian), Henrik Schildt (Festteilnehmer), Julius Jacobsen (Restaurantpianist), Gunnar Hellström (junger Mann im Restaurant).

Sommarlek (dt. Einen Sommer lang, 1953)
Produktion: Svensk Filmindustri – Verleih: SF – Regie: Ingmar Bergman – Drehbuch: IB, Herbert Grevenius nach der Synopsis von IB – Kamera: Gunnar Fischer – Musik: Erik Nordgren – Ausstattung: Nils Svenwall – Schnitt: Oscar Rosander – Länge: 96 Minuten – Premiere: Röda Kvarn, 1. 10. 1951 – Darsteller: Maj-Britt

Nilsson (Marie), Birger Malmsten (Henrik), Alf Kjellin (David), Annalisa Ericson (Kaj), Georg Funkquist (Onkel Erland), Stig Olin (Ballettmeister), Renée Björling (Tante Elisabeth), Mimi Pollak (die kleine Dame), John Botwid (Karl), Gunnar Olsson (Pfarrer), Douglas Håge (Nisse mit der Nase), Julia Caesar (Maja), Carl Ström (Sandell), Torsten Lilliecrona (Licht-Pelle), Olav Riego (Arzt), Marianne Schüler (Kerstin), Ernst Brunman (Kapitän des Schiffs), Fylgia Zadig (Krankenschwester), Sten Mattsson (Springanlandkalle), Carl-Axel Elfving (Blumenbote), Gösta Ström (Carlsson).

Sånt händer inte här (dt. Menschenjagd, 1959)
Produktion: Svensk Filmindustri – Verleih: SF – Regie: Ingmar Bergman – Drehbuch: Herbert Grevenius – Kamera: Gunnar Fischer – Musik: Erik Nordgren – Ausstattung: Nils Svenwall – Schnitt: Lennart Wallén – Länge: 84 Minuten – Premiere: Röda Kvarn, 23. 10. 1950 – Darsteller: Signe Hasso (Vera), Alf Kjellin (Almkvist), Ulf Palme (Atkä Natas), Gösta Cederlund (der Arzt), Yngve Nordwall (Lindell), Stig Olin (der junge Mann), Ragnar Klange (Filip Rundblom), Hannu Kompus (der Pastor), Sylvia Tael (Vanja), Els Vaarman (die Frau im Kino), Edmar Kuus (Leino), Rudolf Lipp (»der Schatten«), Lillie Wästfeldt (Frau Rundblom), Segol Mann, Willy Koblanck, Gregor Dahlmann, Gösta Holmström, Ivan Bousé (geheimnisvolle Männer), Hugo Bolander (Leiter des Hotels), Wictor Andersson (Filmvorführer im Kino), Helena Kuus (die Frau auf der Hochzeit), Alexander von Baumgarten (der Kapitän des Schiffes), Eddy Andersson (der Maschinist), Fritjof Hellberg (der Steuermann), Mona Åstrand (ein junges Mädchen), Mona Geijer-Falkner (die Frau im Mietshaus), Erik Forslund (Hausmeister), Peter Winner (die »Windjacke«), Georg Skarstedt (ein verkaterter Arbeiter), Tor Borong (der Pförtner/der Inspizient), Gösta Hedström (der Nachbar), Magnus Kesster (der Nachbar in Älsten), Maud Hyttenberg (die Studentin), Helga Brofeldt (die Tante), Gustaf Hiort af Ornäs (der Kellner), Sven Axel Carlsson (der Jüngling). – Auch eine englische Version wurde gedreht.

1951

Frånskild (Geschieden)
Produktion: Svensk Filmindustri – Verleih: SF – Regie: Gustav Molander – Drehbuch: Ingmar Bergman – Kamera: Åke Dahlqvist – Musik: Erik Nordgren – Ausstattung: Nils Svenwall – Schnitt: Oscar Rosander – Länge: 103 Minuten – Premiere: Röda Kvarn, 26. 12. 1951 – Darsteller: Inga Tidblad (Gertrud Holmgren), Alf Kjellin (Doktor Bertil Nordelius), Doris Svedlund (Marianne Berg), Hjördis Pettersson (Frau Nordelius), Håkan Westergren (Disponent P. A. Beckman), Irma Christenson (Doktor Cecilia Lindeman), Holger Löwenadler (Ingenieur Tore Holmgren), Marianne Löfgren (die »Chefin Frau Ingeborg«), Stig Olin (Hans), Elsa Prawitz (Elsie), Birgitta Valberg (Rechtsanwältin Eva Möller), Sif Ruud (Rut Boman), Carl Ström (Öhman), Ragnar Arvedson (der Abteilungsleiter), Ingrid Borthen (seine Frau), Yvonne Lombard (die junge schöne Frau), Einar Axelsson (der Geschäftsmann), Rune Halvarson (der Werbefachmann), Rudolf Wendbladh (der Prokurist),

Guje Lagerwall, Nils Ohlin, Nils Jacobsson (Gäste beim Abendessen), Hanny Schedin (Frau Nilsson), Harriet Andersson (eine Stellensuchende), Christian Bratt (ein Tennisspieler).

Außerdem drehte Ingmar Bergman 1951 im Auftrag von AB Sunlight neun Filme, in denen für die Seife »Bris« Reklame gemacht wurde. Bibi Andersson war in einem dabei.

1952

Kvinnors väntan (dt. Sehnsucht der Frauen, 1962)
Produktion: Svensk Filmindustri – Verleih: SF – Regie, Drehbuch: Ingmar Bergman – Kamera: Gunnar Fischer – Musik: Erik Nordgren – Ausstattung: Nils Svenwall – Schnitt: Oscar Rosander – Länge: 107 Minuten – Premiere: Röda Kvarn 3. 11. 1952 – Darsteller: Anita Björk (Rakel), Maj-Britt Nilsson (Märta), Eva Dahlbeck (Karin), Gunnar Björnstrand (Fredrik Lobelius), Birger Malmsten (Martin Lobelius), Jarl Kulle (Kaj), Karl-Arne Holmsten (Eugen Lobelius), Gerd Andersson (Maj), Björn Bjelvenstam (Henrik), Aino Taube (Anita), Håkan Westergren (Paul), Kjell Nordenskiöld (Bob), Karl Ström (Narkosearzt), Märta Arbin (Schwester Rut), Torsten Lilliecrona (Chefkellner im Nachtlokal), Victor Vicolacci (le patron), Naima Wifstrand (die alte Frau Lobelius), Wictor Andersson (der Mann von der Müllabfuhr), Douglas Håge (der Hausmeister), Lil Yunkers (der Conférencier), Lena Brogren (die Krankenpflegerin).

Sommaren med Monika (dt. Die Zeit mit Monika, 1953)
Produktion: Svensk Filmindustri – Verleih: SF – Regie: Ingmar Bergman – Drehbuch: IB, Per Anders Fogelström nach Fogelströms Roman – Kamera: Gunnar Fischer – Musik: Erik Nordgren – Ausstattung: P. A. Lundgren – Schnitt: Tage Holmberg, Gösta Lewin – Länge: 96 Minuten – Premiere: Spegeln 9. 2. 1953 – Darsteller: Harriet Andersson (Monika), Lars Ekborg (Harry), John Harryson (Lelle), Georg Skarstedt (Harrys Vater), Dagmar Ebbesen (Harrys Tante), Åke Fridell (Monikas Vater), Naemi Briese (Monikas Mutter), Åke Grönberg (der Vorarbeiter), Gösta Eriksson (Direktor Forsberg), Gösta Gustafsson (der Kammerdiener bei Forsbergs), Sigge Fürst (der Chef des Porzellanlagers), Gösta Prüzelius (der Verkäufer bei Forsbergs), Arthur Fischer (der Chef des Gemüselagers), Torsten Lilliecrona (der Chauffeur des Gemüselagers), Gustaf Färingborg (der zweite Mann des Gemüselagers), Ivar Wahlgren (ein Villenbesitzer), Renée Björling (seine Frau), Catrin Westerlund (ihre Tochter), Harry Ahlin (ein anderer Villenbesitzer), Jessie Flaws (seine Tochter), Wictor Andersson, Birger Sahlberg (Lumpenhändler), Hanny Schedin (Frau Boman in Nr. 12), Anders Andelius, Gordon Löwenadler (Monikas Kavaliere), Nils Hultgren (Oberpfarrer), Nils Whitén, Tor Borong, Einar Söderbäck (Säufer), Bengt Brunskog (Sicke), Magnus Kesster, Carl-Axel Elfving (Arbeiter), Astrid Bodin, Mona Geijer-Falkner (Frauen am Fenster), Ernst Brunman (der Tabakshändler).

1953
Gycklarnas afton (dt. Abend der Gaukler, 1958)
Produktion: Sandrews – Verleih: Sandrew-Bauman – Regie, Drehbuch: Ingmar Bergman – Kamera: Hilding Bladh, Göran Strindberg, Sven Nykvist – Musik: Karl-Birger Blomdahl – Ausstattung: Bibi Lindström – Schnitt: Carl-Olov Skeppstedt – Länge: 92 Minuten – Premiere: Grand 14. 9. 1953 – Darsteller: Harriet Andersson (Anne), Åke Grönberg (Albert Johansson), Hasse Ekman (Frans), Anders Ek (Frost), Gudrun Brost (Alma), Annika Tretow (Agda), Gunnar Björnstrand (Direktor Sjuberg), Erik Strandmark (Jens), Kiki (der Zwerg), Åke Fridell (der Offizier), Majken Torkeli (die Ekbergsche), Vanje Hedberg (ihr Sohn), Curt Löwgren (Blom), Conrad Gyllenhammar (Fager), Mona Sylwan (Frau Fager), Hanny Schedin (Tante Asta), Mikael Fant (der schöne Anton), Sigvard Törnqvist (Meijer), Naemi Brise (Frau Meijer), Lissi Alandh, Karl-Axel Forsberg, Olav Riego, John Starck, Erna Groth, Agda Helin (Schauspieler), Julie Bernby (Seiltänzerin), John Björling (Onkel Greven), Gunborg Larsson (Frau Tanti), Göran Lundquist, Mats Hådell (Agdas Söhne).

1954
En lektion i kärlek (dt. Lektion in Liebe, 1962)
Produktion: Svensk Filmindustri – Verleih: SF – Regie, Drehbuch: Ingmar Bergman – Kamera: Martin Bodin – Musik: Dag Wirén – Ausstattung: P. A. Lundgren – Schnitt: Oscar Rosander – Länge: 95 Minuten – Premiere: Röda Kvarn 4. 10. 1954 – Darsteller: Eva Dahlbeck (Marianne Erneman), Gunnar Björnstrand (Doktor David Erneman), Yvonne Lombard (Susanne), Harriet Andersson (Nix), Åke Grönberg (Carl-Adam), Olof Winnerstrand (Professor Henrik Erneman), Birgitta Reimer (Lise), John Elfström (Sam), Dagmar Ebbesen (die Pflegerin), Helge Hagerman (der Vertreter), Sigge Fürst (der Pastor), Gösta Prüzelius (der Schaffner), Carl Ström (Onkel Alex), Torsten Lilliecrona (der Portier), Arne Lindblad (der Hotelier), Yvonne Brosset (die Tänzerin).

Kvinnodröm (Frauentraum)
Produktion: Sandrews – Verleih: Sandrew-Baumann – Regie, Drehbuch: Ingmar Bergman – Kamera: Hilding Bladh – Archivmusik – Ausstattung: Gittan Gustafsson – Schnitt: Carl-Olov Skeppstedt – 86 Minuten – Premiere: Grand 22. 8. 1955 – Darsteller: Eva Dahlbeck (Susanne), Harriet Andersson (Doris), Gunnar Björnstrand (der Konsul), Ulf Palme (Disponent Lobelius), Inga Landgré (Frau Lobelius), Sven Lindberg (Palle), Naima Wifstrand (Frau Arén), Bengt-Åke Benktsson (Direktor Magnus), Git Gay (die Dame im Modeatelier), Ludde Gentzel (Fotograf Sundström), Kerstin Hedeby (Marianne), Jessie Flaws (die Maskenbildnerin), Marianne Nielsen (Fanny), Siv Ericks (Katja), Bengt Schött (der Modekünstler im Fotoatelier), Axel Düberg (der Fotograf in Stockholm), Gunhild Kjellqvist (das dunkle Mädchen im Fotoatelier), Renée Björling (Professorin Berger), Gösta Prüzelius, Sigvard Törnqvist (zwei Herren im Zug), Tord Stahl (Herr Barse), Richard Mattsson (Månsson), Inga Gill (die Verkäuferin in der Konditorei), Greta Stare, Millan Lyxell, Gerd

Widestedt, Margareta Bergström, Elsa Hovgren (Damen in der Konditorei), Per-Erik Åström (ein Chauffeur), Carl-Gustav Lindstedt (der Portier), Asta Beckman (die Kellnerin), Maud Hyttenberg, Folke Åström, Curt Kärrby, Ingmar Bergman.

1955
Sommarnattens leende (dt. Das Lächeln einer Sommernacht, 1957)
Produktion: Svensk Filmindustri – Verleih: SF – Regie, Drehbuch: Ingmar Bergman – Kamera: Gunnar Fischer – Musik: Erik Nordgren – Ausstattung: P. A. Lundgren – Schnitt: Oscar Rosander – Länge: 108 Minuten. – Premiere: Röda Kvarn 26. 12. 1955 – Darsteller: Eva Dahlbeck (Desirée Armfeldt), Gunnar Björnstrand (Fredrik Egerman), Ulla Jacobsson (Anne Egerman), Harriet Andersson (Petra), Margit Carlqvist (Charlotte Malcolm), Åke Fridell (der Kutscher Frid), Björn Bjelvenstam (Henrik Egerman), Naima Wifstrand (die alte Frau Armfeldt), Jullan Kindahl (die Köchin), Gull Natorp (Malla), Birgitta Valberg, Bibi Andersson (Schauspielerinnen), Anders Wulff (Fredrik), Jarl Kulle (Graf Carl Magnus Malcolm), Gunnar Nielsen (Niklas), Gösta Prüzelius (der Diener), Svea Holst (eine Garderobiere), Hans Strååt (Fotograf Almgren), Lisa Lundholm (Frau Almgren), Sigge Fürst (der Polizist), Lena Söderblom, Mona Malm (Zofen), Josef Norrman (ein älterer Gast beim Mittagessen), Arne Lindblad (der Schauspieler), Börje Mellvig, Georg Adelly, Carl-Gustaf Lindstedt (Assessoren), Ulf Johansson (Gehilfe im Rechtsanwaltbüro), Yngve Nordwall (Ferdinand), Sten Gester, Mille Schmidt (Diener).

1956
Sista paret ut (Das letzte Paar)
Produktion: Svensk Filmindustri – Verleih: SF – Regie: Alf Sjöberg – Drehbuch: Ingmar Bergman, Alf Sjöberg – Kamera: Martin Bodin – Musik: Erik Nordgren, Charles Redland, Bengt Hallberg – Ausstattung: Harald Garmland – Schnitt: Oscar Rosander – Länge: 104 Minuten – Premiere: Röda Kvarn, Fontänen 12. 11. 1956 – Darsteller: Olof Widgren (Rechtsanwalt Hans Dahlin), Eva Dahlbeck (Susanne Dahlin), Björn Bjelvenstam (Bo Dahlin), Johnny Johansson (Sven Dahlin), Märta Arbin (Großmutter), Jullan Kindahl (Alma), Jarl Kulle (Doktor Farell), Nancy Dalunde (Frau Farell), Bibi Andersson (Kerstin), Harriet Andersson (Anita), Aino Taube (Kerstins Mutter), Jan-Olof Strandberg (Claes Berg), Hugo Björne (der Oberlehrer), Göran Lundqvist (»Knatten«), Kerstin Hörnblad, Mona Malm, Olle Davide, Claes Westergren, Lena Söderblom, Kristina Adolphson (Schüler der Oberstufe), Sven-Eric Persson (Zeitungsverkäufer).

Det sjunde inseglet (dt. Das siebente Siegel, 1962)
Produktion: Svensk Filmindustri – Verleih: SF – Regie, Drehbuch: Ingmar Bergman nach seinem eigenen Theaterstück »Trämålning« – Kamera: Gunnar Fischer – Musik: Erik Nordgren – Ausstattung: P. A. Lundgren – Schnitt: Lennart Wallén – Länge: 95 Minuten – Premiere: Röda Kvarn 16. 2. 1957 – Darsteller: Max von Sydow (Antonius Block), Gunnar Björnstrand (Jöns), Nils Poppe (Jof), Bibi Andersson (Mia), Bengt Ekerot (der Tod), Åke Fridell (Plog), Inga Gill (Lisa), Erik

Strandmark (Skat), Bertil Anderberg (Raval), Gunnel Lindblom (das stumme Mädchen), Inga Landgré (Blocks Frau), Anders Ek (der Mönch), Maud Hansson (die Hexe), Gunnar Olsson (der Maler), Lars Lind (der junge Mönch), Benkt-Åke Benktsson (der Wirt), Gudrun Brost (die Frau im Wirtshaus), Ulf Johansson (der Anführer der Knechte).

1957

Smultronstället (dt. Wilde Erdbeeren, 1961)
Produktion: Svensk Filmindustri – Verleih: SF – Regie, Drehbuch: Ingmar Bergman – Kamera: Gunnar Fischer – Musik: Erik Nordgren – Ausstattung: Gittan Gustafsson – Schnitt: Oscar Rosander – Länge: 90 Minuten – Premiere: Röda Kvarn 26. 12. 1957 – Darsteller: Victor Sjöström (Isak Borg), Bibi Andersson (Sara), Ingrid Thulin (Marianne), Gunnar Björnstrand (Evald), Folke Sundquist (Anders), Björn Bjelvenstam (Victor), Naima Wifstrand (Isaks Mutter), Jullan Kindahl (Agda), Gunnar Sjöberg (Ingenieur Ahlman), Gunnel Broström (Frau Ahlman), Gertrud Fridh (Isaks Frau), Åke Fridell (ihr Geliebter), Max von Sydow (Åkerman), Sif Ruud (die Tante), Yngve Nordwall (Onkel Aron), Per Sjöstrand (Sigfrid), Gio Petré (Sigbritt), Gunnel Lindblom (Charlotta), Maud Hansson (Angelica), Lena Bergman (Birgitta), Per Skogsberg (Hagbart), Göran Lundquist (Benjamin), Eva Norée (Anna), Monica Ehrling (Kristina), Anne-Marie Wiman (Eva Åkerman), Vendela Rönnbäck (Schwester Elisabeth), Gunnar Olsson (Bischof Hovelius), Josef Norman (Professor Tiger), Helge Wulff (Promotor).

Nära Livet (dt. An der Schwelle des Lebens)
Produktion: Nordisk Tonefilm – Verleih: NT – Regie: Ingmar Bergman – Drehbuch: Ulla Isaksson nach ihrer eigenen Novelle »Det vänliga, värdiga« (Das Freundliche, Würdige) – Kamera: Max Wilén – Keine Musik – Ausstattung: Bibi Lindström – Schnitt: Carl-Olov Skeppstedt – Länge: 84 Minuten – Premiere: Röda Kvarn, Fontänen, 31. 3. 1958 – Darsteller: Ingrid Thulin (Cecilia Ellius), Eva Dahlbeck (Stina Andersson), Bibi Andersson (Hjördis Pettersson), Barbro Hiort af Ornäs (Schwester Brita), Max von Sydow (Harry Andersson), Erland Josephson (Anders Ellius), Anne-Marie Gyllenspets (die Sozialfürsorgerin), Gunnar Sjöberg (Dr. Nordlander), Margareta Krook (Dr. Larsson), Lars Lind (Dr. Thylenius), Sissi Kaiser (Schwester Marit), Inga Gill (eine Mutter), Kristina Adolphson (eine Gehilfin), Maud Elfsiö (eine Schwesternschülerin), Monica Ekberg (Hjördis' Freundin), Gun Jönsson (die Nachtschwester), Gunnar Nielsen (ein Arzt).

1958

Ansiktet (dt. Das Gesicht, 1960)
Produktion: Svensk Filmindustri – Verleih: SF – Regie, Drehbuch: Ingmar Bergman – Kamera: Gunnar Fischer – Musik: Erik Nordgren – Ausstattung: P. A. Lundgren – Schnitt: Oscar Rosander – Länge: 100 Minuten – Premiere: Röda Kvarn, Fontänen, 26. 12. 1958 – Darsteller: Max von Sydow (Albert Emanuel Vogler), Ingrid Thulin (Manda Vogler/Aman), Åke Fridell (Tubal), Naima Wifstrand (Voglers

327

Großmutter), Lars Ekborg (Simson), Gunnar Björnstrand (Medizinalrat Vergérus), Erland Josephson (Konsul Egerman), Gertrud Fridh (Ottilia Egerman), Toivo Pawlo (Polizeiwachtmeister Starbeck), Ulla Sjöblom (Henrietta Starbeck), Bengt Ekerot (Johan Spegel), Sif Ruud (Sofia Garp), Bibi Andersson (Sara), Birgitta Pettersson (Sanna), Oscar Ljung (Antonsson), Axel D. Berg (Rustan), Tor Borong, Arne Mårtensson, Frithiof Bjärne (Zöllner).

1959
Jungfrukällan (dt. Die Jungfrauenquelle, 1960)
Produktion: Svensk Filmindustri – Verleih: SF – Regie: Ingmar Bergman – Drehbuch: Ulla Isaksson nach der Ballade »Herr Töres döttrar i Wänge« (Die Töchter Herrn Töres zu Wänge) – Kamera: Sven Nykvist – Musik: Erik Nordgren – Ausstattung: P. A. Lundgren – Schnitt: Oscar Rosander – Länge: 88 Minuten – Premiere: Röda Kvarn, 8. 2. 1960 – Darsteller: Max von Sydow (Töre), Birgitta Valberg (Märeta), Gunnel Lindblom (Ingeri), Birgitta Pettersson (Karin), Axel Düberg (der Magere), Tor Isedal (der Zungenlose), Allan Edwall (der Bettler), Ove Porath (der Junge), Axel Slangus (der Brückenwärter), Gudrun Brost (Frida), Oscar Ljung (Simon), Tor Borong, Leif Forstenberg (Knechte).

1960
Djävulens öga (dt. Die Jungfrauenbrücke, 1964 / Das Teufelsauge, 1967)
Produktion: Svensk Filmindustri – Verleih: SF – Regie und Drehbuch: Ingmar Bergman – Kamera: Gunnar Fischer – Musik aus dem Werk von Domenico Scarlatti – Ausstattung: P. A. Lundgren – Schnitt: Oscar Rosander – Länge: 86 Minuten – Premiere: Röda Kvarn, Fontänen, 17. 10. 1960 – Darsteller: Jarl Kulle (Don Juan), Bibi Andersson (Britt-Marie), Stig Järrel (Satan), Nils Poppe (der Pfarrer), Gertrud Fridh (Frau Renata), Sture Lagerwall (Pablo), Gunnar Björnstrand (der Schauspieler), Georg Funkquist (Graf Armand de Rochefoucauld), Gunnar Sjöberg (Marquis Giuseppe Maria de Macopanza), Axel Düberg (Jonas), Torsten Winge (der Alte), Kristina Adolphson (die verschleierte Frau), Allan Edwall (der Ohrendämon), Ragnar Arvedson (der Wächterdämon), Börje Lundh (der Friseur), Lenn Hjortzberg (der Klistierarzt), John Melin (der Schönheitsarzt), Sten Torsten Thuul (der Schneider), Arne Lindblad (sein Assistent), Svend Bunch (der Verwandlungskünstler), Tom Olsson (der schwarze Masseur).

1960/61
Såsom i en spegel (dt. Wie in einem Spiegel, 1962)
Produktion: Svensk Filmindustri – Verleih: SF – Regie und Drehbuch: Ingmar Bergman – Kamera: Sven Nykvist – Musik aus J. S. Bachs Solosuite für Violoncello Nr. 2 in d-moll – Ausstattung: P. A. Lundgren – Schnitt: Ulla Ryghe – Länge: 89 Minuten – Premiere: Spegeln, Fontänen, 16. 10. 1961 – Darsteller: Harriet Andersson (Karin), Max von Sydow (Martin), Gunnar Björnstrand (David), Lars Passgård (Fredrik, Minus genannt).

1961

Lustgården (»Der Lustgarten«)
Produktion: Svensk Filmindustri – Verleih: SF – Regie: Alf Kjellin – Drehbuch:
»Buntel Eriksson« (Ingmar Bergman, Erland Josephson) – Kamera: Gunnar Fischer
(Eastmancolor) – Musik: Erik Nordgren – Ausstattung: P. A. Lundgren – Schnitt:
Ulla Ryghe – Länge: 93 Minuten – Premiere: Röda Kvarn, Fanfaren, 26. 12.
1961 – Darsteller: Sickan Carlsson (Fanny), Gunnar Björnstrand (David), Bibi Andersson
(Anna), Per Myrberg (Emil), Kristina Adolphson (Astrid), Stig Järrel (Lundberg),
Hjördis Pettersson (Ellen), Gösta Cederlund (Liljedahl), Torsten Winge (Wibom),
Lasse Krantz (der Oberkellner), Fillie Lyckow (Berta), Jan Tiselius (Ossian), Stefan
Hübinette (der Volontär), Sven Nilsson (der Bischof), Rolf Nystedt (der Bürgermei-
ster), Sten Hedlund (der Rektor), Stina Ståhle (die Rektorin), Lars Westlund (der
Postmeister), Ivan Uhlin (Dr. Brusén), Birger Sahlberg (der Polizist).

Nattvardsgästerna (dt. Licht im Winter, 1963)
Produktion: Svensk Filmindustri – Verleih: SF – Regie und Drehbuch: Ingmar Berg-
man – Kamera: Sven Nykvist – Musik aus dem Gottesdienstritual der Schwedischen
Kirche – Ausstattung: P. A. Lundgren – Schnitt: Ulla Ryghe – Länge: 80 Minuten
– Premiere: Röda Kvarn, Fontänen, 11. 12 1962 – Darsteller: Gunnar Björnstrand
(Tomas Ericsson), Ingrid Thulin (Märta Lundberg), Max von Sydow (Jonas Persson),
Gunnel Lindblom (Karin Persson), Allan Edwall (Algot Frövik), Olof Thunberg
(Fredrik Blom), Elsa Ebbesen (die alte Frau), Kolbjörn Knudsen (Aronsson), Tor
Borong (Johan Åkerblom), Bertha Sånell (Hanna Appelblad), Helena Palmgren
(Doris Appelblad), Eddie Axberg (Johan Strand), Lars-Owe Carlberg (der Polizei-
kommissar), Johan Olafs (ein Herr), Ingmarie Hjort (Perssons Tochter), Stefan
Larsson (Perssons Sohn), Lars-Olof Andersson, Christer Öhman (Fredrikssons
Söhne).

1962

Tystnaden (dt. Das Schweigen, 1963)
Produktion: Svensk Filmindustri – Verleih: SF – Regie und Drehbuch: Ingmar Berg-
man – Kamera: Sven Nykvist – Keine eigens komponierte Musik – Ausstattung:
P. A. Lundgren – Schnitt: Ulla Ryghe – Länge: 95 Minuten – Premiere: Röda Kvarn,
Fontänen, 23. 9. 1963 – Darsteller: Ingrid Thulin (Esther), Gunnel Lindblom
(Anna), Jörgen Lindström (Johan), Håkan Jahnberg (der Stockwerkskellner), Birger
Malmsten (der Kellner in der Bar), »Eduardini« (die Liliputanertruppe), Eduardo
Guiterrez (der Impresario der Liliputaner), Lissi Alandh (die Frau im Varieté), Leif
Forstenberg (der Mann im Varieté), Nils Waldt (der Kassierer), Birger Lensander
(der Portier), Eskil Kalling (der Barbesitzer), K. A. Bergman (der Zeitungsverkäu-
fer), Olof Widgren (der alte Mann).

1963
För att inte tala om alla dessa kvinnor (dt. Ach, diese Frauen! 1964)
Produktion: Svensk Filmindustri – Verleih: SF – Regie: Ingmar Bergman – Drehbuch: Ingmar Bergman, Erland Josephson – Kamera: Sven Nykvist (Eastmancolor) – Keine eigens komponierte Musik – Ausstattung: P. A. Lundgren – Schnitt: Ulla Ryghe – Länge: 80 Minuten – Premiere: Röda Kvarn, 15. 9. 1964 – Darsteller: Jarl Kulle (Cornelius), Bibi Andersson (Humlan), Harriet Andersson (Isolde), Eva Dahlbeck (Adelaide), Karin Kavli (Madame Tussaud), Getrud Fridh (Traviata), Mona Malm (Cecilia), Barbro Hiort af Ornäs (Beatrice), Allan Edwall (Jillker), Georg Funkquist (Tristan), Carl Billquist (der Jüngling), Jan Blomberg (englischer Radioreporter), Göran Graffman (französischer Radioreporter), Gösta Prüzelius (schwedischer Radioreporter), Jan-Olof Strandberg (deutscher Radioreporter), Ulf Johansson, Axel Düberg, Lars-Erik Liedholm (schwarzgekleidete Männer), Lars-Owe Carlberg (der Chauffeur), Doris Funcke, Yvonne Igell (Serviererinnen).

1965/1966
Daniel (Daniel)
Teil von »Stimulantia«, einem Episodenfilm – Produktion: Svensk Filmindustri – Verleih: SF – Regie, Drehbuch, Kamera: Ingmar Bergman – Schnitt: Ulla Ryghe – mit Daniel Sebastian Bergman, Käbi Laretei – Premiere: Spegeln, 28. 3. 1967.

Persona (dt. Persona, 1967)
Produktion: Svensk Filmindustri – Verleih: SF – Regie und Drehbuch: Ingmar Bergman – Kamera: Sven Nykvist – Musik: Lars Johan Werle – Ausstattung: Bibi Lindström – Schnitt: Ulla Ryghe – Länge: 84 Minuten – Premiere: Spegeln, 18. 10. 1966 – Darsteller: Bibi Andersson (Alma), Liv Ullmann (Elisabeth Vogler), Margareta Krook (die Ärztin), Gunnar Björnstrand (Herr Vogler), Jörgen Lindström (der Junge).

1966
Vargtimmen (dt. Die Stunde des Wolfs, 1968)
Produktion: Svensk Filmindustri – Verleih: SF – Regie und Drehbuch: Ingmar Bergman – Kamera: Sven Nykvist – Musik: Lars Johan Werle – Ausstattung: Marik Vos-Lundh – Schnitt: Ulla Ryghe – Länge: 89 Minuten – Premiere: Spegeln, 19. 2. 1968 – Darsteller: Liv Ullmann (Alma), Max von Sydow (Johan), Erland Josephson (Baron von Merkens), Gertrud Fridh (Corinne von Merkens), Gudrun Brost (die alte Frau von Merkens), Bertil Anderberg (Ernst von Merkens), Georg Rydeberg (Archivar Lindhorst), Ulf Johansson (Kurator Heerbrand), Naima Wifstrand (die Dame mit dem Hut), Ingrid Thulin (Veronica Vogler), Lenn Hjortzberg (Kapellmeister Kreisler), Agda Helin (die Magd), Mikael Rundquist (der Junge in der Traumsequenz), Mona Seilitz (die Dame im Leichenhaus), Folke Sundquist (Tamino in der »Zauberflöte«).

1967
Skammen (dt. Schande, 1969)
Produktion: Svensk Filmindustri – Verleih: SF – Regie und Drehbuch: Ingmar Bergman – Kamera: Sven Nykvist – Keine Musik – Ausstattung: P. A. Lundgren – Schnitt: Ulla Ryghe – Länge: 102 Minuten – Premiere: Spegeln, Camera, 29. 9. 1968 – Darsteller: Liv Ullmann (Eva Rosenberg), Max von Sydow (Jan Rosenberg), Gunnar Björnstrand (Oberst Jacobi), Birgitta Valberg (Frau Jacobi), Sigge Fürst (Filip), Hans Alfredson (Lobelius), Willy Peters (ein älterer Offizier), Per Berglund (der Soldat), Vilgot Sjöman (der Interviewer), Ingvar Kjellson (Oswald), Rune Lindström (dicker Herr), Frank Sundström (der Leiter des Verhörs), Frej Lindqvist (der Bucklige), Ulf Johansson (der Arzt), Björn Thambert (Johan), Gösta Prüzelius (der Pfarrer), Karl-Axel Forsberg (der Sekretär), Åke Jörnfalk (der zum Tode Verurteilte), Jan Bergman (Jacobis Fahrer), Stig Lindberg (der Arzthelfer).

1968
Riten (dt. Der Ritus, 1971)
Produktion: Cinematograph (Ingmar Bergman) – Aufnahmeleiter: Lars-Owe Carlberg – Regie und Drehbuch: Ingmar Bergman – Kamera: Sven Nykvist – Schnitt: Siv Kanälv – Länge: 72 Minuten – Premiere: Fernsehen, 25. 3. 1969 – Darsteller: Ingrid Thulin (Thea/Claudia), Anders Ek (Sebastian), Gunnar Björnstrand (Hans), Erik Hell (der Richter), Ingmar Bergman (ein Priester).

1969
En Passion (Eine Passion)
Produktion: Svensk Filmindustri – Verleih: SF – Regie und Drehbuch: Ingmar Bergman – Kamera: Sven Nykvist (Eastmancolor) – Keine eigens komponierte Musik – Ausstattung: P. A. Lundgren – Schnitt: Siv Kanälv – Länge: 101 Minuten – Premiere: Spegeln, 10. 11. 1969 – Darsteller: Max von Sydow (Andreas Winkelman), Liv Ullmann (Anna Fromm), Bibi Andersson (Eva Vergérus), Erland Josephson (Elis Vergérus), Erik Hell (Johan Andersson), Sigge Fürst (Verner), Svea Holst (seine Frau), Annika Kronberg (Katarina), Hjördis Pettersson (Johans Schwester), Lars-Owe Carlberg (Erster Polizist), Brian Wikström (Zweiter Polizist), Barbro Hiort af Ornäs, Malin Ek, Britta Brunius, Brita Öberg, Marianne Karlbeck, Lennart Blomkvist, ein Dackel.

1970
The Touch (dt. The Touch, 1972)
Produktion: ABC Pictures Corporation (New York)/Cinematograph (Ingmar Bergman) – Verleih: ABC Pictures Corporation – Regie und Drehbuch: Ingmar Bergman – Produktionsleiter: Lars-Owe Carlberg – Kamera: Sven Nykvist (Eastmancolor) – Musik: Jan Johansson – Ausstattung: Mago (Entwurf) – Schnitt: Siv Lundgren – Ton: Lennart und Harry Engholm – Länge: 113 Minuten – Darsteller: Bibi Andersson (Karin, Mrs. Andreas Vergérus), Barbro Hiort af Ornäs (ihre Mutter), Ake Lindström (ein Arzt), Mimmi Wohlander (eine Krankenschwester),

331

Elsa Ebbesen (Leiterin des Krankenhauses), Elliott Gould (David Kovac), Staffan Hallerstam (Anders Vergérus), Maria Nolgard (Agnes Vergérus), Anna von Rosen (Nachbarin der Familie Vergérus), Max von Sydow (Dr. Andreas Vergérus), Erik Nyhlén (ein Archäologe), Margareta Byström (Sekretärin von Dr. Vergérus), Alan Simon (Museumsdirektor), Per Sjöstrand (ein Verwaltungsdirektor), Aino Taube (Frau an der Treppe), Ann-Christin Lobraten (Museumsangestellte), Carol Zavis (Stewardeß der BEA), Dennis Gotobed (ein Beamter der britischen Einwanderungsbehörde), Bengt Ottekil (ein Hotelpage in London), Sheila Reid (Sara, Schwester von David Kovac), Harry Schein (Restaurantgast).

1972
Viskningar och Rop (dt. Schreie und Flüstern, 1974)
Produktion: Cinematograph (Ingmar Bergman), in Zusammenarbeit mit dem Svenska Filminstitutet – Regie und Drehbuch: Ingmar Bergman – Produktionsleiter: Lars-Owe Carlberg – Kamera: Sven Nykvist (Eastmancolor) – Schnitt: Siv Lundgren – Keine eigens komponierte Musik – Ton: Owe Svensson – Länge: 91 Minuten – Premiere: Dezember 1972 – Darsteller: Harriet Andersson (Agnes), Ingrid Thulin (Karin), Liv Ullmann (Maria), Kari Sylwan (Anna), Erland Josephson (der Arzt), Georg Arlin (Frederik), Henning Moritzen (Joakin), Anders Ek (Isak), Inga Gill (Tante Olga).

1973
Scener ur ett Aektenskap (dt. Szenen einer Ehe, 1975)
Produktion: Cinematograph (Ingmar Bergman) – Regie und Drehbuch: Ingmar Bergman – Produktionsleiter: Lars-Owe Carlberg – Kamera: Sven Nykvist (Eastmancolor) – Ausstattung: Bjorn Thulin – Schnitt: Siv Lundgren – Ton: Owe Svensson – Länge: 168 Minuten – Darsteller: Liv Ullmann (Marianne), Erland Josephson (Johan), Bibi Andersson (Katarina), Jan Malmsjo (Peter), Anita Wall (Interviewer), Gunnel Lindblom (Eva), Barbro Hiort af Ornäs (Frau Jacobi), Arne Carlsson.

1975
Trollflöjten (dt. Die Zauberflöte, 1976)
Produktion: Schwedisches Radio/TV 2 – Regie: Ingmar Bergman, nach Mozarts und Schikaneders ›Zauberflöte‹ – Kamera: Sven Nykvist (Eastmancolor) – Schnitt: Siv Lundgren – Länge: 132 Minuten – Musikalische Leitung: Erich Ericson (Chor und Orchester des Schwedischen Rundfunks) – Darsteller: Ulrik Cold, Irma Urrila, Josef Köstlinger, Hakan Hagegard, Ragnar Ulfung, Birgit Nordin.

1975
Il Ballo
(Ballettkurzfilm) – Regie und Drehbuch: Ingmar Bergman – Kamera: Sven Nykvist.

1976

Ansikte mot ansikte (dt. Von Angesicht zu Angesicht)
Produktion: Cinematograph – Verleih: Tobis Filmkunst – Regie und Drehbuch:
Ingmar Bergman – Kamera: Sven Nykvist (Eastmancolor) – Musik: Wolfgang
Amadeus Mozart – Ausstattung und Kostüme: Anne Hagegard – Schnitt: Siv
Lundgren – Länge: 135 Minuten – Deutsche Erstaufführung: 20. 5. 1976 – Darstel-
ler: Liv Ullmann (Dr. Jenny Isaksson), Erland Josephson (Dr. Tomas Jacobi),
Gunnar Björnstrand (Jennys Großvater), Aino Taube-Henrikson (Jennys Groß-
mutter), Kari Sylwan (Maria), Sif Ruud (Elisabeth Wankel), Sven Lindberg (Dr.
Erik Isaksson), Tore Segelcke (Alte Dame), Ulf Johansson (Dr. Helmuth Wan-
kel), Kristina Adolphson (Veronica), Gösta Ekman (Mikael Strömberg), Käbi
Laretei (Konzertpianistin), Marianne Aminoff (Jennys Mutter), Gösta Prüzelius
(Pfarrer), Birger Malmsten, Göran Stangertz, Rebecca Pawlo, Lena Ohlin.

1977

Das Schlangenei
Herstellungsland: BRD – Produktion: Rialto Film/Dino de Laurentiis Corp. – Ver-
leih: Tobis Filmkunst – Regie und Drehbuch: Ingmar Bergman – Kamera: Sven
Nykvist – Musik: Rolf Wilhelm – Choreographie: Heino Hallhuber – Ausstattung:
Rolf Zehetbauer – Kostüme: Charlotte Flemming – Schnitt: Petra von Oelffen –
Länge: 119 Minuten – Premiere: 26. 10. 1977 (BRD) – Darsteller: Liv Ullmann
(Manuela), David Carradine (Abel Rosenberg), Gert Fröbe (Kommissar Bauer),
Heinz Bennent (Hans Vergerus), Edith Herdeegen (Frau Holle), Hans Quest (Dr.
Silbermann), Fritz Strassner (Dr. Soltermann), Kai Fischer (Nutte), Charles Reg-
nier (Arzt), James Whitmore (Pfarrer), Ellen Umlauf (Wirtin), Walter Schmidin-
ger (Solomon), Volker Kraeft (Anführer des Kommandos), Emil Feist (Liliputa-
ner), Gaby Dohm, Grischa Huber, Günter Meisner, Ralf Wolter.

1978

Herbstsonate/Höstsonaten
Herstellungsland: BRD/Schweden – Produktion: Personafilm/Svensk Filmindustri – Verleih: Neue Constantin – Regie und Drehbuch: Ingmar Bergman – Kamera: Sven Nykvist – Musik: Johann Sebastian Bach, Frédéric Chopin, Georg Fried-
rich Händel – Schnitt: Sylvia Ingmarsdotter – Länge: 93 Minuten – Premiere:
20. 10. 1978 (BRD) – Darsteller: Ingrid Bergman (Charlotte), Liv Ullmann (Eva),
Halvar Björk (Pastor), Lena Nyman (Lena), Erland Josephson, Georg Lökkeberg,
Knut Wigert.

1979

Fårödokument 1979 (dt. Farö-Dokument 1979)
(Dokumentarfilm) – Produktion: Cinematograph – Regie und Drehbuch: Ingmar
Bergman – Kamera: Arne Carlsson – Musik: Svante Petersson, Sigvard Huldt, Dag
& Lena u. a. – Länge: 103 Minuten – Deutsche Erstaufführung: 26. 12. 1984 (ZDF)
– Darsteller: Bewohner der Insel Farö.

1980

Aus dem Leben der Marionetten

Herstellungsland: BRD – Produktion: Personafilm/ZDF/ORF – Verleih: Tobis Filmkunst – Regie und Drehbuch: Ingmar Bergman – Kamera: Sven Nykvist – Musik: Rolf Wilhelm – Ausstattung: Rolf Zehetbauer – Kostüme: Charlotte Flemming – Schnitt: Petra Völffen – Länge: 105 Minuten – Premiere: 7. 11. 1980 (BRD) – Darsteller: Christine Buchegger (Katarina Egerman), Martin Benrath (Mogens Jensen), Robert Atzorn (Peter Egerman), Walter Schmidinger (Tim), Heinz Bennent (Arthur Brenner), Lola Müthel (Cordelia Egerman), Rita Russek (Ka), Gaby Dohm (Frau Anders), K. H. Pelser (Vernehmer), Toni Berger (Wachmann), Doris Jensen (Sekretärin).

1982

Fanny och Alexander (dt. Fanny und Alexander, 1983)

Produktion: Cinematograph/SVT 1/Gaumont/Personafilm/Tobis Filmkunst – Verleih: Tobis Filmkunst – Regie und Drehbuch: Ingmar Bergman – Kamera: Sven Nykvist – Musik: Daniel Bell – Ausstattung: Susanne Lingheim – Bauten: Anna Asp – Kostüme: Marik Vos – Schnitt: Sylvia Ingemarson – Länge: 188 Minuten – Deutsche Erstaufführung: 28. 10. 1983 – Darsteller: Bertil Guve (Alexander Ekdahl), Pernilla Allwin (Fanny Ekdahl), Ewa Fröling (Emilie Ekdahl), Jarl Kulle (Gustav Adolf Ekdahl), Erland Josephson (Isak Jacobi), Allan Edwall (Oscar Ekdahl), Kristina Adolphson (Siri, Hausmädchen), Jan Malmsjö (Bischof Vergerus), Kristian Almgren (Putte), Carl Billquist (Polizeioffizier), Axel Düberg (Zeuge), Börje Ahlstedt, Harriet Andersson, Lena Olin, Stina Ekblad, Mats Bergman.

1984

Nach der Probe

(Fernsehfilm) – Produktion: SVT 1/ZDF/ORF – Regie und Drehbuch: Ingmar Bergman – Kamera: Sven Nykvist – Schnitt: Sylvia Ingemarson – Länge: 70 Minuten – Deutsche Erstaufführung: 22. 4. 1985 (ZDF) – Darsteller: Erland Josephson (Henrik Vogler), Ingrid Thulin (Rakel), Lena Olin (Anna), Nadja Palmstjerna-Weiss, Bertil Guve.

1983–1985

Karins ansikte (dt. Karins Angesicht)

Produktion, Regie und Drehbuch: Ingmar Bergman – Musik gespielt von: Käbi Laretei – Länge: 14 Minuten – Deutsche Erstaufführung: Februar 1986 (Internationale Filmfestspiele Berlin) – (Ein Porträt von Bergmans Mutter Karin, zusammenmontiert aus Familienfotos).

1985

Dokument Fanny och Alexander (»Fanny und Alexander«-Dokument)

Produktion, Regie und Drehbuch: Ingmar Bergman – Länge: 110 Minuten – Deutsche Erstaufführung: Februar 1986 (Internationale Filmfestspiele Berlin) – (Dokumentation der Dreharbeiten zu *Fanny und Alexander*).

Ingmar Bergman

Vierzig Spielfilme in etwa ebenso vielen Jahren, beinahe sämtliche Drehbücher dazu und weit über das Doppelte an Theaterinszenierungen: Ingmar Bergman gilt zu Recht als einer der produktivsten Regisseure der Welt.

Schon in der Kindheit übten Theater und Film eine große Faszination auf den am 14. Juli 1918 in Uppsala geborenen Ernst Ingmar Bergman aus. Mit seinem selbstgebauten Puppentheater und einem Spielzeugprojektor schuf er sich als Zehn- oder Elfjähriger bereits eine eigene Phantasiewelt, in die er der geistigen Enge des Elternhauses und den drakonischen Strafen seines Vaters, einem lutherischen Pfarrer, entfliehen konnte.

Nach seiner Schulzeit und dem Bruch mit seinem Vater begann er 1937 in Stockholm Literatur- und Theaterwissenschaft zu studieren. An einer Studentenbühne inszenierte er die ersten Stücke. Nach ein paar Semestern mußte er sein Studium aus Geldmangel abbrechen, und er arbeitete ab 1940 zwei Jahre lang als Regieassistent am Stockholmer Königlichen Theater. In dieser Zeit begann Bergman auch für die größte schwedische Filmgesellschaft Svensk Filmindustri Drehbücher zu überarbeiten und mitzuverfassen. 1944 nahm er eine Stelle als Theaterleiter in Hälsingborg an, inszenierte daneben auch Theaterstücke in Göteborg und Malmö.

Im selben Jahr wurde ein Drehbuch Bergmans von Alf Sjöberg verfilmt. Ab 1945 konnte er dann auch eigene Filme drehen, die sich zunächst überwiegend mit Problemen von Jugendlichen befaßten. Erst mit seiner neunten Regiearbeit *Einen Sommer lang* fand Bergman in den frühen fünfziger Jahren auch Beachtung über die Grenzen Schwedens hinaus. Ab Mitte der Fünfziger verhalfen ihm mehrere Festivalpreise zu rascher internationaler Anerkennung: In Cannes erhielt er 1956 und 1957 Preise für *Das Lächeln einer Sommernacht* und *Das siebente Siegel*, in Berlin gewann *Wilde Erdbeeren* ein Jahr später den »Goldenen Bären«, und *Die Jungfrauenquelle* und *Wie in einem Spiegel* wurden in den Jahren 1960 und 1961 mit dem »Oscar« als »Bester Auslandsfilm« ausgezeichnet.

Die Jungfrauenquelle sorgte mit einer drastischen Vergewaltigungsszene in der Bundesrepublik und einigen anderen Ländern für beträchtliche Aufregung. Vor allem aber löste der für damalige Verhältnisse sexuell gewagte Film *Das Schweigen* hierzulande einen Skandal aus, der Staatsanwälte auf den Plan rief und sogar den Deutschen Bundestag beschäftigte. Die Folge war, daß der Name Bergman auch jenseits von Cineastenzirkeln schnell zum – wenn auch einseitig-falschen – Begriff wurde. Immerhin drängten im Laufe des Jahres 1964 mehr als elf Millionen deutsche Zuschauer in den Film.

Von 1963 bis 1966 war Bergman Intendant des Königlichen Dramatischen Theaters in Stockholm, und er stellte seine Filmarbeit zurück. Mit *Persona* begann 1966 dann ein neuer Abschnitt in der Karriere des Filmemachers. Seit dieser Zeit auch wurde es Bergman zur Gewohnheit, einen Großteil der Sommermonate auf der Ostseeinsel Farö zu verbringen, wo er ein Bauernhaus besitzt. Jahr um Jahr schrieb er hier jeweils ein Drehbuch, das er dann meist im Herbst verfilmte.

1973/74 erlebte Bergman eine Publikums-Resonanz in ganz neuen Dimensionen durch seine erste Fernsehserie *Szenen einer Ehe*, von der er anschließend auch eine gekürzte Kinofassung herstellte. In Schweden wie in einer ganzen Reihe anderer Länder wurde der fünf Stunden dauernde Sechsteiler geradezu zum »Straßenfeger«. Zwei Jahre darauf wiederholte Bergman diesen enormen TV-Erfolg mit dem thematisch verwandten *Von Angesicht zu Angesicht*.

Ende Januar 1976 wurde Bergman in Stockholm während einer Theaterprobe unter dem Verdacht der Steuerhinterziehung von Polizisten abgeführt und stundenlang verhört. Die – später zurückgezogenen – Beschuldigungen und die überaus rüde Behandlung durch die Behörden lösten bei Bergman einen psychischen Zusammenbruch aus. Der knapp 58jährige entschloß sich zu einem bis dahin völlig undenkbaren Schritt: Er trennte sich von dem Land seiner kulturellen und persönlichen Identität und übersiedelte nach München. Dort begann er mit einer langen Reihe von – zunächst glücklosen – Theaterinszenierungen. Im August des Jahres 1976 erhielt Bergman als erster Filmregisseur den renommierten Goethepreis der Stadt Frankfurt.

In Deutschland entstanden, teils unter amerikanischer, teils unter schwedischer Beteiligung, auch Bergmans nächste Filme. Der von der Kritik nicht allzu hoch geschätzte *Das Schlangenei* erzählte vom aufstrebenden Nationalsozialismus im Berlin des Novembers 1923. Bergmans darauffolgender Film, der vom Konflikt einer erwachsenen Frau und ihrer Mutter handelte, löste Begeisterung aus: »*Herbstsonate* ist unter Bergmans letzten Filmen, in denen er immer wieder das stille Desaster bürgerlicher Beziehungen untersucht hat, der schärfste, der genaueste« (»Süddeutsche Zeitung«). Wenig Anklang dagegen fand *Aus dem Leben der Marionetten*, der an eine Episode aus *Szenen einer Ehe* anknüpfte.

1982 drehte Bergman in Schweden *Fanny und Alexander*, der erklärtermaßen sein letzter Kinofilm bleiben soll und »die Gesamtsumme meines Lebens als Filmemacher« darstellt: ein zu Anfang des Jahrhunderts spielendes – stellenweise unverhohlen autobiographisches – Familienepos, erzählt aus der Perspektive zweier acht und zehn Jahre alten Geschwister. Der Film wurde sowohl in der dreistündigen Kinofassung (die mit vier »Oscars« bedacht wurde) wie auch als Fernsehvierteiler weltweit zum Erfolg. Für die nächsten Jahre plant Bergman weitere Theaterinszenierungen, und auch den einen oder anderen Fernsehfilm will er noch drehen. Vielleicht entsteht daraus doch noch ein Kinofilm – und dem letzten könnte ein allerletzter folgen.